I0759613

TRANSPORTES

Little Ripper
Ifremer
nautile
Ifremer
nautile

DK

TRANSPORTES

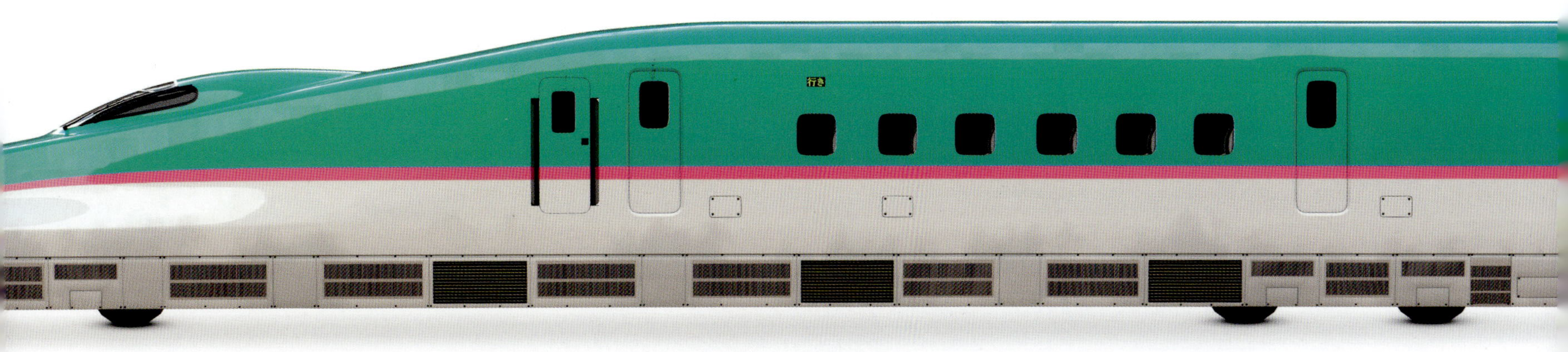

Edición sénior Sam Kennedy, Anna Streiffert Limerick
Edición de arte sénior Stefan Podhorodecki
Edición del proyecto Edward Pearce, Vicky Richards
Edición Binta Jallow
Diseño Kelly Adams, Mik Gates, Beth Johnston, Kit Lane
Dirección de desarrollo de diseño de cubierta Sophia MTT
Diseño de cubierta Tanya Mehrotra
Diseño de maquetación Rakesh Kumar
Coordinación de cubierta sénior Priyanka Sharma Saddi
Archivo de medios de DK Romaine Werblow
Documentación iconográfica Geetam Biswas, Myriam Megharbi
Edición de producción Gillian Reid
Control de producción Poppy David
Edición ejecutiva Francesca Baines
Edición ejecutiva de arte Philip Letsu
Dirección editorial Andrew Macintyre
Subdirección editorial Liz Wheeler
Dirección de arte Karen Self
Dirección de publicaciones Jonathan Metcalf

Textos Ian Fitzgerald, Clive Gifford,
Giles Sparrow, Giles Chapman

Asesoría Roger Bridgman

Ilustración e imágenes generadas por ordenador
Adam Benton, Peter Bull, Jason Harding, Richard Chasemore,
Jon@KJA, Chris@KJA, Stuart Jackson-Carter – SJC Illustration,
Simon Mumford, Tony Randazzo, Simon Tegg, Jack Williams

De la edición en español:
Servicios editoriales Tinta Simpàtica
Traducción Anna Nualart
Coordinación de proyecto Cristina Sánchez Bustamante
Dirección editorial Elsa Vicente

Publicado originalmente en Gran Bretaña en 2024
por Dorling Kindersley Limited
DK, 20 Vauxhall Bridge Road, Londres, SW1V 2SA
Parte de Penguin Random House

Título original: *Knowledge Encyclopedia Transport!*
Primera edición: 2025
010-331873-Oct/2025

ISBN: 979-8-2171-3007-8

Impreso y encuadernado en China

www.dkespañol.com

Este libro se ha impreso con papel certificado por el Forest Stewardship Council™ como parte del compromiso de DK por un futuro sostenible.
Más información: **www.dk.com/uk/information/sustainability**

CONTENIDOS

TIERRA

AGUA

AIRE Y ESPACIO

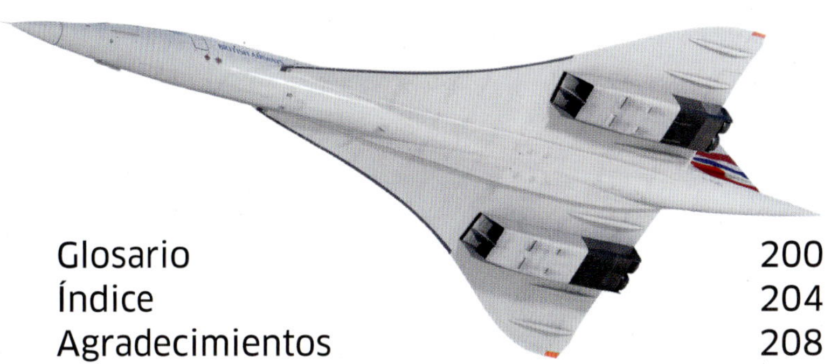

Escala y tamaño

La ficha de datos de cada vehículo o nave incluye un dibujo a escala para dar una idea de su tamaño. Estas comparaciones se basan en la altura promedio de un hombre adulto, un autobús escolar o un avión de pasajeros Boeing 747.

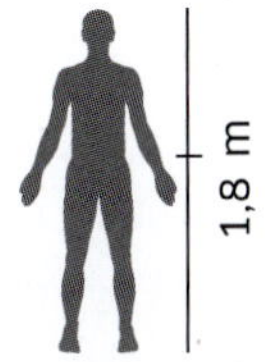

TIERRA

Hoy tenemos más formas que nunca de viajar por tierra, con toda una gama de vehículos para trasladar a personas y mercancías de forma rápida y segura, desde autobuses y trenes de alta velocidad hasta potentes vehículos de construcción, coches sin conductor y sofisticadas motocicletas.

85 millones de personas en el mundo montan en **monopatín.**

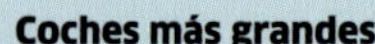

Coches más grandes
A finales del siglo XX se pusieron de moda los coches más grandes, como los camiones y los SUV (vehículos utilitarios deportivos).

TOYOTA 4RUNNER, 1998

ÉPOCA MODERNA

Época moderna
En las últimas décadas, los vehículos han pulverizado récords y superado nuevos límites. Los sistemas de desplazamiento que emplean IA o tecnología verde están a punto de hacerse realidad.

THRUST SSC

Récord de velocidad en tierra
De diseño británico, el Thrust SSC estableció en 1997 un nuevo récord, con una velocidad de 1228 km/h.

SHINKANSEN E5, 2011

Trenes bala
El primer servicio ferroviario de alta velocidad mediante trenes bala se inauguró en Japón en 1964 entre Tokio y Osaka.

PEEL P50, 1962

Coche más pequeño
Con tres ruedas y espacio para una sola persona, el Peel P50 se convirtió en el coche de carretera más pequeño.

ALFA ROMEO 158

Primer Fórmula 1
El primer Campeonato del Mundo de Fórmula 1, en 1950, lo ganó un Alfa Romeo 158, coche de carreras originalmente construido en 1938.

El transporte a través del tiempo

Desde el descubrimiento de la rueda, el ser humano ha inventado nuevos vehículos que le permitieran recorrer largas distancias a velocidades cada vez mayores.

Siempre hemos necesitado desplazarnos y transportar mercancías de un lugar a otro, primero en sencillos carros y carretas tirados por caballos y más tarde en vehículos de motor. En los siglos XVIII y XIX se produjeron muchos avances en el diseño de vehículos; en esa época se desarrollaron coches y trenes precursores de los que utilizamos hoy. En los últimos años, los fabricantes se han centrado en fabricar vehículos que no solo sean tecnológicamente más avanzados, sino que tengan un menor impacto sobre el medio ambiente.

PATENTE BENZ DE AUTOMÓVIL, 1885

SIGLO XX

Principios del siglo XX
A principios de siglo se habían desarrollado vehículos motorizados. No se tardó en encontrar formas de mejorar su eficiencia y adaptarlos a nuevos usos.

Coche primitivo
El ingeniero alemán Karl Benz diseñó uno de los primeros coches propulsados por un motor de combustión interna.

Primera línea de metro
Con máquinas de vapor, la línea metropolitana de Londres (Reino Unido) fue en 1863 el primer tren subterráneo que atravesaba una gran ciudad.

Cronología del transporte terrestre

Esta cronología muestra algunos de los principales avances en los sistemas de desplazamiento por tierra a lo largo de la historia de la humanidad, con coches, trenes y otros vehículos dotados de ruedas que cambiaron el mundo.

LOS INICIOS

Inicios del transporte
Los intentos de mejorar los medios de transporte se remontan a hace más de 5000 años. Los primeros vehículos con ruedas se fueron haciendo cada vez más complejos.

Invención de la rueda
La rueda, inventada hacia el 3500 a.C. en Mesopotamia para hacer cerámica, se adaptó pronto para usarla en el transporte.

Transporte cuadrúpedo
El caballo se domesticó en Asia Central y permitió a los humanos trasladarse mucho más deprisa que a pie.

CARRO ROMANO

Dominio del carro
En los antiguos imperios mediterráneos, el carro de dos ruedas tirado por caballos era el vehículo militar dominante.

ALREDEDOR DE 3500 A.C.

ALREDEDOR DE 1700-500 A.C.

54,7 km: longitud del **sistema neumático de correos de Praga**, que **usaba aire para llevar cartas** a través de largos tubos.

2001 Año del **lanzamiento del Segway**, vehículo personal motorizado de **dos ruedas**.

NISSAN LEAF

El auge de los coches eléctricos
El primer vehículo eléctrico de serie, el Nissan Leaf (2010), funcionaba con una batería de iones de litio.

MONOCICLO ELÉCTRICO

Electricidad
Más medios de transporte empezaron a usar la electricidad, como las bicicletas, patinetes o monociclos eléctricos.

Coches autónomos
En 2012, un coche sin conductor de Google supera una prueba autónoma.

2020

El futuro del viaje
Primera prueba con pasajeros del hyperloop de Virgin, un sistema de transporte en que se propulsan cápsulas por un tubo de vacío.

WLA, 1942

Las motocicletas ganan popularidad
Originalmente de uso militar, la Harley-Davidson WLA se produjo hasta los años cincuenta y se hizo popular entre los civiles.

Tras la Segunda Guerra Mundial
Después de la guerra, el diseño de los vehículos cambió rápidamente. Los coches y las motos se hicieron más elegantes y asequibles, y los trenes pronto pudieron viajar a grandes velocidades.

TRAS LA SEGUNDA GUERRA MUNDIAL

LANZADERA MAGLEV DEL AEROPUERTO DE BIRMINGHAM, REINO UNIDO (1984-1995)

Trenes maglev
El alemán Hermann Kemper patentó su idea en 1937, pero los trenes de levitación magnética tardaron en despegar.

Túnel ferroviario más largo
Con 19,8 km de longitud, el túnel del Simplon, que une Suiza e Italia, era el más largo del mundo cuando se inauguró en 1906.

FORD MODELO T, 1913

Comienza la producción en serie
El empresario estadounidense Henry Ford fue el primero en construir coches en una cadena de montaje.

Primeros tanques
El Mark I británico fue el primer carro de combate, desplegado en 1916 en los campos de batalla de la Primera Guerra Mundial.

Primer carrito de golf
Los primeros carritos de golf eléctricos se desarrollaron en EE. UU. en los años treinta, pero no se popularizaron hasta más avanzado el siglo.

Primeras motocicletas
Diseñada por el inventor alemán Karl von Drais en 1817, la Laufmaschine (máquina de correr), también llamada «caballo dandi», fue una de las primeras motocicletas.

Primer tranvía
En 1807, el ferrocarril de Swansea y Mumbles (Gales, Reino Unido) fue el primero en abrir un servicio de tranvías, con vagones tirados por caballos. Pronto hubo en otros lugares.

Vías romanas
Aunque ya había calzadas pavimentadas, el Imperio romano fue el primero en construir amplias redes de carreteras por Europa, Asia occidental y el norte de África.

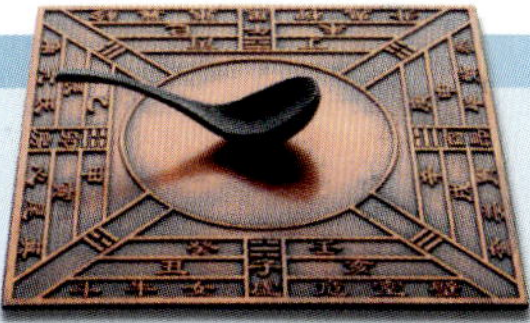

Brújula
La brújula magnética, inventada en China, se adaptó para ayudar a la navegación por tierra y por mar.

ERA INDUSTRIAL

Era industrial
Desde mediados del siglo XVIII, la industria empezó a avanzar rápidamente, dando lugar a nuevas tecnologías de propulsión para los primeros trenes y automóviles.

Locomotora de vapor (1804)
Diseñada por el ingeniero británico Richard Trevithick, la primera locomotora de vapor funcionaba con carbón y sobre raíles de hierro.

DESDE EL 500 A. C.

ALREDEDOR DEL AÑO 1100

2044 km cubrió **Beringia-92,** la **carrera de trineos tirados por perros más larga** de la historia, celebrada en Rusia en 1992.

Moverse por tierra

Para desplazarse por tierra más allá de los lugares cercanos, los seres humanos han utilizado vehículos de ruedas y carreteras para hacer sus viajes más rápidos y fáciles.

Los primeros métodos de transporte consistían en arrastrar personas o mercancías de un lugar a otro, un proceso lento e ineficaz. Tras la invención de la rueda, la fricción que dificultaba los desplazamientos por tierra dejó de ser un problema, pero se necesitaba disponer de superficies lisas. Hoy, las grandes redes de carreteras que superan valles y salvan ríos y la avanzada tecnología hacen que viajar por tierra sea más fácil que nunca.

FUERZA ANIMAL

Durante miles de años, se han utilizado los músculos y la resistencia de los animales para transportar cargas pesadas, tirar de carros y otros vehículos y arrastrar aperos de labranza. Los caballos son el principal medio de transporte rápido en climas templados, pero muchos otros tipos de animales realizan importantes tareas en todo el mundo.

Tirar de un arado
Antes de la mecanización, los bueyes arrastraban los aperos agrícolas. Aún lo hacen en muchos lugares, como Camboya, donde este agricultor los utiliza para tirar de un arado.

A lomos de las llamas
En las alturas de los Andes sudamericanos, las fuertes llamas son los mejores transportistas de carga. Su espeso pelaje las mantiene calientes mientras se mueven con rapidez por el escarpado terreno.

Fuertes perros
Los trineos tirados por perros proporcionan un desplazamiento rápido y suave sobre la nieve, en la que se hundirían los animales más pesados. Hoy, los huskies ayudan en el pastoreo de renos y compiten en carreras.

COMBATIR LA FRICCIÓN

Por muy liso que parezca un objeto, en realidad está cubierto de miles de pequeñas irregularidades. Cuando dos objetos se rozan, dichas irregularidades se enganchan y frenan entre sí. Esta fuerza de frenado se llama rozamiento.

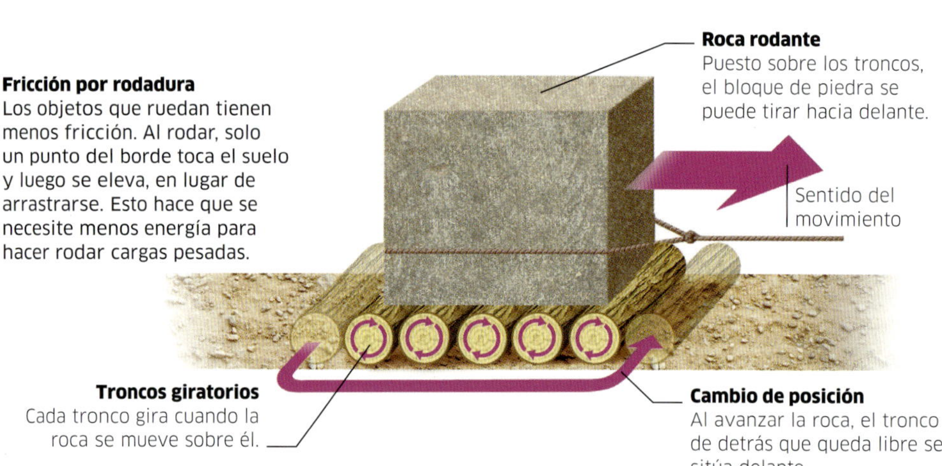

Fricción por deslizamiento
Arrastrar un objeto crea mucha fricción porque dos grandes superficies se rozan entre sí. Se necesita mucha energía para vencer la fricción y poner el objeto en movimiento.

Fricción por rodadura
Los objetos que ruedan tienen menos fricción. Al rodar, solo un punto del borde toca el suelo y luego se eleva, en lugar de arrastrarse. Esto hace que se necesite menos energía para hacer rodar cargas pesadas.

INVENTAR LA RUEDA

Las primeras ruedas no se inventaron para hacer rodar un vehículo: se empezaron a utilizar en Mesopotamia hace unos 5500 años para fabricar vasijas de arcilla. En algún momento, sin embargo, se pasó de la orientación horizontal a la vertical. Entonces se observó que cuando dos ruedas verticales se unían entre sí con un eje podían utilizarse para transportar cargas pesadas.

Máquina simple

La rueda supera la fuerza de rozamiento, porque solo una pequeña parte toca el suelo en cada momento, y gira en lugar de deslizarse. Además, distribuye el peso a través de sus radios hasta la llanta, lo que permite transportar más carga.

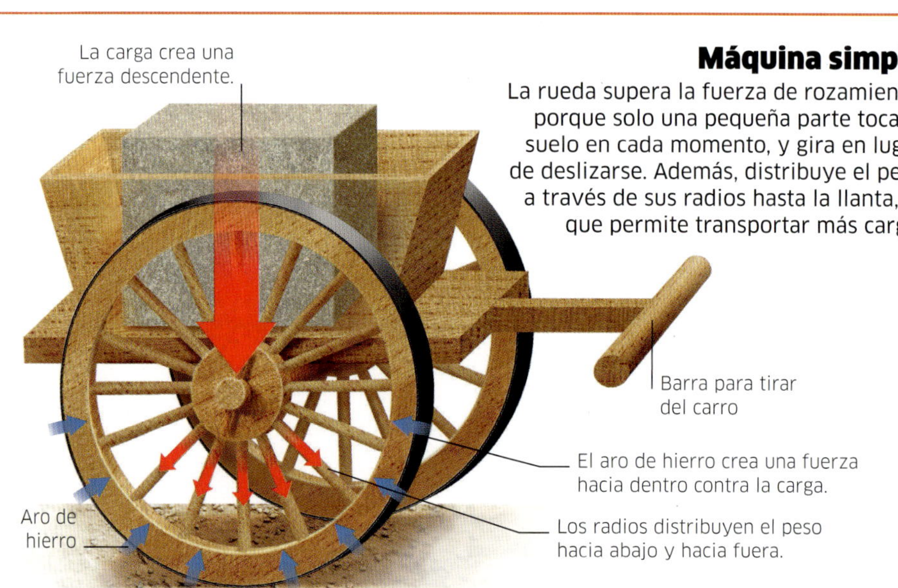

MEJOR RODADURA

Las primeras ruedas eran discos macizos, al principio de piedra y luego de madera. Pero eran muy pesadas y pronto se empezó a buscar la manera de hacerlas más ligeras, resistentes y de rodadura más suave.

1 Rueda maciza Las primeras ruedas, fabricadas hacia el 3500 a.C., eran discos macizos con un eje. Luego se hicieron con gruesos tablones de madera, sujetos con robustas clavijas.

2 Radios de madera Los antiguos egipcios vaciaban partes de sus ruedas para hacerlas más ligeras y rápidas. Los griegos siguieron la tendencia, y añadieron radios para hacerlas más resistentes.

3 Aros metálicos A partir del año 500 a.C., las ruedas de madera se reforzaron con aros metálicos alrededor de la llanta que las hacían durar más y permitían que se desplazaran por unos terrenos más accidentados.

4 Neumáticos de caucho Usados por primera vez en la década de 1870 en bicicletas, los neumáticos de caucho llenos de aire absorben los impactos de los baches y aligeran la rueda.

5 Ruedas de coche Los coches de hoy tienen llantas hechas con aleaciones –una mezcla de metales, como el aluminio y el magnesio– que las hacen más ligeras y resistentes.

Evolución de los ejes

Los ejes hacen algo más que mantener unidas dos ruedas. Cuando un eje conectado a una rueda gira, la llanta de la rueda también gira, pero recorre una distancia mucho mayor. Una rueda más grande empuja el vehículo más lejos por cada vuelta del eje, pero también requiere una fuerza mayor para girarla.

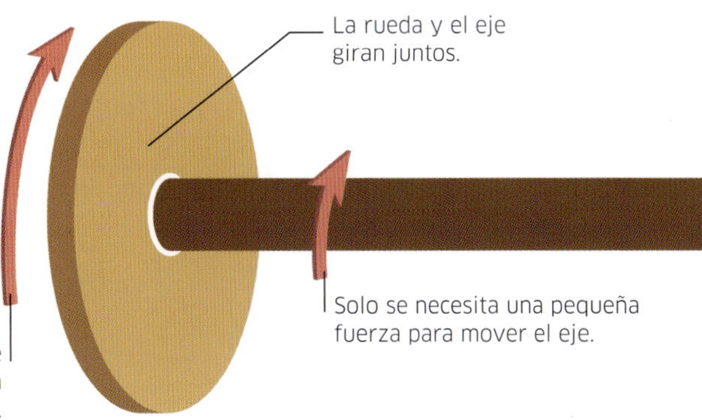

Ejes motorizados

El motor hace girar los ejes de un automóvil mediante engranajes (ver p. 19). Las marchas se cambian para garantizar que el motor funcione a un régimen que lo haga eficiente. En coches de dos ruedas motrices, solo se acciona uno de los ejes, pero en un coche de cuatro ruedas motrices, tanto el eje delantero como el trasero reciben potencia del motor, lo que aumenta la tracción en superficies resbaladizas.

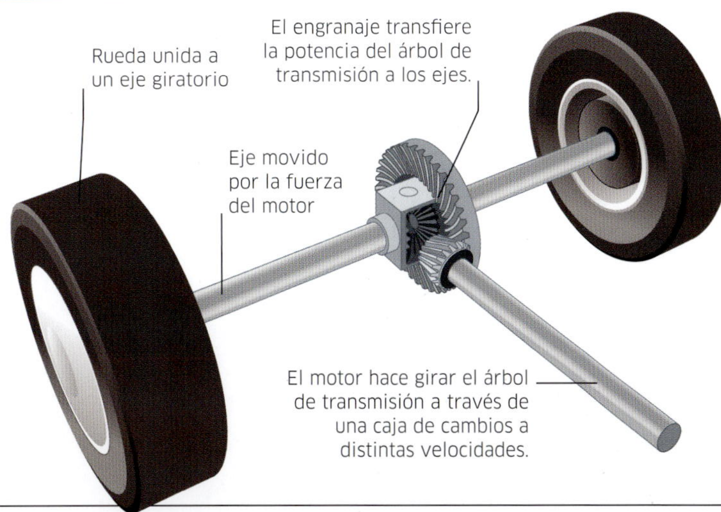

SUPERAR OBSTÁCULOS

Además de carreteras, se necesitan otras estructuras para conectar lugares remotos. Los puentes salvan desniveles, mientras que los túneles evitan tener que subir las laderas de las montañas. Los grandes nudos viarios conectan carreteras que van en distintas direcciones.

Puentes

Los puentes suelen unir dos orillas de un río o terrenos separados por vías fluviales mayores, como un estrecho. Algunos transportan vehículos a través de desfiladeros o terrenos irregulares, como el viaducto de Millau, en Francia.

Viaducto de Millau, Francia

Túneles

Cuando las montañas son demasiado altas para atravesarlas en coche o demasiado grandes para rodearlas, se perforan túneles a través de la roca. Algunos discurren bajo el agua y otros bajo las ciudades para reducir el tráfico rodado.

Túnel Zion-Mount Carmel, Utah, EE. UU.

Nudos viarios

Los cruces simples son útiles en las carreteras pequeñas, pero las autopistas de varios carriles están diseñadas con nudos complejos con muchas entradas y salidas para que se incorporen los coches que vienen de distintas direcciones.

Nudo viario en Shanghái, China

Primeros transportes

Durante la mayor parte de la historia, para desplazarnos, hemos dependido de la fuerza muscular, propia o de los animales.

Durante miles de años, desde las primeras civilizaciones hasta el siglo XX, eran pocas las personas que se alejaban mucho de su hogar. Cuando alguien emprendía un viaje largo, lo hacía a pie, montado en un animal o en un carruaje tirado por un animal, como un caballo. La invención de las máquinas de vapor en el siglo XIX permitió finalmente viajar en vehículos que podían moverse sin la ayuda de la fuerza muscular.

CARRETILLA

Transporte rodado

Origen: China

Fecha: 221 a. C.-256 d. C.

La carretilla se inventó en China para transportar cargas pesadas de mercancías o incluso personas. Su nombre chino significa «buey de madera».

Asideros de madera
Cuanto más largos sean los asideros de una carretilla, menos fuerza se necesitará para levantarla y empujarla.

Auriga
Este hombre dirige los caballos y les marca la velocidad a la que deben avanzar.

El arnés mantiene a los caballos sujetos al carro.

CARRO

Vehículo ligero de dos ruedas

Origen: Mesopotamia

Fecha: 3000 a. C.

Con la invención de la rueda de radios se pudieron fabricar vehículos rápidos y ligeros de dos ruedas que podían ser arrastrados por caballos.

CAMELLO

Zancadas en el desierto

Origen: Arabia

Fecha: 2200 a. C.

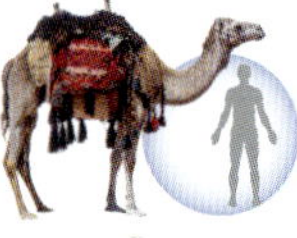

Conocidos como los barcos del desierto, los camellos eran los preferidos de los comerciantes de largo recorrido porque podían transportar las cargas a grandes distancias por paisajes difíciles.

Los dedos anchos evitan que el camello se hunda en la arena.

CABALLO

Movimiento a caballo

Origen: Asia Central

Fecha: 2000 a. C.

Montar a caballo permite recorrer distancias mucho mayores a una velocidad superior que a pie. Este caballo y su jinete proceden de Mongolia, donde los caballos son pequeños y fuertes.

Soporte

LITERA

Transporte de personas

Origen: Croacia

Fecha: Siglo XVIII

Para quienes podían costeársela, la litera permitía viajar sin tener que dar un solo paso. Dos palos se deslizaban a través de cuatro soportes a cada lado de la caja, que luego eran levantados del suelo por hombres fuertes.

CARRUAJE REAL

Símbolo de estatus

Origen: Brasil

Fecha: Siglo XIX

Cubierto de intrincadas tallas y con el escudo de armas pintado, este carruaje perteneció a los emperadores brasileños. La elaborada decoración reflejaba la riqueza y magnificencia de la familia imperial.

COCHECITO DE BEBÉ

Transporte para niños

Origen: Reino Unido

Fecha: 1773

El primer cochecito del mundo se construyó para los hijos del duque británico de Devonshire. Podía ser tirado por un poni, un perro o una cabra. El asiento del bebé descansaba sobre muelles suspendidos para un paseo suave.

Forma curva El cochecito se enroscaba sobre sí mismo como una ola.

CHUCKWAGON

Carro de comida

Origen: Estados Unidos

Fecha: Siglo XIX

Los colonos del oeste de Norteamérica viajaban en convoyes, caravanas de carretas que iban en fila. El chuckwagon llevaba la comida y los utensilios de cocina. Los aros podían cubrirse con una lona.

TRINEO

Paseo invernal a caballo

Origen: Países Bajos

Fecha: Década de 1880

En invierno, los patines de un trineo suelen ofrecer una conducción más rápida y suave que un vehículo con ruedas, que pueden atascarse en la nieve o resbalar en el hielo. Este trineo estaba forrado de piel para un mayor confort.

Asiento del conductor

CARAVANA READING

Casa sobre ruedas

Origen: Reino Unido

Fecha: Década de 1880

Llamadas así por la ciudad británica en la que muchas se construyeron, estas casas tiradas por caballos tenían espacio para una cama y una cocina. Eran populares entre los gitanos romaníes, que viajaban entre granjas.

FAETÓN

Carruaje de conducción propia

Origen: Estados Unidos

Fecha: Siglo XIX

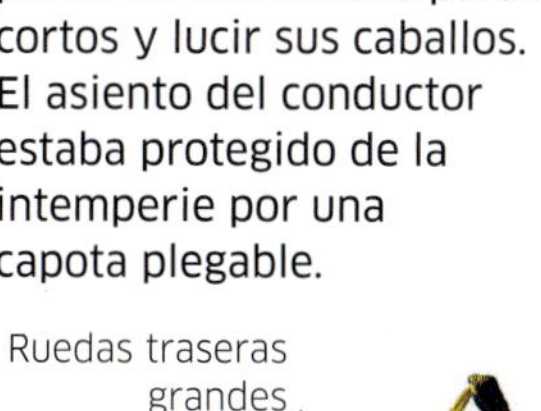

Estos ligeros carruajes eran utilizados por personas adineradas para hacer viajes cortos y lucir sus caballos. El asiento del conductor estaba protegido de la intemperie por una capota plegable.

Ruedas traseras grandes

CARRUAJE DE VAPOR GRENVILLE

Transporte motorizado

Origen: Reino Unido

Fecha: 1880

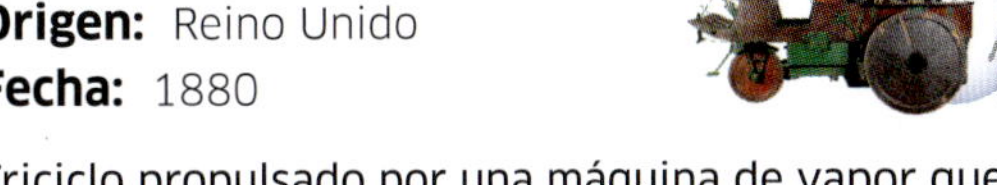

Triciclo propulsado por una máquina de vapor que se dirigía con la rueda delantera. Al principio, los de vapor eran más populares que los coches de gasolina, pero al mejorar estos, el vapor no pudo competir.

Caldera

TRANVÍA

Tren ligero eléctrico

Origen: España

Fecha: 1912

Los tranvías siguen rutas fijas y circulan sobre raíles instalados a lo largo de las carreteras. Los primeros tranvías eran tirados por caballos, pero los muchos que siguen circulando hoy en día usan la electricidad.

El pantógrafo toma electricidad de las catenarias eléctricas aéreas.

300 000 kg de caca producían los caballos de París a diario en la década de 1820.

Ómnibus de caballos

En 1828, París se convirtió en la primera ciudad del mundo en introducir una nueva forma de transporte público: el ómnibus tirado por caballos, antecesor del autobús moderno.

El servicio cubría toda la ciudad y era popular y eficiente. Pero los ómnibus no estaban pensados para ser cómodos. Sus ruedas metálicas traqueteaban con brusquedad por las calles empedradas de París y los pasajeros rebotaban en los duros bancos de madera.

Cuadras del ómnibus
En su apogeo, en la década de 1880, la Compagnie Générale des Omnibus de París poseía 9000 caballos. Los establos principales se encontraban en el Quai de Jemmapes (imagen), una zona industrial cercana a la concurrida estación de tren Gare de l'Est.

El sombrero de ala ancha y el abrigo largo protegían al conductor del calor y la humedad.

Las riendas permitían dirigir los caballos. Se tiraba de la rienda izquierda o derecha para girar a uno u otro lado.

Anteojeras
Mantenían a los caballos tranquilos y sin distracciones en las ruidosas calles.

Una barra de madera mantenía separados a los caballos y hacía que caminaran en línea recta.

Ruedas delanteras más pequeñas
Encajaban bajo el ómnibus al girar, y permitían maniobrar en calles estrechas.

Residuos en las calles
El estiércol de caballo era la principal emisión tóxica de un ómnibus del siglo XIX.

Popular

La palabra «ómnibus» procede del latín y significa «para todos», ya que estos autobuses se pensaron para cualquiera que pudiera permitírselo. Al principio eran vagones de madera de un solo piso, a cuyos asientos se accedía por una escalera. Los ómnibus descubiertos se introdujeron en 1853. Más tarde, vehículos más sofisticados como el *Impériale* disponían de escaleras de caracol fijas.

Dentro del ómnibus
Inusualmente para la época, hombres y mujeres se sentaban juntos, ocho pasajeros a cada lado. El ómnibus estaba en principio abierto a todos, pero el precio del billete, de 25 céntimos, era demasiado caro para los ciudadanos más humildes de París.

ÓMNIBUS *IMPÉRIALE*

Tipo: Descapotable de dos pisos

Localización: París, Francia

Longitud (carruaje): 4,6 m

Año de lanzamiento: *c.* 1860

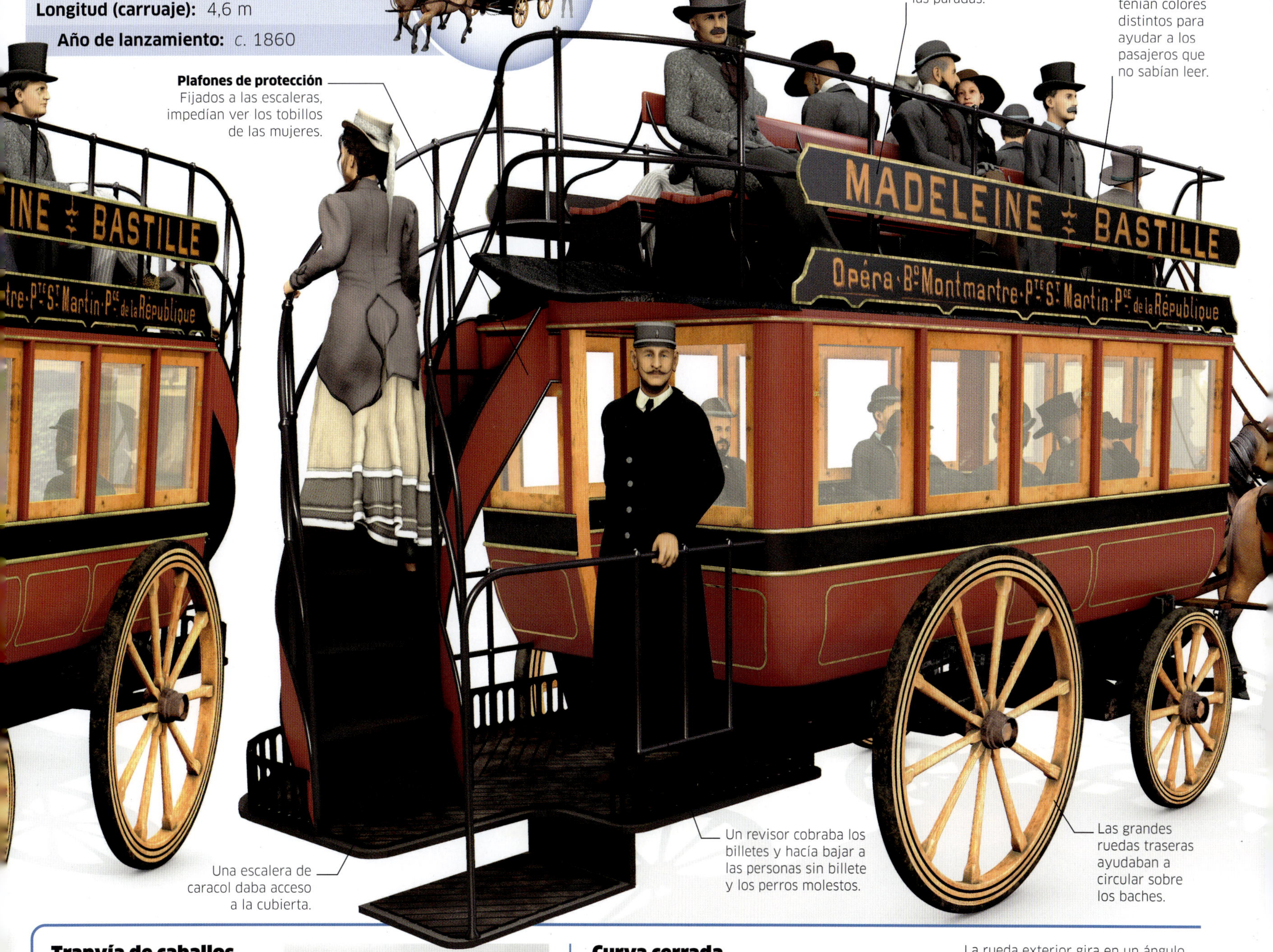

Plafones de protección Fijados a las escaleras, impedían ver los tobillos de las mujeres.

Los pasajeros de la cubierta superior pagaban la mitad que los del interior.

Anuncio de ruta Los paneles superiores anunciaban la ruta. En la parte inferior se indicaban las paradas.

Los vagones tenían colores distintos para ayudar a los pasajeros que no sabían leer.

Una escalera de caracol daba acceso a la cubierta.

Un revisor cobraba los billetes y hacía bajar a las personas sin billete y los perros molestos.

Las grandes ruedas traseras ayudaban a circular sobre los baches.

Tranvía de caballos

Este tipo de tranvías eran carruajes de uno o dos pisos sobre raíles tirados por dos caballos. Eran populares en todo el mundo, como en Londres (imagen). Suponían una mejora respecto al ómnibus porque sus raíles permitían a los caballos tirar de una mayor carga y ofrecían un viaje más suave. Desde la década de 1890 desaparecieron lentamente en favor de los tranvías eléctricos y el ferrocarril.

Curva cerrada

Hasta 1816, a los carruajes les costaba hacer curvas cerradas. Ese año, el inventor alemán Rudolph Ackermann popularizó la idea de dotar a cada rueda de su propio pivote individual, lo que significaba que podían girar alrededor del punto central. Esto permitió a los carruajes girar más fácilmente sin que sus ruedas se deslizaran hacia los lados. La dirección de los vehículos modernos utiliza el principio de Ackermann en una forma modificada que posiciona las ruedas correctamente para dar los giros a mayor velocidad.

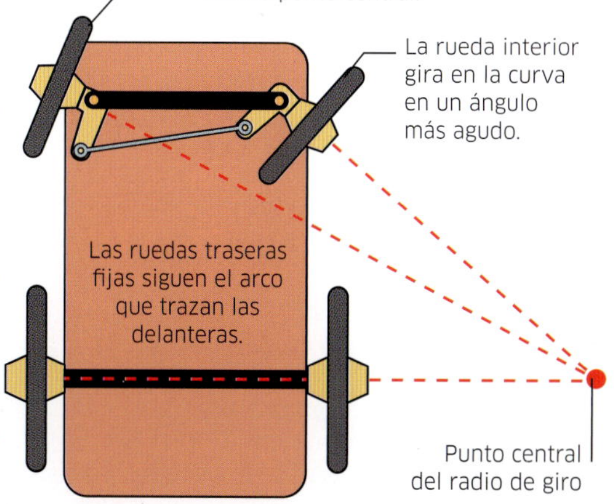

La rueda exterior gira en un ángulo mayor que la interior, pero sobre el mismo punto central.

La rueda interior gira en la curva en un ángulo más agudo.

Las ruedas traseras fijas siguen el arco que trazan las delanteras.

Punto central del radio de giro

257 645 km de vías conforman la **Red Nacional de Autopistas** de Estados Unidos.

Carreteras

Desde enormes autopistas hasta vías de un solo carril, las redes de carreteras son una parte básica de la infraestructura de un país y las usan millones de vehículos.

Construir una nueva carretera puede llevar años, y comienza con una fase de prospección para encontrar los terrenos adecuados. Según la orografía puede ser necesario construir túneles, puentes y otros elementos para permitir su trazado. Una vez terminada, se necesitará un mantenimiento regular para garantizar que pueda seguir soportando grandes volúmenes de tráfico. En 2021, solo China gastó más de 6000 millones de dólares en construir y mantener infraestructuras de transporte.

4 Se pinta la señalización
Una vez seco el asfalto, se pinta la señalización, como las líneas centrales. A continuación pueden añadirse otros elementos de la carretera, como luces, barreras y otras señales.

Autopista
Las autopistas, las carreteras más grandes y a menudo más transitadas, tienen varios carriles y conectan ciudades importantes.

Construir una autopista

Una vez seleccionado el trazado, los ingenieros empiezan a diseñar la carretera teniendo en cuenta factores como la geografía, las condiciones del suelo y el impacto ambiental. Entonces empieza la construcción, que tiene lugar en varias capas. Hay que colocar drenajes a los lados y debajo de la carretera para que el agua no se acumule en su superficie.

Operarios
Operarios experimentados comprueban la calidad del asfalto. Cuando se usa hormigón, también emplean herramientas para alisarlo mientras aún está húmedo.

3 Asfalto
Se vierte asfalto líquido caliente sobre la subbase y se compacta. Algunas carreteras utilizan hormigón, que suele durar más que el asfalto pero es más caro.

Drenaje
Una red de desagües pluviales canalizan el agua. También pueden tenderse tuberías o cables de servicios públicos por debajo de la carretera.

Puentes

Cuando una carretera tiene que superar un obstáculo o pasar sobre otra, se construye un puente o paso elevado. Los cimientos, los soportes y el tablero sobre el que se asienta la carretera suelen ser de hormigón, y cada una de sus partes se eleva hasta su lugar con una grúa.

Asfaltadora
Al avanzar, extiende el asfalto de manera uniforme. Sus pulverizadores son ajustables en anchura.

Bordillo
Linda con la carretera y tiene rejillas por las que el agua de lluvia fluye hacia los sistemas de drenaje subterráneos.

2 Base y subbase
Las siguientes capas de la carretera están hechas de materiales resistentes, normalmente una mezcla de piedra triturada, grava, tierra adicional u hormigón triturado. Proporcionan resistencia y estabilidad.

Base

14 523 km de longitud tiene la **Autopista Uno de Australia**, la **carretera continua más larga** del mundo, que **atraviesa todos los estados** del país.

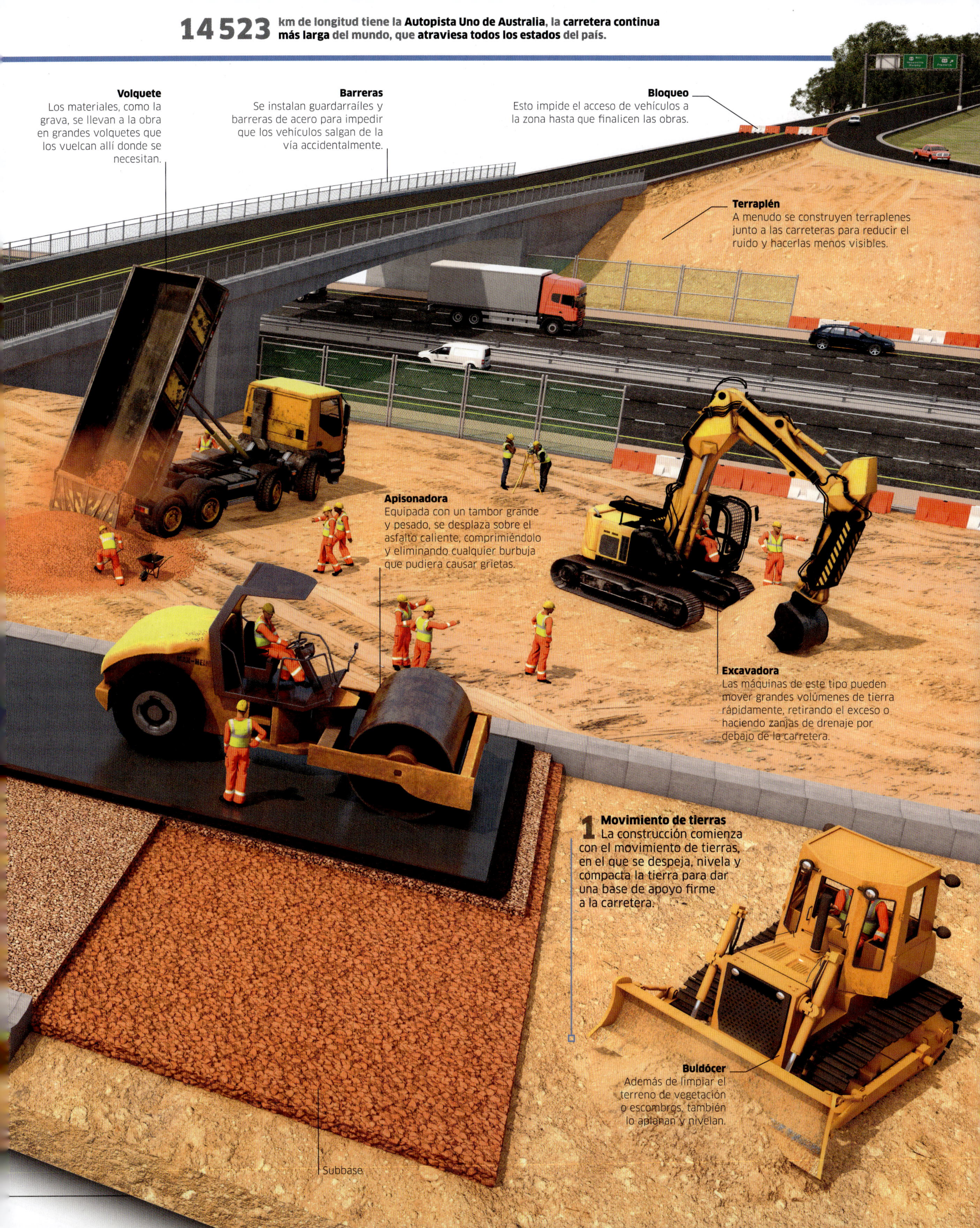

27 metros de longitud mide **el motor más grande**, que pesa **más de 2300 toneladas** y se usa para **propulsar barcos portacontenedores.**

MOTOR DE CUATRO TIEMPOS

En un motor hay uno o varios cilindros fijos, que contienen una pieza móvil llamada pistón. La mayoría de los motores de combustión interna funcionan con un ciclo que implica dos carreras o movimientos ascendentes y dos descendentes de cada pistón. Estos movimientos introducen combustible y aire en el motor, los comprimen, encienden y queman la mezcla y, por último, expulsan los gases residuales. En un motor en marcha, este ciclo se repite muchas veces por segundo.

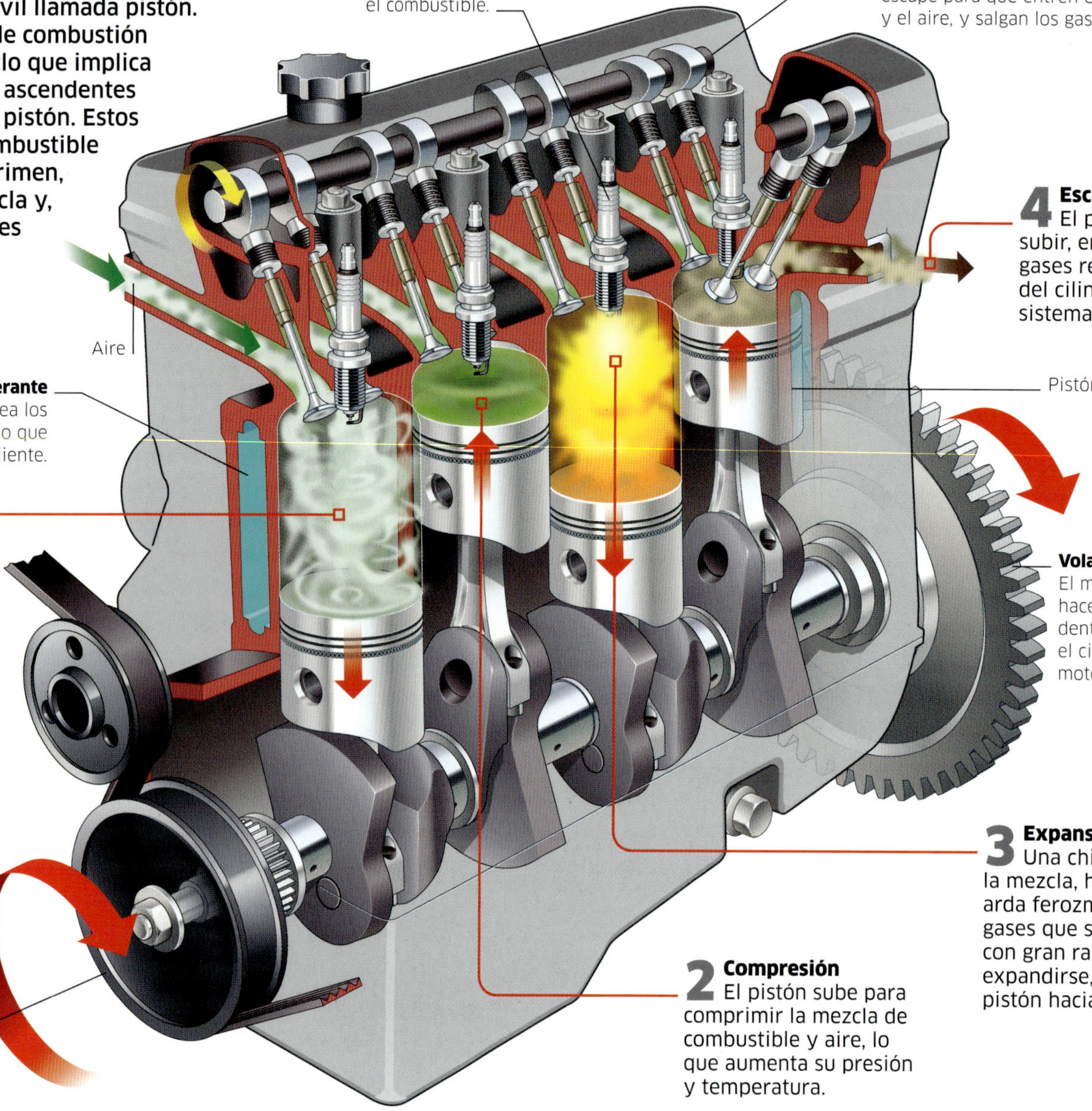

Bujía de encendido
Produce una chispa eléctrica para encender el combustible.

Árbol de levas
Abre y cierra las válvulas de admisión y escape para que entren el combustible y el aire, y salgan los gases residuales.

4 Escape
El pistón vuelve a subir, empujando los gases residuales fuera del cilindro y hacia el sistema de escape.

Aire

Pistón

Refrigerante
Este líquido rodea los cilindros, impidiendo que el motor se sobrecaliente.

1 Admisión
El pistón del cilindro desciende, introduciendo combustible y aire en el cilindro a través de una abertura situada en la parte superior.

Volante
El motor de arranque hace girar un volante dentado. Este hace girar el cigüeñal y arranca el motor.

3 Expansión
Una chispa enciende la mezcla, haciendo que arda ferozmente y cree gases que se expanden con gran rapidez. Al expandirse, impulsan el pistón hacia abajo.

Cigüeñal
Los pistones lo hacen girar y mantienen en marcha el ciclo de cuatro tiempos.

2 Compresión
El pistón sube para comprimir la mezcla de combustible y aire, lo que aumenta su presión y temperatura.

Motor de combustión

Desde su desarrollo en la década de 1870, los motores de combustión interna han revolucionado el mundo. Instalados en coches, motocicletas y otros vehículos, generan grandes cantidades de energía a partir de gasolina o gasóleo.

En el interior de sus cilindros cerrados, los motores queman una mezcla de aire y combustible en un proceso conocido como combustión. Esto convierte la energía química almacenada en el combustible en energía mecánica que puede hacer girar ruedas o hélices y propulsar una amplia gama de vehículos. Los motores pueden tener distintos números de cilindros, pero los coches más comunes tienen entre cuatro y ocho.

Motores diésel

Los motores diésel no tienen bujías. En su lugar, comprimen tanto el aire que este se calienta hasta temperaturas superiores a 500 °C y después se inyecta el combustible, lo que provoca la explosión.

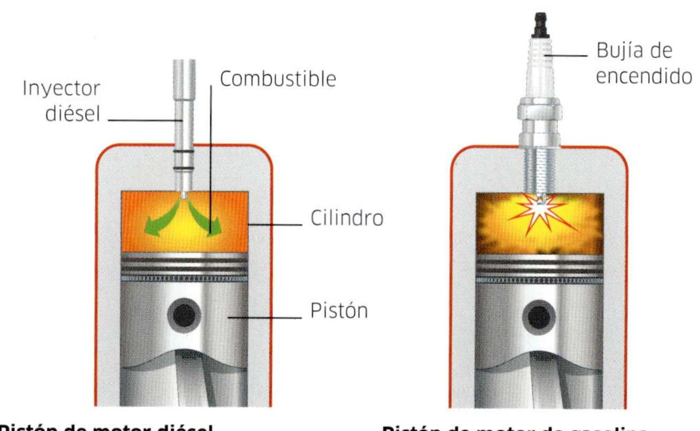

Pistón de motor diésel
El combustible inyectado en aire muy caliente arde rápidamente y empuja hacia abajo.

Pistón de motor de gasolina
Una chispa hace que la gasolina arda rápidamente y empuje hacia abajo.

ARRANCAR UN COCHE

Antes de que el conductor pueda arrancar su coche y permitir que su motor se ponga en marcha deben producirse una serie de procesos eléctricos, químicos y mecánicos.

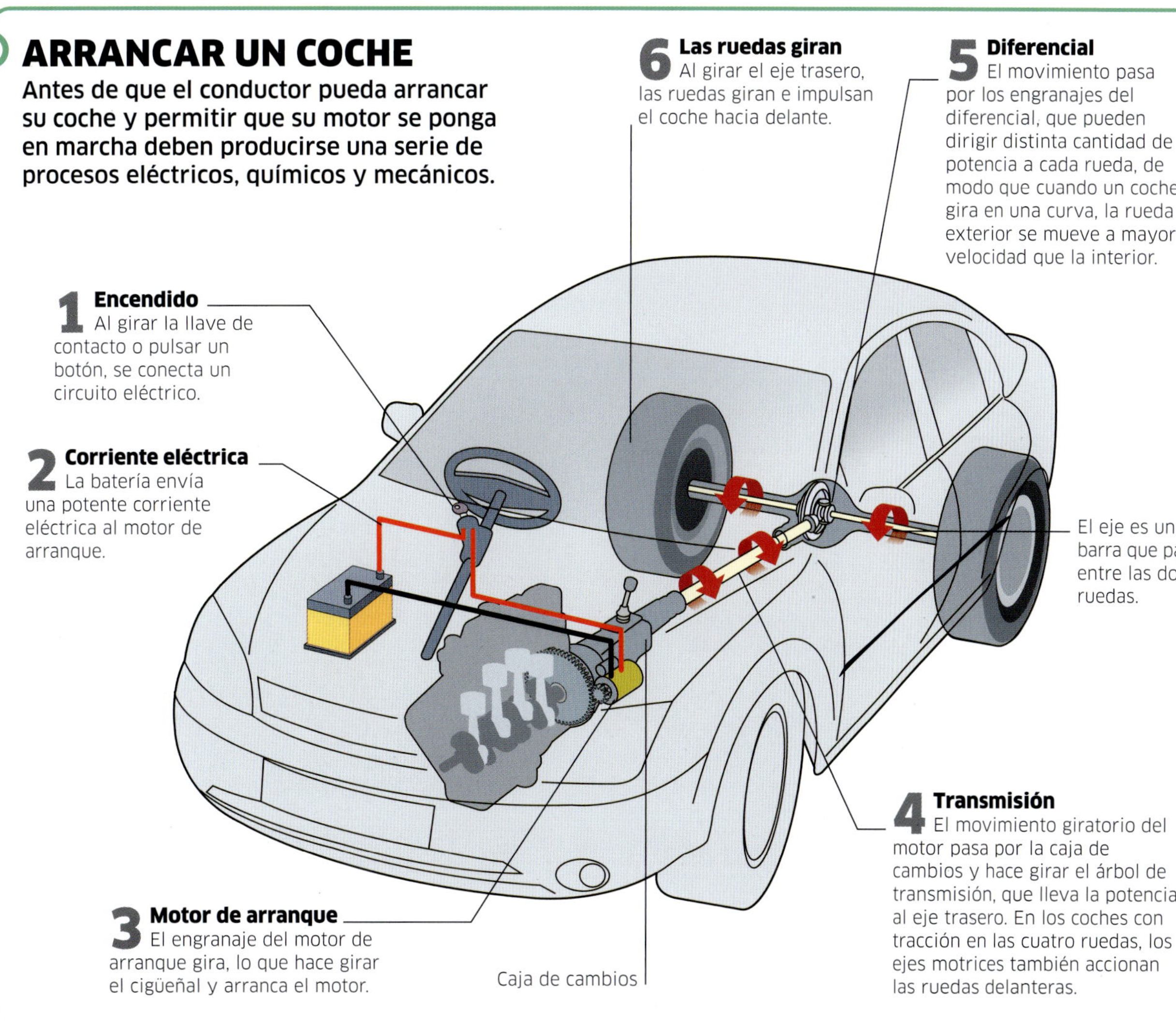

1 Encendido Al girar la llave de contacto o pulsar un botón, se conecta un circuito eléctrico.

2 Corriente eléctrica La batería envía una potente corriente eléctrica al motor de arranque.

3 Motor de arranque El engranaje del motor de arranque gira, lo que hace girar el cigüeñal y arranca el motor.

4 Transmisión El movimiento giratorio del motor pasa por la caja de cambios y hace girar el árbol de transmisión, que lleva la potencia al eje trasero. En los coches con tracción en las cuatro ruedas, los ejes motrices también accionan las ruedas delanteras.

5 Diferencial El movimiento pasa por los engranajes del diferencial, que pueden dirigir distinta cantidad de potencia a cada rueda, de modo que cuando un coche gira en una curva, la rueda exterior se mueve a mayor velocidad que la interior.

6 Las ruedas giran Al girar el eje trasero, las ruedas giran e impulsan el coche hacia delante.

CAJA DE CAMBIOS

Los engranajes son ruedas dentadas que encajan entre sí, de modo que, al girar una rueda, también lo hace otra. Al combinar distintos tamaños en una caja de cambios, pueden alterar la fuerza de giro, o par, de la salida del motor. Las marchas cortas proporcionan más potencia, mientras que las largas se utilizan a mayor velocidad.

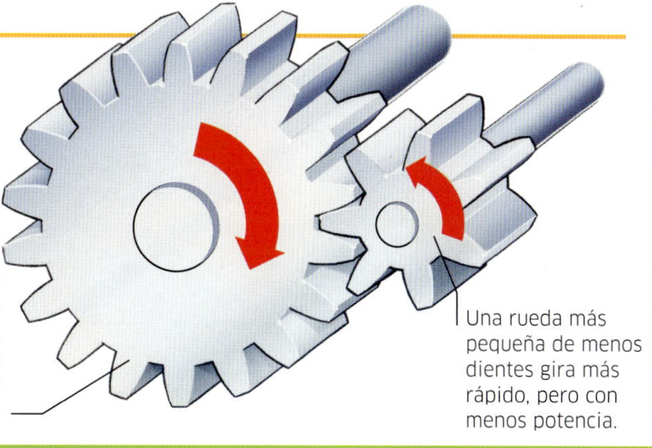

DISPOSICIÓN

A parte de los motores más pequeños de los microcoches y algunas motos, la mayoría de ellos tienen dos o más cilindros. Estos pueden estar dispuestos de distintas maneras.

Cuatro en línea
Cuatro cilindros en línea es una de las disposiciones más comunes en los coches pequeños y medianos de hoy en día.

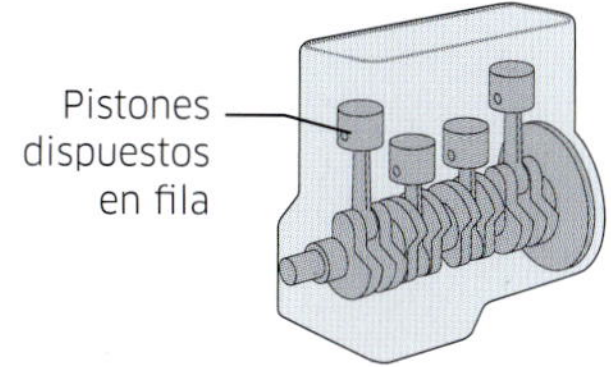

V6
Estos motores, que montan los coches de carreras IndyCar y algunos deportivos, constan de dos filas de tres cilindros en ángulo.

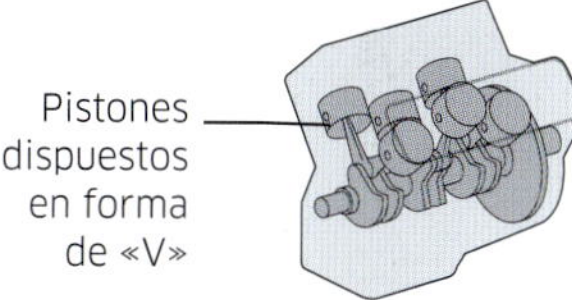

Cuatro horizontales
Dos pares de cilindros horizontales, uno frente al otro, crean un motor ancho pero con pocas vibraciones.

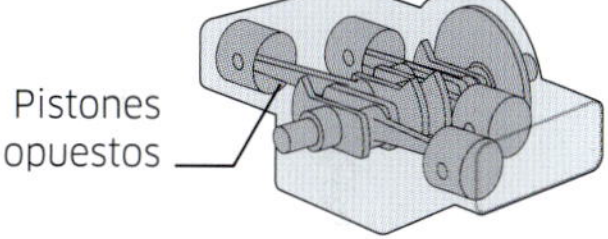

Radial
Este patrón circular de cilindros ha propulsado muchos de los primeros aviones y algunos aviones acrobáticos modernos.

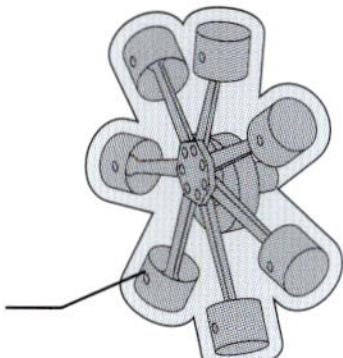

POTENCIA

Los motores de combustión interna propulsan muchos vehículos. A menudo generan una gran potencia, al girar el cigüeñal muchos miles de veces en un minuto, medida conocida como revoluciones por minuto (RPM). Pero potencia no es sinónimo de eficiencia. Los ingenieros se esfuerzan cada vez más por diseñar motores capaces de recorrer la mayor distancia posible con el menor consumo de combustible.

Caballos de potencia

La unidad que mide la potencia de un coche se debe al ingeniero británico James Watt en la década de 1780. Comparó la fuerza generada por los motores con la de los caballos y definió un caballo de vapor como la potencia de un caballo levantando un peso de 149,7 kg 30,5 m durante un minuto.

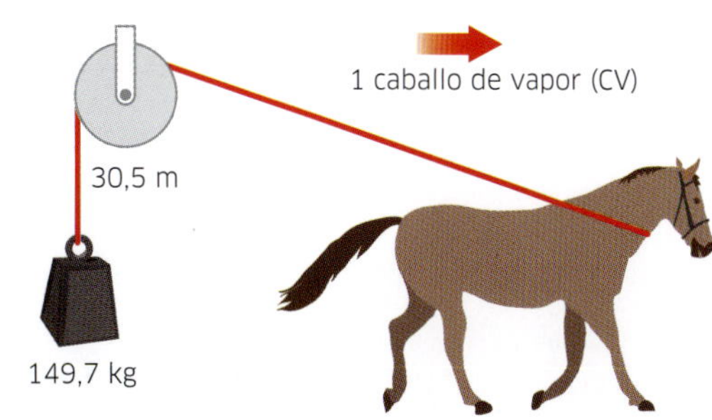

Eficiencia

Los diseñadores de vehículos buscan siempre formas de obtener más potencia de los motores con un consumo menor de combustible. La combinación del motor, la aerodinámica y los ordenadores de a bordo pueden marcar la diferencia y dar diseños innovadores, como los desarrollados para la Shell Eco-marathon (izquierda). En la actualidad, algunos coches pequeños pueden recorrer más de 22 km por cada litro de combustible.

1896 Fecha en la que se pone la primera multa de velocidad, en Inglaterra.

1450 millones de coches había en el mundo a finales de 2023.

En ruta

En los últimos 140 años, los coches no han dejado de evolucionar, desde el carruaje sin caballos, pasando por el artículo de lujo, hasta ser un elemento esencial para la familia.

Los automóviles con motor fueron pioneros en Europa, pero no fue hasta que Estados Unidos empezó a fabricar vehículos en serie en cadenas de producción móviles que la gente corriente pudo permitírselos. Cada vez más potentes y sofisticados, y cada vez más elegantes, se convirtieron en símbolos de riqueza e independencia. Hoy en día se venden una amplia gama de coches en todo el mundo, pero también se hacen esfuerzos por reducir su impacto en el medio ambiente, incluido el desarrollo de coches eléctricos.

OLDSMOBILE CURVED DASH

Origen: Estados Unidos
Año: 1901
Velocidad máxima: 32 km/h

Bautizado con el nombre de su creador, Ransom Eli Olds, fue el primer coche fabricado en grandes cantidades. El motor monocilíndrico estaba bajo los dos asientos y una caja de cambios de dos velocidades transmitía la potencia a las ruedas traseras. El conductor dirigía el vehículo mediante un timón, una larga palanca situada en la parte delantera.

Frontal curvo
Un panel metálico curvado protegía a los ocupantes del coche del barro y las piedras voladoras.

Neumáticos blandos
Los neumáticos de goma y la suspensión incorporada amortiguaban los sólidos ejes y las ruedas de madera.

FORD MODELO T

Origen: Estados Unidos
Año: 1908
Velocidad máxima: 68 km/h

En 1927 se habían fabricado más de 15 millones del modelo T en la primera cadena de producción del mundo. Tenía una gran altura libre (el espacio entre la carrocería y la carretera) para hacer frente a las carreteras en mal estado de la época.

CITROËN TRACTION AVANT

Origen: Francia
Año: 1934
Velocidad máxima: 137 km/h

Este coche familiar contaba con nuevas tecnologías, como la tracción delantera. Su gran maniobrabilidad lo hacía más seguro que otros coches para conducir a alta velocidad, y ofrecía una selección de estilos de carrocería y motores.

VOLKSWAGEN ESCARABAJO

Origen: Alemania
Año: 1938
Velocidad máxima: 113 km/h

En alemán, «Volks Wagen» significa «coche del pueblo», y esta berlina con motor trasero y refrigeración por aire fue concebida como transporte familiar barato. Se fabricaron más de 21 millones de Escarabajos, ¡todo un récord!

CHEVROLET BEL AIR

Origen: Estados Unidos
Año: 1957
Velocidad máxima: 193 km/h

Con sus llamativas aletas traseras, pintura bicolor y molduras cromadas, el Bel Air era un clásico descapotable americano de los años cincuenta. Venía equipado de serie con un potente motor y cambio de marchas automático.

MINI

Origen: UK
Año: 1959
Velocidad máxima: 161 km/h

Para que cupieran cuatro personas, el motor del Mini se montó transversalmente en la parte delantera, una novedad en aquella época. Era rápido y maniobrable, y los modelos deportivos ganaron tres veces el Rally de Montecarlo.

RENAULT 16

Origen: Francia
Año: 1965
Velocidad máxima: 170 km/h

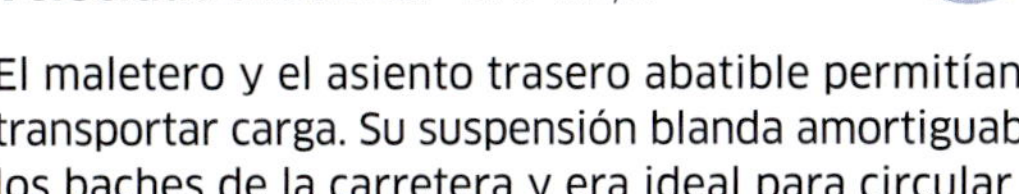

El maletero y el asiento trasero abatible permitían transportar carga. Su suspensión blanda amortiguaba los baches de la carretera y era ideal para circular por autopista.

HONDA CIVIC MKI

Origen: Japón
Año: 1972
Velocidad máxima: 145 km/h

El innovador motor del Civic lograba una «combustión pobre» para reducir las emisiones nocivas y cumplir las nuevas leyes antipolución. Honda concedió la licencia de esta innovadora tecnología a otros fabricantes de automóviles.

JEEP WAGONEER

Origen: Estados Unidos
Año: 1963
Velocidad máxima: 153 km/h

El Wagoneer, uno de los primeros coches en ofrecer la comodidad de un turismo familiar (un coche espacioso de gran maletero) con la capacidad todoterreno de un vehículo con tracción en las cuatro ruedas. Fue uno de los primeros vehículos utilitarios deportivos (SUV).

SAAB 99

Origen: Suecia
Año: 1967
Velocidad máxima: 193 km/h

El Saab 99 marcó nuevas tendencias en materia de protección contra colisiones, frenado, visibilidad y comportamiento sobre mojado. Otras innovaciones fueron el asiento del conductor calefactado y los limpiafaros.

TOYOTA PRIUS MKI

Origen: Japón
Año: 1998
Velocidad máxima: 159 km/h

Esta pequeña berlina hizo historia como el primer híbrido eléctrico de gasolina a la venta al público. A baja velocidad, la propulsión eléctrica reducía las emisiones, mientras que la gasolina tomaba el relevo en las carreteras más rápidas.

TESLA MODEL 3

Origen: Estados Unidos
Año: 2017
Velocidad máxima: 261 km/h

Antes de que apareciera el Model 3, Tesla ya había sacudido el mercado de los coches eléctricos. Su modelo de 2017 era mucho más asequible y podía recorrer más de 402 km entre cargas.

322 km/h es la **velocidad máxima de los vehículos de Fórmula E Gen 3, los coches de carreras totalmente eléctricos más rápidos.**

Coche eléctrico

Sin motor de combustión interna (ver pp. 18-19), los vehículos eléctricos no utilizan gasolina ni gasóleo. En su lugar, los propulsa un motor eléctrico, lo que los hace mucho más silenciosos y menos contaminantes.

En 2023 se venderán aproximadamente 14 millones de coches eléctricos en todo el mundo. A diferencia de otros coches, los vehículos totalmente eléctricos no producen emisiones cuando están en marcha, aunque la electricidad que consumen puede haber creado emisiones al generarse. Tienen muchas menos piezas móviles que los coches normales, sin bomba de combustible, encendido ni sistemas de escape.

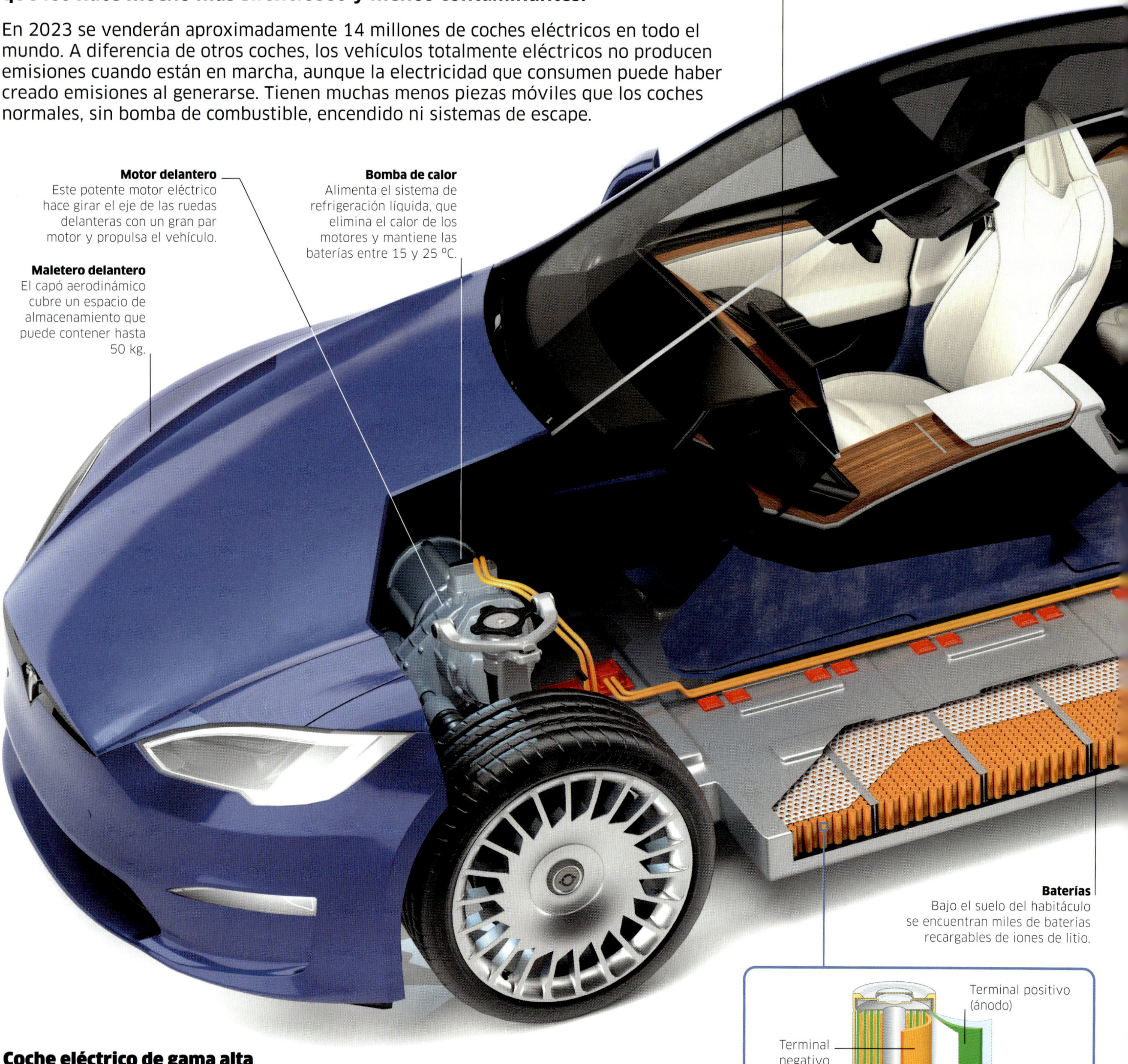

Consola del conductor
Una pantalla táctil permite al conductor acceder a numerosas ayudas electrónicas a la conducción, como diferentes modos de aceleración, asistente de aparcamiento y control de crucero.

Motor delantero
Este potente motor eléctrico hace girar el eje de las ruedas delanteras con un gran par motor y propulsa el vehículo.

Bomba de calor
Alimenta el sistema de refrigeración líquida, que elimina el calor de los motores y mantiene las baterías entre 15 y 25 °C.

Maletero delantero
El capó aerodinámico cubre un espacio de almacenamiento que puede contener hasta 50 kg.

Baterías
Bajo el suelo del habitáculo se encuentran miles de baterías recargables de iones de litio.

Coche eléctrico de gama alta

El Model S, la primera berlina de lujo del todo eléctrica, originalmente solo tenía tracción trasera, pero ahora cuenta con dos motores que propulsan las cuatro ruedas. Oculto bajo el suelo del habitáculo se encuentra su enorme paquete de baterías, que pesa 625 kg, casi un tercio del peso total del coche.

Batería de iones de litio
La batería del coche eléctrico almacena energía. Al conectarse a un circuito, la electricidad fluye del terminal negativo (ánodo) al positivo (cátodo), alimentando el motor del coche.

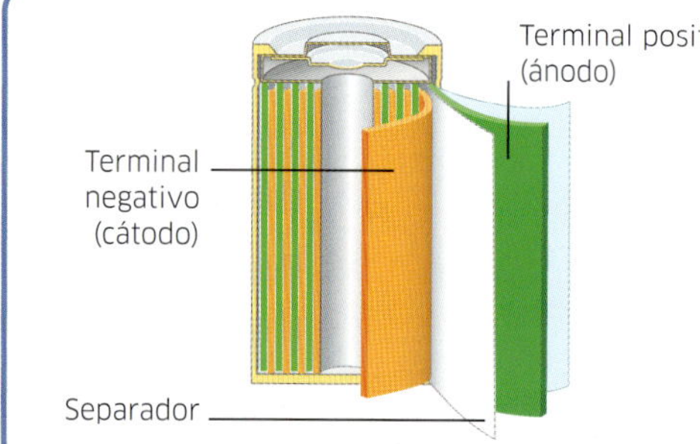

Protección lateral
La protección ante impactos laterales incluye barras reforzadas para proteger a los ocupantes del coche, y airbags laterales que se inflan en caso de impacto.

Asientos traseros
Los tres asientos traseros son regulables y abatibles para crear un amplio espacio de almacenamiento, además del maletero trasero.

Motor trasero
Este potente motor eléctrico de 252 kW trabaja con el motor delantero, lo que permite al coche alcanzar velocidades de 249,5 km/h.

TESLA MODEL S

Berlina de lujo de cinco puertas

Origen: Estados Unidos

Año: 2012

Longitud: 5,02 m

Supercargador rápido
Esta estación de carga rápida puede recargar las baterías con 320 km de autonomía en menos de 20 minutos.

Amortiguador
Esta parte del sistema de suspensión trasera absorbe las fuerzas de impacto y puede ajustarse a distintos tipos de conducción.

Puerto de carga
El puerto del vehículo puede conectarse a la red eléctrica.

Chasis
El robusto bastidor del coche está fabricado en su mayor parte con aluminio ligero.

Baterías apiladas
Los grandes grupos de baterías del Model S dan al coche una autonomía máxima de 560-647 km entre cargas.

El Tesla Model S Plaid 2023 pasa de 0 a 96 km/h en solo 1,99 segundos.

Frenado regenerativo

Durante el frenado, el motor de un coche eléctrico ya no necesita suministrar energía a las ruedas. En su lugar, el motor se convierte en un generador que transforma la energía del movimiento de las ruedas giratorias en electricidad que puede enviarse a la batería del coche. Los coches de gasolina o diésel no pueden almacenar energía de esta forma.

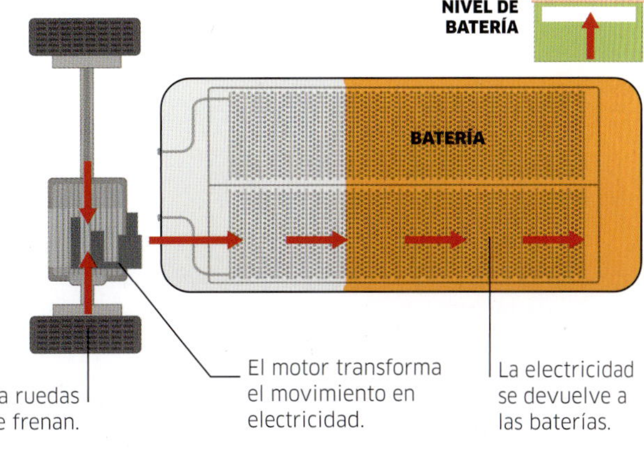

El primer híbrido

Los coches híbridos tienen motores eléctricos y un motor de combustión interna. El primero fue el Lohner-Porsche Semper Vivus, creado en 1900. Su motor alimentaba un generador que enviaba electricidad a las ruedas. El coche alcanzaba una velocidad máxima de 35 km/h.

30,51 m tenía el coche más largo, una limusina capaz de transportar a 75 personas, así como una piscina y un helipuerto.

ROLLS-ROYCE SILVER GHOST

Origen: Reino Unido
Año: 1906
Velocidad máxima: 121 km/h

El Silver Ghost se ganó la reputación de ser «el mejor coche del mundo» por su refinamiento mecánico y su funcionamiento casi silencioso. Cada unidad tenía una carrocería producida a mano individualmente.

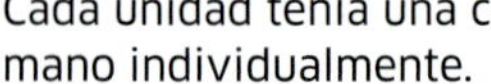

BUGATTI TYPE 50T COUPÉ

Origen: Francia
Año: 1931
Velocidad máxima: 177 km/h

Del fabricante de muchos ganadores de grandes Premios, el Type 50 tenía un motor de ocho cilindros de gran capacidad de respuesta, a juego con su distintiva forma Art Decó y sus atrevidos colores.

BENTLEY R-TYPE CONTINENTAL

Origen: Reino Unido
Año: 1951
Velocidad máxima: 193 km/h

Bentley fabricó este gran turismo de cuatro plazas para velocidad y grandes distancias. Su carrocería aerodinámica de aluminio le daba un excelente rendimiento a altas velocidades. Los asientos estaban tapizados en cuero.

Coches de lujo

En los albores del automovilismo, todos los coches eran artículos de lujo que estaban solo al alcance de los ricos. Pero cuando se demostró su fiabilidad y la producción en serie los abarató, se convirtieron en una opción para más gente.

Fabricantes como Bugatti y Bentley mostraron la calidad de sus coches en los circuitos y usaron su experiencia para crear modelos de producción de alto nivel. Al avanzar la ingeniería crearon coches de lujo que no solo contaban con motores potentes, sino que ofrecían interiores cómodos y modernos.

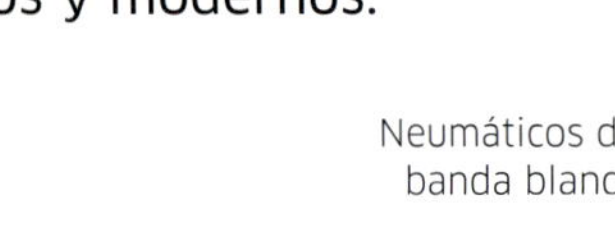

CHEVROLET CORVETTE

Origen: Estados Unidos
Año: 1953
Velocidad máxima: 229 km/h

Ha habido ocho generaciones de deportivos biplaza Corvette; el que se muestra aquí es una versión de 1959 del tipo original. Todos tienen potentes motores de ocho cilindros y carrocería ligera de fibra de vidrio.

Neumáticos de banda blanca

Diseño bicolor

PORSCHE 911

Origen: Alemania
Año: 1963
Velocidad máxima: 200 km/h

Con un motor de seis cilindros montado en la parte trasera y una atractiva carrocería cónica, el Porsche 911 ha pasado por muchos diseños. Su motor original refrigerado por aire estaba inspirado en los coches Volkswagen.

PONTIAC GTO

Origen: Estados Unidos
Año: 1964
Velocidad máxima: 201 km/h

El GTO se considera a menudo el «muscle car» estadounidense original: un coche de producción normal potenciado con un motor más potente y frenos y suspensión mejorados.

JAGUAR XJ12

Origen: Reino Unido
Año: 1972
Velocidad máxima: 241 km/h

Jaguar fabricó en serie el motor V12 para esta superberlina. Gracias a unos neumáticos y una suspensión especiales, se comportaba como un deportivo y ofrecía unas prestaciones suaves y de fácil conducción.

AUDI QUATTRO

Origen: Alemania
Año: 1980
Velocidad máxima: 217 km/h

Este coupé ganador de *rallies* combinó varias tecnologías por primera vez: motor turboalimentado, tracción en las cuatro ruedas y frenos antibloqueo. Tenía un agarre y una manejabilidad extraordinarios en todo tipo de condiciones.

FERRARI F40

Origen: Italia
Año: 1987
Velocidad máxima: 323 km/h

Con solo dos plazas, este coche tenía una carrocería ligera y aerodinámica. Hizo historia al convertirse en el primer coche producido en serie capaz de alcanzar velocidades superiores a 322 km/h.

ASTON MARTIN DB7

Origen: Reino Unido
Año: 1993
Velocidad máxima: 266 km/h

Se fabricaron más de 7000 unidades de este elegante coupé, lo que lo convierte en el modelo más popular de Aston Martin. También se fabricaron versiones con motores más potentes y elegantes modelos descapotables.

LAMBORGHINI AVENTADOR

Origen: Italia
Año: 2010
Velocidad máxima: 349 km/h

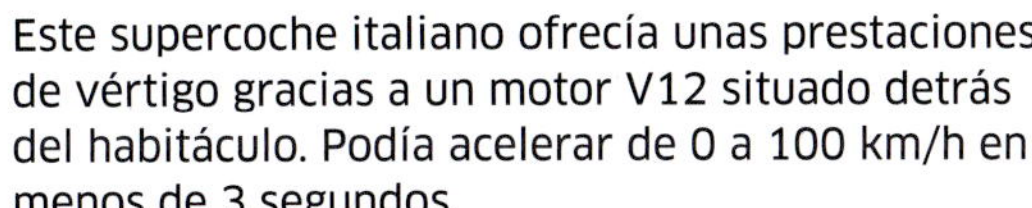

Este supercoche italiano ofrecía unas prestaciones de vértigo gracias a un motor V12 situado detrás del habitáculo. Podía acelerar de 0 a 100 km/h en menos de 3 segundos.

MAYBACH 62

Origen: Alemania
Año: 2002
Velocidad máxima: 249 km/h

El nombre Maybach se había dado a uno de los coches más caros en la década de 1930, y se recuperó para esta limusina. Un gigante con techo de cristal que a menudo se utilizaba para llevar a los famosos a las galas más exclusivas.

RANGE ROVER

Origen: Reino Unido
Año: 2022
Velocidad máxima: 249 km/h

La quinta generación de este utilitario deportivo es uno de los coches de lujo más deseados. Además de estar muy preparado fuera del asfalto, tiene también modelos híbridos y totalmente eléctricos.

Puertas de tijera
Este tipo de puertas, que se abren hacia arriba, son características de Lamborghini desde el Countach de 1971.

Carrocería en forma de cuña
El perfil bajo y en forma de dardo del Aventador lo hace muy aerodinámico.

Tomas de aire
Canalizan abundante aire frío hacia el motor V12.

47 000 litros de **aire aspira el motor cada minuto** cuando el coche circula a **máxima velocidad**.

A toda velocidad

Bautizado con el nombre del piloto francés Pierre Veyron, este exclusivo supercoche se diseñó en Alemania, se ensambló en Francia y alcanzó un precio de más de 1,2 millones de euros. Este vehículo biplaza de dos puertas es elegante, muy aerodinámico y va pegado al suelo, con una altura de tan solo 1,2 m.

Superalerón
El ángulo del alerón trasero del Veyron puede modificarse para producir 400 kg de carga aerodinámica, lo que ayuda a mantener el coche pegado al suelo para que pueda alcanzar con seguridad velocidades cada vez mayores. Al frenar bruscamente a alta velocidad, el alerón se inclina 55º para actuar como un freno de aire, creando resistencia y ralentizando el coche.

Toma de aire
Una tolva a cada lado del coche canaliza grandes cantidades de aire hacia el motor. También pueden proteger al conductor en caso de vuelco.

Devorador de combustible
Fabricado con 250 piezas soldadas a mano, el depósito tiene una capacidad de 100 litros de combustible, suficiente para 250-400 km de conducción.

Neumáticos Run Flat
Estos neumáticos reforzados se mantienen rígidos aunque sufran un pinchazo. El coche puede recorrer hasta 50 km con un neumático pinchado.

Ruedas
Las ruedas anchas montan neumáticos de perfil bajo encolados. Hay que volver a encolarlas cada 18 meses y el juego de cuatro ruedas cuesta unos 38 000 euros.

Logotipo
El logotipo de Bugatti está grabado en el cubo de la rueda.

Motor W16
El motor de 16 cilindros está compuesto por más de 3500 piezas y tiene una enorme capacidad de 7993 cm^3.

Caja de cambios
Un equipo de ingenieros tardó cinco años en perfeccionar la caja de cambios de siete velocidades del Veyron, que cuenta con un doble embrague de acción rápida.

Monocasco
La carcasa interior es de fibra de carbono y forma una estructura fuerte, rígida y ligera de 110 kg.

Cómo funcionan los turbocompresores

El Veyron cuenta con cuatro turbocompresores, dispositivos diseñados para aumentar la potencia del motor admitiendo más aire en los cilindros. De este modo, la combustión es más rápida y el motor rinde más.

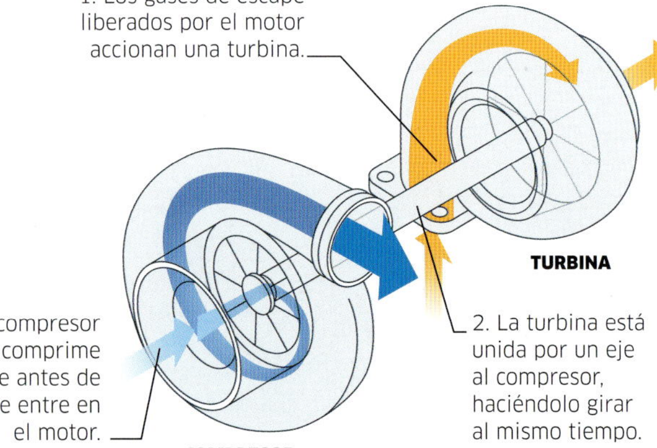

BUGATTI VEYRON 16.4	
Origen:	Alemania/Francia
Año:	2005
Longitud:	4,46 m
Velocidad máxima:	407 km/h

450 unidades del Veyron se contruyeron entre 2005 y 2015.

2,7 segundos tarda el Bugatti Veyron en acelerar de 0 a 100 km/h.

Coche deportivo

Los supercoches ofrecen lo último en potencia, conducción y aceleración. Los fabricantes invierten grandes sumas de dinero en diseños para crear vehículos que no solo sean rápidos, sino también elegantes.

El Bugatti Veyron 16.4 es un exclusivo supercoche con un motor capaz de desarrollar la fenomenal potencia de 1001 CV. El Super Sport 16.4, una edición muy limitada, se presentó en 2010 y se convirtió en el coche de producción homologado más rápido del mundo. Alcanzó una velocidad de 431,07 km/h y dejó atrás sus rivales.

Controles inteligentes
Un elegante salpicadero alberga los controles del Veyron, que permiten al conductor controlar su velocidad y cambiar rápidamente de marcha. Para acceder a la velocidad máxima del superdeportivo, el conductor debe introducir y accionar una llave específica en una ranura situada junto a su asiento, que baja el coche y cierra dos aletas de los bajos.

Cambio de levas
Los cambios de marcha rápidos, de solo 150 milisegundos, se realizan mediante levas de cambio rápido en el volante.

Cuerpo ligero
Los paneles de fibra de carbono de la carrocería aportan dureza y rigidez.

Frenos
Ocho pistones de titanio accionan los discos de freno, permitiendo que el coche frene con rapidez. En las pruebas, los discos fueron capaces de soportar temperaturas de hasta 1100 °C.

Rejilla del radiador
Permite la entrada de aire para ayudar a enfriar los radiadores del Veyron, que extraen el calor del motor y otros sistemas.

NASCAR

Choques, adelantamientos arriesgados y frecuentes cambios de liderato son muy habituales en las carreras de la NASCAR, en las que veloces coches construidos especialmente luchan por la victoria.

La National Association for Stock Car Auto Racing (NASCAR) se fundó en 1948 y se ha convertido en el deporte de motor más popular de Estados Unidos, con más de 1500 carreras al año. Los coches dan vueltas a la pista a velocidades de más de 300 km/h. Muchas carreras terminan en finales ajustadísimos, con hasta solo 0,002 s de diferencia entre el ganador y el segundo clasificado.

ADVOCARE
6
13
15
5-hour ENERGY

4,5 segundos **tarda** un coche de Fórmula 1 en **acelerar de 0 a 200 km/h.**

Coche de Fórmula 1

Los coches de Fórmula 1 se lanzan a toda velocidad por circuitos sinuosos llevando al límite tanto al vehículo como al piloto. Son extraordinariamente aerodinámicos para alcanzar las mayores velocidades posibles.

A la vanguardia de la tecnología automovilística, las escuderías de F1 diseñan cada año nuevos vehículos para superar a sus rivales. La forma de cada coche se optimiza para garantizar que el aire fluya suavemente a su alrededor, reduciendo la resistencia aerodinámica. Algunas de las innovaciones en los materiales, los componentes y la tecnología de estos coches se aplican más adelante a los vehículos de serie.

MERCEDES-AMG F1 W11	
Origen:	Reino Unido/Alemania
Año:	2020
Longitud:	5,8 m
Peso:	746 kg

Volante
Más de 24 mandos, así como levas de cambio de marchas, se incluyen en el volante desmontable. Permiten al conductor comunicarse con los ingenieros del equipo y ajustar el frenado, el par motor y otros factores que afectan al rendimiento.

INTERMEDIO

LLUVIA

Neumáticos para cualquier clima
Se usan ocho tipos de neumáticos. En seco, puede elegirse entre neumáticos lisos y más blandos, que ofrecen más agarre, o neumáticos medios y duros, que duran más. En mojado, los neumáticos intermedios o de lluvia tienen grabada la banda de rodadura y dispersan el agua.

Suspensión delantera
El ajuste de la altura y la rigidez de la suspensión afecta al comportamiento del coche a alta velocidad.

Antena
Los datos de los más de 300 sensores del coche se transmiten al equipo de carreras para su análisis a través de una antena.

Neumático liso
Cada neumático está formado por varias capas, reforzadas con kevlar y fibra de carbono. Los neumáticos secos o lisos tienen una superficie exterior lisa.

Capas del neumático

Placas terminales
Ayudan a reducir las turbulencias alrededor del coche y redirigen el flujo de aire alrededor de los neumáticos delanteros para reducir la resistencia aerodinámica.

Nariz
Fabricada en fibra de carbono, se deforma en caso de impacto para absorber gran parte de las fuerzas que intervienen en un choque.

Aleta delantera
Genera una cuarta parte de la carga aerodinámica del coche, manteniéndolo pegado al suelo.

14 500 piezas distintas forman un coche de F1.

50 vueltas suele durar un neumático de F1.

Al tomar una curva a gran velocidad, el piloto puede experimentar fuerzas G extremas de hasta 6 G.

Carga aerodinámica

La forma de un coche de F1 dirige el aire a su alrededor de forma precisa, provocando una zona de baja presión bajo el vehículo. Esto produce carga aerodinámica, que pega el coche a la pista, dándole un mayor agarre. Después de pasar alrededor y a través del coche, el aire que fluye detrás es turbulento, lo que puede ralentizar a otros coches.

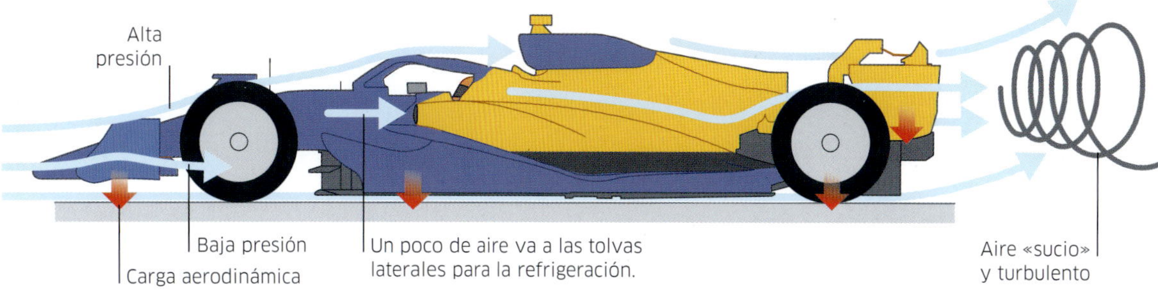

Entrada de aire del motor
Esta abertura aspira aire hacia el motor. También protege la cabeza del conductor en caso de vuelco.

Alerón trasero
El alerón trasero ejerce carga aerodinámica cuando el aire pasa sobre él, asegurando que los neumáticos traseros permanezcan en contacto con la pista.

Sistema de reducción de la resistencia aerodinámica
Cuando se activa a altas velocidades, baja parte del alerón trasero para reducir la resistencia y aumentar la velocidad del coche entre 10 y 12 km/h.

Halo
Esta pieza de titanio podría soportar el peso de un autobús y protege al conductor en caso de vuelco.

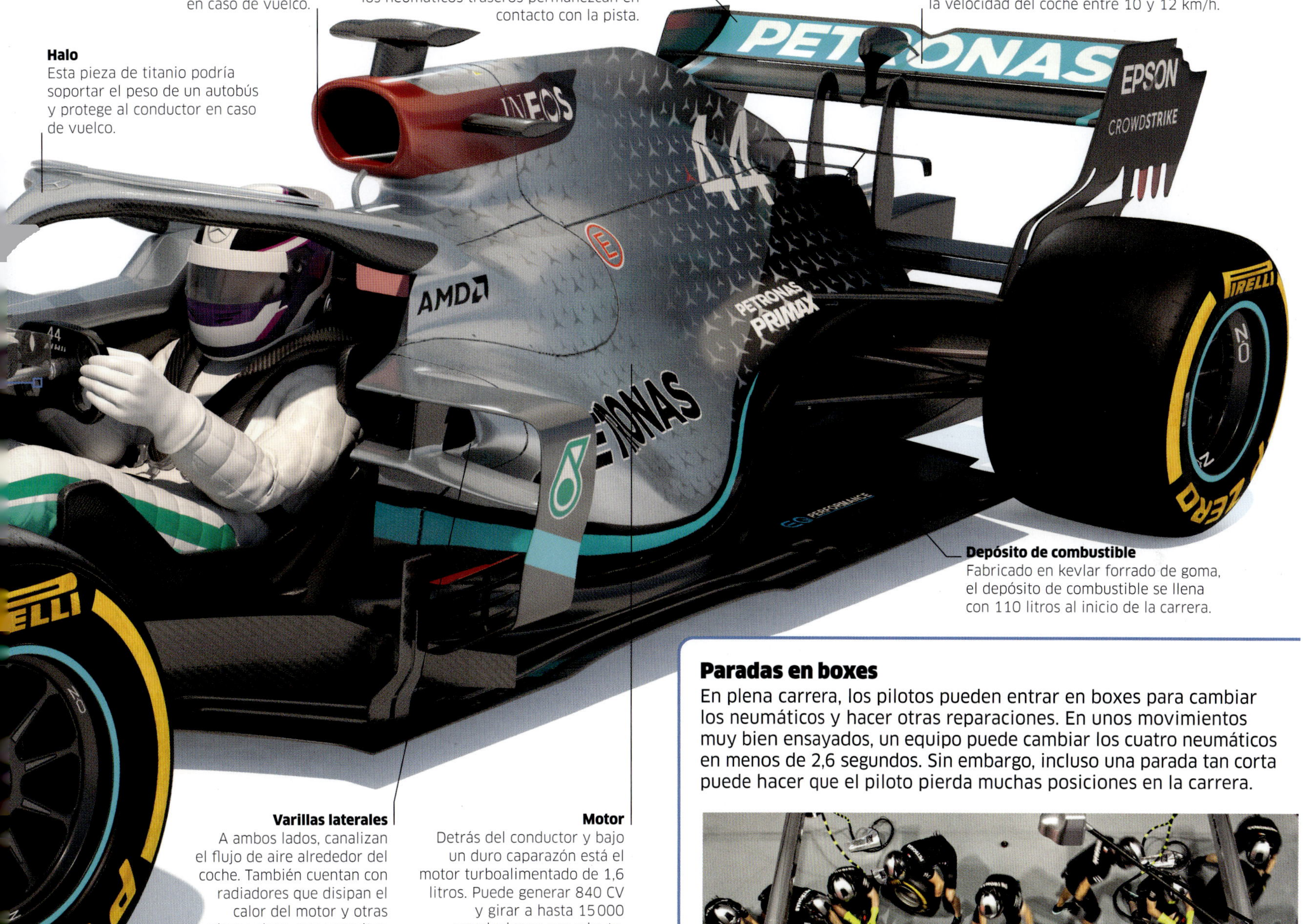

Depósito de combustible
Fabricado en kevlar forrado de goma, el depósito de combustible se llena con 110 litros al inicio de la carrera.

Varillas laterales
A ambos lados, canalizan el flujo de aire alrededor del coche. También cuentan con radiadores que disipan el calor del motor y otras piezas clave que necesitan mantenerse frías.

Motor
Detrás del conductor y bajo un duro caparazón está el motor turboalimentado de 1,6 litros. Puede generar 840 CV y girar a hasta 15 000 revoluciones por minuto.

Neumático medio
Marcado en amarillo para indicar que utiliza un compuesto medio. Los neumáticos blandos están marcados en rojo y los de compuesto duro, en blanco.

W11 ganador

El W11 batió récords en los circuitos gracias a su aerodinámica y a una novedosa dirección de doble eje que ayuda a calentar los neumáticos para lograr un mayor agarre en pista. Con este coche, Lewis Hamilton ganó 11 de las 17 carreras de la temporada 2020, lo que le llevó a proclamarse Campeón del Mundo por séptima vez.

Paradas en boxes

En plena carrera, los pilotos pueden entrar en boxes para cambiar los neumáticos y hacer otras reparaciones. En unos movimientos muy bien ensayados, un equipo puede cambiar los cuatro neumáticos en menos de 2,6 segundos. Sin embargo, incluso una parada tan corta puede hacer que el piloto pierda muchas posiciones en la carrera.

5000 fotogramas por segundo, la velocidad a la que algunas cámaras de alta velocidad filman las pruebas de choque.

Pruebas de todo tipo

Cualquier coche nuevo se somete a pruebas muy rigurosas durante años antes de salir a la venta: diseño por ordenador, pruebas de estrés o la simulación de accidentes graves.

Las pruebas se realizan con piezas individuales cruciales del vehículo, modelos digitales y físicos y prototipos a tamaño real. Su objetivo es garantizar que el vehículo y sus sistemas funcionan como se espera en todas las situaciones. Los datos de cada prueba se envían a los equipos de diseño e ingeniería del vehículo, que buscan formas de introducir mejoras. Incluso pequeñas modificaciones en piezas concretas pueden dar lugar a cambios importantes en el rendimiento general.

CÓMO FUNCIONA UN AIRBAG

Situados delante del conductor y del acompañante, los airbags están diseñados para activarse en caso de impacto. Cuando los sensores miden una disminución brusca y repentina de la velocidad, se envía una señal. Esto desencadena una reacción que produce gas nitrógeno en la bolsa, haciendo que se infle para amortiguar el impacto en la cabeza y el cuello de la persona.

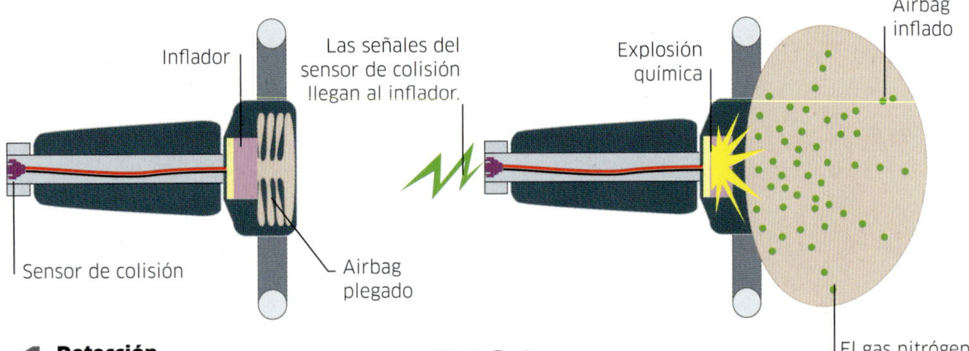

1 Detección Un sensor de choque detecta una desaceleración muy brusca y envía una señal al inflador que está alojado en el centro del volante.

2 Inflado Una pequeña carga explosiva en el inflador mezcla los productos químicos, produciendo gas nitrógeno, que infla la bolsa en menos de 0,03 s.

PRUEBA DE LAS INNOVACIONES

Parte del equipamiento de serie de un coche actual es el resultado de pruebas, como los monitores de presión de neumáticos, los airbags y los controles de estabilidad que reducen el derrape al frenar.

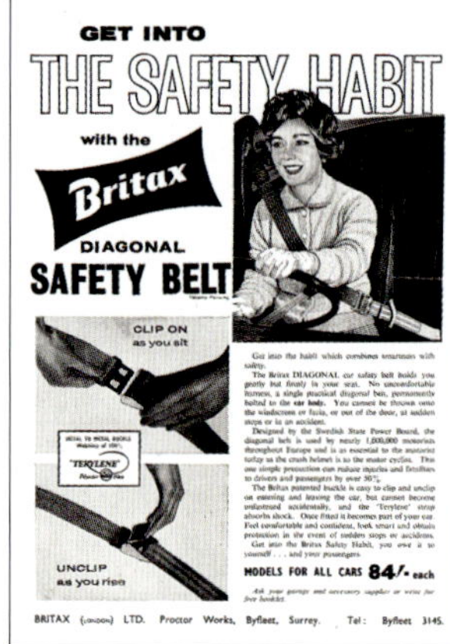

Cinturones de seguridad

Inspirándose en los arneses de los aviones a reacción, el ingeniero sueco Nils Bohlin desarrolló los cinturones de seguridad de tres puntos. Desde su introducción en 1959, los cinturones han salvado más de un millón de vidas.

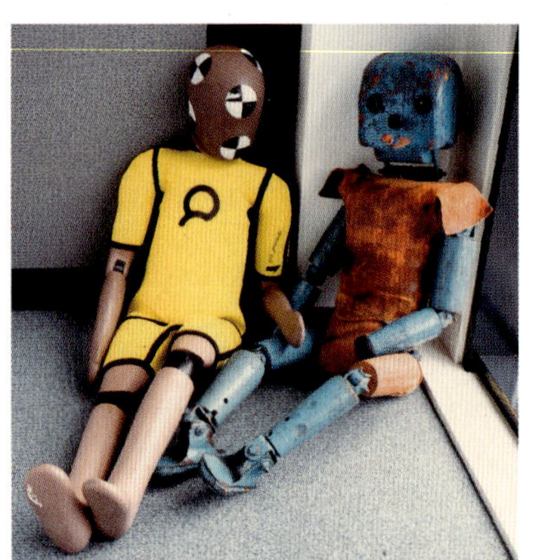

Maniquíes de pruebas

Usados en las pruebas para simular las reacciones y lesiones humanas, estos modelos están llenos de sensores y son de distintos tamaños. Aquí, Pinocho (derecha), el primer maniquí infantil para pruebas de choque, junto a uno moderno.

PRUEBAS POR ORDENADOR

Con potentes ordenadores pueden crearse modelos digitales detallados de vehículos o de sus piezas. A continuación, se someten a numerosas simulaciones, como pruebas de fuerza, resistencia a impactos y aerodinámica. El modelo digital puede modificarse fácilmente, lo que permite a los ingenieros probar muchas soluciones distintas a un problema. El lujoso Cadillac CT6 se construyó gracias a 50 millones de horas de modelado y pruebas por ordenador.

Dinámica de fluidos por ordenador

Estos programas se utilizan para simular el flujo de aire alrededor de los vehículos, lo que permite a los ingenieros predecir temperaturas, presiones y velocidades. Han dado lugar a grandes mejoras en la aerodinámica.

Túnel de viento

Los ventiladores soplan aire por debajo, por encima y alrededor de un vehículo o maqueta para simular determinadas velocidades o condiciones, como fuertes vientos cruzados. El análisis de cómo fluye el aire alrededor del coche puede motivar cambios que aumenten la velocidad o permitan un mayor ahorro de combustible.

PRUEBAS CLIMÁTICAS

Para probar su comportamiento en condiciones climáticas extremas, los vehículos se introducen en unas cámaras ambientales controladas, donde experimentan temperaturas de -40 a 80 ºC, vientos fuertes y humedad elevada.

Nieve repentina
Prueba de un coche eléctrico en el centro de investigación de clima extremo terraXcube, en Bolzano (Italia), para comprobar sus baterías en el frío.

PISTAS DE PRUEBAS

Muchos fabricantes disponen de pistas de pruebas, compuestas por una gran variedad de curvas, pendientes y superficies de conducción. En ellas se prueban a fondo los sistemas de dirección, suspensión y frenado, así como muchos otros elementos.

PRUEBAS DE CHOQUE

Los nuevos modelos se someten a unos choques controlados en los que cientos de sensores de impacto y fuerza situados en el interior del vehículo registran datos sobre el impacto.

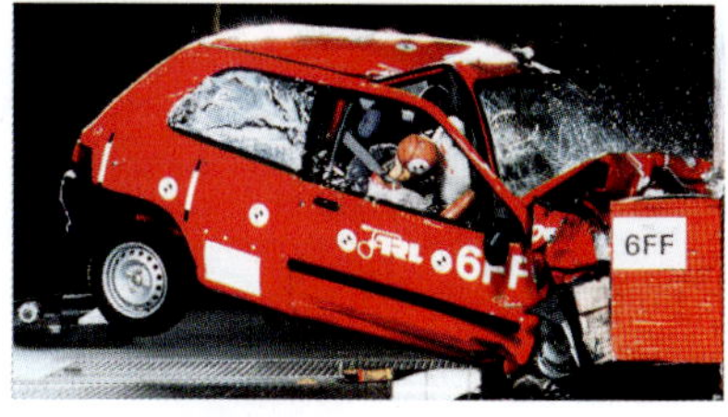

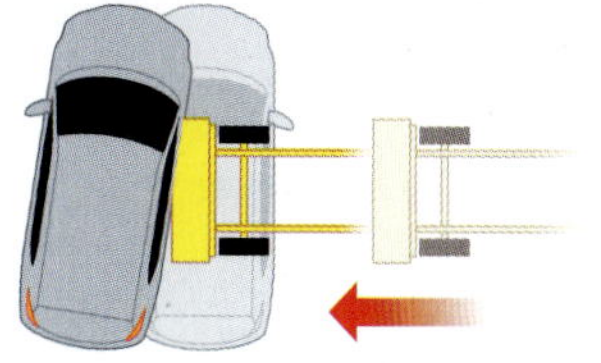

Impacto lateral
Un dispositivo lastrado golpea el lateral del vehículo a 50 km/h para ver cómo aguanta el chasis del coche.

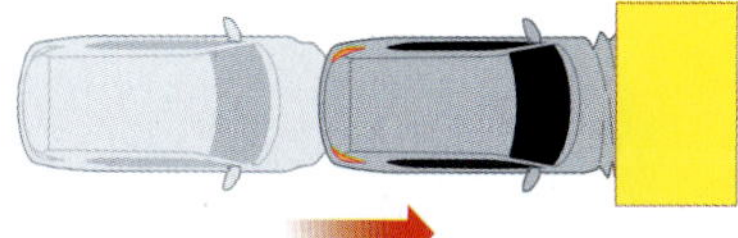

Impacto frontal completo
Se hace chocar el coche contra una barrera de aluminio rígida o plegable para simular que choca de frente contra otro vehículo.

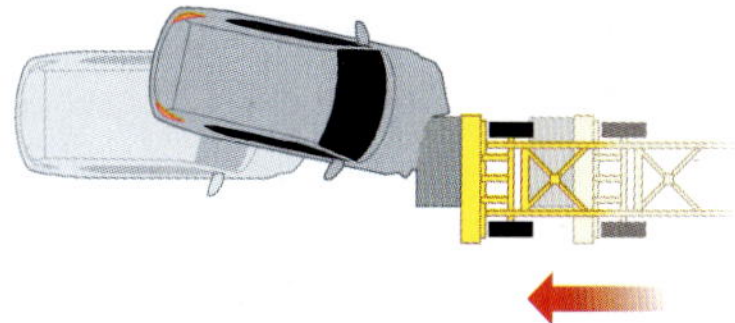

Choque frontal parcial
Alrededor del 40 % de la parte delantera del coche es golpeada por un dispositivo que se mueve a 64 km/h.

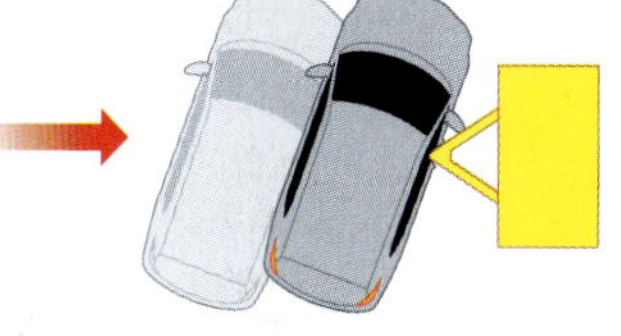

Impacto de poste
Esta prueba imita el choque contra un árbol o un poste telefónico que impacta en el lateral del vehículo.

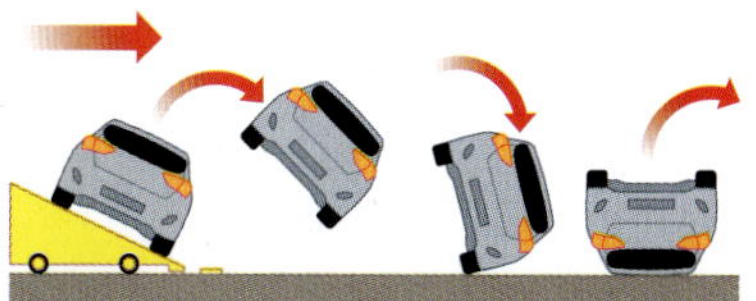

Vuelco
Se conduce un vehículo por una rampa diseñada para volcar el coche sobre su lateral y el techo. Esto pone a prueba la seguridad del habitáculo.

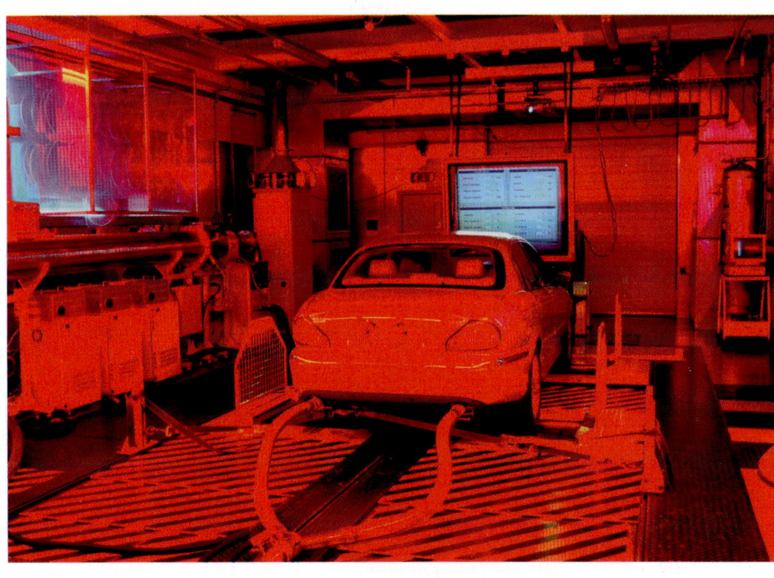

PRUEBAS DE EMISIONES

Todos los coches deben cumplir la normativa sobre los niveles de emisiones. Las cantidades y tipos de sustancias químicas contaminantes emitidas, como los óxidos nitrosos y el monóxido de carbono, se miden tomando muestras de los gases del tubo de escape mientras el coche circula a distintas velocidades. Aquí, el coche se prueba con luz roja para facilitar que el conductor se concentre en la pantalla que muestra las distintas velocidades a las que debe realizar la prueba.

NEUMÁTICOS

Los neumáticos se prueban en seco y en mojado para medir su maniobrabilidad, agarre y resistencia a la rodadura. Menor resistencia a la rodadura supone más ahorro de combustible. Las distancias de frenado en seco y mojado se comprueban a distintas velocidades, mientras que los niveles de ruido de los neumáticos en acción se miden con sensores situados a pie de pista.

Virar con seguridad
Un Jaguar XF se somete a pruebas de neumáticos en una pista mojada en Milán (Italia). Un sistema de aspersión cubre la pista con los niveles precisos de agua para diferentes pruebas.

De la **planta de Hyundai en Ulsan** (Corea del Sur) sale un coche nuevo **cada 12 segundos**.

2 Estampadora
Las chapas de acero se cortan y se punzonan para darles forma y se introducen en una estampadora. El acero sobrante puede utilizarse para otras piezas o reciclarse.

Placa
Chapa plana de acero
El acero toma forma

Prensa de acero
La pieza de acero se sujeta entre dos placas y un sistema hidráulico presiona con una fuerza de hasta 5000 toneladas, moldeando el acero a la forma de las placas.

1 Acero laminado
Se desenrollan gigantescos rollos de chapa de acero, algunos de más de 2 km de longitud, listos para ser cortados. Cada vez se utilizan más otros materiales, como el aluminio y el plástico.

3 Recogida de piezas
Las piezas de carrocería estampadas se inspeccionan y se cargan en una plataforma móvil o en un vehículo de guiado automático (AGV) para transportarlas por la planta.

Transportador
La carrocería es transportada por la línea por un pórtico aéreo o un transportador rodante.

Montaje
Las piezas estampadas son ensambladas por robots para formar la carrocería o el chasis de un automóvil.

5 Inmersión
Las carrocerías se sumergen en un tanque con productos químicos anticorrosión para evitar que se oxiden.

AGV
Siguen unos cables eléctricos empotrados en el suelo de la fábrica para desplazarse a las distintas estaciones de producción.

Un robot carga piezas en un soporte llevado por un AGV.

Las sustancias químicas son atraídas por el acero.

Soldadura por puntos
Cada soldadura funde el metal de dos piezas, que quedan así unidas.

Baño ácido
Una solución ácida elimina la suciedad y la grasa de la soldadura y el estampado.

La carrocería se lava y se aclara antes de sumergirla en un tanque.

4 Soldadura
Equipos de brazos robóticos están programados para realizar más de 2000 soldaduras para construir el bastidor o chasis de un coche en minutos.

Cableado
El cableado eléctrico del coche, formado por cientos de cables, se monta en el vehículo.

Se monta el portón trasero.

7 Añadir piezas
Se añaden los componentes principales, como el depósito de combustible, el escape y los sistemas de transmisión.

Almacenamiento

La fábrica de Volkswagen en Wolfsburg (Alemania) es una de las mayores del mundo. Dos torres gemelas almacenan hasta 800 vehículos terminados. Cada una cuenta con elevadores y palés robotizados que pueden recoger, levantar y aparcar los coches en unos 110 segundos, todo ello sin supervisión humana.

Fabricar coches

Los coches nuevos se producen a un ritmo vertiginoso. Solo en 2022 salieron de las cadenas de montaje unos 85,4 millones en todo el mundo. Se fabrican en gigantescas plantas de automoción que emplean sofisticados equipos.

Hasta que la cadena de montaje revolucionó la producción, los coches se fabricaban individualmente a mano, en un proceso lento y laborioso. Hoy, con la ayuda de procesos automatizados y cientos de robots, una planta de fabricación de automóviles es muy eficiente, ya que los miles de piezas necesarias se juntan con una sincronización perfecta.

Moderna fábrica de automóviles

Una gran fábrica de automóviles ocupa una gran superficie, emplea a miles de trabajadores y cuenta con numerosas líneas de producción y montaje. En las fases finales, se montan entre 2000 y 4000 piezas en cada vehículo.

6 Taller de pintura
Brazos robóticos pintan la carrocería del coche con capas de imprimación, capa base y capa superior, así como una laca transparente que actúa como barrera protectora.

Componentes
El motor y el bastidor base se construyen, ensamblan y prueban en otro lugar antes de introducirlos en la cadena de producción.

Pulido
Después del pintado, se pule la carrocería para eliminar cualquier defecto.

Horneado
Una cámara calienta la carrocería a 150-200 °C para secar y endurecer las capas de pintura.

9 Interiores
Los operarios y los robots trabajan para ajustar las piezas finales del interior, incluidos el guarnecido interior, el espejo retrovisor y el revestimiento del techo.

Las puertas se montan una vez terminado el interior.

Asientos
Los asientos terminados se montan y se ajustan manualmente, y se conectan al sistema eléctrico si disponen de calefacción.

Ruedas
Se montan completas con un neumático preinflado y tensores neumáticos.

Panel de instrumentos
El salpicadero y otros ıstrumentos se instalan en la cabina y se realizan las omprobaciones eléctricas.

Los brazos robóticos equipados con pinzas de succión por vacío manipulan y ajustan la luneta trasera y el parabrisas.

10 Pruebas
Se realizan una serie de pruebas y comprobaciones (ver pp. 32-33) en el sistema eléctrico, el motor, la dirección y otros sistemas del automóvil.

Prueba de la ducha
Se dispara agua a alta presión en las juntas y uniones clave para comprobar que no entra agua en el interior.

Salida
El coche sale de la cadena de montaje y se somete a una inspección final bajo luces brillantes en busca de defectos.

Coche terminado
Los coches se almacenan *in situ* o se transportan directamente a las salas de exposición o a los clientes.

8 Montaje
En la parte más larga de una cadena de montaje se fijan al chasis del coche cientos de piezas interiores y exteriores diferentes, desde parachoques y luces hasta ruedas y frenos.

¡Impacto!

La colisiones no suelen ser intencionadas, pero esta tiene un motivo. El maniquí choca contra la parte delantera del coche para ayudar a producir vehículos más seguros para el conductor y para los pasajeros.

Los maniquíes de pruebas de choque son modelos anatómicos precisos que representan a personas de distintos sexos, edades y tamaños. Equipados con hasta 200 sensores, pueden medir la aceleración, el movimiento y los impactos de un choque. Los datos que recogen son analizados por los ingenieros para evaluar la eficacia de los sistemas de seguridad de un vehículo, como los airbags.

514 000 millones de litros de gasolina consumieron los estadounidenses en 2022.

Gasolinera

Los vehículos necesitan combustible y la mayoría utilizan gasolina. Este líquido inflamable se produce a partir de petróleo extraído del subsuelo (ver pp. 40-41), y luego se transporta por todo el planeta hasta las gasolineras.

El depósito de combustible de un coche medio puede contener entre 45 y 65 litros, y el conductor debe parar en una gasolinera a repostar con regularidad. Hay gasolineras en pueblos, ciudades y carreteras. Suelen tener también otras instalaciones, como túneles de lavado y aspirado, así como tiendas.

Señalización y marca
Algunas gasolineras son explotadas por compañías petrolíferas, mientras que otras están gestionadas por supermercados o empresas. Suelen tener letreros luminosos para que los automovilistas las vean fácilmente desde lejos.

Tienda
A menudo abierta las 24 horas del día, todos los días de la semana, o en horario ampliado, vende alimentos, bebidas y otros artículos.

Bomba de aire
Una pequeña manguera permite a los conductores hinchar los neumáticos.

Pantalla del surtidor
La pantalla del surtidor tiene un contador que muestra al conductor cuánto combustible ha puesto en su vehículo y su coste.

Mangueras dispensadoras
Tras quitar el tapón del depósito, los conductores introducen sus boquillas en la abertura del depósito de combustible.

Tuberías subterráneas
Largos sistemas de tuberías transportan el combustible desde los depósitos hasta cada una de las estaciones de bombeo.

Transporte y almacenamiento de combustible

Muchos de los elementos más importantes de una gasolinera se encuentran bajo tierra. Los camiones cisterna depositan el combustible en grandes tanques subterráneos equipados con dispositivos de seguridad para evitar que se filtre al medio ambiente.

Seguridad

La gasolina es una sustancia peligrosa, y sus vapores son nocivos por inhalación. Uno de los principales riesgos en una gasolinera es el de incendio, ya que es muy inflamable. Hay que evitar derrames y mantener alejadas las fuentes de ignición. Los depósitos también deben ser seguros para que el combustible no se filtre al medio ambiente. Si no se aísla bien, la gasolina puede filtrarse a través del suelo y llegar a los cursos de agua, perjudicando a los peces y demás fauna de la zona.

Vertido de petróleo
Esta fuga de petróleo ocurrida en 2020 frente a las costas de Mauricio perjudicó mucho la fauna y los ecosistemas.

Gasolina o gasóleo

Dos de los combustibles más comunes son la gasolina y el gasóleo. Provienen de la misma fuente, el petróleo, pero se refinan de forma diferente, lo que les confiere cualidades distintas. El gasóleo es más pesado y eficiente, ya que produce más energía al quemarse. Por eso suele utilizarse como combustible de vehículos más grandes, como camiones. Aunque ambos producen contaminantes, los coches de gasolina son más respetuosos con el medio ambiente en trayectos cortos.

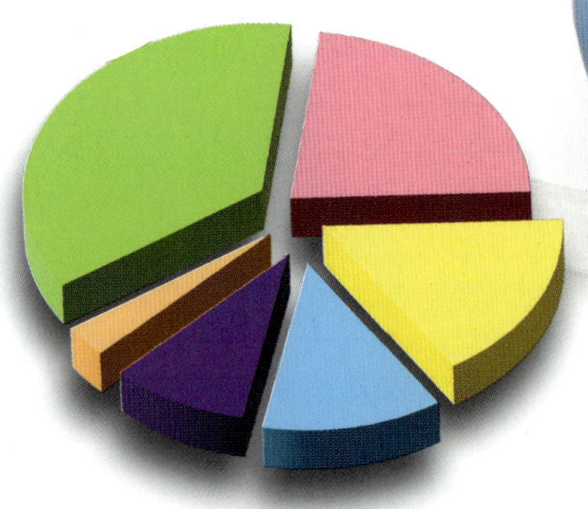

Combustibles más utilizados

- Gasolina (36,4 %)
- Híbrido eléctrico (22,6 %)
- Gasóleo (16,4 %)
- Batería eléctrica (12,1 %)
- Híbrido enchufable (9,4 %)
- Otros (3 %)

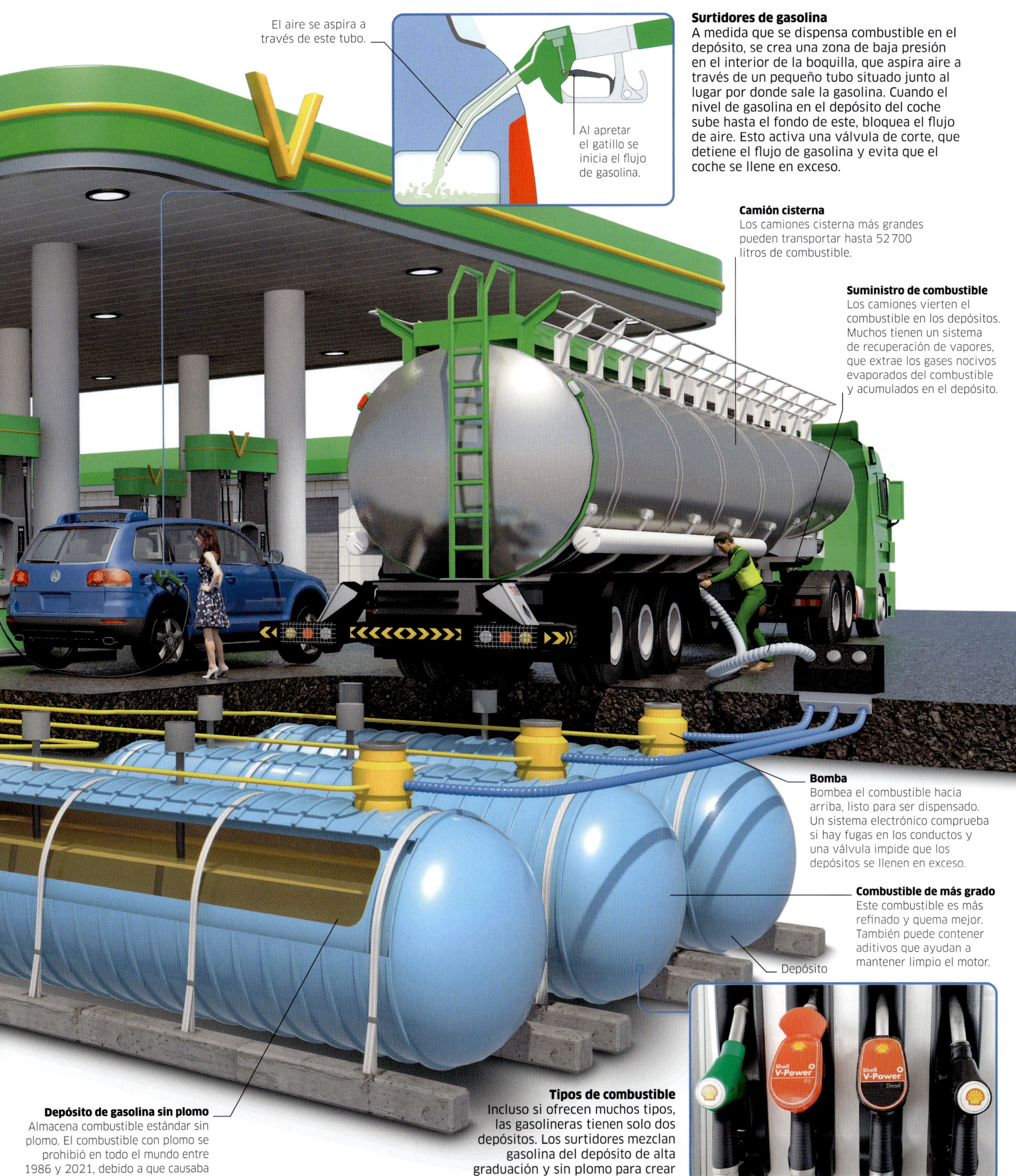

Surtidores de gasolina
A medida que se dispensa combustible en el depósito, se crea una zona de baja presión en el interior de la boquilla, que aspira aire a través de un pequeño tubo situado junto al lugar por donde sale la gasolina. Cuando el nivel de gasolina en el depósito del coche sube hasta el fondo de este, bloquea el flujo de aire. Esto activa una válvula de corte, que detiene el flujo de gasolina y evita que el coche se llene en exceso.

Camión cisterna
Los camiones cisterna más grandes pueden transportar hasta 52 700 litros de combustible.

Suministro de combustible
Los camiones vierten el combustible en los depósitos. Muchos tienen un sistema de recuperación de vapores, que extrae los gases nocivos evaporados del combustible y acumulados en el depósito.

Bomba
Bombea el combustible hacia arriba, listo para ser dispensado. Un sistema electrónico comprueba si hay fugas en los conductos y una válvula impide que los depósitos se llenen en exceso.

Combustible de más grado
Este combustible es más refinado y quema mejor. También puede contener aditivos que ayudan a mantener limpio el motor.

Depósito de gasolina sin plomo
Almacena combustible estándar sin plomo. El combustible con plomo se prohibió en todo el mundo entre 1986 y 2021, debido a que causaba emisiones de escape nocivas.

Tipos de combustible
Incluso si ofrecen muchos tipos, las gasolineras tienen solo dos depósitos. Los surtidores mezclan gasolina del depósito de alta graduación y sin plomo para crear los grados requeridos.

45 % **Porcentaje de un barril de crudo que se usa para producir gasolina.**

Transporte y medio ambiente

Hay más coches, trenes, barcos y aviones que nunca viajando por el mundo. Este enorme volumen de tráfico tiene un impacto significativo en el medio ambiente.

La mayoría de los vehículos producen emisiones: gases que contaminan el aire o contribuyen al calentamiento global. Aunque la tecnología puede reducir el nivel de emisiones, la fabricación de los vehículos también consume enormes cantidades de energía. Además de producir y de promover combustibles alternativos, los fabricantes no dejan de desarrollar nuevas ideas para que la forma en que viajamos sea más sostenible a largo plazo.

REDUCCIÓN DE EMISIONES

El sistema de escape de un coche está diseñado para procesar los gases residuales del motor y canalizarlos lejos de los pasajeros. El colector de escape los recoge de los cilindros del motor y los hace pasar por un catalizador, que los convierte en sustancias menos nocivas. Los gases restantes pasan por un silenciador, que reduce el ruido que produce el vehículo, y luego son expulsados por el tubo de escape situado en la parte trasera del coche.

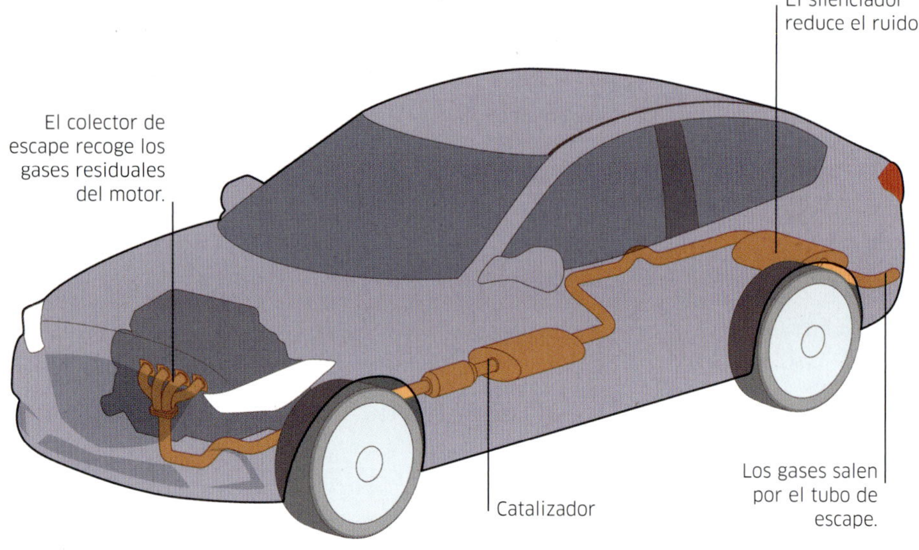

Catalizador

Los catalizadores, un invento desarrollado a mediados del siglo XX, eliminan más del 90 % de las sustancias más nocivas que produce un automóvil. Al pasar contaminantes como el monóxido de carbono por la superficie del catalizador, parecida a un tamiz, tienen lugar reacciones en las que estas sustancias se descomponen en otras más limpias y seguras, como el dióxido de carbono y el nitrógeno.

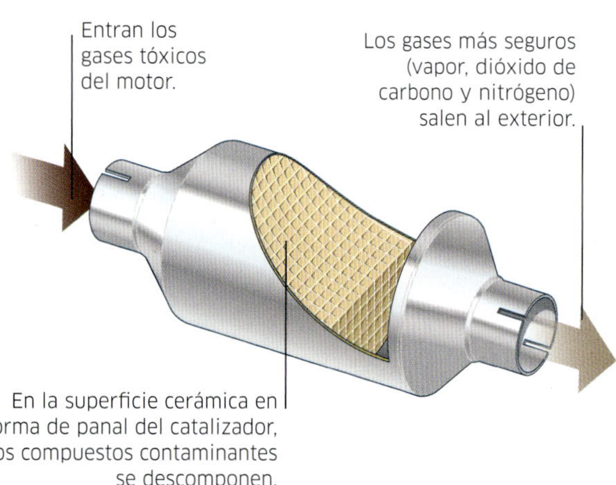

CÓMO SE OBTIENE EL PETRÓLEO

La gasolina se obtiene del petróleo crudo, uno de los combustibles fósiles que al quemarse emiten gases de efecto invernadero. Se llama combustible fósil porque se forma a lo largo de millones de años a partir de los restos de plantas y animales descompuestos. Se extrae con enormes plataformas petrolíferas en el mar y en tierra que perforan el subsuelo donde está enterrado.

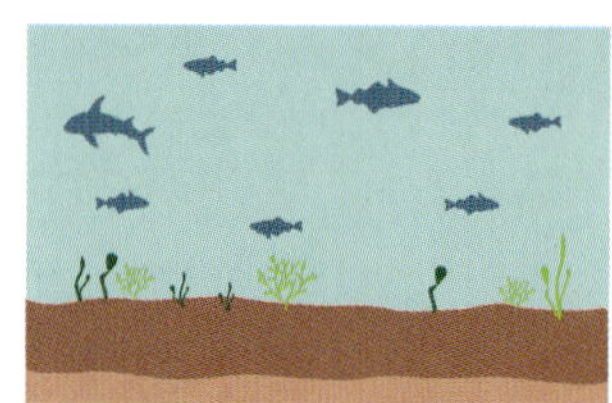

1 CRIATURAS ANTIGUAS Hace millones de años, diminutas plantas y animales, conocidos como plancton, flotaban a la deriva en los antiguos mares. Al morir, sus cuerpos se hundían en el océano y empezaban a descomponerse.

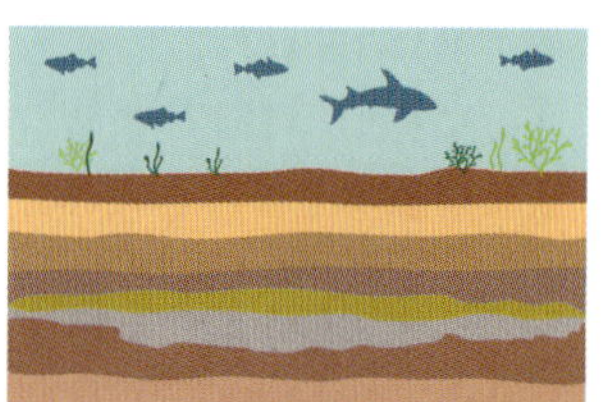

2 SEDIMENTOS Sobre estos restos se formaron capas de sedimentos, que los aplastaron. Al acumularse más y más capas, ejercían presión y calor sobre ellos, lo que los convirtió en petróleo.

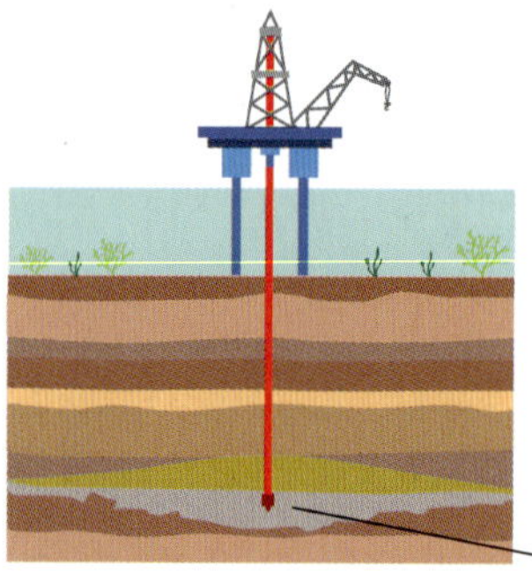

3 PERFORACIÓN Millones de años después, el petróleo y el gas natural se han formado y están bajo el lecho marino. Los buques perforadores y las plataformas petrolíferas extienden sus líneas hasta más de 12 000 m para extraer el petróleo.

Coches de gasolina y coches eléctricos

Los coches eléctricos son cada vez más populares y se consideran una alternativa ecológica. Pese a las altas emisiones generadas en su producción, sus emisiones a lo largo de su vida útil son menores. En esta tabla se muestran las principales diferencias.

	Eléctrico	Gasolina
Producción	Mucha energía para fabricarlo. Se usan metales raros para las baterías.	Menos energía en la producción, debido a la falta de batería.
En la carretera	Los puntos de recarga no están muy extendidos.	Las gasolineras para repostar son de fácil acceso.
Emisiones y contaminación	Utiliza electricidad fuera de la red que puede proceder de combustibles fósiles	Emite dióxido de carbono y contaminantes acústicos
Coste para el consumidor	Más caro, pero probablemente más barato en el futuro	La compra es relativamente más barata
Impacto ambiental total	Emisiones totales más bajas durante la vida útil	Mayores emisiones durante la vida útil

EL EFECTO INVERNADERO

Cuando el Sol calienta la Tierra, los gases de efecto invernadero atrapan parte de su calor en la atmósfera, un proceso denominado efecto invernadero. Las emisiones del transporte, la industria y muchas otras fuentes liberan más de estos gases, como el dióxido de carbono, a la atmósfera, provocando que quede atrapado más calor y aumentando gradualmente la temperatura de la Tierra.

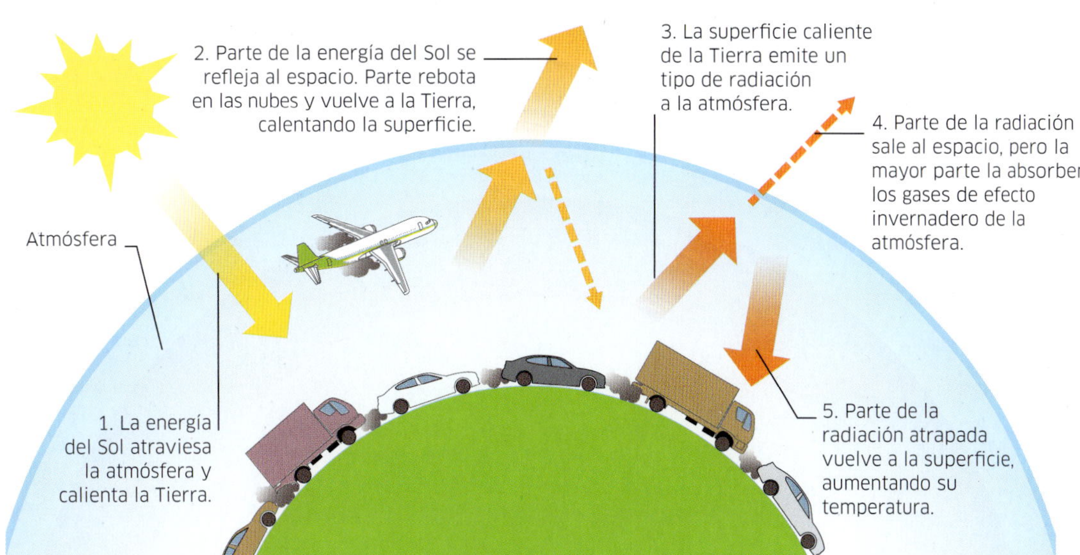

EMISIONES DEL TRANSPORTE

Alrededor de un tercio de todas las emisiones de dióxido de carbono proceden del transporte. A medida que más personas de todo el mundo adquieren por primera vez un automóvil y viajan en tren y avión, las emisiones aumentan.

Emisiones por tipo de transporte

El transporte por carretera produce la mayoría de las emisiones de dióxido de carbono, sobre todo el transporte de pasajeros, como los coches y los autobuses. El ferrocarril es el que produce menores cantidades de dióxido de carbono.

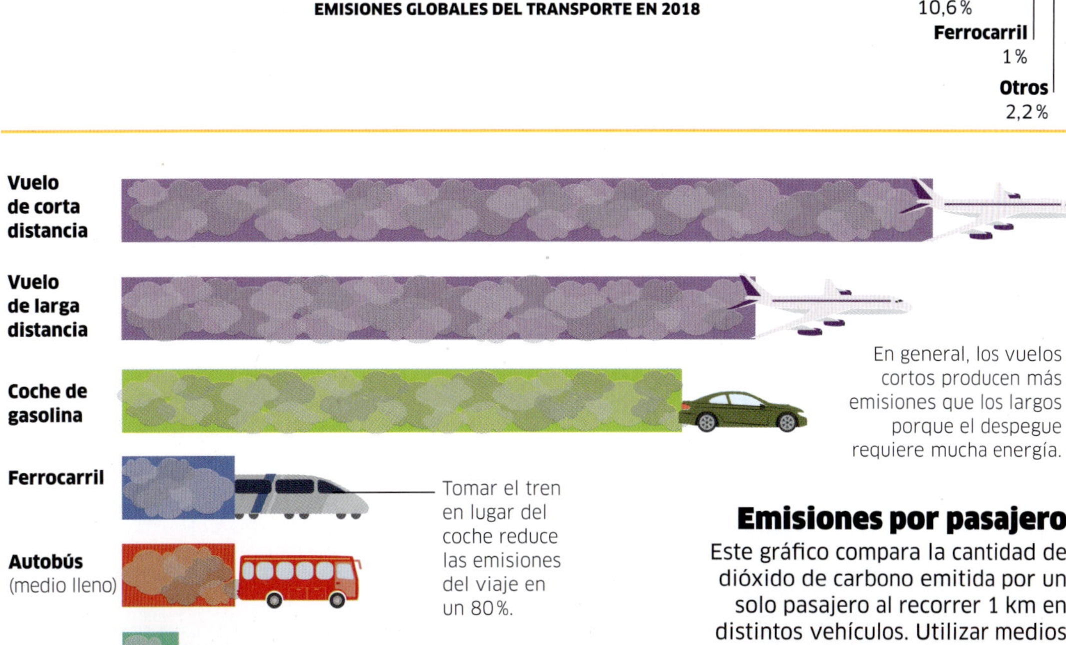

Emisiones por pasajero

Este gráfico compara la cantidad de dióxido de carbono emitida por un solo pasajero al recorrer 1 km en distintos vehículos. Utilizar medios de transporte colectivos, como autobuses o trenes, reduce las emisiones de un individuo.

FUTURO SOSTENIBLE

En todo el mundo, gobiernos, ingenieros y urbanistas estudian cómo reducir el impacto del transporte en el medio ambiente. Se desarrollan tecnologías y combustibles alternativos, como el hidrógeno o los biocombustibles, para que los coches sean más limpios. El fomento del transporte público y la reducción de desplazamientos también pueden tener un impacto.

Carril solar

Este túnel ferroviario belga está equipado con paneles solares que ayudan a alimentar la red. Científicos de la India también están probando paneles solares sobre los trenes para suministrar energía directamente.

Biocarburantes

Este autobús del Reino Unido funciona con biocombustibles, a partir de plantas. No producen emisiones, pero su producción supone el uso de gran cantidad de tierra.

Inteligencia artificial (IA)

La IA podría hacer más eficiente el transporte de mercancías. Calculando los mejores trayectos y dónde combinar mercancías de procedencias distintas, se podrían reducir las emisiones.

20 veces por segundo **un sensor LiDAR** da un **giro de 360º** para **medir el entorno** de un coche.

Coche autónomo

Los coches autónomos pueden circular sin intervención humana y están en fase de desarrollo en todo el mundo. Se prevé que se generalicen en los próximos veinte años y puedan utilizar combustibles más respetuosos con el medio ambiente, como el hidrógeno.

Los coches autónomos o sin conductor emplean sensores para identificar las marcas viales, las señales y los carriles, así como para detectar y seguir a otros vehículos, peatones y obstáculos. Con estos datos, el ordenador del coche ajusta la velocidad y el ángulo de las ruedas para guiar el vehículo hasta su destino. Es probable que los futuros coches sin conductor funcionen con pilas de combustible que transformen el hidrógeno en electricidad para alimentar los motores del vehículo.

Controles inteligentes
En el salpicadero se proyectan controles virtuales, indicadores y paneles de datos. Incluso cuando el volante está en manos de un conductor humano, las funciones de conducción autónoma del coche pueden proporcionar asistencia y ayudar a una conducción más segura.

Techo solar
El techo está recubierto de nanopartículas que pueden regular la cantidad de luz que entra en el habitáculo.

MERCEDES-BENZ F015	
Origen:	Alemania
Año:	Concepto futuro
Velocidad máxima:	201 km/h
Longitud:	5,2 m

Paneles de carrocería
Sobre un bastidor de aluminio y acero se montan materiales compuestos de fibra de carbono ligeros y resistentes.

Capó
Al carecer de un voluminoso motor de combustión interna, el frontal del vehículo puede ser bajo y aerodinámico, para que el aire fluya suavemente.

Sensor de RADAR
Montado en la parrilla delantera, este dispositivo utiliza ondas de radio para detectar vehículos y objetos en movimiento delante del coche.

Tomas de aire
Aspiran aire hacia el sistema de propulsión del coche. Una pila de combustible utiliza el oxígeno del aire para producir electricidad.

Luces LED
Un grupo de pequeñas luces LED brillantes indican si el coche lo conduce una persona o si está en modo autónomo.

Berlina sin conductor

Esta elegante berlina está diseñada como un *concept car* de gama alta. Tiene cuatro plazas y está propulsado por pilas de combustible de hidrógeno que generan electricidad y producen agua como única emisión. Unos ordenadores y un sofisticado conjunto de sensores controlan el coche, que también puede ser conducido en modo manual.

Tecnología sin conductor

El coche utiliza muchos sensores para conocer en profundidad su entorno. Cada sensor cubre una zona distinta alrededor del coche, y algunos se solapan para garantizar la precisión y la seguridad. Si se detecta un objeto inesperado, el ordenador detiene el coche rápidamente.

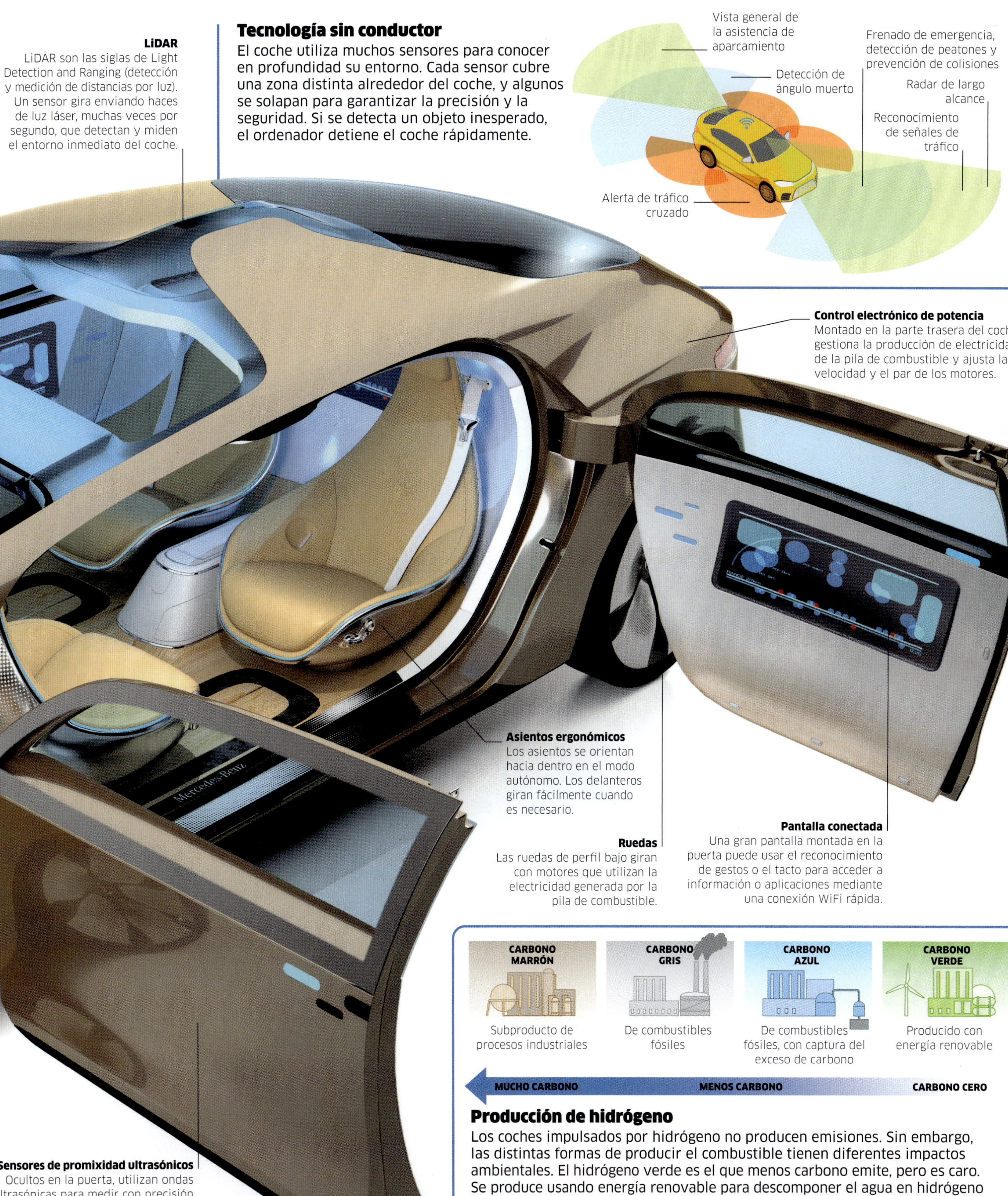

LiDAR
LiDAR son las siglas de Light Detection and Ranging (detección y medición de distancias por luz). Un sensor gira enviando haces de luz láser, muchas veces por segundo, que detectan y miden el entorno inmediato del coche.

Control electrónico de potencia
Montado en la parte trasera del coche, gestiona la producción de electricidad de la pila de combustible y ajusta la velocidad y el par de los motores.

Asientos ergonómicos
Los asientos se orientan hacia dentro en el modo autónomo. Los delanteros giran fácilmente cuando es necesario.

Ruedas
Las ruedas de perfil bajo giran con motores que utilizan la electricidad generada por la pila de combustible.

Pantalla conectada
Una gran pantalla montada en la puerta puede usar el reconocimiento de gestos o el tacto para acceder a información o aplicaciones mediante una conexión WiFi rápida.

Sensores de promixidad ultrasónicos
Ocultos en la puerta, utilizan ondas ultrasónicas para medir con precisión la distancia de los objetos cercanos.

CARBONO MARRÓN	CARBONO GRIS	CARBONO AZUL	CARBONO VERDE
Subproducto de procesos industriales	De combustibles fósiles	De combustibles fósiles, con captura del exceso de carbono	Producido con energía renovable

MUCHO CARBONO — MENOS CARBONO — CARBONO CERO

Producción de hidrógeno

Los coches impulsados por hidrógeno no producen emisiones. Sin embargo, las distintas formas de producir el combustible tienen diferentes impactos ambientales. El hidrógeno verde es el que menos carbono emite, pero es caro. Se produce usando energía renovable para descomponer el agua en hidrógeno y oxígeno. Otras formas tienen un impacto más negativo en el clima.

100 millones de bicicletas se fabrican cada año.

LAUFMASCHINE

Draisiana

Origen: Alemania

Año: 1817

La primera bicicleta que se vendió en grandes cantidades, la Laufmaschine, también llamada draisiana, no tenía pedales. El ciclista se sentaba en el asiento de cuero acolchado y empleaba los pies para impulsarse.

LA PRIMERA BICICLETA

Biciclo

Origen: Alemania

Año: 1892

Apodada «penny farthing» por las monedas de distinto tamaño de la época, esta bicicleta de aspecto extraño tenía una gran rueda delantera (el «penny» o penique) que podía rodar fácilmente por carreteras sin asfaltar.

WOLFE AMERICAN ICEBIKE

Parte bicicleta, parte trineo

Origen: Estados Unidos

Año: 1920

Diseñada para su uso en lagos y ríos helados, esta bicicleta de hielo se adaptó a partir de un cuadro de bicicleta estándar. Los clavos de la rueda trasera se agarraban al hielo, mientras que un trineo sustituía la rueda delantera.

BIANCHI PARIS-ROUBAIX

Clásica y ligera

Origen: Italia

Año: 1951

Esta bicicleta de carreras, con chasis de acero, estaba equipada con una revolucionaria palanca de cambios de cuatro velocidades sujeta a la horquilla trasera. El piloto debía inclinarse hacia atrás para accionarla.

BOWDEN 300

De paseo

Origen: Estados Unidos

Año: 1961

De color rojo brillante y curvas suaves, la Bowden 300 se construyó pensando en la estética. Tenía un chasis de fibra de vidrio y luces integradas que la hacían pesada en las subidas pero perfecta para pasear por la playa.

A pedales

Uno de los medios de transporte más sencillos y populares, la bicicleta permite ir cuatro o cinco veces más rápido que andando, utilizando la misma cantidad de energía.

La mayoría de las bicicletas utilizan el mismo método para aprovechar la fuerza humana. Al pisar los pedales se acciona una cadena que transmite la potencia a la rueda trasera, que gira y hace avanzar la bicicleta. El manillar sirve para girar la rueda delantera y cambiar la dirección de la bicicleta.

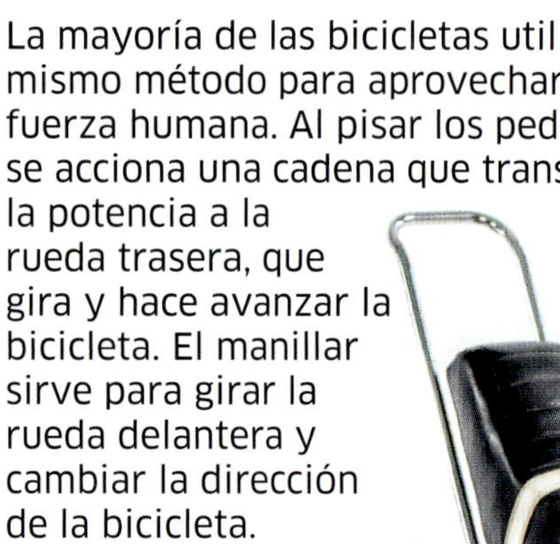

RALEIGH CHOPPER

De ruedas anchas

Origen: Reino Unido

Año: Década de 1970

Con manillar alto y asiento acolchado, se inspiraba en las motocicletas de turismo. El sillín estaba montado sobre la rueda trasera, lo que facilitaba inclinarse hacia atrás y levantar la rueda delantera.

SCOTT REFLEX

Mountain bike

Origen: Suiza

Año: 2007

Con neumáticos anchos y resistentes a los pinchazos, las bicicletas de montaña están pensadas para aventurarse por senderos accidentados. Este modelo cuenta con suspensión delantera y trasera para proteger de los baches el cuadro y al ciclista.

GT PERFORMER

BMX

Origen: Estados Unidos

Año: 1985

BMX son las siglas de «Bicycle Motorcross», un deporte en el que los pilotos corren por una pista de tierra. Este modelo es una BMX de estilo libre, diseñada para las acrobacias. Como todas las BMX, tiene un cuadro pequeño y robusto y una sola marcha.

Cables ocultos
El cable del freno delantero pasaba por el cuadro para evitar enredos al girar el manillar.

Tres radios gruesos
Estas ruedas tenían un diseño llamativo, pero carecían de resistencia.

El freestyle BMX fue reconocido como deporte olímpico para los Juegos Olímpicos de Verano de 2020.

KINGCYCLE BEAN

Bicicleta reclinada

Origen: Reino Unido

Año: 1990

Las bicicletas reclinadas, en las que el ciclista va tumbado, son más rápidas que las normales porque son más aerodinámicas. Esta máquina tenía una carcasa aerodinámica que le permitía alcanzar velocidades de 90 km/h.

Parabrisas
La pantalla debía pegarse con cinta adhesiva tras montar el piloto.

Carcasa de fibra de vidrio

BABBOE CURVE

Bicicleta de carga

Origen: Países Bajos

Año: 2015

Con un gran contenedor delantero, las bicicletas de carga permiten llevar cargas pesadas. Este modelo se usa a menudo en las ciudades holandesas para llevar a los niños a la escuela.

CYFAC LE DUO CARBONE

Tándem

Origen: Francia

Año: 2015

Inventadas en 1890, las bicicletas tándem permiten a dos ciclistas aportar el doble de potencia en un viaje en bicicleta. Los modelos modernos están fabricados con fibra de carbono ligera, por lo que requieren menos esfuerzo para pedalear.

Manillar trasero
Proporciona un lugar al que agarrarse, pero no dirige la bicicleta.

GOCYCLE G4I

Bicicleta eléctrica plegable

Origen: Reino Unido

Año: 2021

Las bicicletas equipadas con un motor eléctrico ayudan al ciclista suministrando energía a las bielas de los pedales o al buje de la rueda. Este modelo es incluso plegable.

100 **millones de motocicletas Super Cub se vendieron en 2017.**

Motocicletas y escúteres

Estos vehículos ofrecen transporte motorizado en un formato más reducido, cómodo y a menudo más asequible que los coches.

El atractivo y la libertad de viajar sobre dos o tres ruedas atrae a millones de personas. Algunos conducen sus motos por la carretera y fuera de ella por diversión, ocio, aventura o competición, mientras que otros las utilizan para ir y volver del trabajo. Hay motocicletas de muchas formas y tamaños: desde pequeños escúteres urbanos hasta grandes motos de viaje o potentes motos deportivas de altas prestaciones.

Manillar
Un único puño giratorio en el manillar controlaba tanto el régimen del motor como el freno trasero.

Sillín

Ruedas revestidas de hierro

Equilibrio
Las pequeñas ruedas exteriores le daban equilibrio.

DAIMLER REITWAGEN

Motocicleta pionera

Origen: Alemania

Año: 1885

La motocicleta de Gottlieb Daimler y Wilhelm Maybach tenía un bastidor de madera y un sillín de cuero. Una correa de cuero transfería la potencia del motor a la rueda trasera, lo que le daba una velocidad máxima de 11 km/h.

HARLEY-DAVIDSON 8A

Motocicleta clásica

Origen: Estados Unidos

Año: 1912

Esta Harley-Davidson, una de las primeras motocicletas populares, recibió el apodo de «Silent Gray Fellow» por el funcionamiento silencioso de su motor monocilíndrico de 494 cc y una sola marcha, y por su discreta pintura.

Depósito de combustible en la parte superior del bastidor

Sillón con suspensión

Guardabarros trasero

HONDA C100 SUPER CUB

Escúter

Origen: Japón

Año: 1958

Equipado con un gran carenado de plástico y ruedas de mayor diámetro que las tradicionales, el vehículo a motor más común del mundo sigue siendo popular, sobre todo en el sudeste asiático.

Carenado
Una carcasa de plástico cubre el armazón.

LAMBRETTA LD 125 INNOCENTI

Escúter clásico

Origen: Italia

Año: 1951

Se fabricaron más de 110 000 unidades de este escúter de asientos amortiguados y plataforma de fácil acceso para los pies. Con tres marchas, podían alcanzar una velocidad máxima de 76 km/h.

Espacio aprovechado
Bajo el carenado que cubre el motor hay espacio para guardar objetos.

Freno de tambor
La moto frena por la acción de un tambor sobre la rueda.

HONDA CB750

Motocicleta de carretera

Origen: Japón

Año: 1969

Con un estilo de conducción erguido pero niveles de potencia de circuito, esta popular moto de carretera tenía un motor de cuatro cilindros y cambio de cinco velocidades. Alcanzaba una velocidad máxima de más de 200 km/h.

SUZUKI GSX-R1100 WR

Motocicleta deportiva

Origen: Japón

Año: 1994

Esta potente motocicleta imita los vehículos de carreras de circuito, con una posición de conducción baja y un motor de alto rendimiento que ofrece más caballos que muchos coches pequeños. Su velocidad máxima es de 272 km/h.

KAWASAKI KX250

Motocicleta todoterreno

Origen: Japón

Año: 1990

Estas motocicletas ligeras pero resistentes pueden recorrer todo tipo de terreno en pistas de motocross. La sólida suspensión de las ruedas absorbe las fuerzas de impacto de los baches y los saltos.

Motor
El motor de dos tiempos ofrece mucha potencia.

ELECTRA GLIDE FLHS

Motocicleta de paseo

Origen: Estados Unidos

Año: 1987

Esta gran moto de turismo, con motor de 1337 cm³, estaba diseñada para recorrer cómodamente largas distancias. Tenía parabrisas, alforjas, un depósito de 19 litros y un sillín largo y cómodo.

AUTO RICKSHAW

A medida

Origen: varios

Año: Siglo XX

También conocidos como tuk-tuks, estos vehículos de pasajeros basados en motocicletas y triciclos se usan como taxis en muchos lugares. Algunos son eléctricos y otros funcionan con gas.

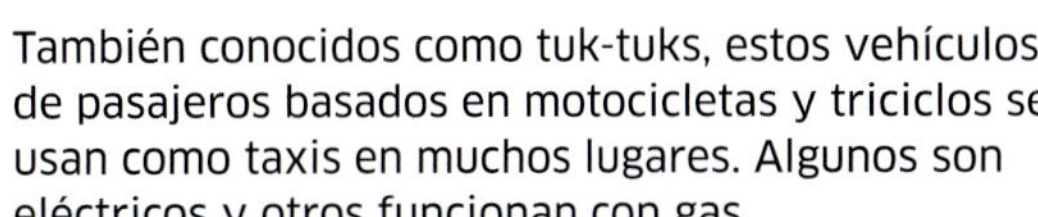

PIAGGIO MP3 500

Triciclo a motor

Origen: Italia

Año: 2006

Con mayor estabilidad que las motocicletas tradicionales, este triciclo basculante cuenta con antibloqueo de frenos, control de crucero y una suspensión que inclina las dos ruedas delanteras al tomar una curva.

HARLEY-DAVIDSON LIVEWIRE

Motocicleta eléctrica

Origen: Estados Unidos

Año: 2019

Con un ligero cuadro de aluminio y un motor de 105 CV, esta motocicleta eléctrica es rápida y maniobrable. Solo tarda una hora en recargarse por completo.

WESLAKE SPEEDWAY

Motocicleta de velocidad

Origen: Reino Unido

Año: 1981

Las motos de velocidad corren sin frenos por pistas de tierra estrechas y ovaladas. Con un peso de solo 83 kg, esta moto ganadora del campeonato del mundo tenía una aceleración temible y una velocidad máxima de 120 km/h.

Motor pequeño
El motor monocilíndrico de 499 cc es pequeño, pero potente.

Guardabarros
Cubren partes de ambas ruedas e impiden que la suciedad llegue al motorista.

Rueda trasera
Esta sencilla rueda exenta no tiene suspensión alguna.

Neumáticos de tacos
Dan mayor agarre sobre tierra.

53 millones de **motocicletas se vendieron en todo el mundo en 2021.**

Motocicleta deportiva

Capaces de acelerar y frenar con rapidez, las motocicletas deportivas son vehículos exclusivos. Imitan la velocidad, la maniobrabilidad y el rendimiento de las motos de carreras, pero su uso en carretera es seguro y legal.

Las motocicletas deportivas suelen tener un motor potente, aceleración brusca y carrocería aerodinámica que permite que el aire fluya a su alrededor. El piloto suele viajar agazapado, bajando la cabeza y el cuerpo hacia la moto para reducir la resistencia al aire generada y alcanzar mayores velocidades.

YAMAHA YZF-R6	
Origen:	Japón
Año:	2015
Longitud:	2,04 m
Velocidad máxima:	260 km/h

Espejo retrovisor

Carenado frontal
El carenado protege del viento al piloto y estiliza la moto.

Horquilla delantera
Sujeta a la rueda, ofrece suspensión en la parte delantera de la motocicleta.

Disco de freno delantero
Fijado a la rueda delantera, este gran disco frena la moto cuando las pastillas de freno presionan sobre él.

Frenos

La mayoría de las motocicletas utilizan frenos de disco. Al apretar la palanca de freno del manillar, se empuja el líquido por un tubo para obligar las pastillas a presionar sobre un disco fijado a la rueda de la moto. Las pastillas generan mucha fricción y frenan la rueda.

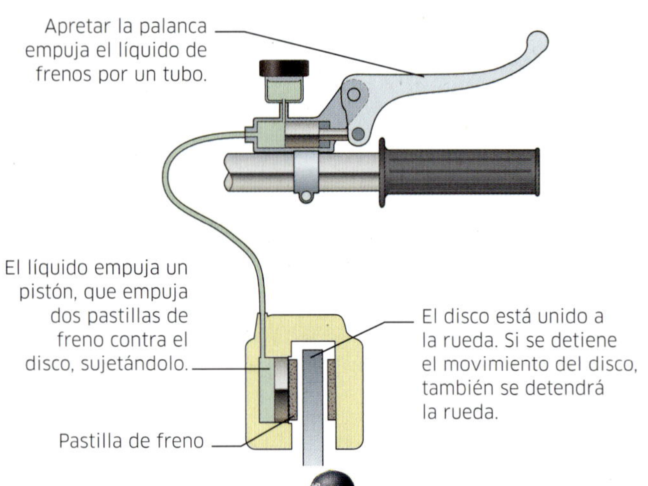

Sidecar

Dos ruedas pueden convertirse en tres con la adición de un sidecar, que puede acoplarse a algunas motocicletas. Inventado en 1893, el sidecar de una rueda puede transportar pasajeros, mercancías o, en el caso de los vehículos militares, un artillero y una ametralladora.

Yamaha YZF-R6

Esta moto superdeportiva combina un diseño elegante con un motor de altísimas revoluciones capaz de ofrecer más de 87 kW de potencia. Se ha actualizado cada año desde su introducción para incluir aún más características de gama alta.

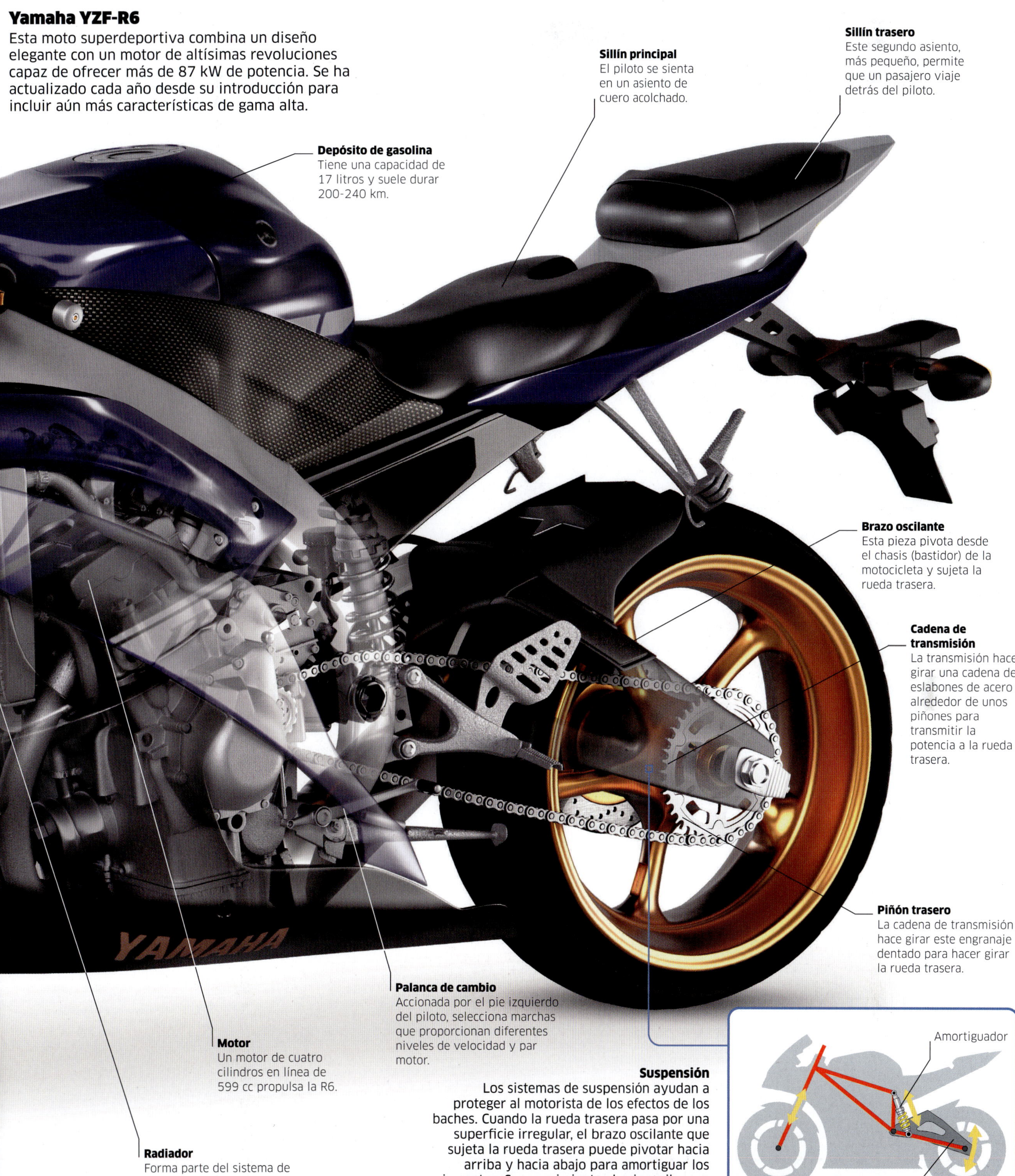

Sillín principal
El piloto se sienta en un asiento de cuero acolchado.

Sillín trasero
Este segundo asiento, más pequeño, permite que un pasajero viaje detrás del piloto.

Depósito de gasolina
Tiene una capacidad de 17 litros y suele durar 200-240 km.

Brazo oscilante
Esta pieza pivota desde el chasis (bastidor) de la motocicleta y sujeta la rueda trasera.

Cadena de transmisión
La transmisión hace girar una cadena de eslabones de acero alrededor de unos piñones para transmitir la potencia a la rueda trasera.

Piñón trasero
La cadena de transmisión hace girar este engranaje dentado para hacer girar la rueda trasera.

Palanca de cambio
Accionada por el pie izquierdo del piloto, selecciona marchas que proporcionan diferentes niveles de velocidad y par motor.

Motor
Un motor de cuatro cilindros en línea de 599 cc propulsa la R6.

Radiador
Forma parte del sistema de refrigeración de la moto y devuelve el calor del motor a la atmósfera.

Suspensión
Los sistemas de suspensión ayudan a proteger al motorista de los efectos de los baches. Cuando la rueda trasera pasa por una superficie irregular, el brazo oscilante que sujeta la rueda trasera puede pivotar hacia arriba y hacia abajo para amortiguar los impactos. Sus movimientos hacia arriba son suavizados por un amortiguador dotado de un muelle y un cilindro lleno de aceite.

60 000 camiones pesados y semipesados vendidos en el **mundo en 2022.**

Camiones

Estos esforzados vehículos de motor recorren distancias impresionantes por las carreteras transportando una amplia gama de mercancías.

Los camiones transportan cada día por carretera millones de toneladas de mercancías, desde paquetes hasta ganado, pasando por productos químicos o cemento. La mayoría utilizan motores diésel, aunque cada vez son más los que funcionan con electricidad, gas natural comprimido o biocombustibles. Algunos camiones desempeñan funciones especializadas, como la limpieza de calles o el espectáculo.

Cuerpo hinchado
La carrocería de este camión se basa en una camioneta Chevrolet Silverado de 2006 y se ha elevado por encima de las ruedas.

Neumáticos Terra
Los neumáticos de 1,68 m de diámetro son un tercio de su peso, lo suficiente para aplastar estos coches.

MONSTER TRUCK

Viking Monster Trucks' Thor

Origen: Estados Unidos / Suecia

Longitud: Aprox. 4,5 m

Las furgonetas y camionetas muy modificadas pueden equiparse con enormes neumáticos y suspensiones. Con motores de metanol, corren por circuitos y hacen acrobacias.

AUTOCARAVANA

Newmar Dutch Star

Origen: Estados Unidos

Longitud: 11,6-13,1 m

Estos grandes vehículos recreativos (RV) tienen capacidad para que vivan y duerman en ellos entre dos y ocho personas, y a menudo incluyen cocina y duchas.

MINICAMIÓN

Piaggio Ape truck

Origen: Italia

Longitud: 2,5 m

Los repartidores y pequeñas empresas de construcción hacen uso de estas carretillas compactas de batalla corta. Algunas, como este modelo, cuentan con una sola rueda delantera para hacer giros más cerrados en zonas congestionadas.

CARRETILLA ELEVADORA

Toyota Traigo 70

Origen: Japón

Longitud: Varía

Estos versátiles toros elevadores se usan en almacenes, centros de reparto y granjas. Sus horquillas suben y bajan por mástiles verticales para mover cargas que pueden pesar toneladas.

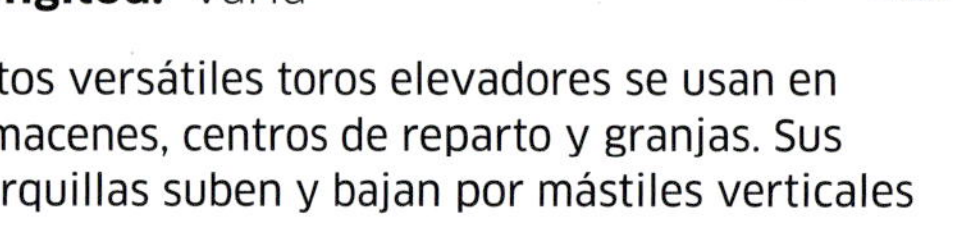

BARREDORA

Green Machines 636

Origen: Reino Unido

Longitud: 3,52 m

Camiones especializados recorren las calles barriendo y limpiando la calzada y las cunetas. Disponen de cepillos de rotación rápida para retirar la suciedad, que luego es aspirada por potentes bombas de vacío.

CAMIONES POLARES

KamAZ-43114 offroad truck

Origen: Rusia

Longitud: 7,96 m

Diseñados para trabajar en la Antártida o en el Ártico, estos resistentes camiones están equipados con tracción en las cuatro ruedas y neumáticos de dibujo profundo que les ayudan a mantener la tracción sobre terrenos resbaladizos o helados.

CAMIÓN PLATAFORMA

Foton Miler

Origen: China

Longitud: 5,08 m

Normalmente de tamaño pequeño o mediano, estos camiones de laterales abatibles están equipados con remolques planos rodeados de aparadores abatibles y un portón trasero que puede abatirse para facilitar la carga y descarga.

CAMIÓN DE CAJA RÍGIDA

DAF LF Electric

Origen: Países Bajos

Longitud: 10,8 m

Estos camiones no articulados tienen una carrocería de remolque sólida y cubierta tras la cabina del conductor. Transportan una gran variedad de carga, a menudo almacenada en palés de madera para poder descargarla rápidamente.

CAMIÓN DE BASURA

Isuzu NQR 70

Origen: Japón

Longitud: 8,9 m

Los camiones de basura de carga trasera recogen y comprimen muchas toneladas de residuos sólidos. Cada vez son más los que funcionan con baterías y motores eléctricos.

CAMIÓN GRÚA

Mercedes-Benz 815 Atego 4x2

Origen: Alemania

Longitud: 8,28 m

Estos camiones pueden remolcar un vehículo averiado o utilizar una grúa o un cabrestante para subirlo a su plataforma, como en este caso. A continuación, transportan el vehículo a un taller para repararlo.

CAMIÓN CISTERNA

Renault Premium 460

Origen: Francia

Longitud: Varía

Aunque algunos camiones cisterna son rígidos, muchos son articulados y arrastran remolques. Pueden ser camiones cisterna con depósitos de alimentos líquidos, productos químicos, petróleo o incluso aguas residuales.

CAMIÓN DE TRANSPORTE DE COCHES

Scania P230 DB

Origen: Suecia

Longitud: Varía

Coches, furgonetas y camionetas se introducen en los raíles de un remolque transportador y se sujetan con abrazaderas o arneses. A continuación, el remolque puede ser arrastrado por un camión.

Coche en voladizo
Para que quepan el máximo número de vehículos, un coche se sitúa sobre la cabina.

Dos cubiertas
Una plataforma inferior y otra superior permiten llevar varios vehículos.

77 % Porcentaje de toda la **carga terrestre** de la Unión Europea que es **transportada en camión.**

Comunicaciones en cabina
Muchos camiones incorporan ayudas electrónicas a la conducción para facilitar los viajes de larga distancia. Entre ellas están el asistente de carril y el control de crucero adaptativo, que utiliza un radar para mantener el camión a una distancia segura de los que circulan por delante. Los conductores también pueden comunicarse con otros por radio de banda ciudadana (CB) o VHF, o aplicaciones móviles.

Semirremolque

Estos incansables transportistas son la columna vertebral del transporte mundial de mercancías por carretera. Un camión articulado recorre de media 130 000 km al año, más de tres vueltas al mundo.

También conocidos como cabezas tractoras, los semirremolques pueden arrastrar una amplia gama de remolques, desde cajas refrigeradas para alimentos y plataformas que transportan contenedores hasta transportes especializados de ganado o automóviles.

Transportista pesado

Este gran semirremolque norteamericano cuenta con un gran morro para alojar su potente motor diésel y diez ruedas repartidas en tres ejes. Diseñado para el transporte de larga distancia, la gran cabina dormitorio contiene espacio para vivir, dormir y almacenar.

Apertura

Populares en Europa y Asia, los camiones con cabina tienen el motor y el eje delantero justo debajo del conductor. Cuando hay que acceder al motor, un sistema hidráulico inclina la cabina hacia arriba y hacia delante. Los camiones con cabina tienen mejor visibilidad y un radio de giro ligeramente más corto.

Tren de carretera australiano

En Australia, los camiones pueden ser mucho más largos y grandes que en el resto del mundo. Por el país circulan enormes trenes de carretera formados por un solo camión que tira de tres o cuatro remolques. Estos vehículos pueden medir hasta 53,5 m de largo y pesar hasta 136 toneladas.

Quinta rueda

Sobre las ruedas traseras del camión hay una gran placa engrasada, el acoplamiento de quinta rueda. Está diseñada para que un pivote –accesorio que se coloca debajo del remolque– pueda encajarse fácilmente en ella. Una vez acoplado firmemente, el pivote puede girar en la quinta rueda, proporcionando un punto de giro sobre el que el camión y el remolque pueden tomar las curvas con facilidad.

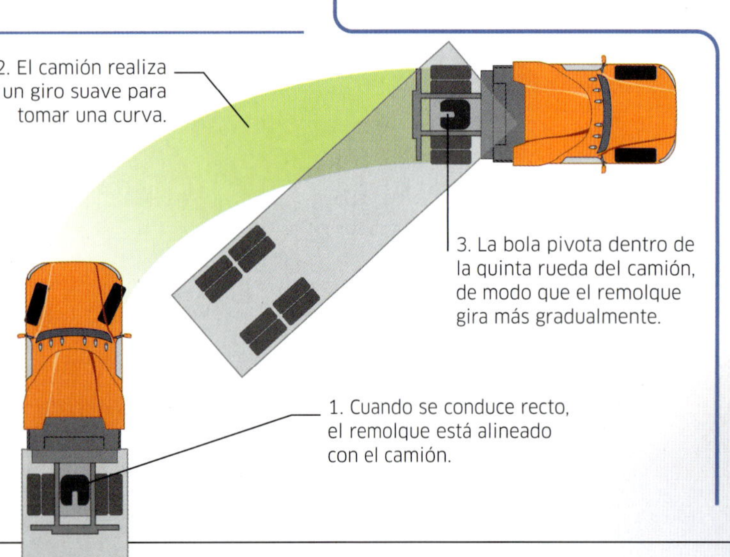

CAMIÓN FREIGHTLINER

Origen: Estados Unidos

Año: 1942

Longitud: Varía

Capacidad de carga: Hasta 36 toneladas

En **1963**, el tractor anfibio **Sea Horse** recorrió la distancia de 33,3 km a través del **canal de la Mancha** en **7 horas y 50 minutos.**

FOWLER GYROTILLER

Cultivador sobre orugas

Potencia: 170 CV

Año: 1935

Esta máquina tenía un cultivador trasero que utilizaba dos anillos giratorios para roturar la tierra y poder plantar caña de azúcar. Sus largas cuchillas le permitían penetrar profundamente en la tierra.

FERGUSON TE-20

Tractor polivalente

Potencia: 24 CV

Año: 1947

Los tractores Ferguson fueron los primeros en adoptar el sistema de enganche de tres puntos que se siguen utilizando hoy. Esto permitió a los agricultores acoplar y accionar diferentes herramientas de forma rápida y sencilla.

En la granja

Impulsados por potentes motores y montados sobre gigantescas ruedas u orugas, los vehículos agrícolas se encargan de una amplia gama de trabajos que antes realizaban los humanos y los animales.

Los primeros tractores eran dispositivos de remolque que utilizaban cadenas para arrastrar la maquinaria. En la década de 1940 se revolucionaron con un invento que permitía fijar la maquinaria de forma segura al tractor. Este enganche de tres puntos permitía transferir el peso de una herramienta, como un arado, del suelo a las ruedas traseras del tractor, lo que resultaba más seguro y eficaz. Hoy en día existe una amplia gama de máquinas agrícolas, desde las que utilizan orugas en lugar de ruedas hasta las cosechadoras y los vehículos compactos de jardinería.

JOHN DEERE 5430I

Fumigador de cultivos

Potencia: 215 CV

Año: 2008

A veces, los agricultores rocían sus cultivos con productos químicos que los protegen de malas hierbas, insectos o enfermedades. Este tractor tiene brazos largos a ambos lados que pueden fumigar una zona amplia.

CATERPILLAR TH406

Carretilla elevadora

Potencia: 99 CV

Año: 2008

Los tractores elevadores están especializados en levantar y mover las pacas de heno que a menudo sirven de alimento a los animales. Esta máquina tiene un brazo extensible capaz de estirarse más de 6 m.

CASE IH QUADTRAC 9370

Orugas articuladas

Potencia: 360 CV

Año: 1997

Los tractores muy pesados corren el riesgo de compactar el suelo. Esta máquina, con sus cuatro pequeñas orugas, distribuye su peso sobre una gran superficie. Se dobla por el centro para facilitar la dirección.

JCB FASTRAC 185-65

Transportador rápido

Potencia: 188 CV

Año: 1994

Construido para transportar cargas con rapidez, puede superar los 75 km/h. La mayoría de los tractores son incómodos cuando se conducen a gran velocidad, pero este cuenta con una suspensión que garantiza una conducción suave.

JOHN DEERE 6210R

Tractor de bajo consumo

Potencia: 210 CV

Año: 2011

Para reducir los costes de funcionamiento y limitar las emisiones, los tractores modernos se diseñan para ahorrar combustible. El 6210R de John Deere cuenta con un sistema de gestión de la potencia que limita el consumo de combustible a bajas velocidades o cuando se arrastran aperos más ligeros, como este cultivador.

Cultivador combinado
Esta herramienta utiliza diversas cuchillas para roturar la tierra y dejarla lista para la siembra.

Cabina espaciosa
Además de grandes ventanales con buena visión, tiene asiento para un pasajero y nevera.

HAGIE 204SP

Desgranadora de maíz

Potencia: 173 CV

Año: 2013

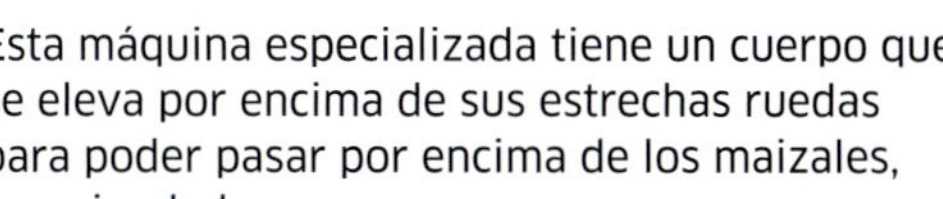

Esta máquina especializada tiene un cuerpo que se eleva por encima de sus estrechas ruedas para poder pasar por encima de los maizales, recogiendo las mazorcas a su paso.

CHALLENGER MT865C

Orugas de goma

Potencia: 583 CV

Año: 2009

Algunas máquinas agrícolas se desplazan sobre orugas para superar terrenos accidentados. Esta máquina tiene orugas de goma, una mejora con respecto a las orugas metálicas, que estropeaban la superficie dura de las carreteras.

JOHN DEERE S690I

Cosechadora

Potencia: 530 CV

Año: 2013

Una cosechadora puede realizar múltiples trabajos que antes requerían muchos trabajadores agrícolas. Este modelo puede cambiar de velocidad automáticamente para reducir la marcha cuando se desplaza por terrenos accidentados.

Tubo de descarga
El grano de trigo se envía por esta tubería a un remolque.

Molinete
Este bastidor metálico gira al desplazarse la cosechadora, doblando el grano para que pueda cortarse fácilmente.

KUBOTA L3200

4 x 4 compacto

Potencia: 32 CV

Año: 2014

Esta pequeña máquina es adecuada para granjas y jardines pequeños. La barra situada detrás del asiento del conductor es un elemento de seguridad que impide que el tractor vuelque.

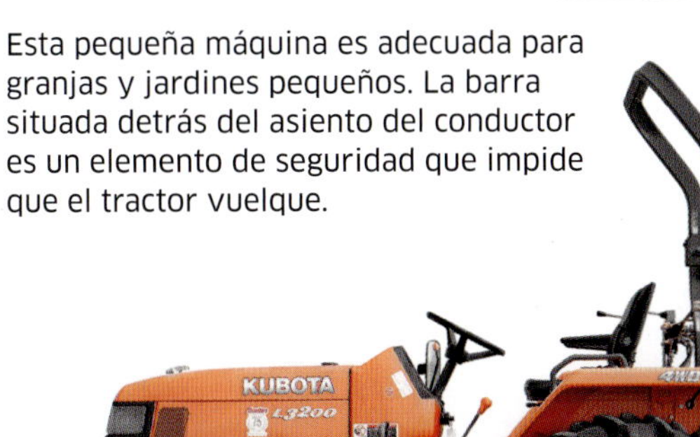

NEW HOLLAND T9 700

Tractor articulado

Potencia: 699 CV

Año: 2014

Cuanto más grande es el tractor, más espacio necesita para girar, por lo que hay que dejar vacío de cultivos un espacio importante del campo. Para resolverlo, los tractores articulados como este se doblan por un punto central, por lo que necesitan mucho menos espacio para maniobrar.

La tapa del motor se levanta para facilitar el mantenimiento.

1 Molinete
Un largo cabezal giratorio situado en la parte delantera de la cosechadora recoge el forraje y lo arrastra hacia una barra de corte. Allí, unas afiladas cuchillas cortan los tallos de la planta cerca de su base, cerca del suelo.
2 Alimentador
Un tambor giratorio y una cinta transportadora hacen entrar el forraje cortado en la cosechadora para su procesamiento. Los ventiladores ayudan a extraer el polvo que se acumula, eliminándolo del forraje cortado.
Cabina
El conductor utiliza pantallas táctiles para controlar los sistemas del vehículo, como los sensores láser y el GPS que lo guían en una ruta preestablecida a través del campo.
3 Cilindro
Este cilindro de 75,5 cm de diámetro gira a 330-930 rotaciones por minuto. La cosecha se golpea y se frota entre el tambor y la superficie curvada inferior, sacudiendo los granos para liberarlos de sus tallos. Alrededor del 70 % del grano se recoge así.
8900
LEXION
CLAAS LEXION 8900
Origen: Alemania
Año: 2019
Longitud: Varía
Velocidad máxima: 40 km/h

18 000 litros de cereal puede almacenar el depósito de grano de la Lexion 8900.

26 luces de trabajo tiene la Lexion para iluminar el terreno cuando opera de noche.

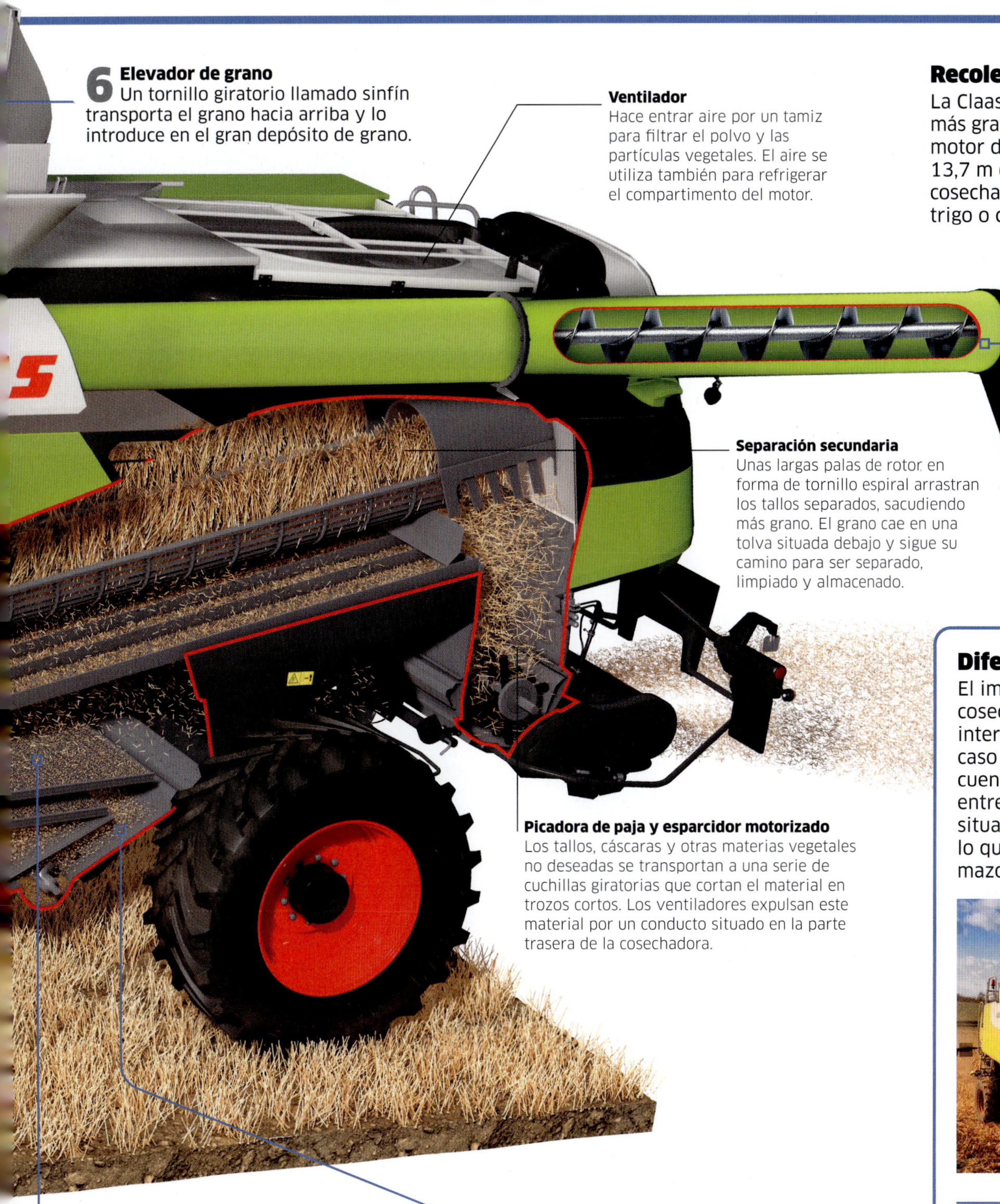

6 Elevador de grano
Un tornillo giratorio llamado sinfín transporta el grano hacia arriba y lo introduce en el gran depósito de grano.

Ventilador
Hace entrar aire por un tamiz para filtrar el polvo y las partículas vegetales. El aire se utiliza también para refrigerar el compartimento del motor.

Separación secundaria
Unas largas palas de rotor en forma de tornillo espiral arrastran los tallos separados, sacudiendo más grano. El grano cae en una tolva situada debajo y sigue su camino para ser separado, limpiado y almacenado.

Picadora de paja y esparcidor motorizado
Los tallos, cáscaras y otras materias vegetales no deseadas se transportan a una serie de cuchillas giratorias que cortan el material en trozos cortos. Los ventiladores expulsan este material por un conducto situado en la parte trasera de la cosechadora.

4 Sistema de limpieza
El grano cae a través de los tamices y es transportado al sistema de limpieza. Allí, un ventilador de turbina produce aire que expulsa el tamo o paja (la envoltura del grano) y los pequeños tallos de paja, dejando el grano limpio.

5 Grano recogido
El grano del depósito de recogida se traslada al elevador de grano.

Cosechadora

Antes, la cosecha exigía mucho trabajo humano y animal. Hoy, una sola persona en una cosechadora puede recoger, limpiar y separar la cosecha de todo un campo, lo que acelera mucho el trabajo.

Las cosechadoras modernas están equipadas con tecnologías para optimizar el proceso de recolección. Cámaras y sensores ajustan la parte delantera del vehículo para garantizar que se recoge cada kilogramo de cultivo en el campo, y una sofisticada maquinaria en el interior separa el grano de la paja.

Recolector

La Claas Lexion 8900 es una de las cosechadoras más grandes del mundo. Accionada por un potente motor diésel, puede desplegar un cabezal de 13,7 m de ancho en grandes campos de cultivo, cosechando hasta 95 toneladas de cereales, como trigo o centeno, cada hora.

7 Descargador
Este largo brazo pivotante se denomina descargador. En su interior hay un largo sinfín giratorio que transfiere el grano desde el elevador de la cosechadora hasta un depósito o tolva transportado por un camión independiente. La Lexion 8900 descarga hasta 180 litros de grano por segundo.

Diferentes cabezales

El implemento de la parte delantera de la cosechadora, conocido como cabezal, puede intercambiarse en función del cultivo. En el caso de cultivos como el maíz, el cabezal cuenta con unos picos que se desplazan entre las hileras. Las cadenas de recolección situadas debajo rompen los tallos de maíz, lo que permite a la cosechadora recoger las mazorcas liberadas.

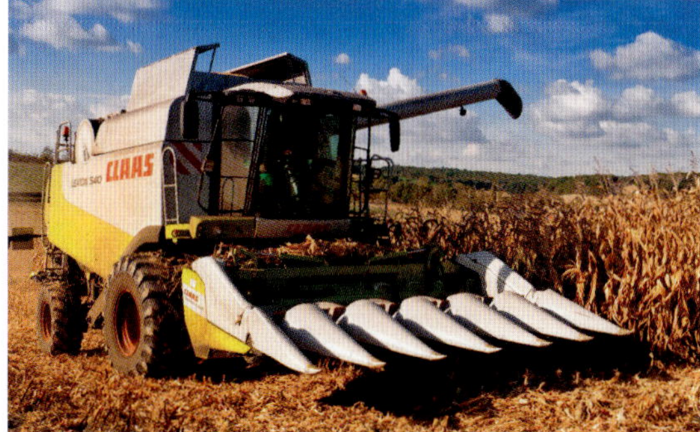

Ganancia de grano

Algunas cosechadoras son tan eficientes que pueden llenar su depósito en cuatro minutos. Para seguir cosechando, descargan el grano continuamente en camiones que circulan junto a la cosechadora. Las cámaras pueden controlar la calidad del grano durante la descarga.

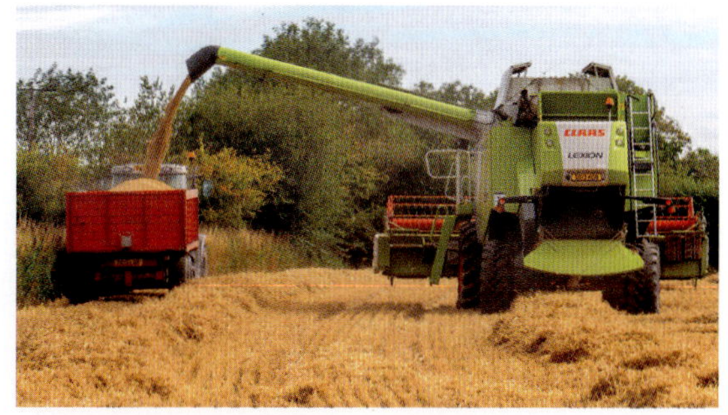

Vehículos de construcción

Una variada gama de vehículos pesados permite la construcción segura y rápida de las estructuras de las que dependemos en la vida cotidiana, desde edificios y puentes hasta carreteras y casas.

La industria mundial de la construcción utiliza cientos de miles de vehículos especializados, cada uno de ellos diseñado para ser resistente, fiable y eficiente. Estos vehículos ayudan a dar forma al paisaje de la obra, cavar zanjas y cimientos, retirar obstáculos y transportar materiales de construcción por la obra dondequiera que se necesiten.

Cadena giratoria
La cadena del vehículo gira hasta a 222,5 m por minuto.

ZANJADORA DE CADENA

Vermeer T555-III

Origen: Estados Unidos

Longitud: 6,4–7,6 m

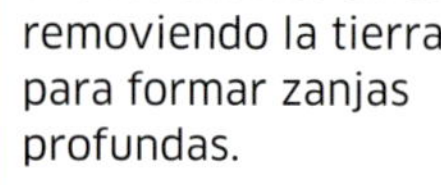

Semejante a una motosierra gigante sobre orugas, esta máquina tiene una gran cadena giratoria con anchos dientes de acero. Estos desgarran el suelo, removiendo la tierra para formar zanjas profundas.

CANALIZADORA

Caterpillar 583T

Origen: Estados Unidos

Longitud: 5,4 m

Estos vehículos se desplazan sobre orugas y tienen un potente cabrestante para levantar, maniobrar y desplegar tramos de tuberías. La mayoría tienen un contrapeso en la parte trasera para darles estabilidad y equilibrio.

Eslinga
Puede levantar tramos de tubería de hasta 63 504 kg.

Terreno difícil
Las orugas permiten que el vehículo se desplace fácilmente por terrenos accidentados.

GRÚA MÓVIL DE CONSTRUCCIÓN

Liebherr LTM 1500-8.1

Origen: Suiza/Alemania

Longitud: 21,4 m

Como muchas grúas, este vehículo tiene un brazo extensible, pero que también puede contraerse para facilitar su transporte. La longitud del brazo de la grúa y el peso de su carga se contrarrestan con pesos y vigas llamados estabilizadores.

Brazo extensible
Las secciones más grandes de la pluma de la grúa pueden alcanzar los 84 m de altura.

Cabina
La cabina de acero tiene ventanas de cristal de seguridad para proteger a los ocupantes.

500 toneladas
es la carga máxima que puede levantar esta grúa móvil LTM.

Gran distancia entre ejes
La distancia entre ruedas delanteras y traseras estabiliza la grúa.

VOLQUETE DE CARGA

Thwaites 9 toneladas, carga frontal

Origen: Reino Unido

Longitud: 4,6 m

Ideales para el transporte de tierra y rocas, estos vehículos van desde pequeños volquetes de carga frontal hasta vehículos más grandes, capaces de transportar cargas de más de 270 toneladas.

PALA CARGADORA

Volvo BM

Origen: Suecia

Longitud: Varía

Las grandes palas cargadoras frontales pueden transportar más de 5 m³ de tierra o roca por viaje. Unos potentes pistones hidráulicos suben y bajan la enorme cuchara, situada en la parte delantera.

Enormes ruedas Giran con un gran par pero a baja velocidad.

RETROEXCAVADORA

John Deere 310K EP

Origen: Estados Unidos

Longitud: 7 m

Estos vehículos versátiles tienen una cargadora excavadora ancha en la parte delantera y una cuchara en un brazo articulado en la parte trasera conocido como retroexcavadora.

Fuerte cuchara Los pistones que accionan la cuchara le permiten excavar a profundidades de 4,34 m.

EXCAVADORA

John Deere 160D LC

Origen: Estados Unidos

Longitud: 9 m

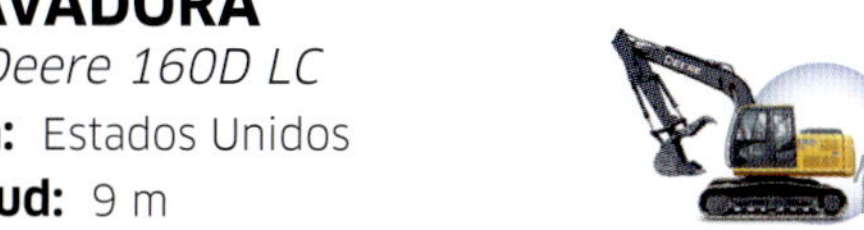

Dedicados a la excavación, estos vehículos tienen una robusta cuchara de acero con dientes salientes que excavan el suelo. Ayudan a preparar cimientos y zanjas para tuberías, así como a derribar estructuras.

APISONADORA

Rodillo Hamm HD140

Origen: Alemania

Longitud: 5 m

Generalmente utilizadas para compactar las capas de una carretera, estas máquinas disponen de uno o dos tambores pesados de gran diámetro que ejercen una gran presión sobre el material sobre el que ruedan.

BULDÓCER

Caterpillar D9

Origen: Estados Unidos

Longitud: 5,5–6,9 m

Las orugas estriadas y un potente motor diésel proporcionan a estos vehículos de movimiento de tierras una gran tracción. La gran pala de acero de accionamiento hidráulico de la parte delantera empuja cargas pesadas.

HORMIGONERA

Western Star 4800TS

Origen: Estados Unidos

Longitud: Varía

Estos vehículos transportan el hormigón en un gran tambor giratorio. En su interior, una pala en forma de tornillo mantiene el hormigón agitado, moviéndolo de un lado a otro para mantenerlo en estado líquido antes de verterlo.

17 m de altura máxima alcanza la torreta de agua extensible de la lancha contraincendios Weser.

Vehículos de emergencia

Ante una catástrofe, cada segundo cuenta. Los vehículos diseñados para afrontar las emergencias son rápidos, potentes y están bien equipados.

Desde los camiones de bomberos hasta las ambulancias, los equipos de primera intervención utilizan una serie de máquinas especializadas cuando se enfrentan a una crisis. Las sirenas y las luces intermitentes ayudan a advertir a los demás usuarios de la carretera de que se aproximan vehículos a gran velocidad procedentes de un parque de bomberos, un hospital o una comisaría de policía. A veces también se recurre a vehículos aéreos o acuáticos para apoyar a los equipos que trabajan sobre el terreno.

CAÑÓN DE AGUA MÓVIL

Wasserwerfer 9000

Origen: Alemania

Año: Década de 1980

En algunos países, la policía utiliza vehículos que disparan chorros de agua a alta presión para dispersar a las multitudes. En otros, se consideran demasiado peligrosos.

Cañón de agua Cada uno de ellos se acciona de forma individual.

Bajo presión Los neumáticos Run Flat siguen rodando aunque los pinchen cristales rotos.

Depósito de agua de 9000 litros

MANDO DE COORDINACIÓN

Vehículo de comando y coordinación

Origen: Reino Unido

Año: 2008

Las situaciones de catástrofe pueden ser caóticas, por lo que los vehículos de mando están equipados con sistemas de comunicación para coordinar a los equipos de ayuda.

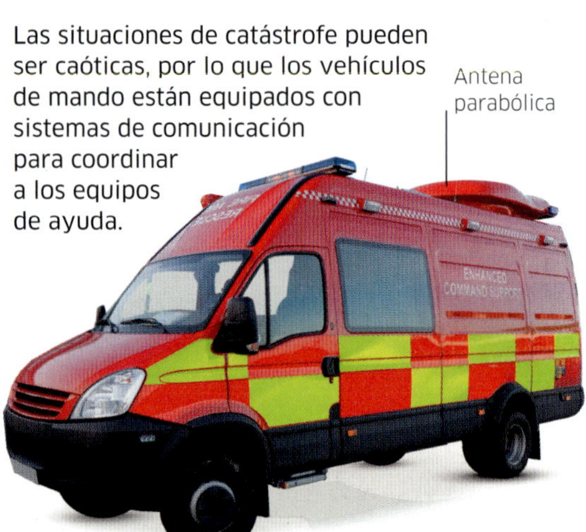

Antena parabólica

RESCATE DE INCENDIOS

NATISK-3000 KS

Origen: Rusia

Año: 1995 (modelo civil)

Con mangueras y escaleras, este vehículo está equipado con herramientas para apagar incendios y rescatar a las personas atrapadas por las llamas.

El color rojo alerta a los conductores.

AERODESLIZADOR DE RESCATE

Griffon 380TD

Origen: Reino Unido

Año: 2008

En las zonas costeras donde la tierra da paso al barro, la marisma, el hielo o el agua, el versátil aerodeslizador es un salvavidas. Surca la superficie sobre un colchón de aire sostenido por un faldón de goma de neopreno.

BARCO CONTRAINCENDIOS

Löschkreuzer «Weser»

Origen: Alemania

Año: 1974

En las zonas próximas al agua, los barcos con cañones de agua a alta presión son una valiosa herramienta de lucha contra incendios, capaces de bombear miles de litros directamente desde el mar, el lago o el río sobre las llamas.

Focos de trabajo Dos reflectores dobles para las operaciones nocturnas.

Chorros potentes Cada cañón puede lanzar agua a más de 100 m.

AMBULANCIA

Citroën Jumper

Origen: Grecia

Año: 2002

Tripuladas por personal sanitario, las ambulancias están equipadas para mantener al paciente estable de camino al hospital, con oxígeno, desfibrilador, camillas y medicación vital a bordo.

AVIÓN CONTRAINCENDIOS

Canadair CL-415

Origen: Canadá

Año: 1994

Alas robustas
Las alas largas y gruesas ayudan al Canadair a ganar altura rápidamente cuando está cargado.

Hélice
Los motores y las hélices están montados por encima del ala, bien alejados del agua.

Estabilizador
El flotador evita que el ala golpee el agua al aterrizar.

Casco resistente
Reforzado y curvado como el casco de un barco volador, el fuselaje está diseñado para aterrizar en el agua.

Puertas inferiores
El piloto puede liberar el agua por etapas, o verterla toda en menos de un segundo.

Timón
Un timón motorizado permite al avión cambiar de dirección incluso sobre el agua.

Espuma
Añadir espuma al agua crea un efecto gelificante que ayuda a que se adhiera a los árboles para impedir que el fuego se propague.

Helicóptero de extinción de incendios
Los helicópteros suelen llevar menos agua que un avión, pero no necesitan pista ni aguas abiertas para aterrizar y repostar.

Los bombarderos acuáticos están diseñados para transportar grandes volúmenes de agua con los que extinguir las llamas de los incendios forestales. El diseño único del Canadair CL-415 le permite recoger agua del mar o de lagos.

RESCATE DE MONTAÑA

Land Rover Defender

Origen: Reino Unido

Año: 1990s

Robustos vehículos todoterreno suben por las laderas para ayudar a los senderistas y escaladores perdidos o accidentados. Llevan cuerdas para llegar a lugares difíciles y un botiquín médico, una camilla y ropa de abrigo para asistir a los heridos.

Portaequipajes de techo para llevar equipos grandes

Foco desmontable para rescates nocturnos

Enganche para arrastrar vehículos o hacer rescates

COCHE PATRULLA

Opel Zafira Tourer

Origen: Alemania

Año: 2012

Adaptados a partir de coches de serie, los coches patrulla disponen de sirena y luces azules, conexión por radio con la comisaría y una zona segura para los sospechosos. Su sola presencia también puede disuadir a los delincuentes.

18 000 litros de **agua** caben en el depósito del **camión** de bomberos de aeropuerto Falcon 8 x 8 airport.

Hidrante a manguera

Pueden conectarse a la red de agua con hidrantes. Cuando se coloca una manguera, el agua del hidrante llega a la bomba del camión, que la distribuye a las mangueras de aspersión.

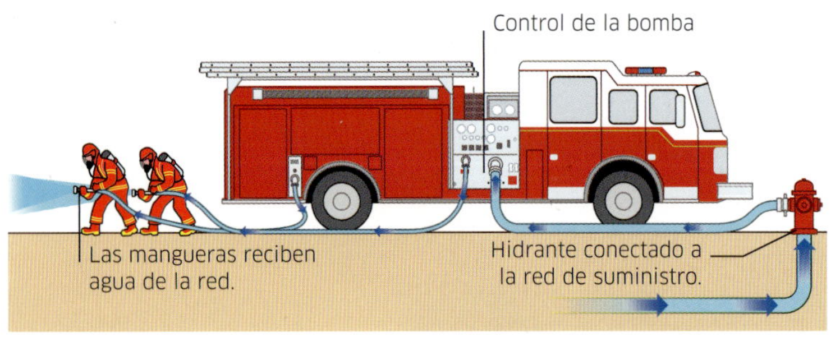

Camión de bomberos

Suelen ser los primeros en llegar a una emergencia, son versátiles y están bien equipados, diseñados para hacer frente a casi cualquier contingencia.

Transportan a los bomberos, herramientas de todo tipo –desde sierras para hormigón hasta cámaras termográficas– y equipos médicos como desfibriladores y bombonas de oxígeno. Suelen estar propulsados por motores diésel y tienen potentes bombas para lanzar agua con mangueras y cañones de torreta.

Depósito de agua
Está compartimentado para evitar que la gran cantidad de agua se agite en el trayecto.

Mangueras rígidas
Almacenadas en el techo, extraen agua de una fuente no presurizada.

Dosificador de espuma
Controla la proporción de los productos químicos que crean espuma con el agua.

Manguera conectada
Esta manguera ya está conectada a una salida de bomba, por lo que puede utilizarse en cuanto se llega al lugar.

Manómetros
Muestran el caudal de agua y la presión de la bomba desde salidas como mangueras.

Panel de control
Muestran los datos básicos del camión.

Entrada de agua de red
Una gruesa tubería transporta el agua de la red hasta el camión.

Potente ventilador
Este ventilador grande y portátil puede utilizarse para dispersar el humo y los gases nocivos.

Mangueras gruesas
Estas resistentes mangueras reforzadas pueden introducirse en el interior de un edificio o estructura y ser manejadas por un solo bombero.

Punto de conexión
Múltiples salidas permiten enchufar varias mangueras y suministrarles agua bombeada.

Cabina
En la cabina pueden ir hasta ocho bomberos con ropa ignífuga, guantes y cascos duros. Sujetos con correas y en asientos acolchados, pueden abrir sus arneses con un solo botón para entrar en acción rápidamente.

ROSENBAUER AT	
Origen:	Austria
Distancia entre ejes:	3,6-4,55 m
Tripulación:	2-8
Depósito de agua:	500-5000 litros

Chorro a presión
La torreta dispara hasta 3500 litros de agua por minuto.

Pico
Permite abrir o derribar cerramientos para llegar a fuegos contenidos.

Torreta de agua
Esta gran torreta de agua puede dirigirse desde la cabina, donde el bombero también puede modificar su caudal y los patrones de pulverización.

Hacha
Puede romper puertas para acceder al interior o para ventilar espacios de humos o gases nocivos.

Luces brillantes
Tiras de iluminación LED a lo largo del borde del techo iluminan el camión y su entorno.

Bombardero cisterna Rosenbauer AT

Este camión de bomberos austríaco es un vehículo polivalente usado por bomberos de más de 20 países. Es del tipo cisterna-bomba, lo que significa que lleva su propio suministro de agua, pero puede conectarse a la red de suministro cuando necesita agua adicional para hacer frente a incendios más grandes.

Luces de alerta
Las luces azules intermitentes y la sirena alertan a los demás vehículos de la presencia del camión de bomberos.

Desde el aire

Hay incendios difíciles de dominar desde el suelo. Para atacarlos o para rescatar a personas, los bomberos usan unas grandes escaleras telescópicas que llevan algunos camiones o se elevan en la plataforma aérea de una carretilla elevadora (abajo a la derecha).

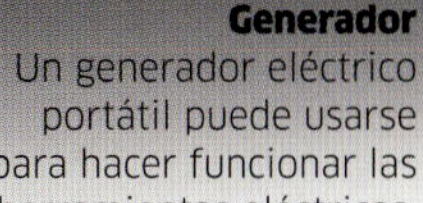

Generador
Un generador eléctrico portátil puede usarse para hacer funcionar las herramientas eléctricas.

Almacenamiento adicional
Una repisa metálica esconde el almacenamiento de equipos y permite acceder al armario de herramientas y mangueras.

Cabina del conductor
Los bomberos controlan desde la cabina las comunicaciones por radio, las sirenas, la potente iluminación y el sistema de megafonía.

90 % Porcentaje de **desplazamientos en transporte público** de **Hong Kong**, **el más alto del mundo.**

RED FERROVIARIA

El ferrocarril fue el primer medio de transporte de alta velocidad, y las modernas redes electrificadas actuales ofrecen un método rápido, eficiente y relativamente sostenible de recorrer largas distancias. Aunque su explotación es rentable, su construcción es cara, por lo que está fuera del alcance de muchos países menos ricos.

Estados Unidos
La mayor red ferroviaria del mundo tiene más de 220 000 km de vías.

Red ferroviaria mundial
Este mapa muestra que las redes más extensas están en Norteamérica, Japón y Europa.

China
Los ferrocarriles chinos son los más transitados del mundo, y el país cuenta con la red ferroviaria de alta velocidad más larga.

India
Los viajes en tren son muy populares en la India, donde las tarifas son bajas y la red extensa.

NODOS DE TRANSPORTE

En las ciudades puede haber muchas opciones de transporte público. Los centros de movilidad están diseñados para conectar diferentes formas de transporte en un mismo lugar. Facilitar el paso de uno a otro, así como crear opciones para ir en bicicleta o a pie ayuda a alejar a la gente del vehículo privado y mantiene la ciudad conectada.

Lanzadera urbana
Los tranvías y autobuses contribuyen a reducir el tráfico y las emisiones en los centros urbanos.

Viajar en tren
El ferrocarril es la forma más sostenible de recorrer largas distancias.

Carriles bici
Aumentan la seguridad y animan a más gente a usar un medio de transporte saludable.

Recogida de paquetes
Los centros de paquetería son cómodos para los usuarios y reducen el número de furgonetas de reparto.

Coches eléctricos
Los puntos de recarga permiten a los usuarios cargar sus vehículos.

Alquiler de bicicletas y escúteres
Son una opción rápida y cómoda para trayectos cortos.

Redes de transporte

Necesitamos desplazarnos para trabajar o estudiar, comprar o visitar a amigos y familiares. Hay distintos medios de transporte público que hacen accesibles los desplazamientos para la mayoría de las personas.

Un transporte público fiable y eficiente es vital para la economía de un país, es más sostenible que el uso del vehículo privado y mejora la calidad de vida de las personas que viven y trabajan en las ciudades. A menudo lo financian los gobiernos. Sin embargo, en algunos lugares de difícil acceso, donde el transporte público convencional no está disponible, se han ideado otras soluciones de desplazamiento.

ESTACIÓN ESPECTACULAR

Una gran red ferroviaria necesita intercambiadores que ofrezcan numerosas rutas y admitan un enorme volumen de pasajeros. La Grand Central Terminal de Nueva York tiene 44 andenes (la mayor del mundo) y 67 vías. La utilizan 750 000 personas al día.

PERSONAS EN MOVIMIENTO

Además de ser más ecológico, el transporte público es, con diferencia, la forma más eficiente de desplazar a mucha gente por una ruta al mismo tiempo. Este gráfico compara los métodos de transporte en función de su capacidad para llevar pasajeros, es decir, el número máximo de personas que pueden viajar con ese método en una ruta determinada durante un periodo de tiempo determinado.

Por el buen camino
El gráfico muestra cuántos pasajeros podrían viajar por la misma ruta en una hora. La cifra más baja, con diferencia, corresponde a los coches y vehículos privados. En comparación, un tren de cercanías puede desplazar 88 000 pasajeros más en el mismo lapso de tiempo.

Clave
1000 personas

DESPLAZAMIENTOS CREATIVOS

Para desplazarse por la ciudad, algunos lugares resuelven sus propios retos. Factores como la ubicación, el trazado o el clima descartan las formas más tradicionales de transporte público, pero los ciudadanos han ideado métodos imaginativos para desplazarse.

Tren Norry, Camboya
Estos carritos artesanos de bambú se construyeron para circular por vías en desuso. Transportaban personas y mercancías entre pueblos aislados, pero ahora son populares entre los turistas.

Trineos de Monte, Madeira
Las cestas de mimbre sobre patines se utilizan en Madeira desde la década de 1850. Los pasajeros son empujados por una serpenteante carretera de montaña de 2 km.

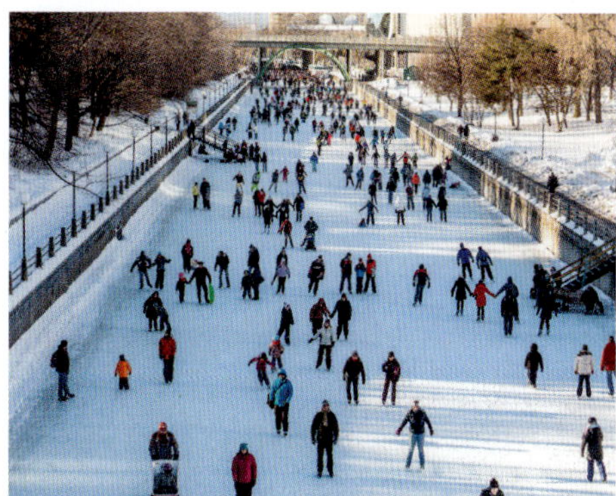

Canal de patinaje, Rideau Canal, Canadá
En invierno, un canal en Ottawa se convierte en una gigantesca pista de hielo y en una vía rápida para los patinadores. La pista de patinaje solo se abre cuando el hielo tiene 30 cm de espesor.

Escalera mecánica gigante, Colombia
La ciudad de Medellín está sobre una montaña. En 2011 se inauguró una escalera mecánica que une el centro de la ciudad con uno de sus suburbios. El ascenso de 384 m lleva solo seis minutos.

FUERZA DE TIRO

Tanto si se usan para salvar los profundos valles entre las montañas como para subir y bajar por calles empinadas y laderas, los cables ofrecen soluciones de transporte eficaces y económicas en algunos de los lugares más complicados del mundo.

Telecabina Peak 2 Peak, Canadá
El Peak 2 Peak, que une las montañas de Whistler y Blackcomb, es el teleférico más alto de su tipo y puede transportar a 4100 personas cada hora.

Tranvía, Estados Unidos
La ciudad de San Francisco tiene los últimos tranvías de cable del mundo. Los vagones son arrastrados por las empinadas calles por cables.

TAXI AÉREO

El proyecto surcoreano Urban Air Mobility (UAM) hará realidad los taxis voladores. Aviones eléctricos pilotados por control remoto evitarán los atascos de tráfico en la capital, Seúl, transportando pasajeros entre el aeropuerto y el centro de la ciudad. Los drones de despegue y aterrizaje verticales pueden cubrir el trayecto de 12 km en solo tres minutos.

32,20 m mide el **autobús más largo del mundo**, el **DAF Super CityTrain** de la **República Democrática del Congo**, con capacidad para **320 pasajeros**.

En autobús

Los autobuses, trolebuses y autocares son claves para los viajes de corta y larga distancia. Cada día los utilizan un gran número de pasajeros.

Un autobús es un vehículo autopropulsado con ruedas que transporta diez o más pasajeros. Aunque los trenes, tranvías y metros soportan gran parte de la carga del transporte público, los autobuses ofrecen una forma cómoda y rentable de realizar viajes por las carreteras existentes o carriles exclusivos para autobuses. Cada año se realizan miles de millones de viajes en autobús. Solo en la Unión Europea circulan más de 684 000 autobuses.

DESIGNLINE INTERNATIONAL TINDO

Autobús eléctrico

Origen: Nueva Zelanda / Australia

Longitud: 10,42 m

En 2007, el Tindo de Nueva Zelanda se convirtió en el primer autobús eléctrico que usaba energía solar para sus baterías. Como otros autobuses eléctricos, no emite gases nocivos y es muy silencioso.

La claraboya da luz natural a la parte trasera del autobús

Espacio de pie
El autobús tiene espacio para viajar de pie, por lo que puede transportar hasta 44 pasajeros.

BREDAMENARINIBUS AVANCITY+

Trolebús

Origen: Italia

Longitud: 10,7 m

Estos vehículos eléctricos circulan por carreteras normales, pero obtienen la energía de cables eléctricos aéreos en lugar de un motor. Sus motores ofrecen buena potencia desde parado, por lo que funcionan bien en zonas montañosas.

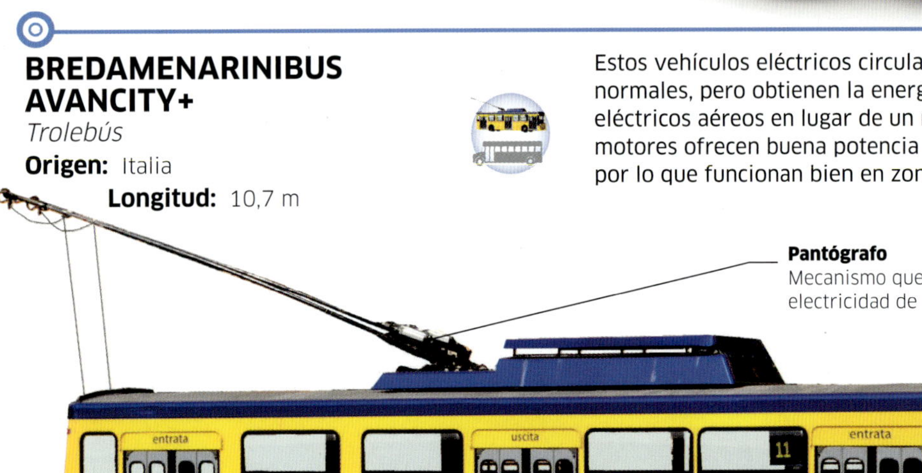

Pantógrafo
Mecanismo que capta la electricidad de la catenaria.

TOYOTA COASTER B40

Minibús

Origen: Japón/Tanzania

Longitud: 6,8 m

Los minibuses son autobuses lanzadera para cortas distancias. Algunos van sobre chasis de camiones pequeños, y otros, como el Toyota Coaster, son de diseño propio.

Maletero en la parte superior

MARRAKECH CITY TOUR BUS

Autobús descubierto

Localización: Marruecos

Longitud: 11 m

Los autobuses de dos pisos transformados y sin techo se convierten en los vehículos turísticos perfectos para los turistas. Se pueden instalar pantallas y sistemas de sonido para las explicaciones del guía, y los asientos del piso superior ofrecen excelentes vistas.

Ventilación
Las ventanas con una parte abatible permiten ventilar el piso inferior.

Audio disponible
Las banderas indican los ocho idiomas en los que están disponibles las explicaciones de la visita.

JEEPNEY

Jeepney

Origen: Filipinas

Longitud: Variable

En Filipinas, los jeeps militares de la Segunda Guerra Mundial se han convertido en pequeños autobuses. Los jeepneys modernos se basan en una gran variedad de vehículos, como furgonetas y pequeños camiones. Suelen transportar entre 8 y 18 personas, a veces más colgadas en el exterior.

Exterior llamativo
Un jeepney suele estar pintado de colores brillantes y profusamente decorado.

AUTOBÚS DE DOS PISOS Y SEIS RUEDAS SETRA

Autobús de dos pisos

Origen: Alemania

Longitud: 14,4 m

Diseñados para recorrer largas distancias, estos autocares diésel suelen tener asientos más cómodos que los autobuses normales. Los autocares de dos pisos transportan más pasajeros, y pueden incluso incluir cocina y duchas.

TORSUS PRAETORIAN

Autobús todoterreno

Origen: Chequia

Longitud: 8,7 m

Estos autobuses tienen tracción en las cuatro ruedas, neumáticos de gran adherencia y carrocería elevada con fuertes suspensiones. Pueden circular fuera de la carretera, por pendientes pronunciadas y terrenos abruptos.

AUTOBÚS ESCOLAR DE EE. UU.

Autobús escolar

Localización: Estados Unidos

Longitud: Hasta 13,7 m

Estos autobuses se pintan de amarillo para una mayor visibilidad. Los hay de cuatro clases, construidos por distintos fabricantes, y circulan por todo Estados Unidos.

VAN HOOL EXQUI.CITY 24 HYBRID

Autobús biarticulado

Origen: Bélgica/Suiza

Longitud: 23,8m

La mayoría de los autobuses articulados tienen un punto de articulación central o pivote para poder doblar las esquinas. Los autobuses biarticulados son más largos y necesitan dos pivotes. Este autobús puede transportar 140 pasajeros.

Secciones conectadas
Pasarelas en las zonas de articulación conectan las secciones del autobús.

Punto de articulación
Los fuelles de goma se expanden y contraen al tomar una curva.

En 1932, el primer autobús de tres pisos circuló entre Roma y Tívoli (Italia) transportando 88 pasajeros.

72 km/h es la **velocidad máxima de un Routemaster.**

Piso superior
Hasta 40 pasajeros podían sentarse a disfrutar de la vista.

Destino
Un plafón móvil mostraba el número del autobús, las paradas principales y el destino final.

Toma de aire
Permitía que entrara aire frío o usaba el calor del motor para calentarlo con un radiador.

Cabina
El conductor se sentaba en una semicabina junto al compartimento del motor. Tenía dirección asistida, frenos hidráulicos y caja de cambios automática.

Motor diésel
El motor de 9600 cm³ tenía un consumo de unos 23,6 litros a los 100 km.

Cilindro hidráulico
Proporcionaba la fuerza del sistema de dirección asistida del autobús.

AEC ROUTEMASTER RML

Origen: Reino Unido

Producido: 1954-1968

Longitud: 9,12 m

Capacidad: 72 pasajeros

Chasis robustos
La carrocería principal de un Routemaster consistía en un bastidor de aluminio. Este podía encajarse fácilmente sobre dos subchasis de acero. El subchasis A soportaba el motor, y el B, el eje trasero y la suspensión.

132 litros de **gasóleo** cabían en el **depósito** del Routemaster.

45 millones de kilómetros **recorrió la flota de Routemasters** durante sus **primeros cinco años** de servicio.

Autobús de dos pisos

El Routemaster, un innovador autobús de dos pisos, entró en servicio en 1956 para dar respuesta a la creciente demanda de transporte público de Londres.

Con su carrocería de aluminio y su robusto chasis, este autobús superó con creces su vida útil prevista. Muchos recorrieron más de 1,6 millones de kilómetros. Los últimos en servicio regular en Londres no se retiraron hasta 2005. Algunos vehículos siguieron prestando servicio en rutas históricas hasta 2019 y unos pocos siguen circulando como autobuses turísticos.

Buena visión
Un espejo permitía al conductor ver las escaleras y el piso superior desde su cabina en el piso inferior.

Acceso fácil
Los pasajeros podían subir y bajar de la plataforma incluso en marcha.

Suspensión trasera
Una suspensión de muelles le daba una conducción suave sobre baches o desniveles.

Leyenda londinense

Los Routemaster RML se fabricaron por primera vez en 1961, cinco años después de entrar en servicio el Routemaster RM (de 64 pasajeros). No tenían puertas, sino una plataforma abierta en la parte trasera. Los revisores tenían que recordar a los pasajeros que se sujetaran bien.

¡Billetes, por favor!

Los pasajeros compraban los billetes a un revisor que llevaba una máquina que podía imprimir hasta 75 000 billetes. El revisor también controlaba la calefacción y la ventilación del interior del autobús.

Dirección asistida

Conducir este pesado autobús era más fácil gracias a su sistema de dirección asistida. Al girar el volante, una bomba accionada por el motor del autobús empujaba el fluido hidráulico por unos conductos para mover un pistón. El pistón ayudaba al engranaje de piñón y la cremallera de la dirección, inclinando las ruedas para que el autobús pudiera girar.

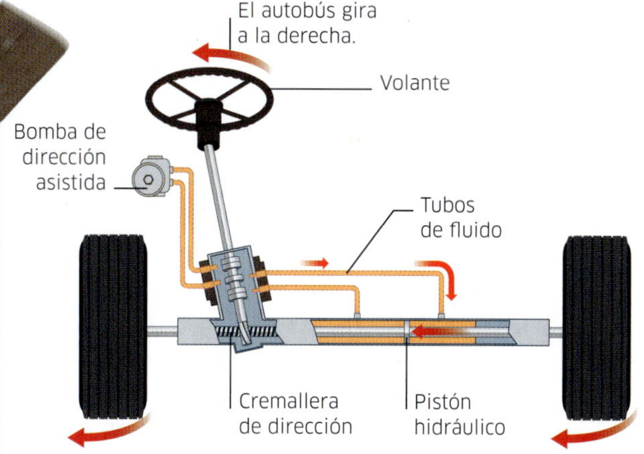

Prueba de inclinación

El Routemaster se sometió a estrictas pruebas de seguridad. En las de inclinación, el autobús se inclinó lateralmente en una rampa lleno de sacos de arena que simulaban el peso los pasajeros. Para superar las pruebas, los neumáticos debían mantener contacto con el suelo incluso cuando se inclinaba 28 grados.

487 km tiene la **vía férrea perfectamente recta más larga**, que atraviesa la llanura australiana de **Nullarbor**.

Sobre raíles

El ferrocarril es un medio de transporte rápido, asequible y energéticamente eficiente. En la actualidad, las vías férreas que cruzan los continentes podrían dar hasta 25 vueltas a la Tierra.

Los primeros ferrocarriles circularon en los siglos XVI y XVII. Caballos, mulas o personas tiraban de carros o vagones de las minas sobre raíles de madera. Estos primeros raíles pasaron más tarde a estar recubiertos de plancha de hierro, y luego se sustituyeron por raíles de hierro y, finalmente, de acero.

CONSTRUCCIÓN DE FERROCARRILES

La construcción de una nueva línea es una tarea ingente, que comienza con el estudio del terreno y la selección del trazado ideal. Una línea requiere la menor pendiente posible para una circulación rápida y eficaz, por lo que algunas partes del trazado se nivelan, mientras que pueden ser necesarios túneles y puentes para salvar obstáculos. Cada tramo de vía tiene una capa de base cubierta de arena o grava.

Partes de una vía

Los elementos principales de una vía son dos largos raíles sobre una capa de balasto rocoso, que soporta la pesada carga del tren y permite el drenaje. Debajo de los raíles, a intervalos regulares, se colocan traviesas de madera, cada una de ellas sujeta a las zapatas de los raíles por una pequeña fijación.

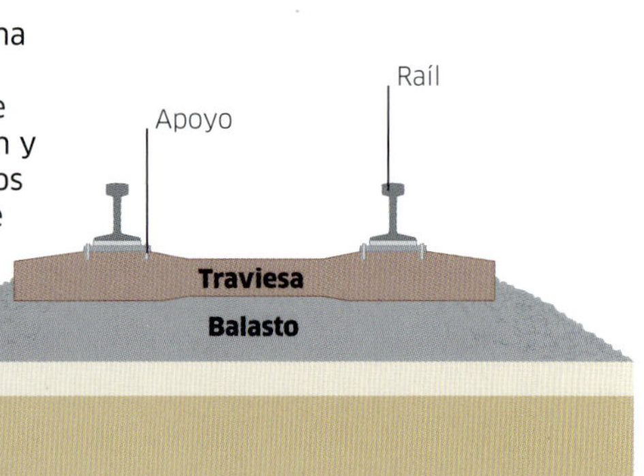

Tendido de vías

A pesar de las modernas grúas y máquinas automáticas de tendido de vías, la construcción de vías sigue requiriendo mucho trabajo. Hay que comprobar continuamente su precisión, alineación y ajuste. La mayoría de las líneas rápidas utilizan raíles continuos soldados, en los que se sueldan largos tramos de raíl de acero.

Primer ferrocarril transcontinental
Más de 20 000 trabajadores tendieron 2885 km de vías a través de Estados Unidos en el siglo XIX.

Tendido del metro ligero
Los raíles de acero de una línea de metro ligero en Colorado (EE.UU.) necesitan un acabado y montaje muy precisos.

ANCHOS DE VÍA

La distancia entre los lados interiores de los dos carriles de una vía es el ancho de vía. En el mundo se han construido vías férreas de distintos anchos, lo que crea problemas cuando se cruzan líneas de anchos diferentes.

Internacional
Este ancho de vía de 1435 mm se usa en el 55 % de los ferrocarriles del mundo, incluidos la mayoría de los de EE.UU. y el Reino Unido.

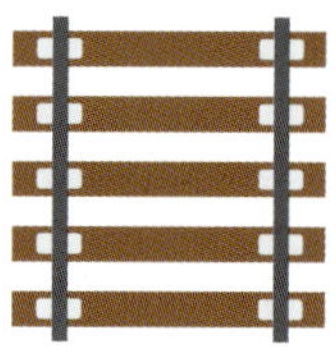

Ruso
El segundo ancho de vía más común del mundo, de 1520 mm, se encuentra en Rusia, Finlandia, Ucrania y Bielorrusia.

Del Cabo
Con un ancho de vía estrecho de 1067 mm, esta vía se encuentra en Sudáfrica, Nueva Zelanda, Indonesia y Japón.

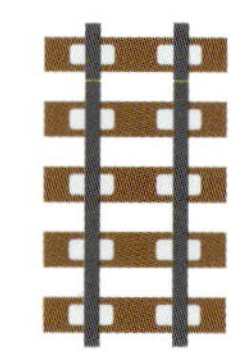

Dos pies
El ancho ultraestrecho de 610 mm se encuentra sobre todo en plantas industriales y parques de atracciones.

Bogies

Son los conjuntos de ejes, ruedas y sistemas de suspensión sobre los que se asienta la caja de un tren. En la frontera entre China y Mongolia se cambian los *bogies* de los trenes del ferrocarril transmongoliano para pasar a otro ancho de vía.

REDES FERROVIARIAS

La aparición de las locomotoras de vapor en el siglo XIX supuso el auge de los primeros ferrocarriles. Solo la red ferroviaria del Reino Unido pasó de 157 a 16 693 km entre 1830 y 1860. En la actualidad, las vías se extienden por muchos países. Aquí se muestran las tres redes ferroviarias nacionales más largas de la actualidad.

Estados Unidos **148 553 km**

China **109 767 km**

Rusia **85 544 km**

Viajes épicos

Ahora es posible recorrer distancias extremadamente largas en un solo tren. La línea ferroviaria más larga es el ferrocarril transiberiano, que atraviesa siete husos horarios y recorre 9288 km entre Moscú y Vladivostok.

RUEDAS

Salvo los sistemas de levitación magnética (maglev), todos los trenes circulan sobre ruedas. Al ser la única parte del tren en contacto con el carril, desempeñan un papel vital para mantener el tren en la vía. Al principio eran de madera, luego se les añadió una llanta de hierro o acero y finalmente pasaron a ser totalmente de acero.

Diseño de las ruedas

Las ruedas de los trenes son más pequeñas por un lado y forman un cono. Esto ayuda a centrar las ruedas en el raíl cuando se viaja en línea recta hacia delante. Al girar, una de las ruedas se separa ligeramente del carril. Para que se mantengan en el carril, las ruedas tienen una pestaña.

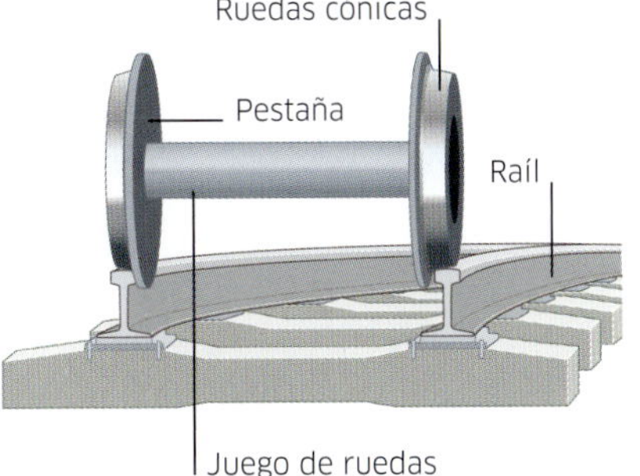

Ruedas con pestaña
Las pestañas son rebordes desarrollados por primera vez por el ingeniero inglés William Jessop en 1789. Ayudan a mantener el tren en la vía en todo momento, incluso al tomar una curva.

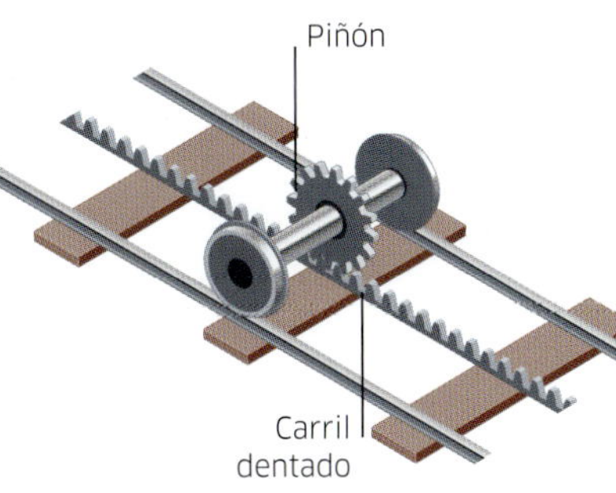

Viajar cuesta arriba
Los trenes normales no están pensados para viajar cuesta arriba. Los ferrocarriles de montaña tienen un piñón adicional entre las ruedas. Este engrana con una cremallera dentada para hacerlo subir por las pendientes más pronunciadas.

Disposición de las ruedas

A principios del siglo XX, el ingeniero estadounidense Frederick M. Whyte desarrolló una forma de clasificar las locomotoras de vapor en función del número de ruedas motrices, delanteras y traseras. Las ruedas motrices eran propulsadas por la locomotora, mientras que las delanteras y las traseras no solían ser propulsadas y servían para sostener la locomotora y ayudarla a sortear las curvas de la vía.

4-4-0 americano
Cuatro grandes ruedas motrices propulsaban esta locomotora de 1866, empleada en las primeras líneas del metro de Londres (Reino Unido).

4-6-2
Tres ruedas motrices a cada lado propulsaron la locomotora de vapor más rápida del mundo, la Mallard.

CAMBIO DE AGUJAS

Estos cruces conectan un conjunto de raíles de vía con otro conjunto divergente, permitiendo a los trenes cambiar de vía. La nueva vía puede bifurcarse para formar otra ruta ferroviaria completa, o ser un pequeño bucle de paso por el que circula un tren más lento para dejar pasar a otro más rápido.

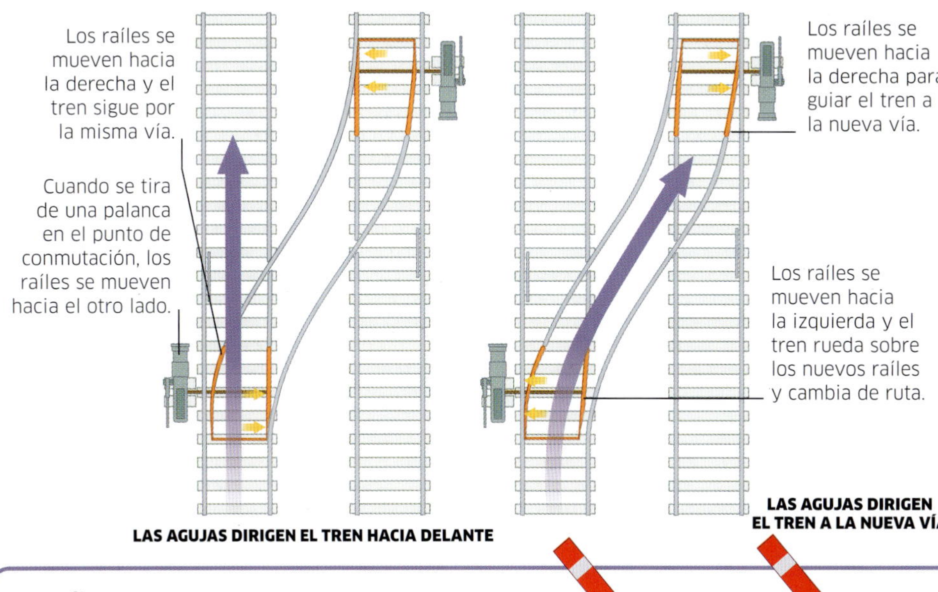

LAS AGUJAS DIRIGEN EL TREN HACIA DELANTE

LAS AGUJAS DIRIGEN EL TREN A LA NUEVA VÍA

SEÑALES

Al tener unas largas distancias de parada, los trenes podrían chocar o descarrilar fácilmente sin un sistema de señales claro. Los trenes modernos reciben los datos sobre la vía y el tráfico de manera electrónica, pero las señales en tierra con luces y placas siguen usándose para informar a los maquinistas de la ruta que tienen por delante. Un sistema de semáforos utiliza luces y pares de brazos pivotantes para transmitir información clave al maquinista.

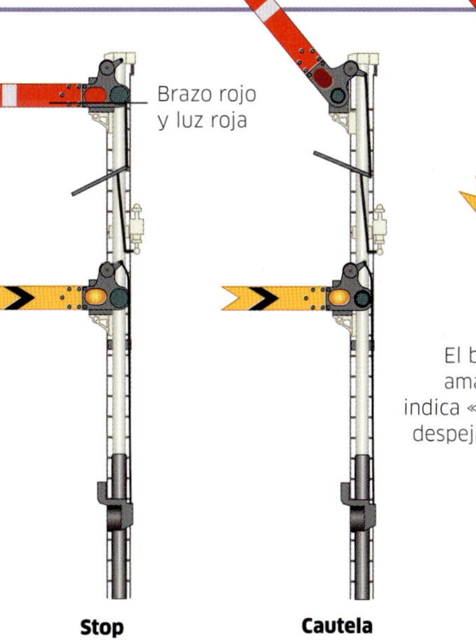

Stop
Los dos brazos horizontales indican que hay que detenerse.

Cautela
Esta señal indica al maquinista que puede avanzar, pero que esté preparado para detenerse.

Todo despejado
Con ambos brazos levantados, el tren puede seguir a su velocidad normal.

FERROCARRILES EXTREMOS

Algunos ferrocarriles operan en condiciones extremadamente duras. El tren de Mauritania atraviesa el clima caluroso y árido del desierto del Sáhara Occidental. Los trenes que transportan mineral de hierro a la costa pueden medir más de 3 km de longitud.

Tren de Mauritania
Los trenes suelen transportar 200 vagones por esta vía de 704 km de longitud. A veces, los pasajeros se sientan en los vagones.

9,9 toneladas de carbón quema cada hora la locomotora Union Pacific Big Boy.

Trenes de mercancías

El ferrocarril transporta alrededor del 7% de toda la carga en el mundo. Las locomotoras tiran de vagones con contenedores de grano, productos químicos y otras mercancías.

Una locomotora típica puede llevar hasta 200 veces más carga que un camión y consume de tres a cuatro veces menos combustible. Las locomotoras de mercancías también trabajan en fábricas y minas, y en patios de maniobras, donde mueven vagones para formar largos trenes listos para la marcha (ver pp. 70-71).

STADLER GEAF 2/2

Tractor de maniobras eléctrico

Origen: Suiza

Longitud: 8,4 m

Esta locomotora puede desplazar hasta 500 toneladas cuando empuja vagones y coches por un patio de maniobras. Una batería recargable le permite circular breves periodos de tiempo por vías no electrificadas.

EMD SD60

Locomotora eléctrica diésel

Origen: Estados Unidos

Longitud: 21,7 m

Un motor diésel de 3600 CV generaba la electricidad necesaria para alimentar los seis motores eléctricos de tracción de esta locomotora. Se construyeron más de 1100 SD60 y variantes, 85 de las cuales se utilizaron para tirar de trenes de mercancías del ferrocarril Union Pacific.

Ruedas motrices
Doce ruedas de 101,6 cm de diámetro propulsaban el tren por la vía.

WABTEC FLXDRIVE

Primera locomotora con baterías

Origen: Estados Unidos

Longitud: Variable

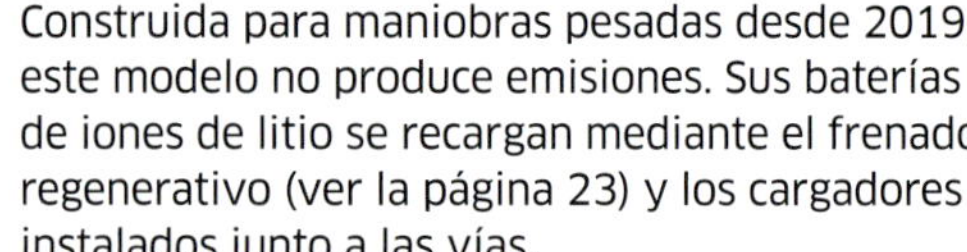

Construida para maniobras pesadas desde 2019, este modelo no produce emisiones. Sus baterías de iones de litio se recargan mediante el frenado regenerativo (ver la página 23) y los cargadores instalados junto a las vías.

VOSSLOH G6

Tractor de maniobras industrial

Origen: Alemania

Longitud: 10,35 m

Las locomotoras de maniobras cortas y robustas, como este vehículo de propulsión diésel-hidráulica, recorren distancias cortas. Empujan y tiran de vagones de mercancías por fábricas, muelles y complejos industriales.

CGR CLASS 7

Locomotora de vapor

Origen: Escocia/Sudáfrica

Longitud: 15,7 cm

Unos potentes pistones movidos por vapor propulsaban estos trenes hasta una velocidad máxima constante de 56 km/h. Muy fiables, funcionaron entre 1892 y 1972.

Vagón de plataforma
En él caben uno o dos camiones o remolques, fijados de forma segura para el viaje.

En 2001, un tren australiano de 8 locomotoras y 682 vagones tenía una longitud total de más de 7 km.

AUTOPISTA FERROVIARIA

Transporte de camiones de mercancías

Origen: Europa y resto del mundo

Longitud: Variable

Estos vehículos se forman cuando camiones de carretera que transportan carga suben a vagones bajos por una rampa. A continuación, se transportan largas distancias en tren, consumiendo menos combustible y provocando menos atascos que el transporte por carretera.

Vagones de pasajeros
Los conductores descansan aquí mientras sus camiones son remolcados. Algunos trenes disponen de coches cama para pasar la noche.

Ventiladores
Movidos por motores eléctricos, retiran el calor del motor y otras máquinas.

UNION PACIFIC BIG BOY

Locomotora de montaña

Origen: Estados Unidos

Longitud: 26 m

Una de las locomotoras de vapor más grandes jamás construidas, circulaba por terrenos escarpados en Utah y Wyoming. Había que quemar grandes cantidades de carbón para propulsar las 16 ruedas motrices.

SIEMENS VECTRON

Locomotora dual

Origen: Alemania

Longitud: 19 m

No todas las vías están electrificadas, por lo que esta locomotora eléctrica puede cambiar a un motor diésel alimentado por un depósito de combustible de 2500 litros. Tiene una velocidad máxima de 160 km/h.

BOMBARDIER/ADTRANZ IORE

Potente tren minero eléctrico

Origen: Canadá/Alemania

Longitud: 22,9 m

Con un peso de 180 toneladas, esta potente locomotora genera 10 500 CV. Se instala una en cada extremo de un tren minero para arrastrar 68 pesados vagones llenos de mineral.

8 toneladas de **carbón transportaba** la *Mallard* en su vagón carbonero.

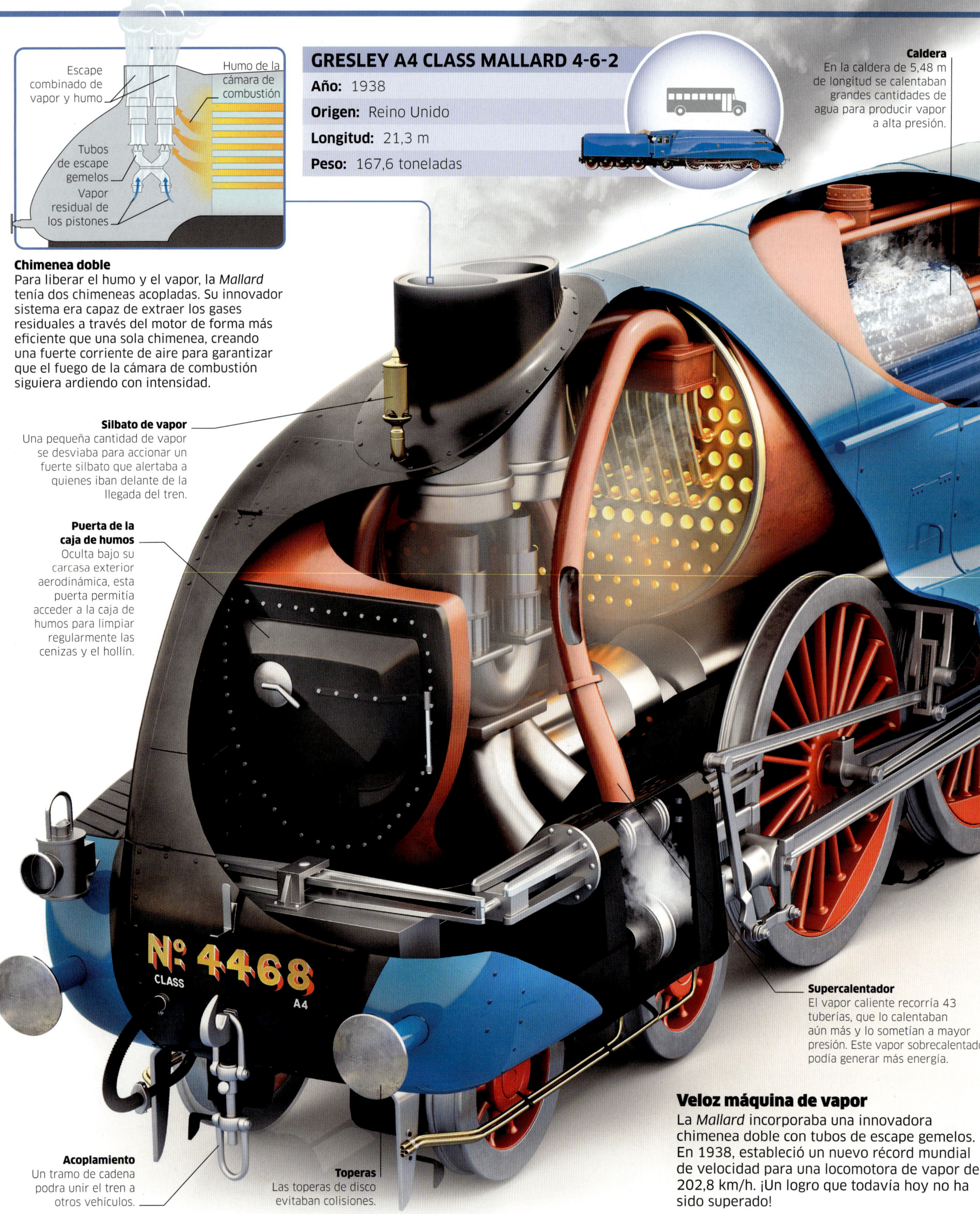

GRESLEY A4 CLASS MALLARD 4-6-2

Año:	1938
Origen:	Reino Unido
Longitud:	21,3 m
Peso:	167,6 toneladas

Chimenea doble
Para liberar el humo y el vapor, la *Mallard* tenía dos chimeneas acopladas. Su innovador sistema era capaz de extraer los gases residuales a través del motor de forma más eficiente que una sola chimenea, creando una fuerte corriente de aire para garantizar que el fuego de la cámara de combustión siguiera ardiendo con intensidad.

Caldera
En la caldera de 5,48 m de longitud se calentaban grandes cantidades de agua para producir vapor a alta presión.

Silbato de vapor
Una pequeña cantidad de vapor se desviaba para accionar un fuerte silbato que alertaba a quienes iban delante de la llegada del tren.

Puerta de la caja de humos
Oculta bajo su carcasa exterior aerodinámica, esta puerta permitía acceder a la caja de humos para limpiar regularmente las cenizas y el hollín.

Supercalentador
El vapor caliente recorría 43 tuberías, que lo calentaban aún más y lo sometían a mayor presión. Este vapor sobrecalentado podía generar más energía.

Acoplamiento
Un tramo de cadena podra unir el tren a otros vehículos.

Toperas
Las toperas de disco evitaban colisiones.

Veloz máquina de vapor

La *Mallard* incorporaba una innovadora chimenea doble con tubos de escape gemelos. En 1938, estableció un nuevo récord mundial de velocidad para una locomotora de vapor de 202,8 km/h. ¡Un logro que todavía hoy no ha sido superado!

1830 Año en que se inaugura la **primera línea ferroviaria interurbana a vapor** del mundo, **entre Manchester y Liverpool** (Reino Unido).

22 730 litros de **agua como máximo podía transportar la *Mallard*.**

Vagón carbonero

Cámara de combustión
Este gran horno quemaba carbón para producir aire caliente que iba por tubos metálicos hasta la caldera.

Ruedas motrices
Con un diámetro de 2,03 m, tres ruedas a cada lado eran accionadas por pistones y propulsaban la locomotora hacia delante.

Alimentar la cámara de combustión
En el estrecho espacio entre la cámara de combustión y el vagón carbonero, los operarios tenían que meter carbón a paladas en la cámara de combustión constantemente para mantener el tren en marcha. También debían comprobar que la caldera tuviera suficiente agua.

Locomotora de vapor

Los primeros trenes quemaban carbón, petróleo o madera para calentar agua en calderas y convertirla en vapor. Este accionaba los pistones que hacían girar las ruedas del tren.

En la década de 1920, avances como la aerodinámica y el uso de calderas más grandes y de mayor presión permitieron que los trenes exprés de vapor alcanzaran velocidades de 160 km/h. La carrera por viajes más rápidos en las rutas ferroviarias británicas de larga distancia dio lugar a la construcción de 35 potentes locomotoras de la clase A4. Se introdujeron en 1935 y la más rápida de todas era la *Mallard*.

Leyenda de largo recorrido

La *Mallard* siguió en servicio durante muchos años tras batir el récord de transporte de pasajeros en rutas como la de Londres a Edimburgo. Se retiró después de 25 años en servicio y de recorrer casi 2,4 millones de kilómetros, y ahora se exhibe en el Museo Nacional del Ferrocarril de York (Reino Unido).

Potencia del pistón

Cuando la caldera de una locomotora produce vapor, este empuja un pistón a lo largo de un cilindro. El pistón está unido a una biela y un cigüeñal que convierten el movimiento rectilíneo del pistón en un movimiento giratorio. Se necesita un suministro constante de vapor para mantener el pistón en movimiento, de modo que el tren no se cale ni se detenga.

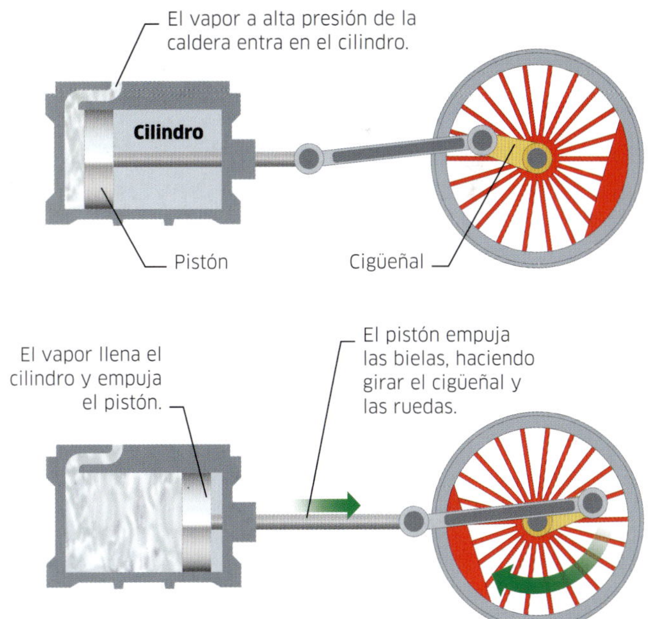

Arenado

Muchas locomotoras llevaban un arenero con arena seca, que se soltaba en la vía por delante de las ruedas para un mayor agarre. Para garantizar el suministro, la arena se secaba en hornos en los cobertizos de las locomotoras.

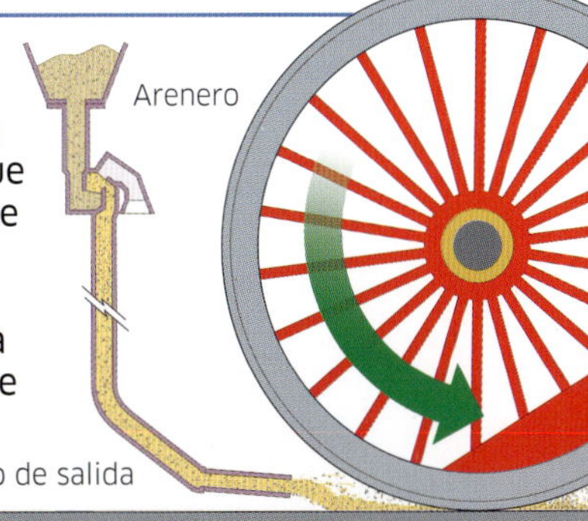

3,6 millones de **pasajeros pasan** diariamente por **la estación de Shinjuku**, de Tokio (Japón).

Trenes de pasajeros

En 1808, los pasajeros del primer tren del mundo pagaron un chelín cada uno para viajar a 19 km/h por una pequeña vía circular en Londres: era el comienzo del transporte ferroviario comercial.

Desde entonces, las redes ferroviarias han experimentado un gran auge. Más de un millón de kilómetros de vías se extienden por los continentes y la energía de vapor ha dado paso al gasóleo o la electricidad. Las locomotoras o los vagones motorizados mueven ahora a cientos de millones de pasajeros cada día.

LNER A3 FLYING SCOTSMAN

Origen: Reino Unido
Año: 1923
Longitud: 21,3 m

Esta apreciada locomotora de larga distancia transportaba los trenes británicos entre Londres y Edimburgo. En 39 años de servicio de alta velocidad, recorrió más de 3,3 millones de km.

Construir la Flying Scotsman **costó 7944 libras,** que equivalen a más de 600 000 libras a su valor actual.

DHR CLASS B

Origen: Reino Unido/India
Año: 1892-1925
Longitud: Varía

Pequeñas pero potentes, estas locomotoras de vapor transportaban pasajeros por el ferrocarril de vía estrecha Darjeeling Himalayan Railway, que se eleva más de 2000 m a través de las montañas.

V&TRR NO.20 «TAHOE»

Origen: Estados Unidos
Año: 1875
Longitud: 15,5 m

Con una velocidad máxima de unos 48 km/h, esta locomotora de vapor funcionó durante 51 años. Su gran chimenea atrapaba las chispas antes de que escaparan y pudieran causar un incendio, y quemaba madera, carbón o petróleo.

ZEPHYR PIONEER

Origen: Estados Unidos
Año: 1934
Longitud: 60,1 m

El primer automotor diésel aerodinámico con carrocería de acero inoxidable fue bautizado con el nombre de un dios griego del viento. Transportaba 72 pasajeros y 22,7 toneladas de carga en un tren de tres vagones.

13 452 trenes de pasajeros circulan a diario por las vías de la India.

6 días o 9259 km dura el trayecto más largo del Transiberiano.

M-497 BLACK BEETLE

Origen: Estados Unidos

Año: 1966

Longitud: 25,9 m

Esta locomotora experimental fusionaba un vagón diésel Budd con dos motores a reacción de un avión bombardero militar. En las pruebas, alcanzó los 295,7 km/h, lo que sigue siendo un récord de velocidad ferroviaria en Estados Unidos.

Propulsión a chorro Los dos motores a reacción General Electric J47-19 costaron 5000 dólares y fueron comprados a las fuerzas aéreas estadounidenses.

WUPPERTALER SCHWEBEBAHN GTW15

Origen: Alemania

Año: 2015-2017

Longitud: 24 m

Unos 80.000 viajeros al día disfrutan de un pintoresco viaje por este ferrocarril colgante, inaugurado en 1901. En la actualidad, sus trenes son propulsados por cuatro motores eléctricos.

SIEMENS AVENIO

Origen: Alemania

Año: 2009

Longitud: 9 m por vagón

Los silenciosos motores eléctricos propulsan esta familia de tranvías y trenes ligeros a velocidades de hasta 80 km/h. Las grandes puertas dobles facilitan la entrada y salida de más de 500 pasajeros en ocho vagones.

Carrocería ligera Los vagones son de acero ligero.

SHANGHAI TRANSRAPID

Origen: Alemania/China

Año: 2002

Longitud: 153 m

Este tren de levitación magnética, que se eleva sobre sus vías de hormigón con potentes electroimanes, alcanza una velocidad máxima de 431 km/h, el servicio de pasajeros más rápido del mundo.

TGV EURODUPLEX

Origen: Francia

Año: 2011

Longitud: 200,2 m

Este tren eléctrico de alta velocidad arrastra ocho vagones de pasajeros de dos pisos con 556 plazas. El tren viaja a velocidades de hasta 320 km/h a través de Francia, Alemania y España.

DUBBELDEKS VIRM

Origen: Países Bajos

Año: 1994-2009

Longitud: 108,6 m

Estos trenes de gran capacidad disponen de dos pisos para el transporte de pasajeros. Los motores están integrados en los vagones, por lo que no necesitan una locomotora. Un conjunto de 4-6 vagones se denomina «unidad eléctrica múltiple» o EMU.

Controles La cabina del conductor incluye los controles del sistema eléctrico del tren.

Piso superior Con mejores vistas pero menos espacio para el equipaje.

802 km tiene la red de metro más larga, el metro de Shanghái, China.

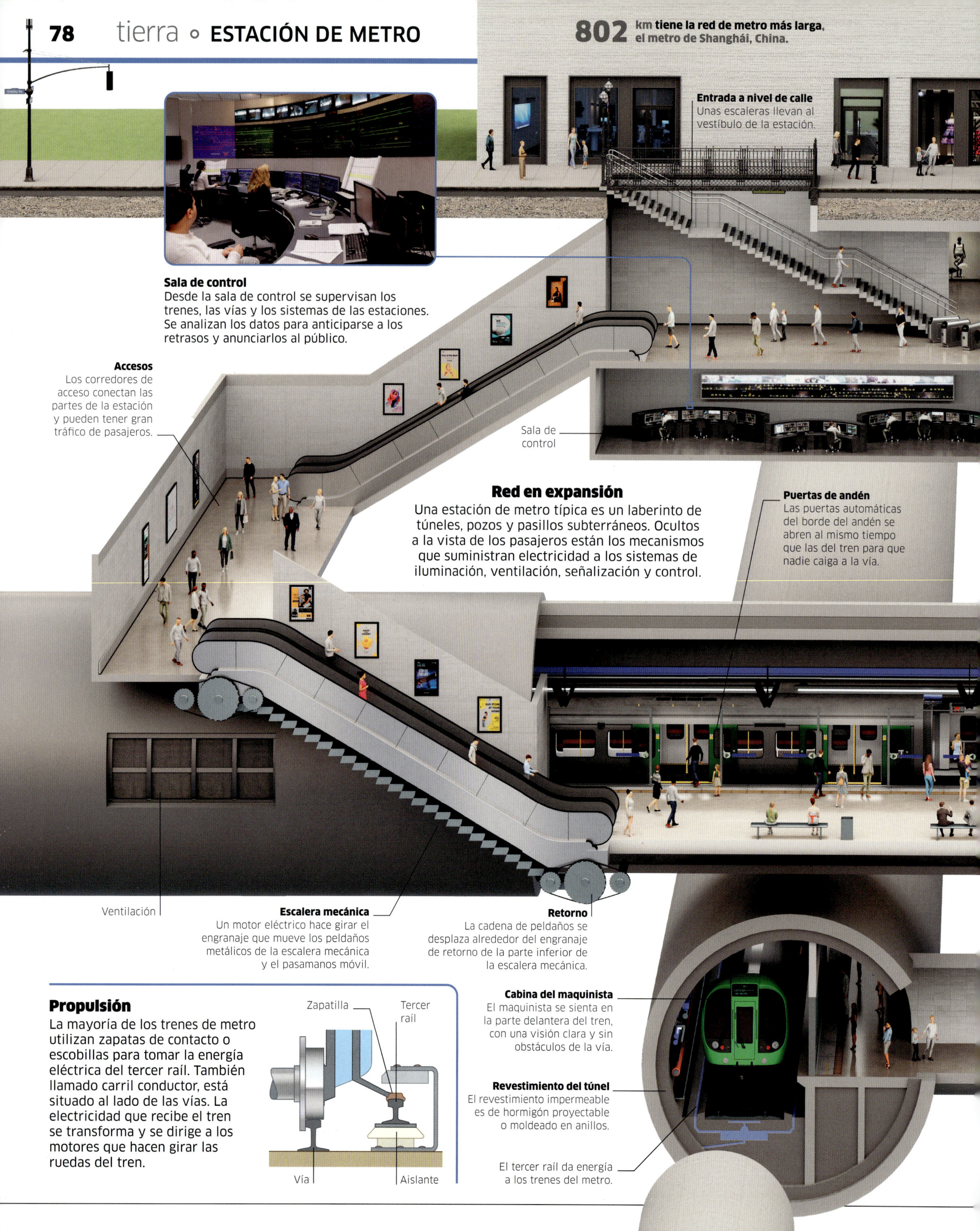

Red en expansión

Una estación de metro típica es un laberinto de túneles, pozos y pasillos subterráneos. Ocultos a la vista de los pasajeros están los mecanismos que suministran electricidad a los sistemas de iluminación, ventilación, señalización y control.

Propulsión

La mayoría de los trenes de metro utilizan zapatas de contacto o escobillas para tomar la energía eléctrica del tercer raíl. También llamado carril conductor, está situado al lado de las vías. La electricidad que recibe el tren se transforma y se dirige a los motores que hacen girar las ruedas del tren.

1698 **escaleras mecánicas** tiene el **metro de Madrid**, **más que cualquier otro del mundo.**

Estación de metro

En 1863, los trenes circularon entre estaciones bajo tierra por primera vez, al inaugurarse en el Reino Unido la primera línea del metro de Londres. Desde entonces, se han creado más de 180 redes ferroviarias subterráneas similares en ciudades de todo el mundo.

Conocidas como metros, estas redes reducen la congestión del tráfico en la superficie transportando a millones de viajeros por ciudades y zonas urbanas abarrotadas. El metro de Shanghái, en China, por ejemplo, lleva diariamente a más de 12 millones de personas. La mayoría de los metros tienen varias líneas y cientos de estaciones: ¡solo en el metro de Nueva York (EE. UU.) hay 424!

El Shinkansen produce un **92 %** **menos de emisiones** que el avión.

Tren de alta velocidad

Con potentes motores eléctricos y diseños aerodinámicos, los trenes de alta velocidad recorren las vías a más de 200 km/h, acortando la duración de los trayectos en todo el mundo.

Siguiendo el ejemplo de Japón con sus primeros trenes Shinkansen en 1964, muchos países cuentan ahora con trenes de alta velocidad, la mayoría de larga distancia entre grandes ciudades. Algunos de los primeros con vapor o gasóleo, pero la propulsión eléctrica ha demostrado ser la forma más fiable y ecológica de propulsión.

Shinkansen E5

Introducidos en 2011, los últimos trenes Shinkansen de Japón alcanzan velocidades de hasta 320 km/h. Cada tren se compone de ocho vagones normales y un motor tanto en la parte delantera como en la trasera. El tren completo tiene capacidad para 731 pasajeros.

Suministro eléctrico
Por las líneas aéreas circula electricidad de alta tensión (25 000 V).

Catenaria
Cuelga sobre la vía para que el pantógrafo pueda hacer contacto constante con ella, manteniendo el tren propulsado.

Aire acondicionado
Hace circular aire limpio y a temperatura controlada en cada cabina.

Puerta del conductor
Una cerradura electrónica la mantiene sellada a menos que el personal autorizado solicite el acceso.

Butacas de clase estándar
Cinco asientos por fila, reclinables para una mayor comodidad.

Paneles de ventilación
Dejan salir el aire caliente y entrar el aire frío para ayudar a refrigerar los motores de tracción y las ruedas.

Cubierta de los *bogies*
Un faldón aerodinámico cubre los *bogies* (ver p. 70) sobre los que se montan las ruedas. Esto ayuda a reducir la resistencia y el ruido.

SHINKANSEN E5	
Origen:	Japón
Año:	2009
Ancho de vía:	1435 mm
Longitud:	253 m

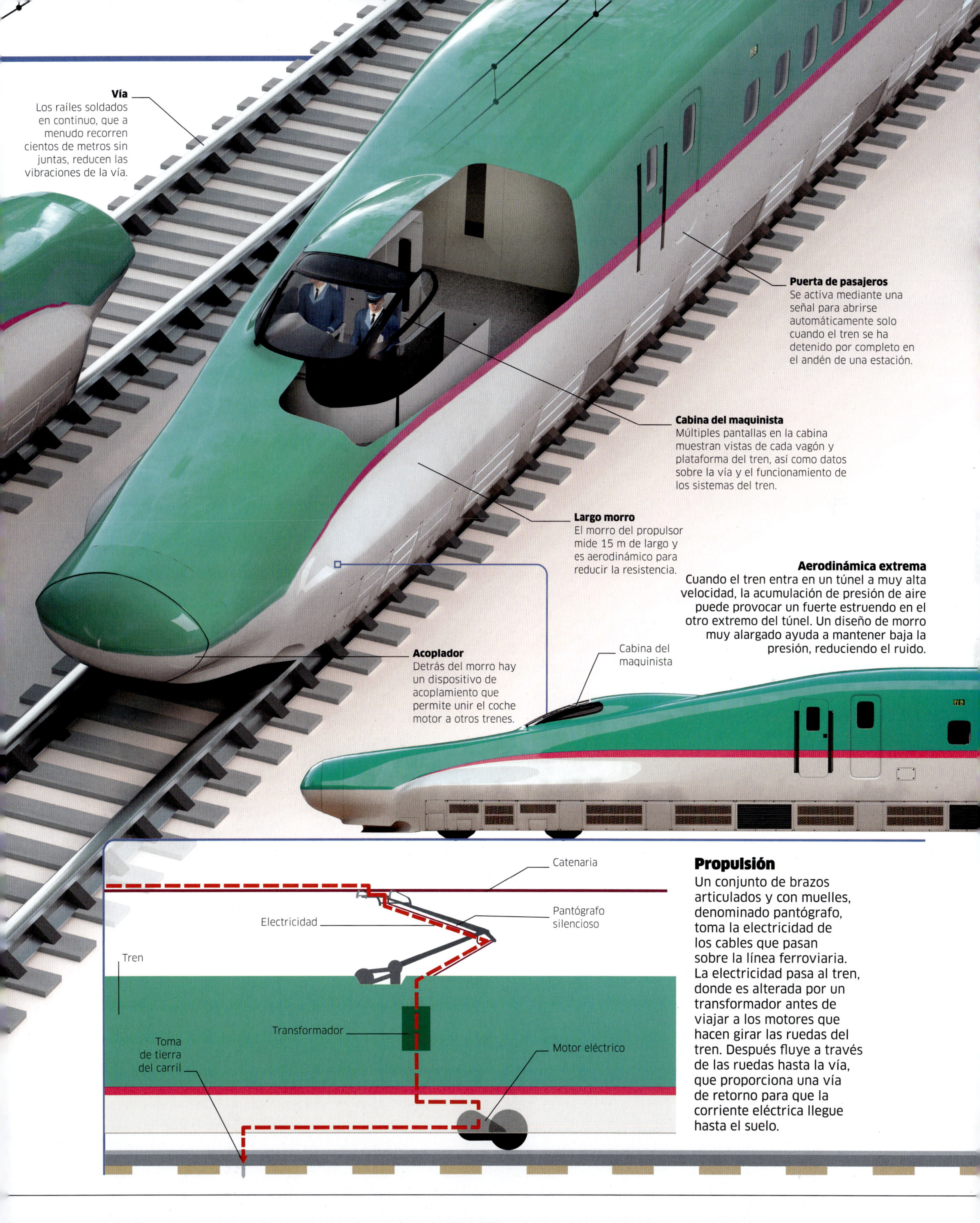

Aerodinámica extrema
Cuando el tren entra en un túnel a muy alta velocidad, la acumulación de presión de aire puede provocar un fuerte estruendo en el otro extremo del túnel. Un diseño de morro muy alargado ayuda a mantener baja la presión, reduciendo el ruido.

Propulsión

Un conjunto de brazos articulados y con muelles, denominado pantógrafo, toma la electricidad de los cables que pasan sobre la línea ferroviaria. La electricidad pasa al tren, donde es alterada por un transformador antes de viajar a los motores que hacen girar las ruedas del tren. Después fluye a través de las ruedas hasta la vía, que proporciona una vía de retorno para que la corriente eléctrica llegue hasta el suelo.

De vértigo

A pesar de haber sido construido en 1884, este funicular de madera de Saltburn-by-the-Sea (Reino Unido) sigue funcionando hoy como un reloj, subiendo y bajando por una empinada pendiente de 71º.

En los funiculares, los vagones son tirados por un largo cable de tracción. Este pasa por una polea y unos contrapesos, de modo que cuando un coche desciende por la vía, el otro sube. El tranvía de Saltburn Cliff tiene un depósito de agua de 1100 litros en cada vagón como contrapeso, que se llena y vacía repetidamente para mantener los vagones en marcha.

PLEASE
MIND YOUR HEAD

Transporte blindado

Equipados con un potente armamento, cubiertos de un pesado blindaje y a menudo sobre orugas para atravesar terrenos difíciles, los tanques y otros vehículos militares dominan el campo de batalla.

Los tanques se utilizaron por primera vez en la Primera Guerra Mundial, cuando eran una idea tan nueva que la gente los llamaba «barcos terrestres». En la Segunda Guerra Mundial ya se habían desarrollado tanques especializados para tareas como la retirada de minas. Desde entonces, han aparecido muchos otros tipos de vehículos de combate, e incluso hospitales móviles.

MARK IV

Oruga de trinchera

Origen: Reino Unido

Año: 1917

El Mark IV fue uno de los primeros y más eficaces tanques de la Primera Guerra Mundial. Hubo dos versiones, una equipada con dos cañones y tres ametralladoras y otra con cinco ametralladoras.

Nariz elevada Su forma de diamante le permitía salir de una zanja si caía hacia delante.

Cañón de seis libras Este cañón estaba sobre una plataforma giratoria que le permitía moverse de lado, arriba y abajo.

RENAULT FT-17

Tanque de apoyo de infantería

Origen: Francia

Año: 1917

El FT-17 fue el primer carro de combate con torreta giratoria y su diseño tuvo una gran influencia. Tenía el motor en la parte trasera y la tripulación iba en la parte delantera, la que sigue siendo la disposición estándar de los carros de combate en la actualidad.

TIGER I

Gran potencia de fuego

Origen: Alemania

Año: 1942

El mayor carro de combate de la Segunda Guerra Mundial, el temible Tiger, con su cañón de 88 mm, su blindaje pesado y su enorme tamaño, era un carro muy potente. Sin embargo, era poco fiable y se utilizaba principalmente en defensa.

M4A1 SHERMAN

Todoterreno veloz

Origen: Estados Unidos

Año: 1940

El Sherman fue diseñado para atravesar las líneas enemigas después de un avance y causar el caos. Se construyeron casi 50 000 unidades durante la Segunda Guerra Mundial y a sus tripulaciones les gustó su robusta fiabilidad.

T-34

Tanque medio

Origen: Rusia

Año: 1941

La cúpula se abre para ver bien el campo de batalla

Construido en grandes cantidades, el T-34 tenía una gran movilidad, con orugas anchas que podían atravesar campos embarrados. Tenía un blindaje inclinado que las armas antitanque eran incapaces de perforar.

SHERMAN V CRAB

Barreminas

Origen: Estados Unidos

Año: 1943

Este tanque Sherman adaptado se desplazaba lentamente por el campo de batalla haciendo girar su tambor frontal para agitar un conjunto de cadenas. Cuando las cadenas chocaban con una mina, la activaban a una distancia segura del tanque, despejando el camino.

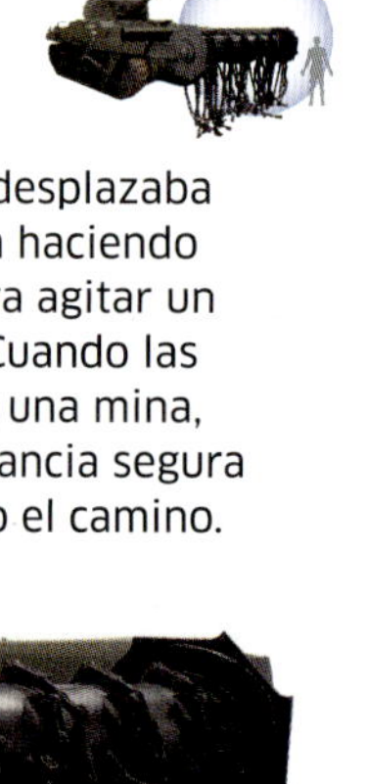

CRARRV

Vehículo de reparación y recuperación

Origen: Reino Unido

Año: 1991

Equipado con cabrestantes y grúa extensible, el vehículo blindado de reparación y recuperación Challenger (CRARRV) puede remolcar tanques inutilizados fuera del campo de batalla para que no caigan en manos del enemigo.

Blindaje reactivo
Desencadena pequeñas explosiones ante los impactos de las armas enemigas, con lo que se limitan los daños.

HUMVEE

Vehículo blindado

Origen: Estados Unidos

Año: 1983

Ligeramente armado y blindado, el Humvee es más pequeño, rápido y maniobrable que un tanque. Se utiliza para transportar un pequeño número de tropas a lugares a los que los tanques no pueden acceder fácilmente.

TERREX ICV

Transporte anfibio de tropas

Origen: Singapur

Año: 2009

Totalmente anfibio, lo que significa que puede funcionar tanto en tierra como en el agua, el Terrex ICV puede transportar a 12 soldados. Tiene cámaras situadas alrededor del vehículo que ofrecen a la tripulación una visión de 360 grados.

Rampa

FV104 SAMARITAN

Ambulancia de campo de batalla

Origen: Reino Unido

Año: 1978

El techo extraalto de esta ambulancia blindada móvil ofrece a los médicos mucho espacio para trabajar. La Samaritan tiene espacio para tres heridos sentados o en camilla.

Cruz Roja
Este signo indica que se trata de un vehículo sanitario y que el enemigo no debe atacarlo. El símbolo central es la insignia del regimiento del Samaritan.

LEOPARD C2

Carro de combate principal

Origen: Alemania

Año: 2000

Esta versión mejorada del carro de combate principal (MBT) Leopard 1 ya está en servicio en Canadá. Los MBT son carros de alta gama con blindaje pesado y cañones potentes, pero con la velocidad de un carro ligero.

Arma principal
Este cañón de 105 mm se añadió después de que el tanque llegara a Canadá.

Paneles de carretera
Los tacos de goma colocados en las orugas del tanque le permiten circular por una carretera sin dañarla.

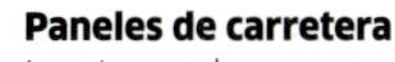

El Leopard **tuvo tanto éxito que ahora existen variantes de este carro de combate en 15 países.**

9 **segundos tarda la torreta del M1A2 en girar 360 grados.**

En la oscuridad
Los paneles de la torreta y los laterales están marcados con cinta o pintura especial. Por la noche, o con humo espeso, los soldados aliados pueden utilizar cámaras térmicas para ver estas marcas, identificar de qué lado está el tanque y evitar el fuego amigo.

Comandante
Sentado en el interior de una torreta forrada de kevlar, el comandante puede mirar en todas las direcciones a través de los puertos de visión.

Punto de observación
Este visor térmico independiente muestra las zonas de calor en el campo de batalla.

Pistas difíciles
Las anchas orugas están formadas por más de 150 eslabones de acero.

Artillero
Este soldado utiliza un telémetro láser y otras ayudas electrónicas para apuntar a un objetivo.

M1A2 ABRAMS TANK

Marca: General Dynamics Land Systems

Origen: Estados Unidos

Año: 1992

Longitud (incluido el cañón): 9,77 m

Carro de combate

Los tanques fuertemente blindados son unos de los vehículos más utilizados en la guerra. Su duro exterior y su impresionante armamento los convierten en un elemento clave de los ejércitos de todo el mundo.

Al avanzar por terrenos difíciles, los carros de combate pueden derribar muros y trepar por encima de coches, rocas y cualquier otro obstáculo o escombro que se interponga en su camino. El M1A2, que lleva el nombre del general estadounidense Creighton W. Abrams, es uno de los modelos más sofisticados en uso hoy en día, desplegado por naciones como Estados Unidos, Australia y Egipto. Contiene más componentes electrónicos que un caza F-16 y gran parte de su exterior está protegido por un blindaje avanzado, cuya composición exacta sigue siendo alto secreto.

Largo alcance
El cañón giratorio puede disparar proyectiles contra objetivos situados a una distancia de hasta 4000 m.

¡Fuego!
Muchos tanques tienen cargador automático, pero en el M1A2, una persona carga cada proyectil. El artillero apunta a dos objetivos independientes. El cañón puede alcanzar ambos objetivos con rapidez y precisión.

Arma pesada

Con un peso de hasta 66,8 toneladas, el M1A2 pesa más que 14 monster trucks. Solo su torreta blindada pesa 26 toneladas, dos quintas partes del peso total del tanque. A una velocidad máxima de 67 km/h, en su interior solo caben cuatro personas: el cargador, el artillero, el comandante y el conductor.

Cañón
Los proyectiles salen del cañón a una velocidad de 1600 m/s.

Conductor reclinado
Medio sentado, medio tumbado, el conductor controla cada una de las orugas de forma independiente.

Revestimiento de goma
Los eslabones tienen un revestimiento de goma dura para mejorar el agarre y la tracción.

Orugas

Formadas por muchos eslabones individuales, las orugas de un tanque proporcionan una gran superficie sobre la que distribuir el peso. Forman una correa continua y flexible, y discurren en bucle entre la rueda motriz dentada y la rueda delantera. Gran parte de las orugas están cubiertas por paneles laterales blindados que pueden abrirse para su mantenimiento.

La rueda libre delantera mantiene la tensión de la oruga

Piñón motriz
Al girar, desplaza la oruga e impulsa el tanque hacia delante.

Ruedas móviles
Se elevan para superar obstáculos.

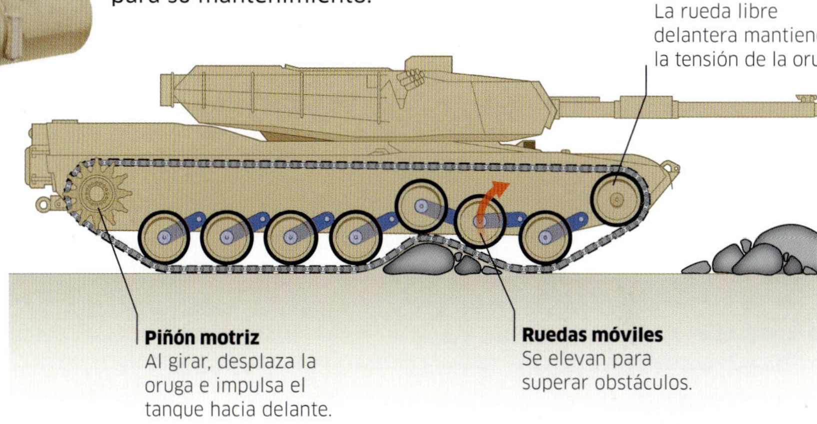

Barrido de minas

Pueden añadirse accesorios al M1A2 que le permiten eliminar las minas enterradas bajo tierra. A medida que el tanque avanza, unos pesados rodillos presionan delante de él, activando las minas que pueda haber y dejando el camino libre para que avancen las tropas y otros vehículos.

2
1
autodesk

AGUA

El 70 % del planeta está cubierto de agua, y no sorprende que una buena parte del transporte se realice en barco. Océanos, ríos y canales están llenos de embarcaciones que llevan personas, mercancías o equipos, ya sea por negocios, placer, defensa o investigación.

Los barcos en la historia

Desde los troncos que flotan de forma natural hasta los buques de guerra ultramodernos, el ser humano no ha dejado de idear nuevos inventos para desplazarse por el agua.

La historia de las embarcaciones comenzó hace miles de años, cuando los primeros humanos buscaron formas de cruzar ríos y lagos y descubrieron que algunos materiales y formas eran más adecuados que otros para las embarcaciones. A medida que la ciencia y la ingeniería evolucionaron, las embarcaciones se hicieron más grandes, rápidas o adecuadas para viajes más largos, y se construyeron diferentes tipos para distintos propósitos.

Cronología de las embarcaciones

Esta cronología muestra cómo han evolucionado los barcos desde las embarcaciones básicas hasta los sofisticados buques modernos.

ANTES DEL 500 D.C.

Primeros buques
Hace unos 10 000 años, los antepasados humanos que vivían cerca del agua fabricaban balsas y canoas. Miles de años después, los barcos navegaban por el antiguo mundo mediterráneo y por el océano Pacífico.

Canoa
Fabricada tallando un tronco de árbol, esta forma primitiva de canoa aún se utiliza en algunos lugares del mundo.

7500 A. C.

Quffa asirio
Estas grandes cestas de juncos cubiertas de piel, la forma más antigua de coracle, se manejaban con un solo remo en los ríos de Asiria, una antigua civilización de Asia.

900 A. C.

Drakkar vikingo
Los vikingos construyeron barcos fuertes y rápidos para cruzar el Atlántico y navegar tierra adentro por los ríos.

700-1100 D. C.

BARCO TORTUGA *GEOBUKSEON*

Buque de guerra coreano
Los barcos tortuga blindados se utilizaron para la defensa y el ataque desde el siglo XV hasta el XVIII.

1900-PRESENTE

Tiempos modernos
El acero sustituyó la madera y los barcos se propulsaron con motores de vapor y, más tarde, diésel, en lugar de con velas. Los barcos seguían utilizándose para el transporte y la guerra, pero también para el ocio.

Transatlántico
Lujosos barcos de vapor transportaban pasajeros entre continentes.

RMS *MAURETANIA*, 1906-1934

A PARTIR DE 1900

HMS *DREADNOUGHT*, 1905

Acorazado
Justo antes de la Primera Guerra Mundial surgió un nuevo tipo de buque de guerra blindado.

Submarino de la década de 1950
Los submarinos se utilizaron en las dos guerras mundiales, pero Estados Unidos botó el primero de propulsión nuclear en 1954.

USS *NAUTILUS*, 1954

Windsurf
El windsurf, inventado en la década de 1960, es solo una de las muchas formas de competir o simplemente divertirse sobre el agua.

ONE GRUS, 2019

A PARTIR DE 1960

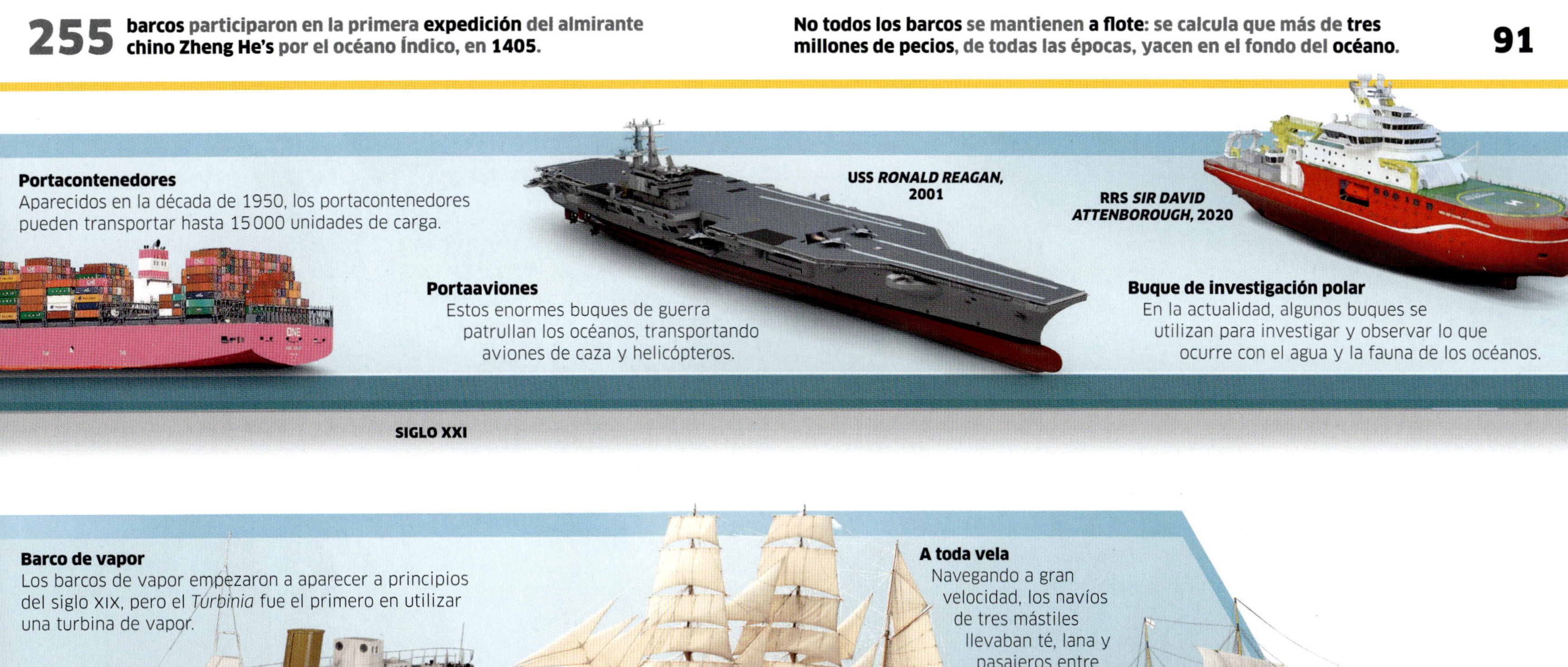

Portacontenedores
Aparecidos en la década de 1950, los portacontenedores pueden transportar hasta 15 000 unidades de carga.

USS *RONALD REAGAN*, 2001

Portaaviones
Estos enormes buques de guerra patrullan los océanos, transportando aviones de caza y helicópteros.

RRS *SIR DAVID ATTENBOROUGH*, 2020

Buque de investigación polar
En la actualidad, algunos buques se utilizan para investigar y observar lo que ocurre con el agua y la fauna de los océanos.

SIGLO XXI

Barco de vapor
Los barcos de vapor empezaron a aparecer a principios del siglo XIX, pero el *Turbinia* fue el primero en utilizar una turbina de vapor.

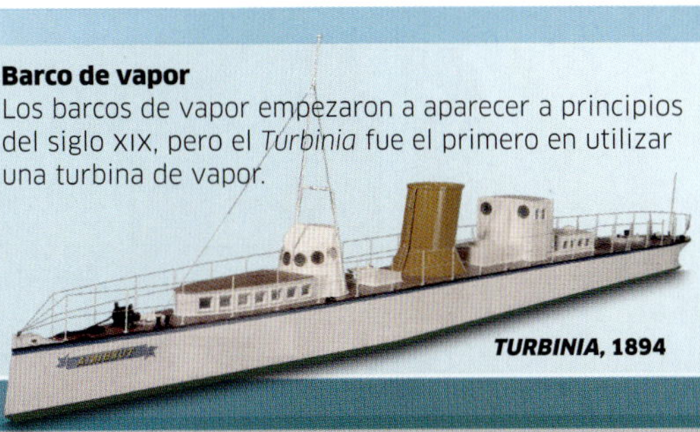

***TURBINIA*, 1894**

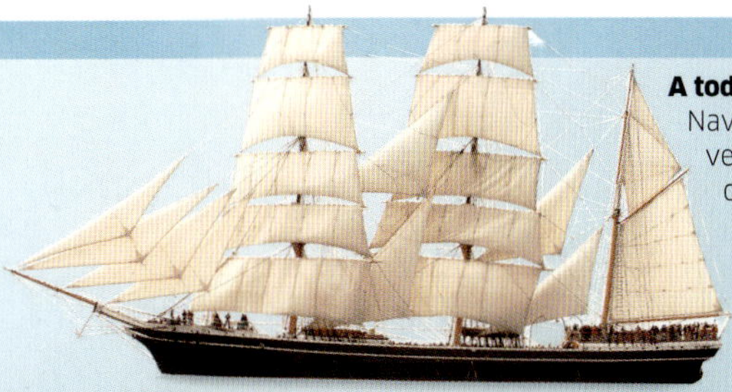

A toda vela
Navegando a gran velocidad, los navíos de tres mástiles llevaban té, lana y pasajeros entre continentes.

DÉCADA DE 1880

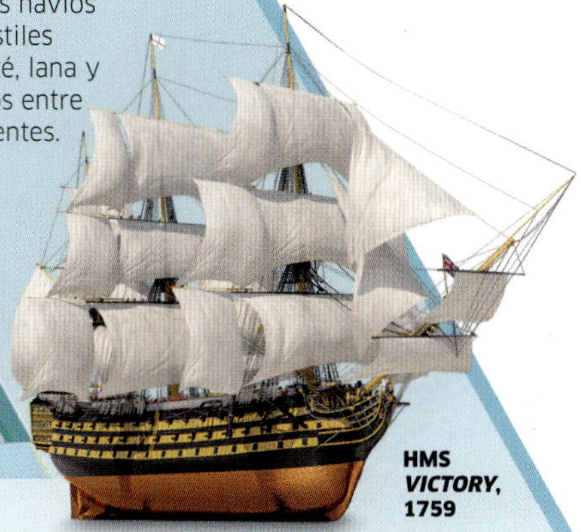

HMS *VICTORY*, 1759

1600-1900

Edad de la vela
A medida que los países europeos colonizaban otros continentes, construían barcos cada vez más grandes y rápidos para la guerra y el transporte de mercancías.

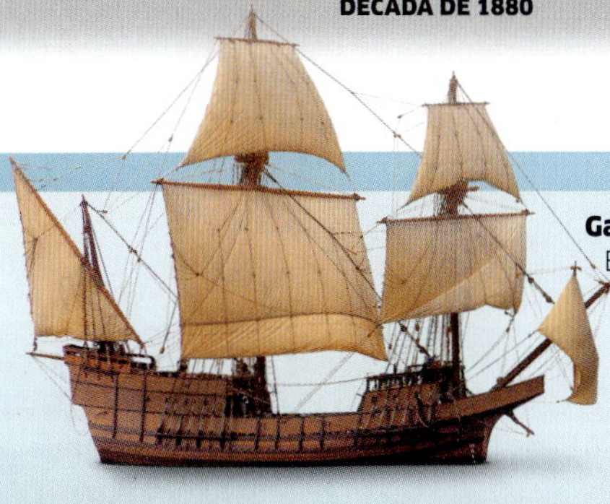

Galeón español
Estos cargueros armados transportaban plata y oro desde las colonias españolas en América.

Buque de guerra del siglo XIX
Poderosos buques de guerra, armados con cientos de cañones, se enfrentaron en las numerosas guerras de los siglos XVIII y XIX.

SIGLOS XVI-XVIII

Dhow del Índico
Estos barcos mercantes navegaban entre África Oriental, la India y la península Arábiga.

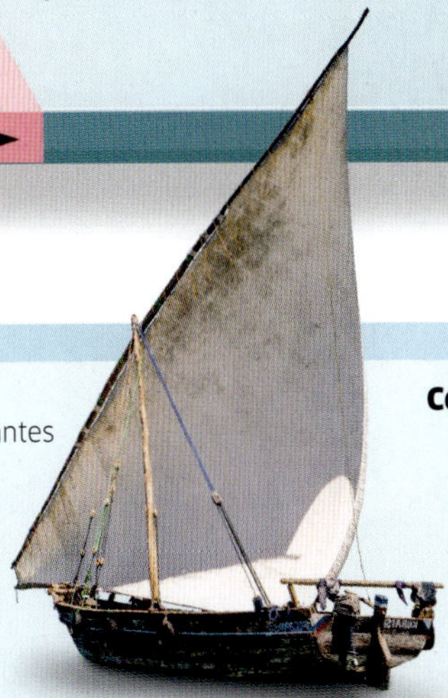

Comercio, incursiones y exploración
Al mejorar las técnicas de construcción de barcos e inventarse instrumentos de navegación nuevos, la navegación alcanzaba costas cada vez más lejanas.

MUNDO MEDIEVAL

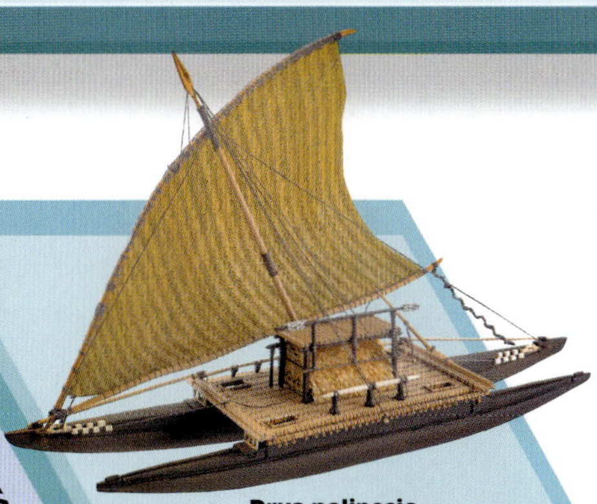

Drua polinesio
Los pueblos polinesios utilizan catamaranes de caña y madera para explorar el Pacífico desde hace 3500 años. En el siglo XIII ya habían llegado a Hawái.

DESDE EL 600 D. C.

En el Nilo
En el antiguo Egipto, por el Nilo navegaban embarcaciones de todo tipo, desde pesqueros hasta barcazas reales.

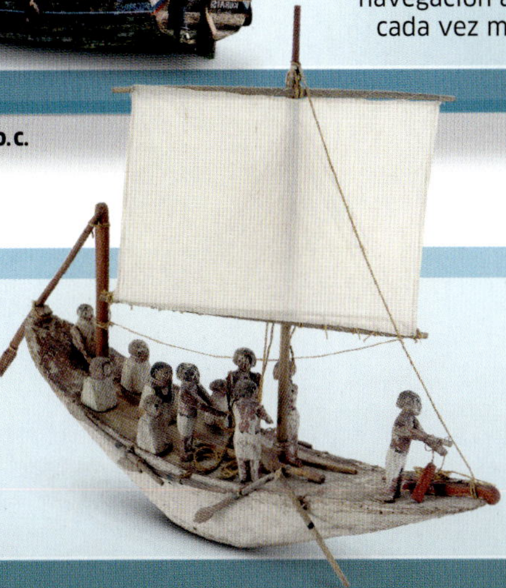

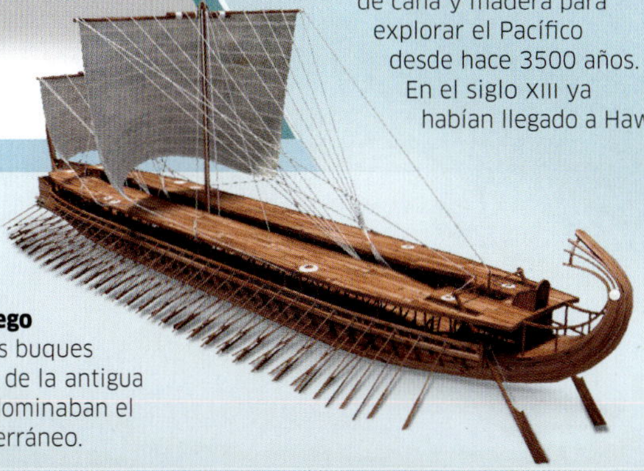

Trirreme griego
Los temidos buques de guerra de la antigua Grecia dominaban el Mediterráneo.

3000 A. C.

480 A. C.

La primera persona que descubrió cómo y por qué flotaban los barcos fue el pensador e inventor griego Arquímedes, en el año 246 a. C.

Moverse por el agua

El agua, que rodea continentes, costas e islas y atraviesa países y ciudades, puede ser un obstáculo. Pero con el tiempo, la gente aprendió a atravesarla, a conectarse, a comerciar y a viajar.

Combinando la construcción naval tradicional con las últimas tecnologías y materiales, los buques mercantes modernos transportan cargas pesadas y (recientemente) son más respetuosos con el medio ambiente. Barcos de todos los tamaños transportan pasajeros, participan en regatas o se usan para divertirse en el agua. Sea cual sea su tamaño, cualquier navegante debe saber distinguir entre babor y estribor.

TERMINOLOGÍA MARÍTIMA

Los marineros utilizan términos especiales para hablar de la izquierda y la derecha en el mar, y de las distintas partes de sus barcos. Estos son algunos de los más comunes y útiles.

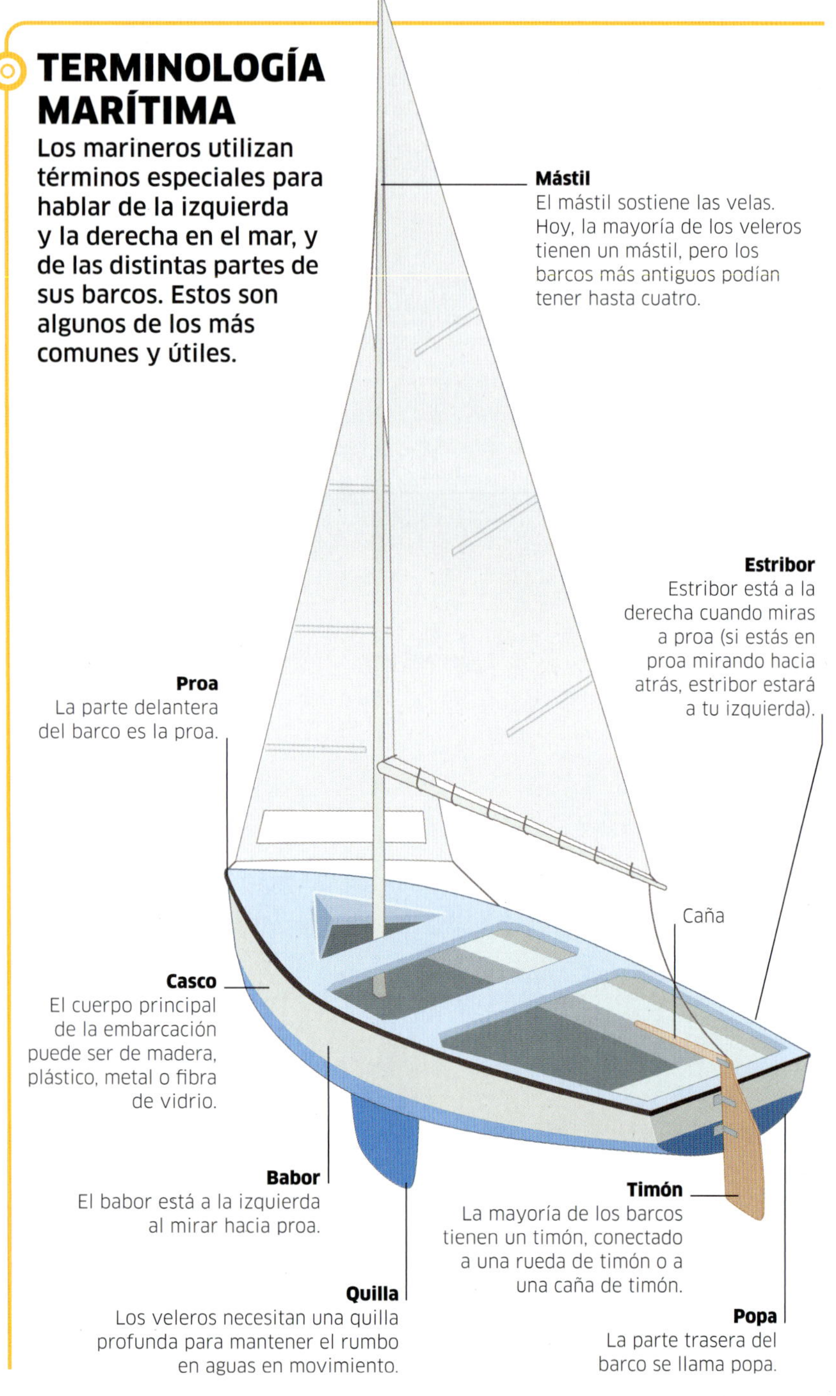

Mástil
El mástil sostiene las velas. Hoy, la mayoría de los veleros tienen un mástil, pero los barcos más antiguos podían tener hasta cuatro.

Estribor
Estribor está a la derecha cuando miras a proa (si estás en proa mirando hacia atrás, estribor estará a tu izquierda).

Proa
La parte delantera del barco es la proa.

Casco
El cuerpo principal de la embarcación puede ser de madera, plástico, metal o fibra de vidrio.

Babor
El babor está a la izquierda al mirar hacia proa.

Timón
La mayoría de los barcos tienen un timón, conectado a una rueda de timón o a una caña de timón.

Quilla
Los veleros necesitan una quilla profunda para mantener el rumbo en aguas en movimiento.

Popa
La parte trasera del barco se llama popa.

CIENCIA NÁUTICA

¿Cómo se mantienen a flote los barcos pesados y qué hace que se muevan con eficacia? Los constructores de barcos necesitan conocimientos de física para crear los diseños óptimos. Lo más importante es cómo influyen en la densidad y la forma del barco las fuerzas (peso, empuje y resistencia) que actúan sobre él. Esto decidirá si el barco se hunde o flota.

Cómo flotan los barcos

Cuando un objeto se introduce en el agua, desplaza parte de ella. Si el objeto tiene mayor densidad (su peso es mayor que el del agua), se hunde. Los barcos desplazan mucha agua y esta los empuja hacia arriba, creando una fuerza de empuje ascendente. Si la densidad media de un barco es menor que la del agua desplazada, el empuje hacia arriba será mayor y el barco flotará. Como sus cascos contienen mucho aire, incluso los barcos grandes y pesados pueden flotar.

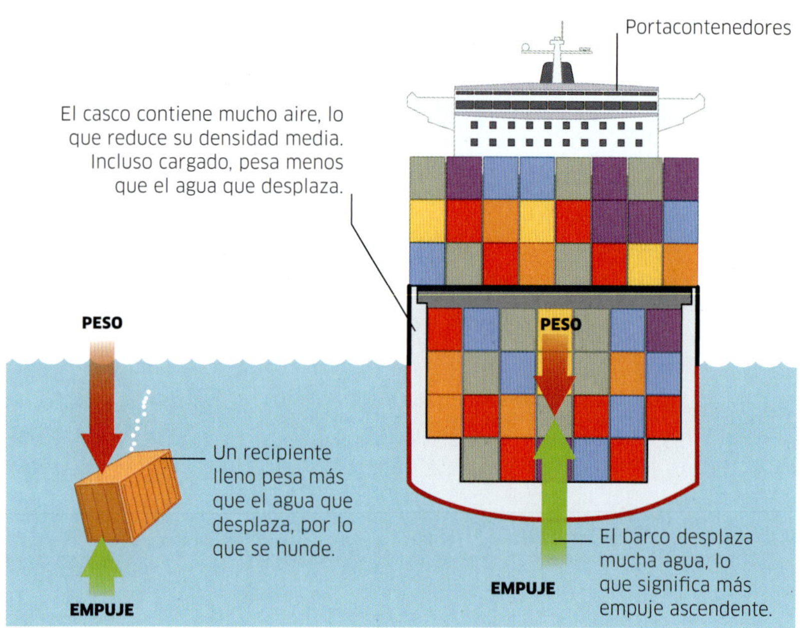

Cómo se mueven los barcos

Los veleros se impulsan con el viento, pero los barcos propulsados por un motor necesitan hélices para moverse. Las hélices giran y empujan el agua hacia atrás. Esto propulsa la embarcación hacia delante, creando una fuerza de empuje, que actúa contra la resistencia del agua (arrastre). Cuando el empuje es mayor que la resistencia, la embarcación avanza.

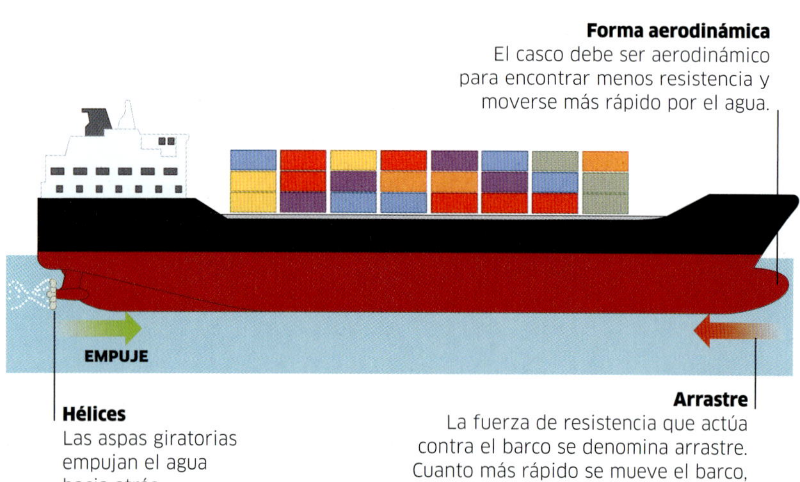

Forma aerodinámica
El casco debe ser aerodinámico para encontrar menos resistencia y moverse más rápido por el agua.

Hélices
Las aspas giratorias empujan el agua hacia atrás.

Arrastre
La fuerza de resistencia que actúa contra el barco se denomina arrastre. Cuanto más rápido se mueve el barco, mayor es la resistencia al arrastre.

VÍAS DE NAVEGACIÓN

Antes de que hubiera redes de carreteras y ferrocarriles, la ruta más segura y rápida entre distintos lugares solía ser el agua. Se viajaba por ríos, lagos, costas e incluso se cruzaban océanos o se navegaba alrededor de continentes para llegar al destino. Hoy, las rutas más antiguas siguen llenas de barcos de todo tipo.

Un largo camino

En el siglo XIX, el descubrimiento de oro atrajo a la gente a la costa oeste de Norteamérica. Los buscadores de fortuna embarcaban en Nueva York, en Estados Unidos, o en el puerto inglés de Liverpool, en Europa. Aunque tenían que dar toda la vuelta al extremo sur de Sudamérica y luego seguir hacia el norte por el otro lado para llegar a San Francisco, el viaje por mar era preferible a la difícil y a menudo peligrosa ruta por tierra a través del continente.

Canales inteligentes

Se construyen canales para acortar las rutas marítimas. El canal de Panamá permite a los barcos atravesar una estrecha franja de Centroamérica, del Atlántico al Pacífico, en lugar de navegar alrededor del peligroso cabo de Hornos, en la punta de Sudamérica. Tiene 12 esclusas y su construcción duró diez años, entre 1904 y 1914.

Transporte escolar

Algunos niños que viven a orillas del río Amazonas, en Brasil, pueden ir a la escuela en barco. Es una forma mucho más rápida de viajar que hacerlo por tierra a través de la densa selva tropical que crece a ambos lados del río.

Canal bloqueado

El canal de Suez conecta las rutas marítimas de Europa con las del océano Índico, y es una de las vías navegables más transitadas del mundo. Pero en 2021, el enorme carguero *Ever Given* encalló y bloqueó el canal durante seis días. Mientras cientos de cargueros esperaban para pasar, las cadenas de suministro mundiales se vieron gravemente afectadas.

TRANSPORTE MUNDIAL

Una gran variedad de mercancías, desde petróleo y piezas de automóviles hasta juguetes, ropa y alimentos, se transportan a través del agua a bordo de buques de carga. La mayoría de los productos se transportan en contenedores de un puerto a otro (ver pp. 114-115), desde donde continúan su viaje por tierra.

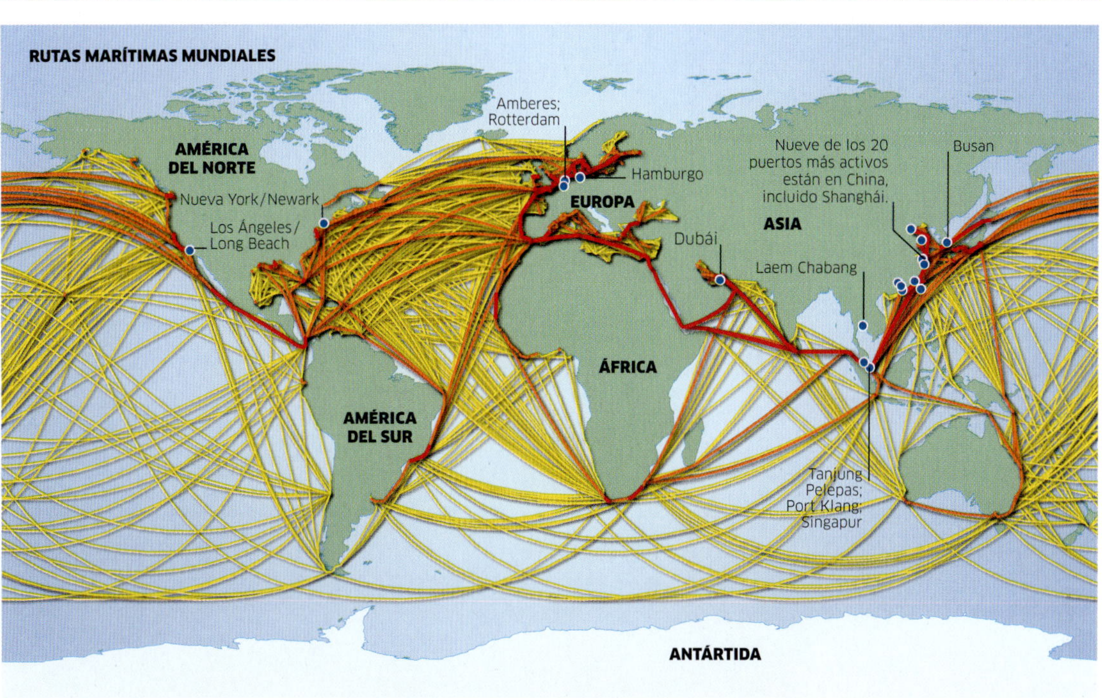

Clave

Las líneas de color muestran cuántos viajes se realizan a lo largo de las principales rutas en un año.

- Más de 3000
- 1000-3000
- Menos de 1000
- Los puertos más activos

8000 a. C.: **fecha** de la que data la **canoa más antigua conservada**, encontrada en los Países Bajos.

CORACLE

Cesta flotante

Origen: Asiria

Año: Desde *c.* 900 a. C.

Los comerciantes fluviales y los pescadores usaban un solo remo para propulsar y dirigir hábilmente estas cestas, evitando que dieran vueltas. Los coracles se utilizaron más tarde en la India y también en las islas Británicas.

Coracle indio
Como en todos los coracles, el exterior está cubierto de piel de animales que lo hacen estanco.

KAYAK INUIT

Embarcación de caza

Origen: Círculo Polar Ártico

Año: Desde *c.* 1000 a. C.

Los inuit, yupik y aleut del Círculo Polar Ártico construían estas embarcaciones con madera y las cubrían con piel de foca impermeable. Las usaban para cazar ballenas, focas y morsas en el mar helado.

SAMPAN

Embarcación de comercio fluvial

Origen: Este de Asia

Año: Desde *c.* 200 a. C.

Esta embarcación de fondo plano aún se usa para transportar mercancías por el río en China y el Sudeste Asiático. Con uno o dos remos en la parte trasera, o popa, tiene espacio para almacenar pescado y otras mercancías para la venta.

Casa flotante
Este junco vietnamita tiene una zona de vivienda cubierta.

ESQUIFE EGIPCIO

Barco de juncos

Origen: Valle del Nilo, Egipto

Año: Desde *c.* 3000 a. C.

Las cañas de papiro son huecas, por lo que, atadas en haces, forman embarcaciones muy flotantes. En la época de los faraones, las barcas de pesca como esta surcaban el Nilo.

GAULOI FENICIO

Nave de comercio marítimo

Origen: Mediterráneo Oriental

Año: Desde *c.* 600 d. C.

Los fenicios, originarios del actual Líbano, eran grandes navegantes. Sus barcos mercantes navegaban entre las ciudades que fundaron a lo largo del Mediterráneo, como Cartago y Tiro.

DHOW

Barco de carga y pesca

Origen: Océano Índico

Año: Desde *c.* 600 a. C.

Con sus velas triangulares, los dhows (o marakabs) siguen siendo habituales en los mares de Asia y África Oriental. Su casco largo y fino les permite desplazarse rápidamente por el agua.

CATAMARÁN POLINESIO

Explorador del océano

Origen: Pacífico Sur

Año: Desde *c.* 1500 a. C.

Los catamaranes, dos canoas atadas de lado, llamados drua o waqa tabu («barcos sagrados») navegaban entre el millar de islas de la Polinesia. Los modelos más grandes cruzaban el océano Pacífico y llegaban hasta Hawái y Nueva Zelanda.

Los primeros barcos

Los primeros navegantes usaban troncos huecos o balsas para pescar. Con el tiempo, las embarcaciones se hicieron más grandes y sofisticadas.

Las primeras embarcaciones se utilizaban en los ríos y cerca de la costa. Más tarde, las velas permitieron aprovechar la fuerza del viento, mientras que los remos y los timones proporcionaban mayor control y maniobrabilidad. A medida que las sociedades se desarrollaron, se crearon embarcaciones para usos específicos, más allá de la pesca. Había buques de guerra, naves de carga para el comercio y barcos oceánicos para la exploración. Algunos modelos se siguen utilizando en la actualidad.

JUNCO

Buque de guerra y de carga

Origen: China

Año: Desde el 200 a. C.

Grandes velas, timón móviles y amplias bodegas hacían de los juncos chinos los mejores barcos de su época. Los mercaderes transportaban mercancías en ellos, pero los piratas también los utilizaban.

BARCO TORTUGA

Buque de guerra blindado

Origen: Corea

Año: Siglos XV-XVIII

Corea inventó el *geobukseon* (barco tortuga) para repeler una invasión de la Armada japonesa. Dotados de cañones, techo con puntas de hierro y cañones de humo para confundir a los barcos enemigos, fueron los primeros buques totalmente blindados del mundo y casi imbatibles.

Cabeza
La temible cabeza podía alojar un vigía o un arquero, o bien sacar humo.

Hasta 10 remos en cada lado

DRAKKAR VIKINGO

Nave de guerra versátil

Origen: Escandinavia

Año: Siglos VIII-XII

Los vikingos de Noruega, Suecia y Dinamarca usaban sus veloces y estrechos barcos para explorar y comerciar. Cada nave llevaba unos 60 vikingos y tenía hasta 30 remos que usaban si no había viento.

La proa podía tener una cabeza de dragón tallada.

COCA

Nave comercial medieval

Origen: Mar Báltico

Año: Siglo XIV

Quizá los veleros más comunes de la Europa septentrional medieval, las cocas eran navíos de fondo plano con grandes bodegas para la carga. Las tablas de madera de su casco se superponían, lo que las hacía totalmente estancas.

GALEÓN

Carguero armado

Origen: Imperio español

Año: Siglos XVI-XVIII

Los galeones se crearon para transportar oro, especias y otros tesoros de las colonias españolas en América. Eran grandes, y por tanto lentos, y necesitaban estar fuertemente armados, con unos 60 cañones y 200 hombres, para defenderse de los ataques piratas.

Foque volante, una vela adicional para mayor velocidad

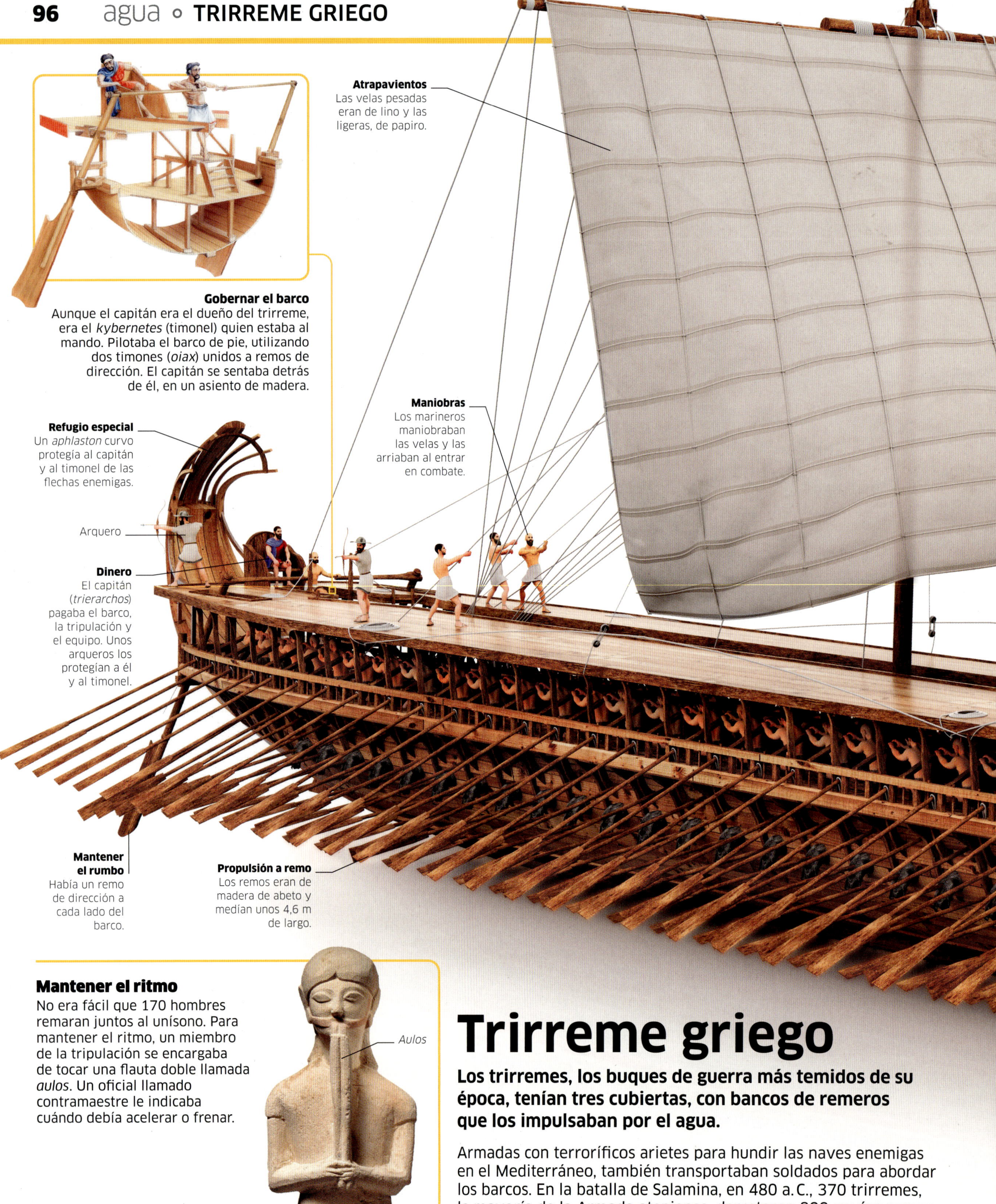

Mantener el ritmo

No era fácil que 170 hombres remaran juntos al unísono. Para mantener el ritmo, un miembro de la tripulación se encargaba de tocar una flauta doble llamada *aulos*. Un oficial llamado contramaestre le indicaba cuándo debía acelerar o frenar.

Trirreme griego

Los trirremes, los buques de guerra más temidos de su época, tenían tres cubiertas, con bancos de remeros que los impulsaban por el agua.

Armadas con terroríficos arietes para hundir las naves enemigas en el Mediterráneo, también transportaban soldados para abordar los barcos. En la batalla de Salamina, en 480 a. C., 370 trirremes, la mayoría de la Armada ateniense, derrotaron 800 navíos persas.

Hundir barcos

El trirreme era una gigantesca máquina de embestir. En cuanto su *embolon* chocaba contra un barco enemigo, los remeros remaban rápidamente en dirección contraria para evitar que el ariete quedara atrapado en el agujero abierto en el barco que se hundía.

Filas de remeros

Las trirremes contaban con 170 remeros, 85 por lado, dispuestos en tres filas: *thranites* en la parte superior (27 por lado), *zygites* en el centro (27 por lado) y *thalamites* en la parte inferior (31 por lado). Los remeros se sentaban en bancos de madera, vestidos solo con taparrabos, y utilizaban cojines de cuero, lana o algodón llamados *hypersions* para evitar las ampollas.

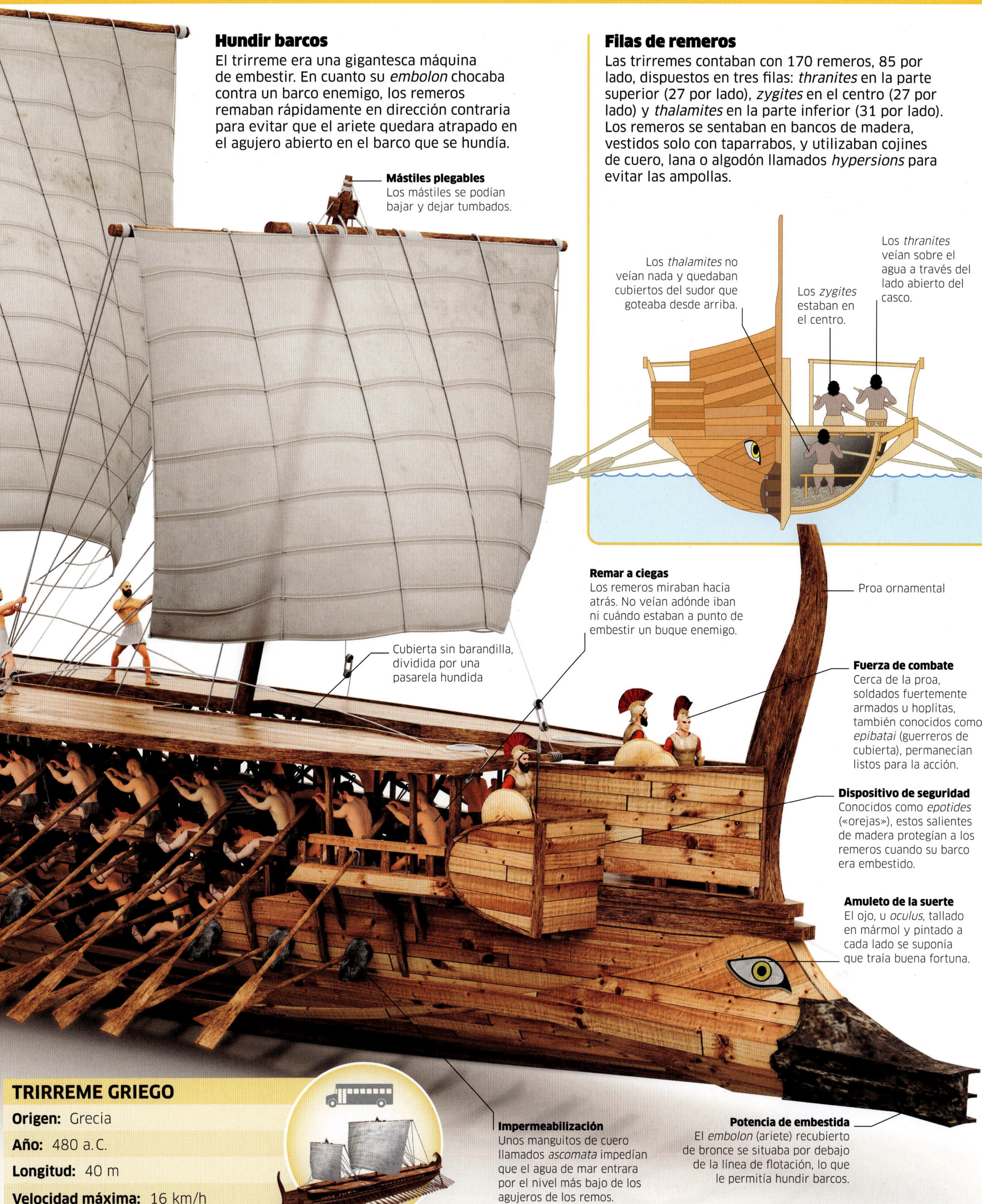

TRIRREME GRIEGO

Origen: Grecia

Año: 480 a.C.

Longitud: 40 m

Velocidad máxima: 16 km/h

Barcos dragón

Impulsados por 20 tripulantes cada uno, dos barcos dragón compiten en una feroz carrera en la que los remos se lanzan al agua al ritmo de un tambor.

En China, los dragones están muy relacionados con el agua, y las carreras de barcos dragón se celebran en el quinto día del quinto mes desde hace más de 2000 años. Hoy, la gente participa en estas carreras en modernas embarcaciones de fibra de vidrio. El objetivo es ser el primero en llegar a sacar del agua una bandera puesta en la línea de meta.

2
1

5500 **árboles** se emplearon en la **construcción del *Victory*.**

Buque insignia

En los siglos XVIII y XIX, muchas naciones libraban guerras en el mar. Los barcos tenían que ser rápidos, maniobrables y tener espacio para muchos cañones y marineros.

El mejor buque de guerra de una Armada se conocía como buque insignia. Era uno de los más grandes de la flota, con cañones distribuidos en tres cubiertas, y era el primero en entrar en combate contra una escuadra de naves enemigas. Uno de ellos era el HMS *Victory* de la Armada británica.

HMS *Victory* a vela

El *Victory* era un barco de aparejo completo, con tres mástiles. Su aparejo era cuadrado, lo que significa que la mayoría de sus velas estaban dispuestas en líneas rectas y horizontales a lo largo de vergas. Muchos marineros tenían que coordinarse para hacerlo navegar.

Subida arriesgada
Los marineros tenían que trepar por la tabla de jarcia para subir a los mástiles y trabajar en las velas. Las cuerdas estaban cubiertas de alquitrán, por lo que resbalaban si estaban mojadas.

Trabajo en altura
Para manejar las grandes velas cuadradas, los marineros se apoyaban en las vergas de madera haciendo equilibrios en cuerdas sujetas por debajo. Necesitaban tener fuertes brazos, un buen sentido del equilibrio y no sufrir vértigo.

Palo mayor
El mástil central era el más alto del barco, con 67 m de altura.

El mastelerillo era la parte superior del mástil.

Oficiales a bordo
El almirante, el capitán y el resto de los oficiales se alojaban en camarotes privados en la popa (parte trasera) del barco (ver pp. 102-103).

El coste de construcción del *Victory* en 1759 fue de 63 173 libras, que corresponden a más de 50 millones al valor actual.

42 **km de cuerda se emplearon en el aparejo del *Victory*.**

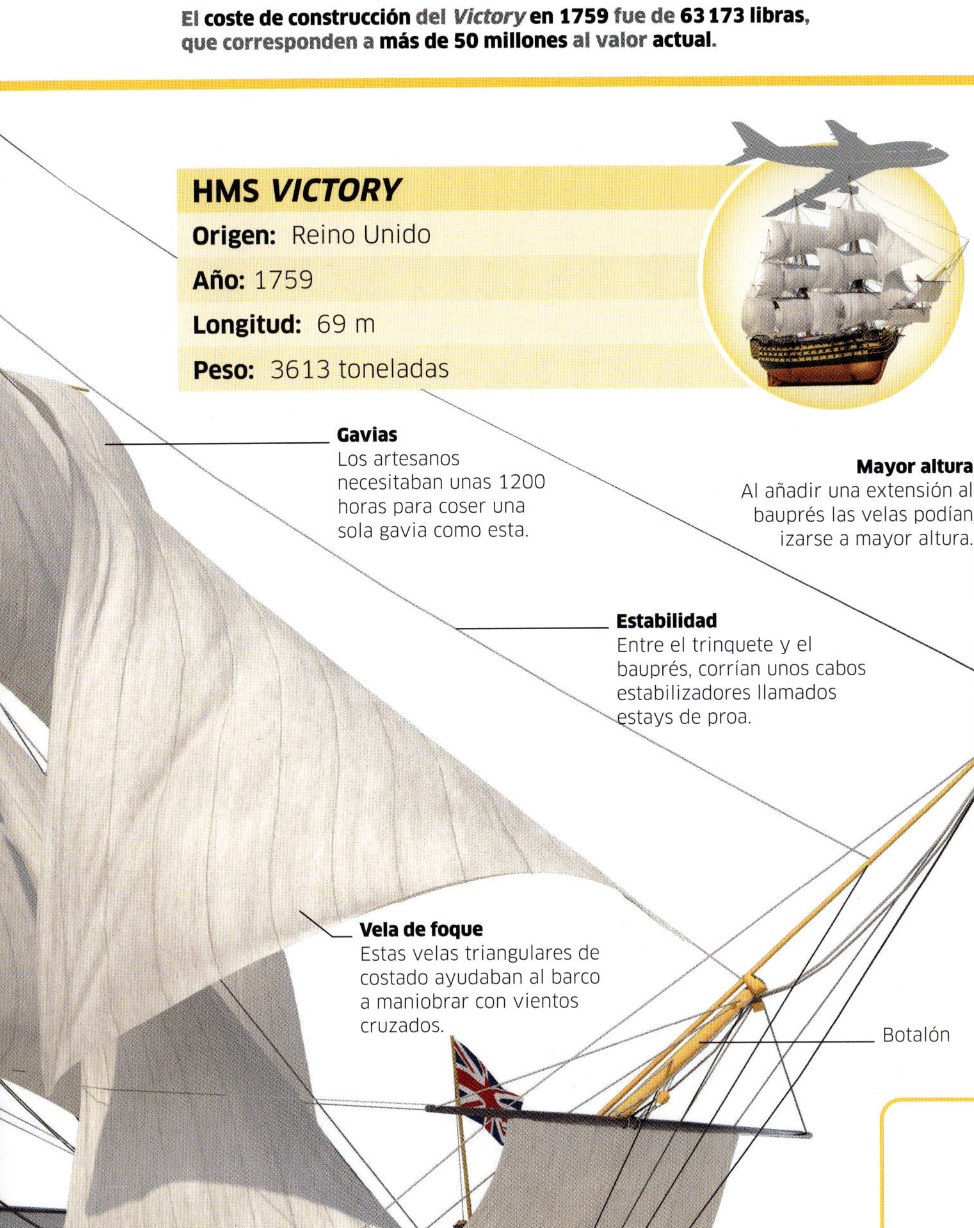

HMS *VICTORY*

Origen: Reino Unido

Año: 1759

Longitud: 69 m

Peso: 3613 toneladas

Gavias
Los artesanos necesitaban unas 1200 horas para coser una sola gavia como esta.

Mayor altura
Al añadir una extensión al bauprés las velas podían izarse a mayor altura.

Estabilidad
Entre el trinquete y el bauprés, corrían unos cabos estabilizadores llamados estays de proa.

Vela de foque
Estas velas triangulares de costado ayudaban al barco a maniobrar con vientos cruzados.

Botalón

Vela tarquina
Instalada bajo el bauprés, la vela tarquina se izaba cuando el capitán quería captar la máxima cantidad de viento, para que el barco navegara lo más rápido posible.

Mascarón de proa
Esculturas de madera tallada decoraban la proa del barco. Representaban todo tipo de personajes, como leones, sirenas y mujeres. En el *Victory*, dos querubines sostienen el escudo británico.

Batalla naval

Las batallas navales se planeaban de forma cuidadosa y estratégicamente. Los barcos se alineaban en el mar, listos para disparar contra la escuadra enemiga. Pero el viento, el tiempo y, a veces, las tácticas sorpresa hacían a menudo que las cosas no salieran según lo planeado. Y una vez que los barcos se enfrentaban directamente, el ruido y el humo de los cañones y los barcos en llamas aumentaban el caos.

Batalla de Trafalgar
El *Victory*, al mando del almirante Horatio Nelson, fue el buque insignia de la Armada británica en la batalla de Trafalgar de 1805. Tras romper la línea de barcos españoles y franceses y entablar combate a corta distancia, los británicos se alzaron con la victoria.

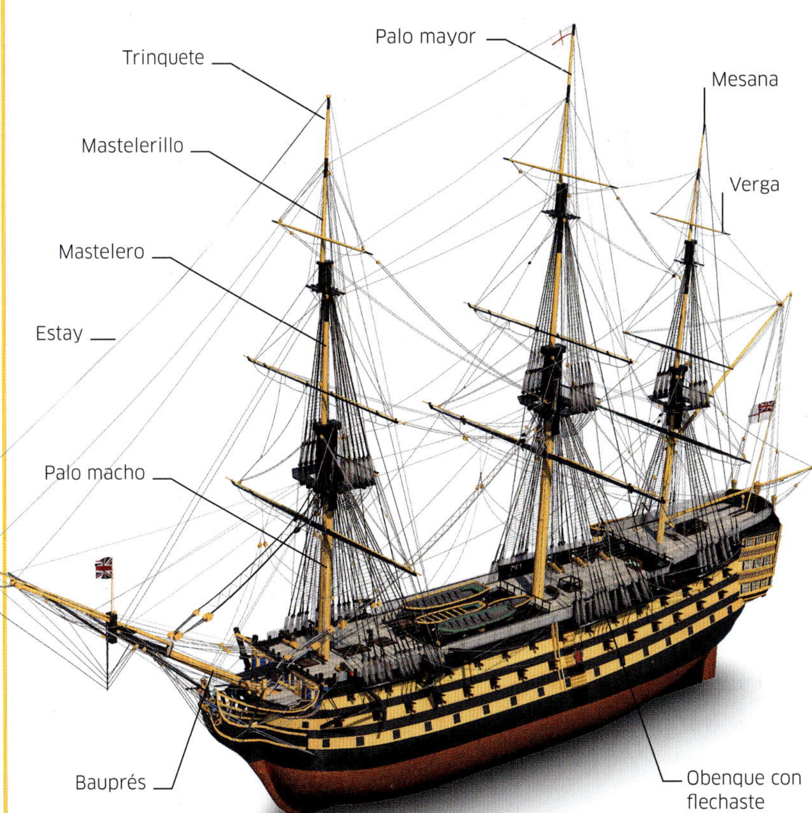

Mástiles y jarcias

Los tres mástiles, el bauprés y las vergas se fabricaban con madera de pino. Pero ningún árbol era lo bastante alto para un mástil, así que los mástiles se hacían de tres secciones. Todo se sujetaba con fuertes cuerdas que formaban las jarcias (estay y obenques).

820 **tripulantes** de más de **22 nacionalidades** viajaban **a bordo del *Victory*** en la **batalla de Trafalgar**.

Camarote del capitán
El capitán del *Victory* vivía con relativa comodidad. Tenía su propio apartamento, con dormitorio independiente, despacho y un comedor con elegantes muebles.

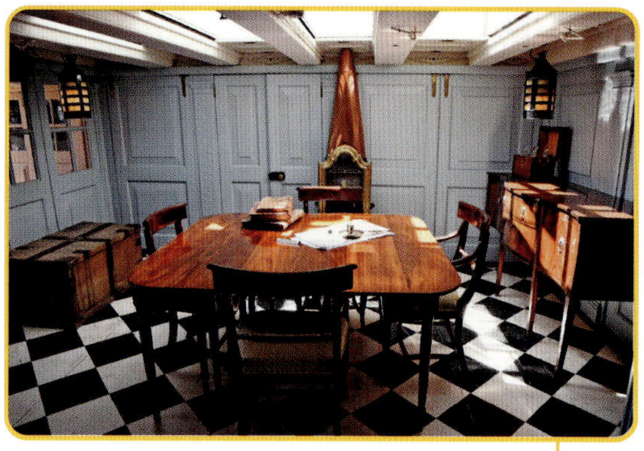

Cubierta sobre cubierta

El *Victory* tenía cinco cubiertas completas. Su núcleo lo constituían las cubiertas superior, intermedia e inferior de cañones, donde estaban dispuestos 88 de los 104 potentes cañones del buque. También había una cubierta de almacenamiento, o bodega, y una cubierta de popa elevada en la parte trasera.

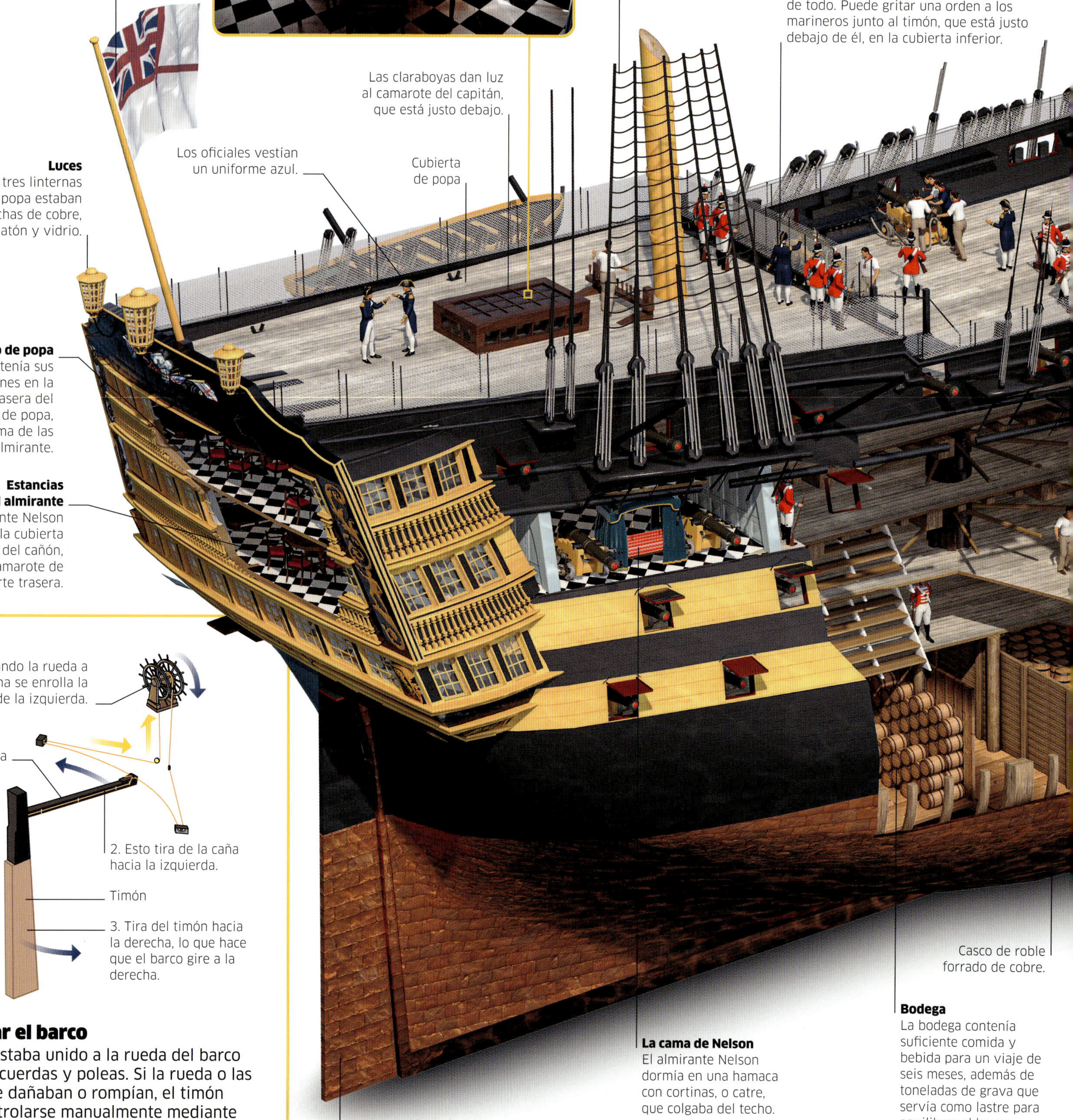

Bandera de la Marina británica, conocida como White Ensign.
Obenques con tabla de jarcia (ver p. 100)
Visión completa
Este oficial tiene una visión perfecta de todo. Puede gritar una orden a los marineros junto al timón, que está justo debajo de él, en la cubierta inferior.
Las claraboyas dan luz al camarote del capitán, que está justo debajo.
Los oficiales vestían un uniforme azul.
Cubierta de popa
Luces
Las tres linternas de popa estaban hechas de cobre, latón y vidrio.
Castillo de popa
El capitán tenía sus habitaciones en la parte trasera del castillo de popa, justo encima de las del almirante.
Estancias del almirante
El almirante Nelson residía en la cubierta superior del cañón, con su camarote de día en la parte trasera.
Casco de roble forrado de cobre.
Bodega
La bodega contenía suficiente comida y bebida para un viaje de seis meses, además de toneladas de grava que servía como lastre para equilibrar el barco.
La cama de Nelson
El almirante Nelson dormía en una hamaca con cortinas, o catre, que colgaba del techo.
Timón
1. Girando la rueda a la derecha se enrolla la cuerda de la izquierda.
Caña
2. Esto tira de la caña hacia la izquierda.
Timón
3. Tira del timón hacia la derecha, lo que hace que el barco gire a la derecha.

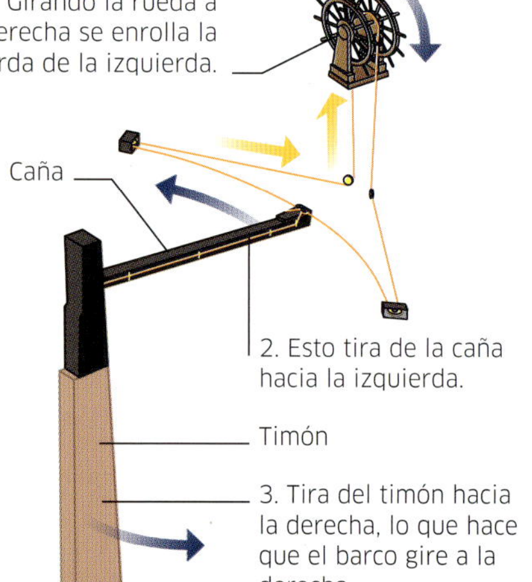

Gobernar el barco

El timón estaba unido a la rueda del barco mediante cuerdas y poleas. Si la rueda o las cuerdas se dañaban o rompían, el timón podía controlarse manualmente mediante dos pesadas cadenas.

3923 **placas de cobre** recubrían la parte del **casco del *Victory*** que quedaba **sumergido**.

47 **años** tenía el **almirante Horatio Nelson** cuando **murió a bordo** del *Victory* durante la **batalla de Trafalgar**, el **21 de octubre de 1805**.

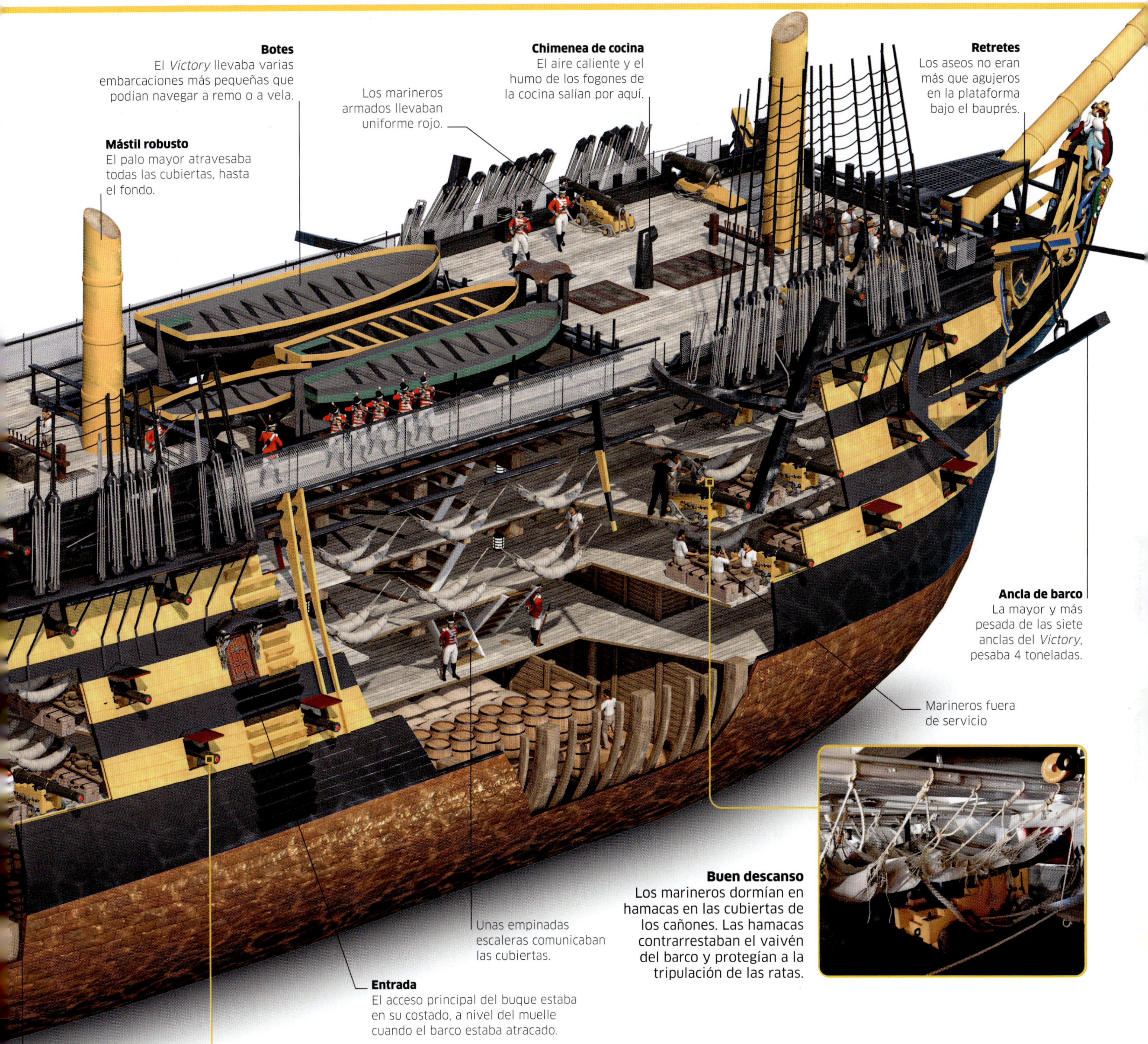

Botes
El *Victory* llevaba varias embarcaciones más pequeñas que podían navegar a remo o a vela.

Mástil robusto
El palo mayor atravesaba todas las cubiertas, hasta el fondo.

Los marineros armados llevaban uniforme rojo.

Chimenea de cocina
El aire caliente y el humo de los fogones de la cocina salían por aquí.

Retretes
Los aseos no eran más que agujeros en la plataforma bajo el bauprés.

Ancla de barco
La mayor y más pesada de las siete anclas del *Victory*, pesaba 4 toneladas.

Marineros fuera de servicio

Buen descanso
Los marineros dormían en hamacas en las cubiertas de los cañones. Las hamacas contrarrestaban el vaivén del barco y protegían a la tripulación de las ratas.

Unas empinadas escaleras comunicaban las cubiertas.

Entrada
El acceso principal del buque estaba en su costado, a nivel del muelle cuando el barco estaba atracado.

Almuerzo
La tripulación comía mucha cebolla, para obtener vitamina C, y carne de cerdo salada, para obtener proteínas.

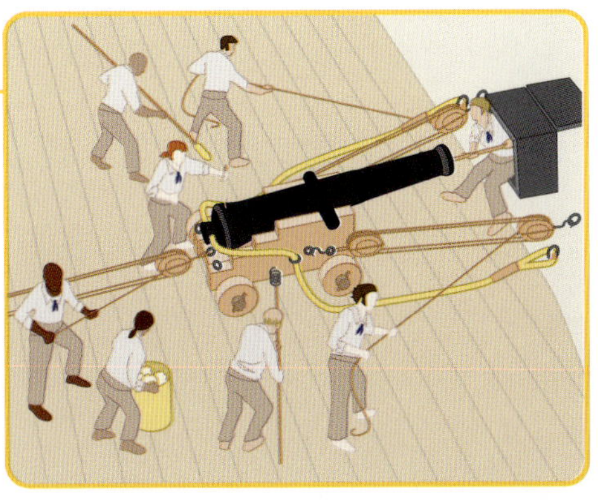

Armas de fuego
Los pesados cañones del barco se sujetaban con cuerdas. Para dispararlos, había que mover rápidamente cada cañón hacia atrás con poleas, enfriarlo con una esponja húmeda en un palo, cargarlo con pólvora y una bala de cañón, antes de ponerlo en posición y disparar.

Vida a bordo

La vida y el trabajo de la tripulación tenían lugar en condiciones de hacinamiento, suciedad, malos olores, y a menudo de peligro.

Manejar el barco ya era un trabajo duro. La tripulación se turnaba en guardias, con algunas horas de descanso. Solo había seis retretes para más de 800 tripulantes, y había muchas ratas. Las enfermedades abundaban. Sin embargo, se consideraba un gran honor servir en el famoso buque insignia de la Armada británica.

1807 **Primer año** en que los **pasajeros pueden viajar** por el **río Hudson**, en **Estados Unidos**, en un **servicio fluvial a remo**, el ***Clermont***.

A toda máquina

La invención de la máquina de vapor no solo hizo posible el transporte ferroviario rápido por tierra, sino que también provocó una revolución en el transporte marítimo.

Las primeras ruedas de paletas propulsadas por vapor aparecieron a finales del siglo XVIII, en veleros de madera transformados. Pero desde mediados del siglo XIX, los avances tecnológicos hicieron innecesarias las velas. La hélice de tornillo y la turbina de vapor pronto marcaron el comienzo de una era de grandes transatlánticos de pasajeros y potentes buques de carga.

Tres mástiles
Cada mástil podía montar un juego completo de velas para ayudar al motor.

PYROSCAPHE

Experimento revolucionario

Origen: Francia

Año: 1783

Tras años de intentos, el ingeniero francés Claude de Jouffroy d'Abbans botó el primer barco de vapor del mundo. Una caldera de carbón hacía girar las dos ruedas de paletas del *Pyroscaphe* (barco del calor).

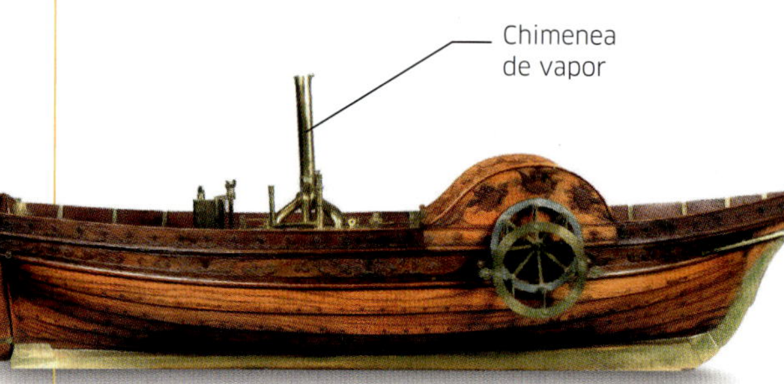

SAVANNAH

Barco de vapor híbrido

Origen: Estados Unidos

Año: 1818

El *Savannah*, un velero reconvertido, tenía dos ruedas de paletas y una máquina de vapor alimentada por carbón. Pero no tenía espacio para todo el carbón necesario para cruzar el Atlántico, así que también utilizaba sus velas.

La bodega transportaba carga y correo.

Las ruedas de palas se movían con la máquina de vapor del barco.

GREAT BRITAIN

Pionero de la hélice

Origen: Reino Unido

Date: 1843

Diseñado por Isambard Kingdom Brunel, el *Great Britain* fue el primer gran crucero y el primer buque con casco de hierro propulsado por una hélice de tornillo en lugar de una rueda de paletas.

INEZ CLARKE

Barco correo fluvial

Origen: Colombia

Año: 1879

El *Inez Clarke*, construido en acero, transportaba correo y pasajeros por el largo río Magdalena de Colombia. Su caldera delantera suministraba vapor a una máquina que accionaba una rueda de paletas trasera, lo que le permitía alcanzar una velocidad máxima de 24 km/h.

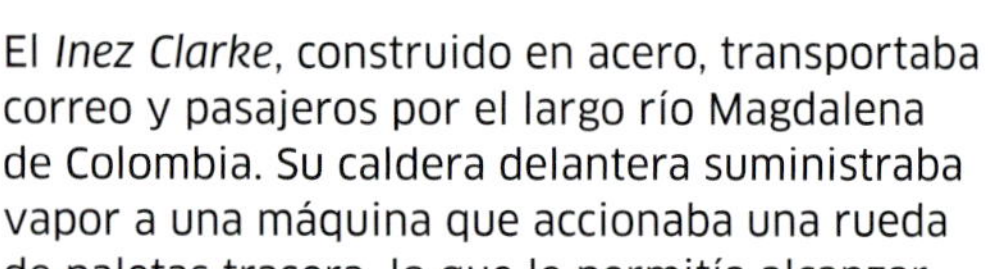

El primer vapor
que cruzó el océano Atlántico fue el *Savannah*, en 1819. Tardó 24 días.

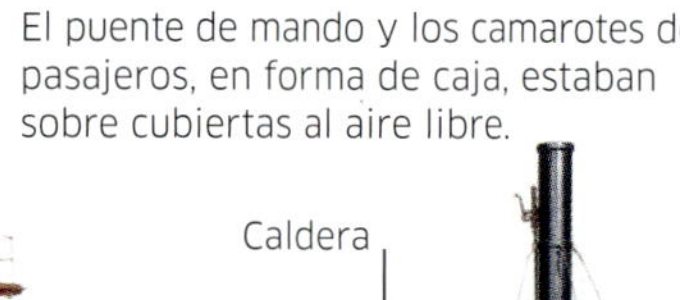

Habitación con vistas
El puente de mando y los camarotes de pasajeros, en forma de caja, estaban sobre cubiertas al aire libre.

Caldera

TURBINIA

La novedad de la turbina

Origen: Reino Unido

Año: 1894

El *Turbinia*, el «galgo del océano», fue el barco más rápido del mundo, con 64 km/h. Fue el primer barco propulsado por turbinas de vapor, un avance que revolucionaría la ingeniería marítima.

Casco de acero ligero

MAURETANIA

Un crucero de récord

Origen: Reino Unido

Año: 1906

En sus dos primeros años, el *Mauretania* batió récords de velocidad al cruzar el Atlántico, uno de los cuales se mantuvo hasta 1929. Durante la Primera Guerra Mundial, este elegante buque de pasajeros transportó tropas.

Bien dotado
Mauretania tenía cuatro chimeneas, una por cada turbina de vapor.

Cambio de color
El casco de color crema era originalmente negro. Durante la Primera Guerra Mundial (1914-1918), se le dio una capa temporal de pintura clara.

CAP ROIG

Buque de aprovisionamiento

Origen: España

Año: *c.* 1910

Embarcaciones de vapor como este carbonero transportaban suministros desde los muelles a barcos más grandes, mientras que otros transportaban pasajeros y carga por la costa.

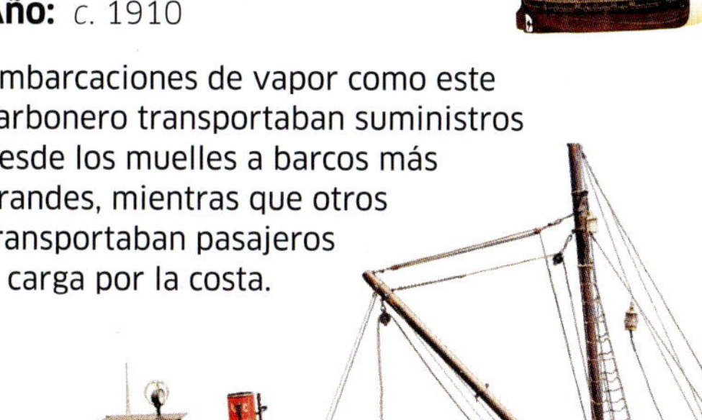

EARNSLAW

Vapor de turismo

Origen: Nueva Zelanda

Año: 1912

El *Earnslaw*, alimentado con carbón, transportaba originalmente carga y pasajeros por el lago Wakatipu. Hoy, la mayoría de sus pasajeros son turistas que disfrutan del paisaje y del nostálgico sonido de sus máquinas de vapor.

SAVARONA

Yate de lujo

Origen: Turquía

Año: 1931

Construido para una heredera estadounidense, el *Savarona* era el yate privado más lujoso de su época, con piscina y escalera dorada. El gobierno turco lo compró en 1938.

JEREMIAH O'BRIEN

Barco de la libertad

Origen: Estados Unidos

Año: 1943

EE.UU. construyó 2751 «Liberty Ships» en la Segunda Guerra Mundial para transportar armas y suministros a los Aliados en Europa. Eran unos buques sencillos, construidos a partir de un kit prefabricado en solo 10 días.

NATCHEZ

Vapor de ruedas del Misisipi

Origen: Estados Unidos

Año: 1975

El primero de los famosos barcos de vapor de ruedas llamado *Natchez* se construyó en 1823. Desde entonces, ocho más han surcado el río Misisipi entre las ciudades de Nueva Orleans (Luisiana) y Natchez (Misisipi), incluido este, botado en 1975.

Rueda de acero
La potente rueda de paletas de roble y acero del *Natchez* pesa 26 toneladas y mide 7,6 m de diámetro.

1101 **tripulantes** trabajaban a bordo del ***Queen Mary***.

Reina del Atlántico

Además de ser el transatlántico de pasajeros más opulento de la historia, el *Queen Mary* era también el más rápido. Ganó el codiciado premio Blue Riband a la travesía más rápida del Atlántico en 1936, y de nuevo en 1938, cuando completó el viaje en 3 días, 21 horas y 38 minutos. En la Segunda Guerra Mundial se pintó de gris y se utilizó para transportar hasta 15 000 soldados.

Crucero

Durante la Edad de Oro de los cruceros, de 1900 a la década de 1950, los barcos de lujo transportaban a los viajeros a través del Atlántico.

Uno de los transatlánticos más famosos era el *Queen Mary*, entre cuyos pasajeros se contaban celebridades de Hollywood, miembros de la realeza y personas muy adineradas. Pero este enorme hotel flotante también tenía sitio a bordo para viajeros de presupuesto más ajustado, ya fueran veraneantes o emigrantes.

QUEEN MARY

Origen: Reino Unido

Año: 1934

Número de cubiertas: 12

Capacidad de pasajeros: 2140

1967 Año en que el *Queen Mary* fue retirado del servicio. Ahora es un barco museo en Long Beach, California, Estados Unidos.

Hora del tenis
Tres pistas de tenis en la cubierta de deportes mantenían ocupados a los deportistas de primera clase.

Paseo cubierto
Esta zona exterior de paseo y ejercicio para pasajeros de primera clase estaba cubierta.

Botes salvavidas
Cada uno de los 24 botes salvavidas tenía capacidad para 145 personas y estaba equipado con un motor diésel.

Verandah Grill
De día era un restaurante de lujo, pero de noche se convertía en el exclusivo Starlight Club, donde se reunían los pasajeros ricos y famosos.

Terraza
De noche se retiraban las tumbonas para convertirla en una pista de baile al aire libre para el Starlight Club.

Sala de máquinas
Cuatro turbinas de 40 000 CV cada una movían las cuatro hélices. Otras turbinas accionaban los generadores de electricidad del buque.

Cena exclusiva
El Gran Salón era un comedor de lujo ricamente decorado para 815 de los pasajeros más ricos del barco.

Piscina para pasajeros de primera clase

Confortables camarotes
El mejor alojamiento de primera clase eran las 12 suites privadas. Cada una disponía de dormitorio, salón, cuarto de baño y alojamiento para los sirvientes.

Sala principal de primera clase
Cada noche, este espectacular salón, revestido de pinturas, tapices y paneles de madera tallada, se transformaba en un salón de baile, donde 400 pasajeros en traje de noche podían bailar o disfrutar de conciertos interpretados por una orquesta completa.

Simulacro de seguridad

Cuando el *Queen Mary* zarpó en 1934, el trágico hundimiento del *Titanic* 22 años antes aún estaba fresco en la memoria de muchos. Al igual que hoy en los aviones, antes de partir, todos los pasajeros realizaban un simulacro de seguridad en el que se les indicaba dónde dirigirse a los botes salvavidas y cómo ponerse los chalecos salvavidas.

Vidas separadas

Los pasajeros disponían de zonas independientes para comer, dormir y divertirse. Los pasajeros de primera clase rara vez entraban en contacto con los de segunda, y probablemente apenas conocían a los de tercera, cuyos espacios e instalaciones eran mucho más básicos y en su mayoría quedaban fuera de la vista.

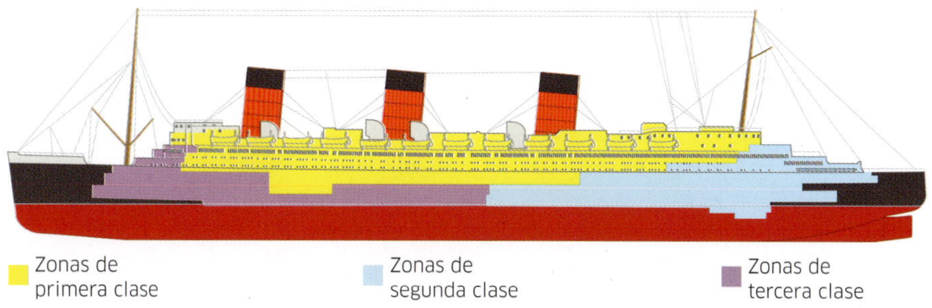

2021 **Año** en que el holandés **Björn Dunkerbeck** se convirtió en el **primer windsurfista** en **superar la barrera de los 100 km/h**, alcanzando los **103,7 km/h.**

Ocio acuático

A lo largo de la historia, hemos surcado los mares para comerciar, hacer la guerra, explorar el mundo... y para divertirnos.

Las velas y los remos impulsaban las embarcaciones de los primeros navegantes y siguen propulsando muchas embarcaciones de recreo modernas. Pero sus formas han evolucionado a lo largo de los siglos y también los materiales con los que se fabrican. Hoy también hay muchas embarcaciones de recreo propulsadas por pedales, motores diésel y de gasolina, y nunca ha habido tantas formas de disfrutar en el agua.

MOTO ACUÁTICA

Motocicleta acuática

Origen: Japón

Año: A partir de 1972

Inventadas por la marca japonesa Kawasaki, las motos acuáticas se fabrican actualmente en todo el mundo. Sus motores de gasolina crean chorros de agua que las propulsan a velocidades de 113 km/h.

Un modelo Yamaha de los años noventa

CATAMARÁN DE PLAYA

Veloz velero de doble casco

Origen: Estados Unidos

Año: 1985

Los catamaranes tienen dos cascos unidos por una plataforma central. Son ligeros, rápidos y estables, y suelen utilizarse para regatas o navegación de recreo. Este es un Supercat 17, que mide 5,18 m de eslora.

WINDSURF

Tabla con vela

Origen: Estados Unidos

Año: Desde la década de 1960

A finales de la década de 1960, el ingeniero estadounidense Jim Drake fijó una vela ligera a una tabla de surf y creó una nueva actividad de ocio y deporte. Es olímpico desde 1984.

Mantener el control Un windsurfista usa la empuñadura, o botavara, para orientarse.

Vela flexible La vela se fija a un pivote, lo que le permite moverse en cualquier dirección.

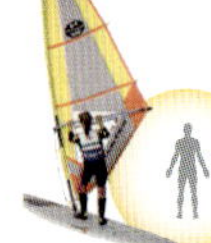

GIBBS AQUADA

Vehículo anfibio

Origen: Nueva Zelanda

Año: 2003

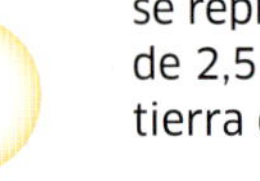

Cuando este automóvil entra en el agua, sus ruedas se repliegan y se convierte en un barco. El motor V6 de 2,5 litros proporciona una velocidad máxima en tierra de 161 km/h y de 56 km/h en el agua.

Coche con casco El vehículo no tiene puertas, sino un casco sólido, como un barco, por lo que los pasajeros tienen que trepar a bordo.

GABARRA

Casa flotante por el canal

Origen: Reino Unido

Año: A partir de los años sesenta (como barco de recreo)

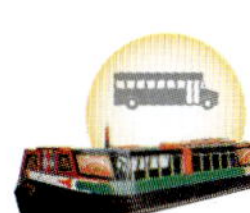

Muchas de estas barcazas industriales se han reconvertido en embarcaciones con motor diésel para vivir y pasar las vacaciones. Solo miden unos 2 m de ancho para poder pasar por las estrechas esclusas de los canales.

Revestimiento protector El casco de acero está recubierto de pintura negra antialgas.

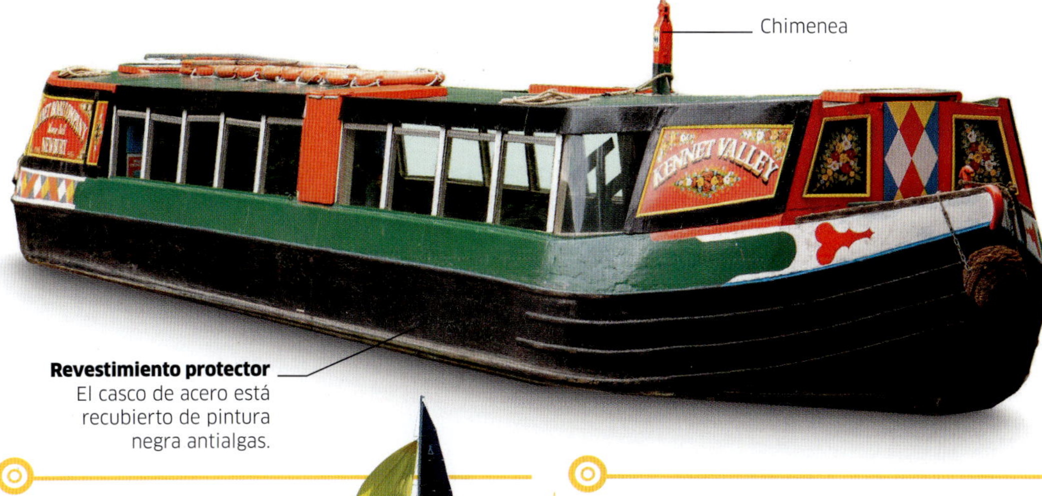

PATÍN

Bicicleta acuática

Origen: China

Año: *c.* 960 d. C.

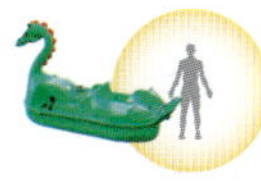

Se dice que se inventaron en la antigua China como embarcaciones de ataque sorpresa, pero hoy en día los patines son de plástico y se utilizan con fines más pacíficos en lagos, ríos y a la orilla del mar.

A pedales Los pedales accionan las palas subacuáticas.

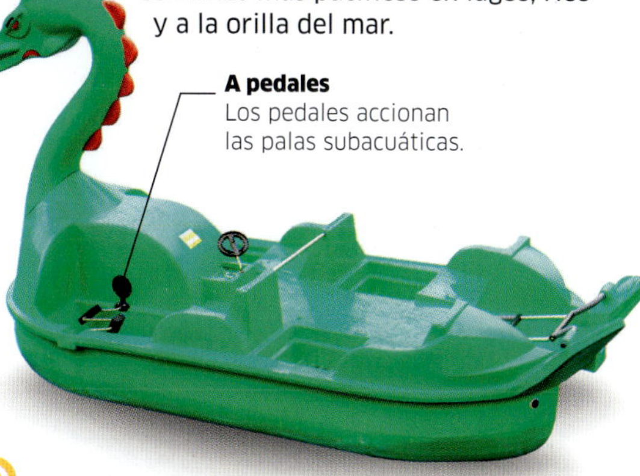

SPIRIT 46

Velero moderno

Origen: Reino Unido

Año: 2003

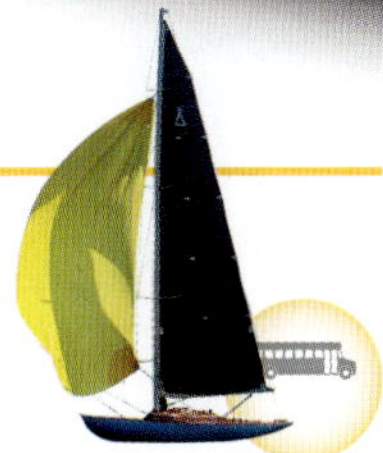

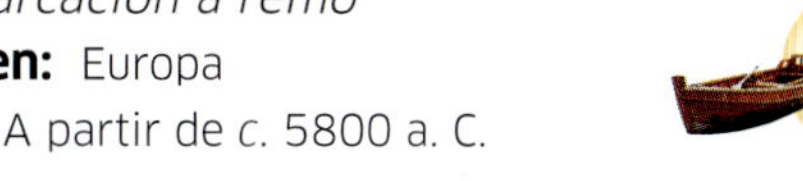

El Spirit 46, llamado así por su eslora de 46 pies (14 m), es solo uno de los miles de modelos de yates de recreo. Inusualmente para un barco moderno, su casco es de madera y no de fibra de vidrio.

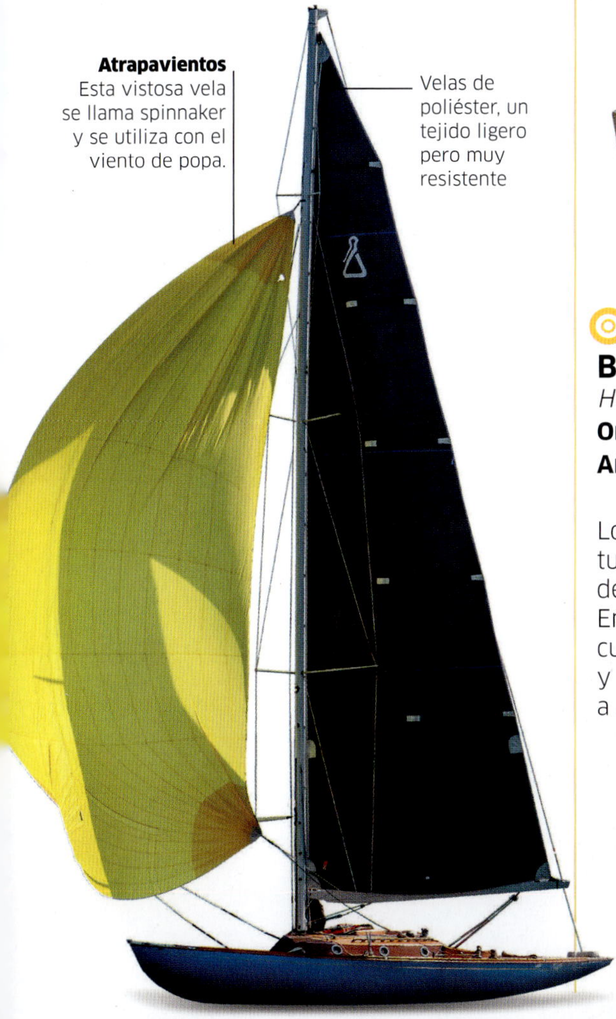

Atrapavientos Esta vistosa vela se llama spinnaker y se utiliza con el viento de popa.

Velas de poliéster, un tejido ligero pero muy resistente

BOTE DE REMOS

Embarcación a remo

Origen: Europa

Año: A partir de *c.* 5800 a. C.

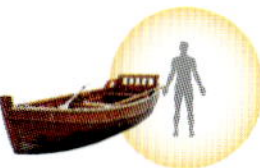

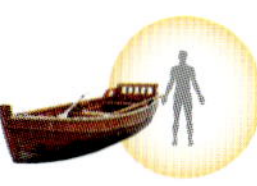

El bote de remos más antiguo que se conoce, de hace casi 8000 años, se encontró en Finlandia. Hoy existen muchos modelos; este está hecho de tablas de madera superpuestas.

El escálamo evita que el remo caiga, pero permite moverlo en el agua.

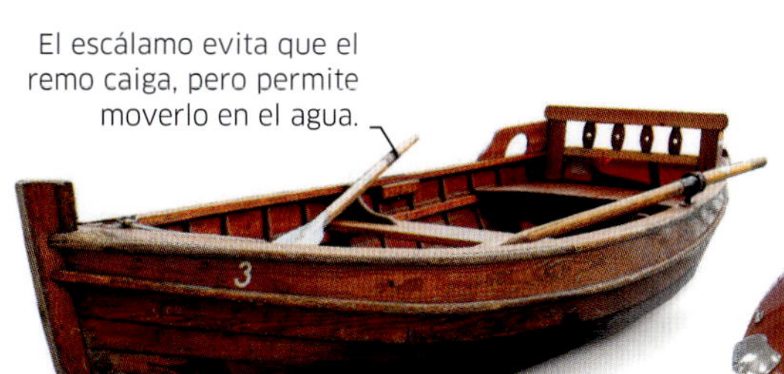

RIVA AQUARAMA

Lancha de lujo

Origen: Italia

Año: Década de 1960

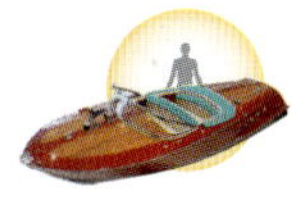

Las lanchas Aquarama de Riva se construían a mano y se contaban entre las más lujosas jamás fabricadas. Su velocidad máxima de 90 km/h les valió el apodo de Ferrari de las embarcaciones.

Casco de caoba barnizada

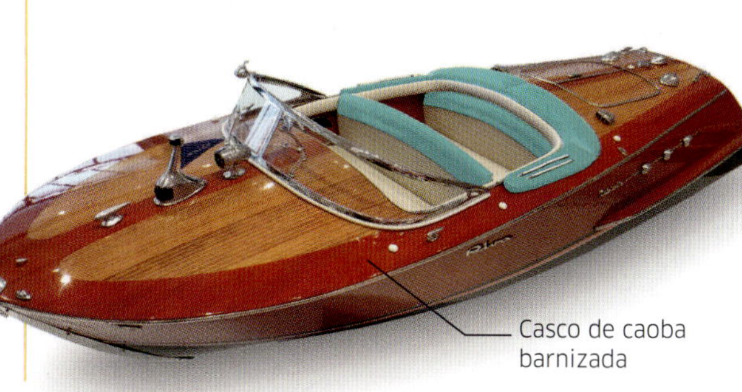

BANANA BOAT

Hinchable remolcado

Origen: Estados Unidos

Año: A partir de 1971

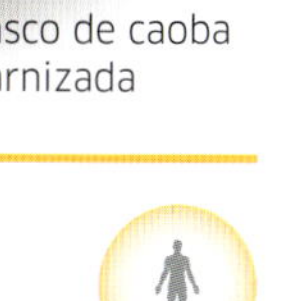

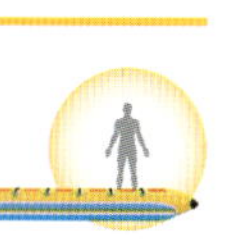

Los Banana Boats, largos tubos de nailon o PVC llenos de aire, no tienen motor. En su lugar, se atan con una cuerda a una lancha motora y se tira de ellos por el agua a toda velocidad.

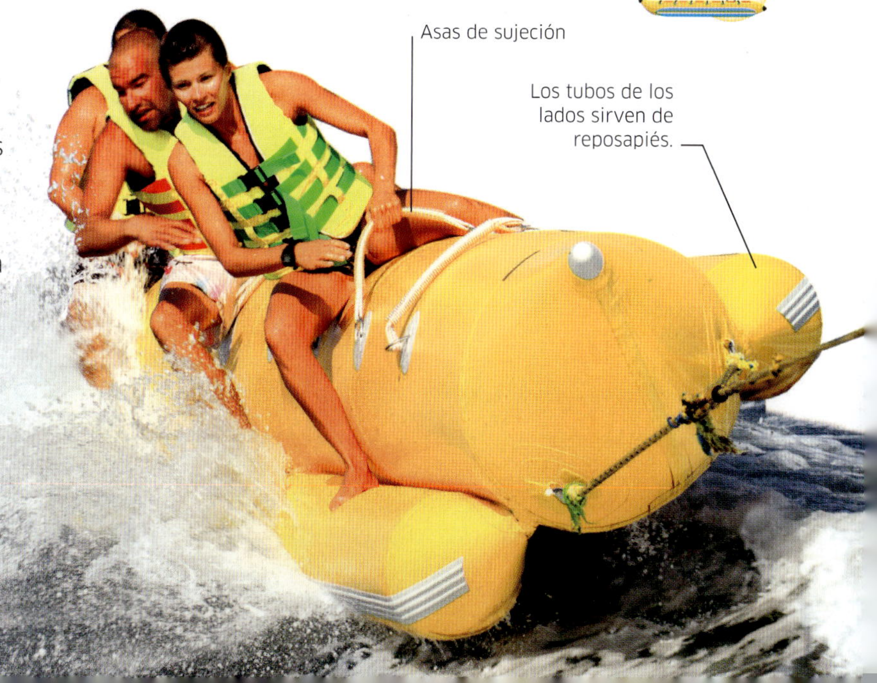

Asas de sujeción

Los tubos de los lados sirven de reposapiés.

Carrera ajustada
Los barcos compiten por parejas para clasificarse como retadores en la fase final de la Copa América, en la que el retador compite con el ganador de la copa anterior. En 2021, *Te Rehutai* venció al yate italiano *Luna Rossa Prada Pirelli*.

Yate de regatas

El objetivo de cualquier barco de regatas es dominar el viento y el agua con la mayor eficacia posible. El *Te Rehutai*, ganador de la Copa América de Nueva Zelanda, es uno de los mejores.

Los barcos diseñados para la Copa América son los veleros más rápidos del mundo. Tecnológicamente avanzados, estos barcos vuelan por el aire tanto como surcan los mares a velocidades de hasta 40 nudos (74 km/h). Controlar la velocidad y la dirección de un velero de competición es un trabajo de especialistas para tripulaciones muy cualificadas y preparadas físicamente.

Gran vela mayor
La gran vela mayor es manejada por el trimador de mayor, que utiliza un dispositivo parecido a un mando de juego de ordenador para ajustarla, izarla y arriarla.

Trabajo en equipo

Un equipo de 35 diseñadores dedicó 90 000 horas a planificar el *Te Rehutai*. Después, más de 50 artesanos, ingenieros y constructores colaboraron durante 75 000 horas para construir el yate. Por último, 11 tripulantes lo llevaron a la victoria.

Cámara que da imágenes en directo de a bordo.

Antena GPS para el seguimiento de la embarcación

Timón

Controles hidráulicos
La esquina de la vela mayor contiene un dispositivo hidráulico que tensa la vela o la desplaza a lo largo de una cremallera de forma controlada cuando el barco vira.

Estabilizador
En el agua, el ala actúa como una quilla, manteniendo la estabilidad.

Ala del timón
La forma de T invertida en el extremo del timón también actúa como un alerón.

Competición legendaria

La primera regata de la Copa América se celebró en 1851, frente a la isla de Wight (Reino Unido). Actualmente se celebra cada tres o cuatro años en distintas partes del mundo. Las reglas del diseño y las medidas de los yates han cambiado a lo largo de los años; estos son algunos de los modelos más famosos.

Primer ganador
La America's Cup debe su nombre al primer barco que la ganó: la goleta estadounidense *America*.

Clase J
En la década de 1930, un nuevo tipo de yate, con dos enormes velas triangulares, se convirtió en el modelo de competición estándar.

Multicascos
A partir de 1988, los catamaranes de dos cascos y los trimaranes de tres cascos compiten junto a los yates monocasco tradicionales.

26,5 m de **altura** tiene el **mástil** del *Te Rehutai.*

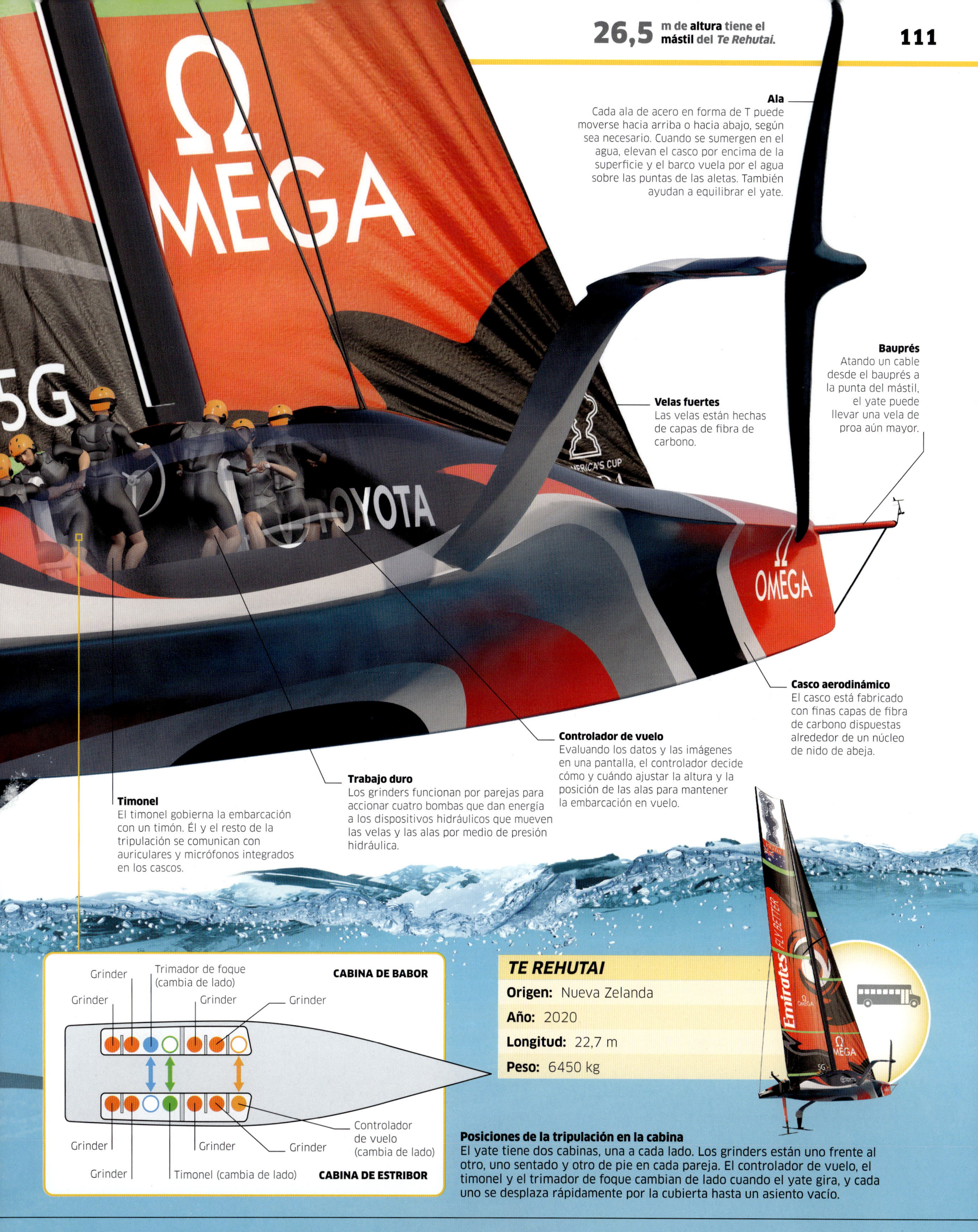

Ala
Cada ala de acero en forma de T puede moverse hacia arriba o hacia abajo, según sea necesario. Cuando se sumergen en el agua, elevan el casco por encima de la superficie y el barco vuela por el agua sobre las puntas de las aletas. También ayudan a equilibrar el yate.

Bauprés
Atando un cable desde el bauprés a la punta del mástil, el yate puede llevar una vela de proa aún mayor.

Velas fuertes
Las velas están hechas de capas de fibra de carbono.

Casco aerodinámico
El casco está fabricado con finas capas de fibra de carbono dispuestas alrededor de un núcleo de nido de abeja.

Controlador de vuelo
Evaluando los datos y las imágenes en una pantalla, el controlador decide cómo y cuándo ajustar la altura y la posición de las alas para mantener la embarcación en vuelo.

Trabajo duro
Los grinders funcionan por parejas para accionar cuatro bombas que dan energía a los dispositivos hidráulicos que mueven las velas y las alas por medio de presión hidráulica.

Timonel
El timonel gobierna la embarcación con un timón. Él y el resto de la tripulación se comunican con auriculares y micrófonos integrados en los cascos.

TE REHUTAI	
Origen:	Nueva Zelanda
Año:	2020
Longitud:	22,7 m
Peso:	6450 kg

Posiciones de la tripulación en la cabina
El yate tiene dos cabinas, una a cada lado. Los grinders están uno frente al otro, uno sentado y otro de pie en cada pareja. El controlador de vuelo, el timonel y el trimador de foque cambian de lado cuando el yate gira, y cada uno se desplaza rápidamente por la cubierta hasta un asiento vacío.

73 días duró el **viaje más rápido** realizado por el veloz ***Cutty Sark***, el barco de **tres mástiles** que transportaba **lana** de **Sídney a Londres,** en **1889.**

VELERO DE CUATRO MÁSTILES

Carguero de vela rápido

Bandera: Alemania (como carguero)

Año: 1921

El *Magdalene Vinnen II* de Alemania transportaba mercancías de Sudamérica y Australia a Europa. En 1945 fue entregado a la Unión Soviética, rebautizado *Sedov* y utilizado como buque escuela. Continúa siendo el velero más grande del mundo.

BARCO CISTERNA DE ZUMO

Transporte de zumo de fruta

Bandera: Brasil

Año: 2003

El *Premium do Brasil* transporta 37 000 toneladas de zumo de naranja de Brasil a Estados Unidos. El zumo se conserva en enormes compartimentos refrigerados a una temperatura de 0 °C.

Valiosa carga

En un mundo globalizado, compramos, comemos, bebemos y fabricamos cosas que deben transportarse por mar de una punta a otra del planeta.

Los buques mercantes son de todas las formas y tamaños y transportan casi todo lo imaginable, incluidos los pasajeros de los cruceros. La marina mercante ha empezado a cerrar el círculo: los primeros cargueros navegaban con energía eólica, y hoy una nueva generación de buques ecológicos son parcialmente impulsados por el viento.

PORTACONTENEDORES

Superapilador

Bandera: Japón

Año: 2019

Alrededor del 90 % de las mercancías se transportan en portacontenedores. Buques como el *One Grus* pueden transportar más de 14.000 contenedores de 6 m de largo.

Carga encajada
Los contenedores se cargan y descargan en grandes puertos de contenedores (ver pp. 114-115).

PETROLERO

Transporte de combustible fósil

Bandera: Liberia

Año: Desde 1970

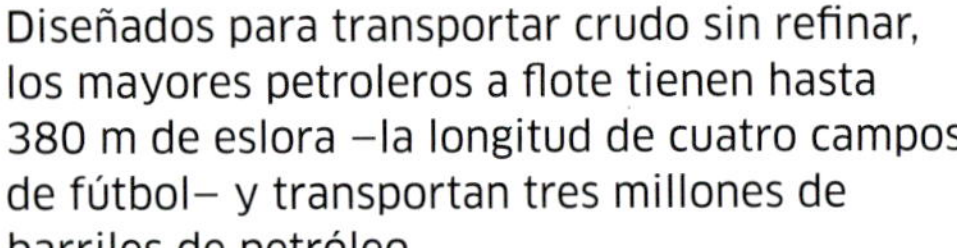

Diseñados para transportar crudo sin refinar, los mayores petroleros a flote tienen hasta 380 m de eslora –la longitud de cuatro campos de fútbol– y transportan tres millones de barriles de petróleo.

El mayor vertido de petróleo se produjo por el choque de dos superpetroleros en el Caribe, en 1979.

Soporte para manguera
Se utiliza una grúa para levantar la pesada manguera que bombea el petróleo a la inmensa bodega.

BARCO BALLENERO

Transporte lacustre a vapor

Bandera: Estados Unidos

Año: Finales del siglo XIX

Entre 1887 y 1898 se construyeron 44 balleneros para transportar mercancías por los Grandes Lagos de Norteamérica. Sus cascos grises se hundían en el agua y parecían ballenas emergiendo.

Casco de formas redondeadas

TRANSPORTE DE GANADO

Jaula flotante

Bandera: Panamá

Año: 1984

Construido como transporte de automóviles, el *Ghena* se reconvirtió en 2010 en un buque de transporte de ganado. Se instalaron establos para que pudiera transportar miles de ovejas, vacas y cabras vivas a través de los mares.

Espacio abarrotado
Los establos cerrados de *Ghena* pueden albergar hasta 85 000 ovejas.

MEGACRUCERO

Hotel flotante de lujo

Bandera: Estados Unidos

Año: 2023

El *Icon of the Seas* es el mayor crucero del mundo. Sus 5619 pasajeros pueden disfrutar de 40 restaurantes y bares, una pista de hielo y del parque acuático Thrill Island.

Vistas protegidas
La cúpula climatizada está formada por 673 paneles de cristal.

Muchos pisos
Con 20 cubiertas, el barco es tan alto como un bloque de pisos.

BUQUE GRANELERO

Comodín de la flota mercante

Bandera: Barbados

Año: 2004

Los graneleros como el *Federal Mackinac* son una quinta parte de la flota mercante mundial. Transportan productos secos a granel, como carbón, hormigón o grano, almacenados en hasta cinco bodegas distintas.

Grúa de carga y descarga

BUQUE CISTERNA DE HIDRÓGENO LICUADO

Transporte de nuevos carburantes

Bandera: Japón

Año: 2019

El *Suiso Frontier* es el primer transportador mundial de hidrógeno líquido, una importante fuente de energía del futuro. Para mantener el hidrógeno en estado líquido, debe almacenarse en tanques refrigerados a -253 °C.

CARGUERO EÓLICO

Transporte ecológico de mercancías

Bandera: Japón

Año: 2023

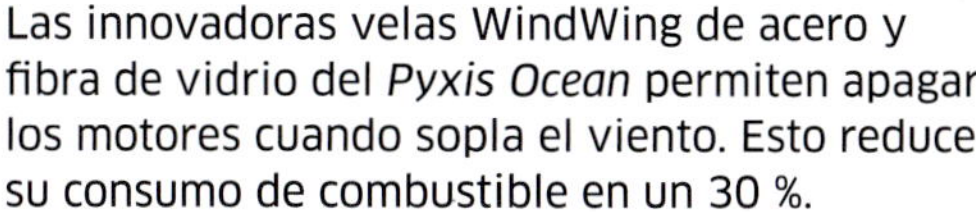

Las innovadoras velas WindWing de acero y fibra de vidrio del *Pyxis Ocean* permiten apagar los motores cuando sopla el viento. Esto reduce su consumo de combustible en un 30 %.

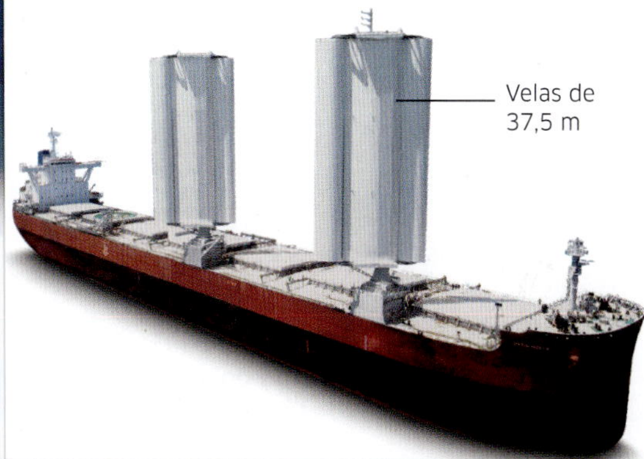

Velas de 37,5 m

REMOLCADOR DE EMPUJE

Potencia compacta

Bandera: Estados Unidos

Año: A partir de 1950

Los remolcadores de empuje son barcos cuyo fondo casi plano les permite operar en ríos y lagos poco profundos. Pequeños y potentes, empujan, en lugar de arrastrar o tirar, barcazas o plataformas cargadas.

Barcaza del Misisipi
Barcazas cargadas de troncos, carbón e incluso vehículos son empujadas por muchos ríos estadounidenses.

Proa plana que permite un contacto estrecho y una gran potencia de empuje.

El casco del *Ostfriesland* es lo bastante resistente para romper el hielo que suele formarse en invierno en las costas del mar del Norte.

Ferri de coches y pasajeros

Los transbordadores transportan personas, coches, camiones y, a veces, incluso trenes. Muchos transbordadores de coches son Ro-Ro, es decir, los coches entran por un extremo y salen por el otro.

Los transbordadores de automóviles se diseñan de forma diferente en función de dónde operen y de cuántos coches y pasajeros deban transportar. Algunos de los más grandes están totalmente cerrados, mientras que otros, como el *Ostfriesland*, tienen cubiertas parcialmente abiertas. Muchos de los transbordadores más antiguos se han reacondicionado y reconvertido para funcionar con combustible ecológico.

Ascensor en el embudo
Cada embudo contiene un ascensor que lleva a los pasajeros de una cubierta a otra.

Humos canalizados
Los humos de los motores se expulsan por los conductos de los embudos.

Bandera nacional
Todos los barcos llevan la bandera del país en el que están matriculados. El *Ostfriesland* es un barco alemán, así que enarbola la bandera alemana.

Sección convertida
La popa del buque se alargó para alojar los nuevos tanques de combustible, motores y turbinas, añadiendo 20 m a su eslora.

Acceso
Los coches acceden al transbordador a través de una rampa situada en la popa.

OSTFRIESLAND
EMDEN

Hélices dobles
Al ser eléctricas, son silenciosas.

Tubos de escape
Los gases de escape se canalizan desde los motores por tuberías y salen a través de los embudos.

Sala de máquinas
La sala de máquinas alberga dos generadores de electricidad, impulsados por gas natural licuado procedente de los grandes tanques de combustible.

Cruzar el agua

Desde siempre, la gente ha necesitado cruzar el agua para llegar a la otra orilla, ya sean ríos, lagos o mar abierto. Con el tiempo, se han desarrollado muchos medios de travesía, dependiendo de lo que tengan que transportar estos buques, desde personas y animales hasta coches, camiones y trenes. Estos son solo algunos de los tipos de transbordadores que se utilizan en la actualidad.

Transbordador fluvial
Para cruzar el río Tsagaan Nuur de Mongolia, este hombre maneja una balsa tirando de una cuerda atada a cada orilla.

Transbordador de coches
Simples transbordadores de carga rodada transportan personas, coches y suministros entre islas cercanas a Estocolmo (Suecia).

Transbordador ferroviario
Donde no hay puente ferroviario, los trenes viajan en transbordador, como este entre Sicilia y la Italia continental.

8883 **petroleros** navegan **hoy** por los **océanos.**

14 billones de dólares es el **valor** de todas las **mercancías transportadas por mar** en un solo año.

TRANSPORTE DE GANADO

Jaula flotante

Bandera: Panamá

Año: 1984

Construido como transporte de automóviles, el *Ghena* se reconvirtió en 2010 en un buque de transporte de ganado. Se instalaron establos para que pudiera transportar miles de ovejas, vacas y cabras vivas a través de los mares.

Espacio abarrotado
Los establos cerrados de *Ghena* pueden albergar hasta 85 000 ovejas.

MEGACRUCERO

Hotel flotante de lujo

Bandera: Estados Unidos

Año: 2023

El *Icon of the Seas* es el mayor crucero del mundo. Sus 5619 pasajeros pueden disfrutar de 40 restaurantes y bares, una pista de hielo y del parque acuático Thrill Island.

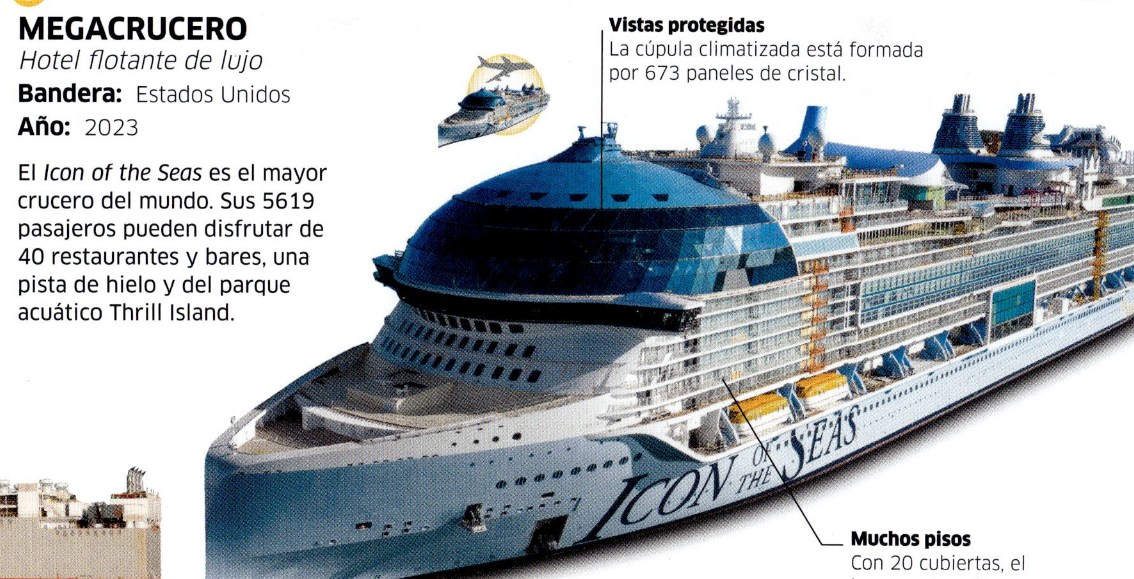

Vistas protegidas
La cúpula climatizada está formada por 673 paneles de cristal.

Muchos pisos
Con 20 cubiertas, el barco es tan alto como un bloque de pisos.

BUQUE GRANELERO

Comodín de la flota mercante

Bandera: Barbados

Año: 2004

Los graneleros como el *Federal Mackinac* son una quinta parte de la flota mercante mundial. Transportan productos secos a granel, como carbón, hormigón o grano, almacenados en hasta cinco bodegas distintas.

Grúa de carga y descarga

BUQUE CISTERNA DE HIDRÓGENO LICUADO

Transporte de nuevos carburantes

Bandera: Japón

Año: 2019

El *Suiso Frontier* es el primer transportador mundial de hidrógeno líquido, una importante fuente de energía del futuro. Para mantener el hidrógeno en estado líquido, debe almacenarse en tanques refrigerados a -253 °C.

CARGUERO EÓLICO

Transporte ecológico de mercancías

Bandera: Japón

Año: 2023

Las innovadoras velas WindWing de acero y fibra de vidrio del *Pyxis Ocean* permiten apagar los motores cuando sopla el viento. Esto reduce su consumo de combustible en un 30 %.

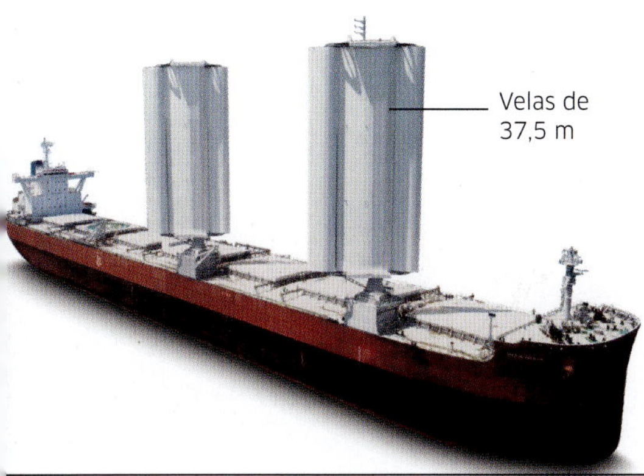

Velas de 37,5 m

REMOLCADOR DE EMPUJE

Potencia compacta

Bandera: Estados Unidos

Año: A partir de 1950

Los remolcadores de empuje son barcos cuyo fondo casi plano les permite operar en ríos y lagos poco profundos. Pequeños y potentes, empujan, en lugar de arrastrar o tirar, barcazas o plataformas cargadas.

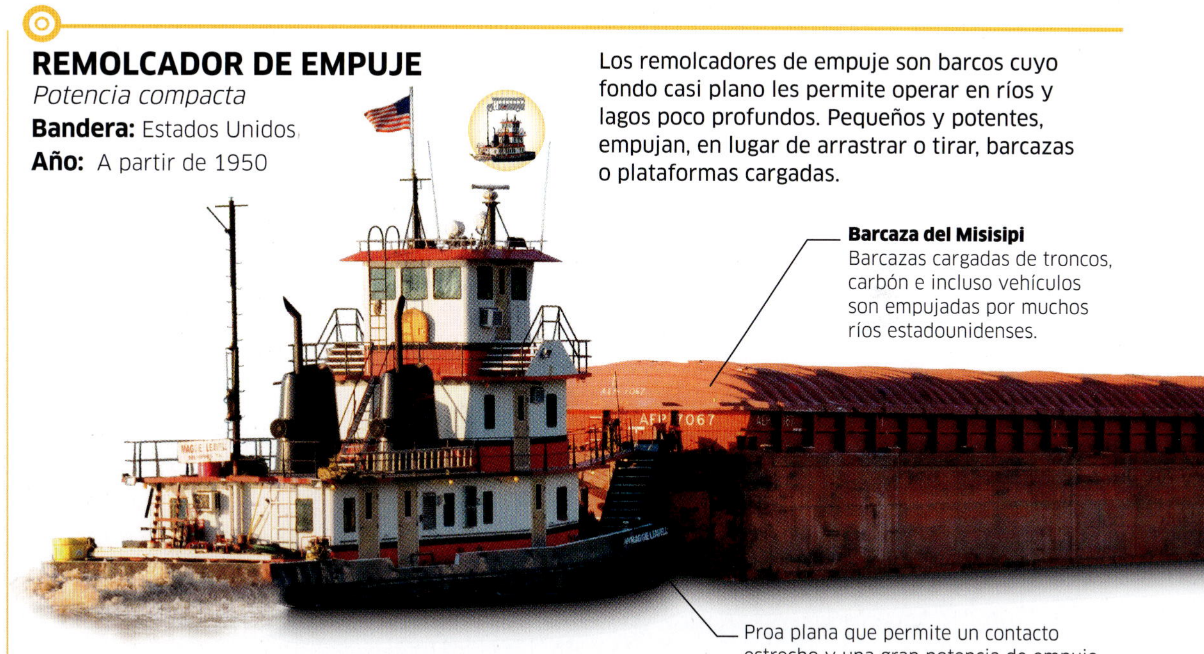

Barcaza del Misisipi
Barcazas cargadas de troncos, carbón e incluso vehículos son empujadas por muchos ríos estadounidenses.

Proa plana que permite un contacto estrecho y una gran potencia de empuje.

Puerto gigante
El puerto más activo del mundo es el de Shanghái (China), con más de 47 millones de contenedores al año, 191 atracaderos, 43 terminales de contenedores y 156 grandes grúas.

Visión del operador de grúa
En lo alto, un operario maniobra la grúa. Mueve el *spreader* de la grúa a lo largo del brazo de esta hasta que se sitúa sobre el buque. A continuación, el *spreader* desciende, agarra cada extremo de un contenedor y lo levanta del buque.

Carga y descarga
En los puertos de todo el mundo, los buques llegan para descargar contenedores y sustituirlos por nueva carga. Ayudado por remolcadores, un gran portacontenedores puede tardar varias horas en atracar con seguridad.

Puerto de contenedores

Casi todos los artículos que se fabrican hoy –desde ropa hasta televisores, juguetes, juegos de ordenador y casi cualquier cosa– han pasado por un puerto de contenedores.

Los centros de carga más activos del mundo operan 24 horas al día, 7 días a la semana, todos los días, procesando un flujo interminable de contenedores. Antes eran un hervidero de actividad humana, con multitud de estibadores. Hoy son lugares cada vez más automatizados.

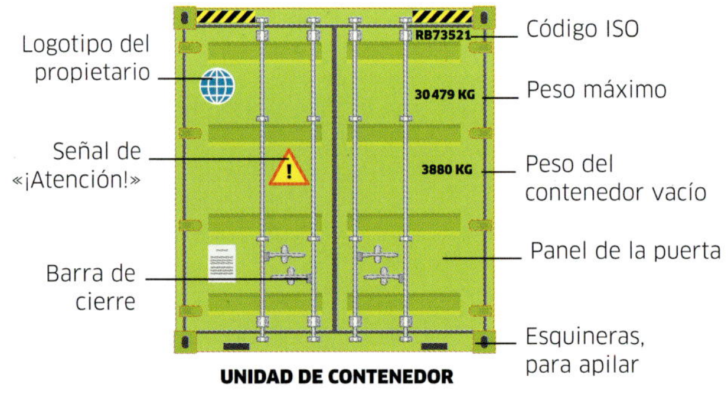

Descarga
Un buque cargado ha atracado en el lugar asignado. Las grúas se ponen en marcha y da comienzo la descarga.

Contenedores
Fabricados en acero, tienen 2,43 m de ancho y 2,59 m de alto, y los hay de dos longitudes estándar: 6,06 o 12,12 m.

Potencia de tiro
Pequeños pero potentes, los remolcadores maniobran con habilidad para llevar a puerto los pesados portacontenedores, y los sitúan en posición en el muelle.

Logotipo del propietario
Señal de «¡Atención!»
Barra de cierre
RB73521
Código ISO
30479 KG
Peso máximo
3880 KG
Peso del contenedor vacío
Panel de la puerta
Esquineras, para apilar

UNIDAD DE CONTENEDOR

Códigos de contenedor
Todos los contenedores están marcados con un código internacional. El código ISO indica el tamaño del contenedor y para qué se utiliza. Otras marcas indican el peso del contenedor y el volumen máximo de mercancías que puede transportar.

Grúa rodante
Las grúas pórtico sobre neumáticos (RTGC) recorren el muelle trasladando contenedores a camiones y trenes.

Tren de contenedores
Normalmente, los trenes de mercancías pueden transportar al menos 50 contenedores.

Centro remoto de control
Desde esta sala de alta tecnología se supervisa la actividad. Las pantallas muestran el proceso de carga y descarga y el movimiento de las apiladoras y los vehículos robotizados.

Almacenamiento
Los contenedores con artículos de gran valor se guardan en almacenes seguros.

Camiones portacontenedores
Los contenedores se bajan al remolque plano de estos vehículos.

Apilador retráctil
Sus brazos telescópicos permiten apilar hasta seis contenedores.

Elevador de contenedores
Estas fuertes carretillas elevadoras pueden apilar entre cinco y seis contenedores.

Grúas pórtico
Elevan y bajan los contenedores de los buques directamente a los camiones y trenes.

Vehículo robotizado
Los vehículos autónomos utilizan GPS, cámaras de alta definición y sensores infrarrojos para circular por el puerto.

Amarres
En el muelle hay bolardos metálicos para sujetar las amarras de los barcos.

El casco del *Ostfriesland* es lo bastante resistente para romper el hielo que suele formarse en invierno en las costas del mar del Norte.

Ferri de coches y pasajeros

Los transbordadores transportan personas, coches, camiones y, a veces, incluso trenes. Muchos transbordadores de coches son Ro-Ro, es decir, los coches entran por un extremo y salen por el otro.

Los transbordadores de automóviles se diseñan de forma diferente en función de dónde operen y de cuántos coches y pasajeros deban transportar. Algunos de los más grandes están totalmente cerrados, mientras que otros, como el *Ostfriesland*, tienen cubiertas parcialmente abiertas. Muchos de los transbordadores más antiguos se han reacondicionado y reconvertido para funcionar con combustible ecológico.

Ascensor en el embudo
Cada embudo contiene un ascensor que lleva a los pasajeros de una cubierta a otra.

Humos canalizados
Los humos de los motores se expulsan por los conductos de los embudos.

Bandera nacional
Todos los barcos llevan la bandera del país en el que están matriculados. El *Ostfriesland* es un barco alemán, así que enarbola la bandera alemana.

Sección convertida
La popa del buque se alargó para alojar los nuevos tanques de combustible, motores y turbinas, añadiendo 20 m a su eslora.

Acceso
Los coches acceden al transbordador a través de una rampa situada en la popa.

Sala de máquinas
La sala de máquinas alberga dos generadores de electricidad, impulsados por gas natural licuado procedente de los grandes tanques de combustible.

Tubos de escape
Los gases de escape se canalizan desde los motores por tuberías y salen a través de los embudos.

Hélices dobles
Al ser eléctricas, son silenciosas.

Cruzar el agua

Desde siempre, la gente ha necesitado cruzar el agua para llegar a la otra orilla, ya sean ríos, lagos o mar abierto. Con el tiempo, se han desarrollado muchos medios de travesía, dependiendo de lo que tengan que transportar estos buques, desde personas y animales hasta coches, camiones y trenes. Estos son solo algunos de los tipos de transbordadores que se utilizan en la actualidad.

Transbordador fluvial
Para cruzar el río Tsagaan Nuur de Mongolia, este hombre maneja una balsa tirando de una cuerda atada a cada orilla.

Transbordador de coches
Simples transbordadores de carga rodada transportan personas, coches y suministros entre islas cercanas a Estocolmo (Suecia).

Transbordador ferroviario
Donde no hay puente ferroviario, los trenes viajan en transbordador, como este entre Sicilia y la Italia continental.

1200 **pasajeros pueden embarcar en el ferri en cada travesía.**

75 **coches caben en la plataforma.**

16 **nudos (30 km/h) es la velocidad máxima del *Ostfriesland* cuando va a plena carga.**

Luces nocturnas
Esta hilera de farolillos se ilumina cuando el cielo está oscuro en las travesías a primera y última hora de la mañana.

Puente
Aquí trabajan el capitán y otros miembros de la tripulación, que navegan y dirigen el barco por puertos y vías navegables muy transitados.

Al aire libre
Los pasajeros no permanecen en sus vehículos, sino que pueden contemplar las vistas del mar de Wadden desde la cubierta superior.

Bote autohinchable
En caso de emergencia, 10 botes salvavidas hinchables se expanden de forma automática para poner a salvo a los pasajeros.

Rampa de proa
Se baja en el puerto para que entren y salgan los coches.

Cubierta para coches
Los coches aparcan en fila y permanecen con los motores apagados hasta que llega el momento de salir.

Aseos para pasajeros
La travesía dura unos 50 minutos, por lo que puede ser necesario ir al baño.

Transbordador ecológico

El *Ostfriesland* es un típico transbordador de carga rodada. Transporta coches y pasajeros desde Emden, en la costa alemana del mar del Norte, hasta la isla de Borkum a través de una zona protegida conocida como mar de Wadden. En 2015 fue reconvertido para funcionar con combustible ecológico a fin de causar el menor impacto posible a la fauna y la naturaleza.

MS *OSTFRIESLAND*

País: Alemania

Año: 1985, convertido en 2015

Longitud: 94 m

Peso: 2596 toneladas

Allá voy
Cada robot dispone de sensores que le ayudan a detectar y evitar objetos situados a una distancia de hasta 10 m.

Robot camarero
Los pasajeros pueden comer en el restaurante, donde les sirven los Bella Bots, unos robots totalmente automatizados que funcionan con baterías y toman pedidos y entregan comida y bebida. Se activan por voz, son programables y tienen bandejas térmicas para mantener la comida caliente.

Combustible ecológico

Los transbordadores solían funcionar con gasóleo, que contamina el medio ambiente. Algunos buques modernos utilizan GNL (gas natural licuado) de bajas emisiones. Se trata de gas metano enfriado a -162° C, de modo que se convierte en líquido. El gas licuado ayuda a proteger el medio ambiente porque las emisiones como el dióxido de azufre y los óxidos de nitrógeno se reducen hasta un 80 % y el dióxido de carbono, un 20 %. Este tipo de combustible también elimina las partículas finas de polvo de los gases de escape.

Buque cisterna de gas licuado
Para transportar el gas licuado, almacenado en contenedores con forma de esfera, de un puerto a otro se utilizan buques cisterna especiales.

406 toneladas de pescado puede capturar cada día el *Atlantic Dawn* (ahora llamado *Annelies Ilena*), el mayor arrastrero de la historia.

Barcos de trabajo

Desde la pesca hasta el tendido de tuberías o la apertura de rutas para otros barcos, hay una enorme variedad de trabajos en los que se emplean embarcaciones especializadas.

Las embarcaciones de trabajo están diseñadas para rendir bien en océanos y vías navegables difíciles y a veces peligrosas. Son embarcaciones cuya función es mucho más importante que su forma. Siempre son potentes, normalmente resistentes, ¡y hacen su trabajo! Muchos trabajan en todo el mundo, enarbolando la bandera del país en el que están matriculados.

PESQUERO DE ARRASTRE

Shrimp-fishing TX 24

Bandera: Países Bajos

Año: Inicios de 2000

Los arrastreros desembarcan una cuarta parte de todo el pescado capturado –19,3 millones de toneladas al año– y suelen procesarlo a bordo. Otros más pequeños, como el TX 24, pescan gambas cerca de la costa.

Captura de gambas
Las redes laterales se bajan para arrastrarlas por el lecho marino y recoger las gambas.

BUQUE FARO

Baliza de seguridad

Bandera: Reino Unido

Año: 1989

La luz del *Sandettie* es visible a 28 km de distancia, advirtiendo a los barcos de bancos de arena en el mar entre Francia y el Reino Unido. Como muchos buques faro, es también estación meteorológica.

Faro

DRAGA

Limpieza de canales

Bandera: Estados Unidos

Año: 1980

La mayoría de las dragas utilizan grandes tubos para aspirar arena y limo de canales, cauces de ríos y estuarios obstruidos, garantizando su navegabilidad. Para excavaciones más precisas, las dragas de cuchara como la de la imagen agarran pequeñas cantidades de material.

Cuchara

BUQUE GRÚA SEMISUMERGIBLE (SSCV)

Multitarea en el mar

Bandera: Panamá

Año: 2019

Los SSCV pueden tender tuberías, levantar barcos hundidos y construir cimientos submarinos para puentes y plataformas petrolíferas y de gas. El gigantesco SSCV *Sleipnir* funciona con GNL (gas natural licuado) de bajo consumo.

Trabajo duro
Las grúas pueden levantar pesos de hasta 10 000 toneladas.

Plataforma estable
Ocho pontones –patas flotantes semisumergidas– sostienen la plataforma por encima del agua.

REMOLCADOR

Movimiento de buques

Bandera: Países Bajos

Año: 2010

Pequeños, lentos y fuertes, los remolcadores como el *Athena* de Ámsterdam están diseñados para arrastrar buques más grandes dentro y fuera del puerto, sobre todo los que son demasiado grandes para maniobrar por sí solos en espacios reducidos.

INSTALADOR DE TUBERÍAS

Instalación de tuberías

Bandera: Panamá

Año: 2015

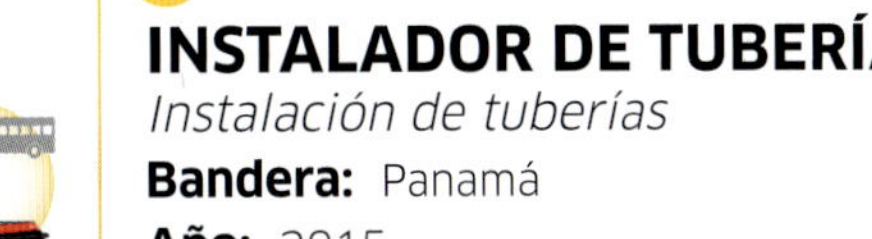

El *Sapura Rubi* transporta, tiende y suelda oleoductos y gasoductos en el fondo oceánico a profundidades de 3000 m, recorriendo unos 9 km al día.

Imponente
La torre, de 51,26 m de altura, alimenta el mecanismo de tendido de tuberías a través de una rampa basculante.

Abajo
Las ruedas de alineación garantizan que la tubería permanezca vertical mientras se introduce en el mar a través de la piscina lunar (ver p. 121).

ROMPEHIELOS

Apertura de rutas polares

Bandera: Finlandia

Año: 1987

Buques como el *Kontio* mantienen abiertas las vías marítimas de las regiones frías cuando se hielan. Sus potentes motores diésel-eléctricos o nucleares proporcionan el empuje necesario para romper hielo de hasta 5 m de espesor.

El primer rompehielos, conocido como *koch*, fue inventado por los pueblos indígenas del Ártico ya en el siglo XI.

Gran oso
El símbolo ilustra el nombre del barco («oso» en finés).

Camarotes acogedores
Las zonas interiores de la tripulación son cómodas y cálidas, en contraste con el gélido exterior.

Deslizarse y aplastar
La forma de la proa le permite deslizarse por el hielo marino y aplastarlo con su peso.

BUQUE DE APOYO A PARQUES EÓLICOS

Abastecimiento básico

Bandera: Reino Unido

Año: 2014

Con una velocidad máxima de 48 km/h, el catamarán *Njord Alpha* transporta trabajadores, equipos y repuestos a los parques eólicos marinos.

BUQUE SEMISUMERGIBLE DE CARGA PESADA (HLV)

Transporte de mercancías pesadas

Bandera: Malta

Año: 1999

Los HLV como el *Black Marlin* disponen de tanques de lastre que les permiten hundirse parcialmente para asumir cargas pesadas flotando sobre su cubierta. Después vacían los tanques de lastre, se elevan y parten.

Nueve barcazas superpesadas cargadas para su transporte

11 000 m: profundidad que alcanzan las ecosondas del *Sir David Attenborough* al cartografiar el fondo oceánico.

Ciencia del hielo
Extrayendo testigos del grueso hielo marino, los expertos pueden calcular el nivel de gases de efecto invernadero en la atmósfera hace cientos de años.

Buque de investigación

Los buques de investigación polar realizan investigaciones científicas para estudiar nuestro planeta. Uno de los más avanzados del mundo es el *Sir David Attenborough*.

Los buques de investigación polar están diseñados para operar en el duro clima de las regiones ártica y antártica. Deben desplazarse con seguridad a través del hielo, las olas y las tormentas, y ofrecer zonas de descanso a los científicos a bordo. Los instrumentos científicos y los laboratorios para analizar las muestras son elementos principales de estos buques.

Portacargas
Bautizada como *Terror*, esta embarcación desciende con cabrestante para recoger suministros de la costa.

Explorador polar

El *Sir David Attenborough* investiga en los entornos más fríos y hostiles. Sus científicos vigilan el hielo marino, el agua del mar, el fondo marino, la atmósfera sobre el agua y la biodiversidad oceánica local.

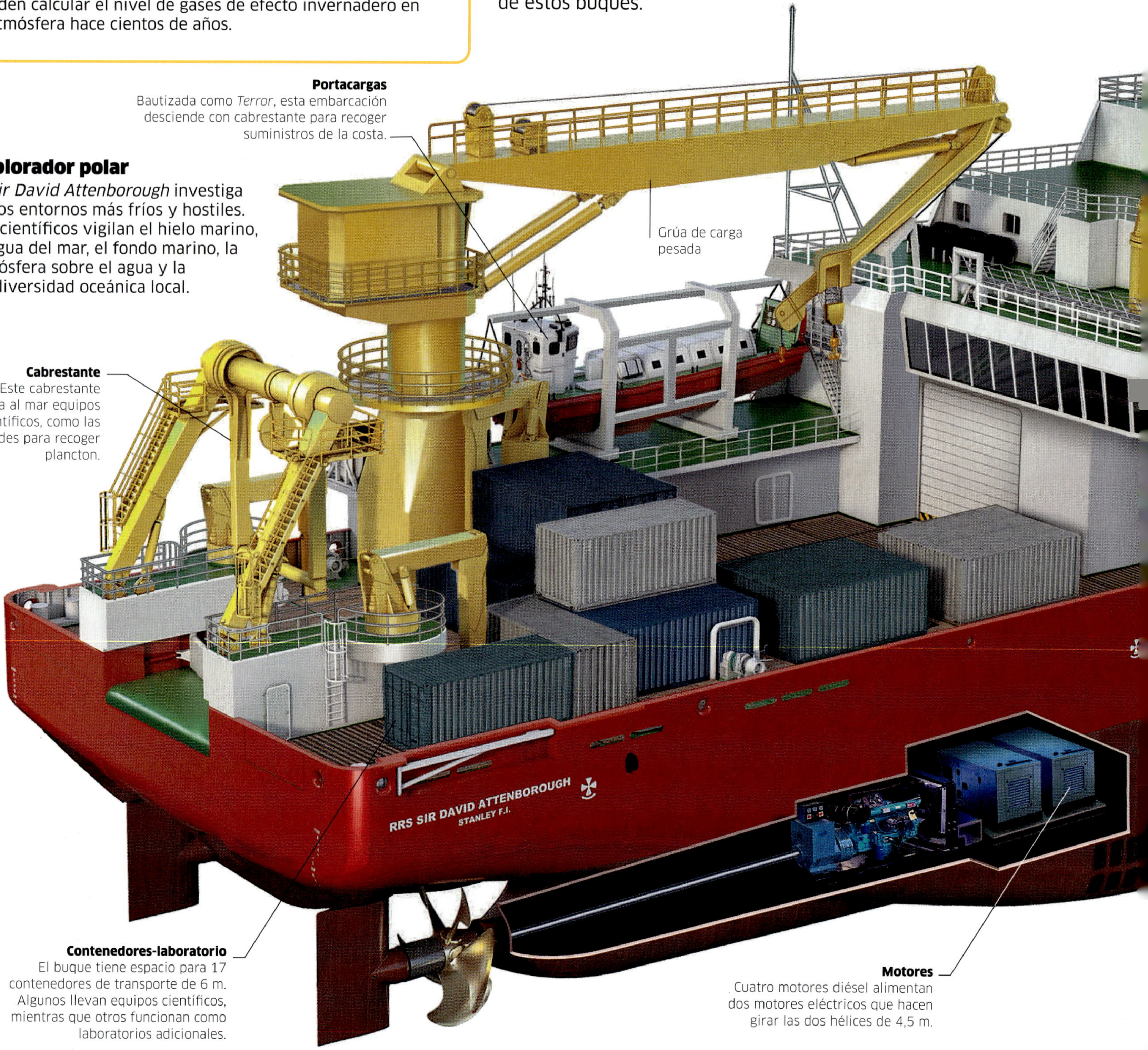

Grúa de carga pesada

Cabrestante
Este cabrestante baja al mar equipos científicos, como las redes para recoger plancton.

RRS SIR DAVID ATTENBOROUGH
STANLEY F.I.

Contenedores-laboratorio
El buque tiene espacio para 17 contenedores de transporte de 6 m. Algunos llevan equipos científicos, mientras que otros funcionan como laboratorios adicionales.

Motores
Cuatro motores diésel alimentan dos motores eléctricos que hacen girar las dos hélices de 4,5 m.

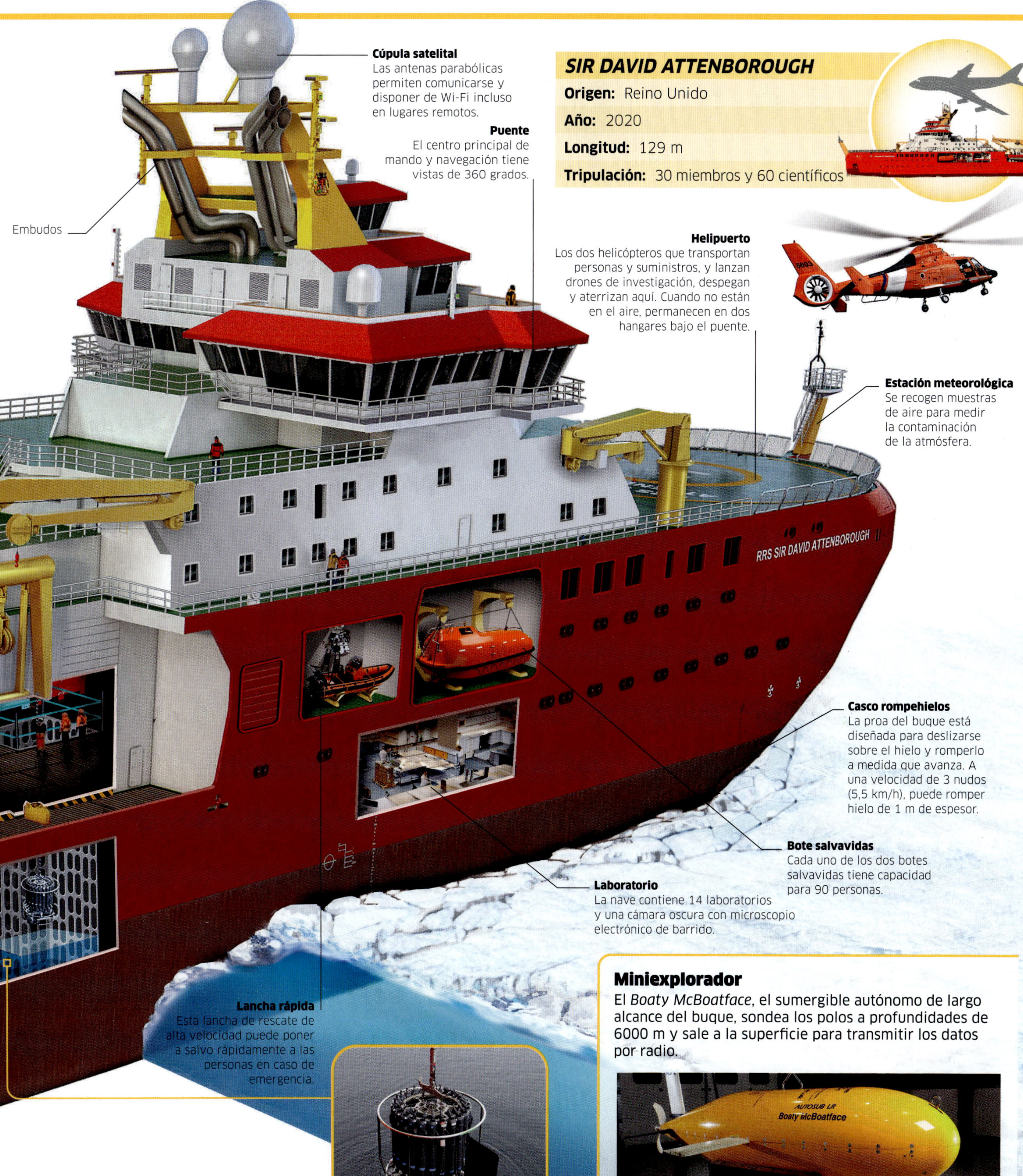

SIR DAVID ATTENBOROUGH

Origen: Reino Unido

Año: 2020

Longitud: 129 m

Tripulación: 30 miembros y 60 científicos

Cúpula satelital
Las antenas parabólicas permiten comunicarse y disponer de Wi-Fi incluso en lugares remotos.

Puente
El centro principal de mando y navegación tiene vistas de 360 grados.

Embudos

Helipuerto
Los dos helicópteros que transportan personas y suministros, y lanzan drones de investigación, despegan y aterrizan aquí. Cuando no están en el aire, permanecen en dos hangares bajo el puente.

Estación meteorológica
Se recogen muestras de aire para medir la contaminación de la atmósfera.

Casco rompehielos
La proa del buque está diseñada para deslizarse sobre el hielo y romperlo a medida que avanza. A una velocidad de 3 nudos (5,5 km/h), puede romper hielo de 1 m de espesor.

Bote salvavidas
Cada uno de los dos botes salvavidas tiene capacidad para 90 personas.

Laboratorio
La nave contiene 14 laboratorios y una cámara oscura con microscopio electrónico de barrido.

Lancha rápida
Esta lancha de rescate de alta velocidad puede poner a salvo rápidamente a las personas en caso de emergencia.

Miniexplorador

El *Boaty McBoatface*, el sumergible autónomo de largo alcance del buque, sondea los polos a profundidades de 6000 m y sale a la superficie para transmitir los datos por radio.

Piscina lunar
La piscina lunar, una abertura vertical en medio del buque, se abre directamente al mar. Permite que equipos delicados, como este sensor de salinidad, desciendan directamente al océano evitando las olas o el hielo.

Hélice gigante

Los buques modernos necesitan enormes hélices para desplazarse por el agua. Las palas deben mantenerse limpias de residuos para que funcionen con suavidad y eficacia.

Esta es una de las tres hélices montadas bajo un gran crucero moderno. Cada hélice está unida a una cápsula que contiene el motor eléctrico que la hace girar para mover el barco. La cápsula y la hélice pueden girar 360 grados para que el barco maniobre y se desplace hacia delante, hacia atrás o incluso hacia los lados.

777 buques tiene la Armada china actual, que es la mayor del mundo.

Tres mástiles le daban potencia de vela adicional.

GLOIRE

Fragata de vapor blindada

Origen: Francia

Año: 1859

El primer acorazado del mundo era exactamente eso: un buque de vapor con casco de roble recubierto de una capa de hierro de 12 cm de grosor. Su blindaje podía resistir el fuego de los cañones más potentes de la época.

Armamento
El *Gloire* tenía 18 cañones por banda, todos de 66 libras del último modelo.

Buques de guerra

Desde mediados del siglo XIX, los buques de guerra empezaron a construirse con metal –principalmente hierro– en lugar de madera. Se desarrollaron diferentes tipos de barcos para distintas tareas.

Con el tiempo, los buques de guerra se hicieron cada vez más sofisticados. Sus motores mejorados les permitían alcanzar mayores velocidades y su blindaje más grueso los hacía más difíciles de destruir. También mejoraron sus armas. Hoy, los buques cuentan con sofisticadas capacidades de ataque y defensa, respaldadas por avances tecnológicos que los hacen invisibles para sus enemigos.

CSS *VIRGINIA*

Acorazado estadounidense

Origen: Estados Unidos

Año: 1862

En la guerra entre los estados del sur (confederados) de Estados Unidos y los estados del norte (Unión), el CSS *Virginia* se enfrentó al USS *Monitor*, la primera vez que dos acorazados entraban en conflicto.

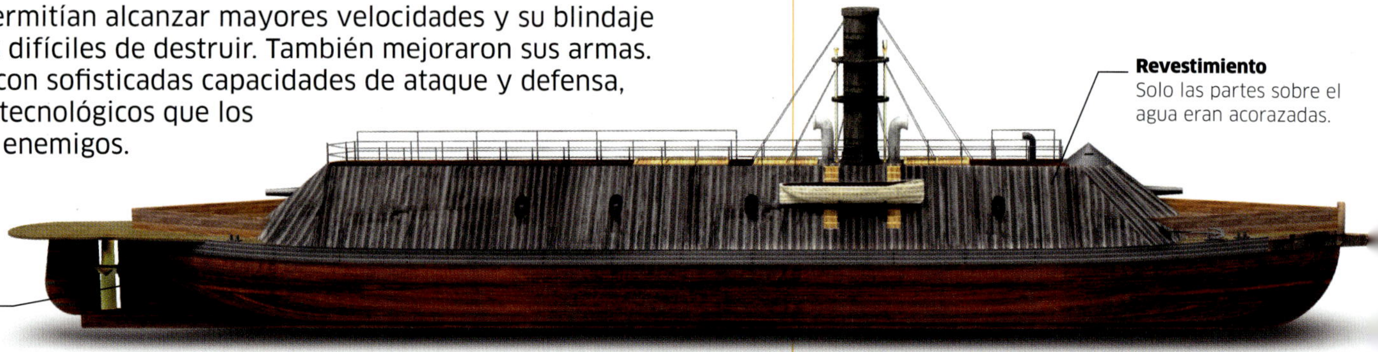

Revestimiento
Solo las partes sobre el agua eran acorazadas.

Casco reciclado
El casco de madera procedía de un velero en desuso.

HMS *DREADNOUGHT*

Acorazado

Origen: Reino Unido

Año: 1906

Con un grueso blindaje, diez enormes cañones de 25,4 cm en cinco torretas, cinco ametralladoras y 23 cañones de tiro rápido, el HMS *Dreadnought* estableció el nuevo estándar para los buques de combate hasta el estallido de la Segunda Guerra Mundial.

LCM (3)

Naves de desembarco de la Segunda Guerra Mundial

Origen: Reino Unido

Año: 1938

Los Landing Craft Mechanized 3 (LCM 3) llevaron tropas, tanques y otros vehículos de los barcos a la costa en la Segunda Guerra Mundial, sobre todo en el Día D. Medían 15,24 m de longitud.

A las playas
Al llegar a aguas poco profundas, la rampa descendía para que bajasen los soldados.

DRAGAMINAS

Tareas de protección

Origen: Suecia

Año: 1940

El trabajo de los dragaminas como el *Bremön* era detectar y desactivar minas en el mar y desplegar bombas. También actuaban como escoltas, protegiendo la navegación comercial de los ataques enemigos en la Segunda Guerra Mundial.

LANCHA RÁPIDA

Patrullero naval

Origen: Estados Unidos

Año: 1965

Las Patrol Craft Fast (PCF), o lanchas rápidas, prestaron servicio en la guerra de Vietnam, patrullando las vías fluviales vietnamitas. Tenían 15,24 m de eslora y estaban armadas con dos ametralladoras del calibre 0,50.

LANZAMISILES CLASE HAMINA

Embarcación de ataque rápido

Origen: Finlandia

Año: 1999

Estos buques llevan misiles que alcanzan objetivos situados a 400 km de distancia. Tienen capacidades de camuflaje, como conductos que expulsan al mar sus gases de escape detectables por infrarrojos.

BARCO CLASE MISTRAL

Buque de asalto anfibio

Origen: Francia

Año: 2005

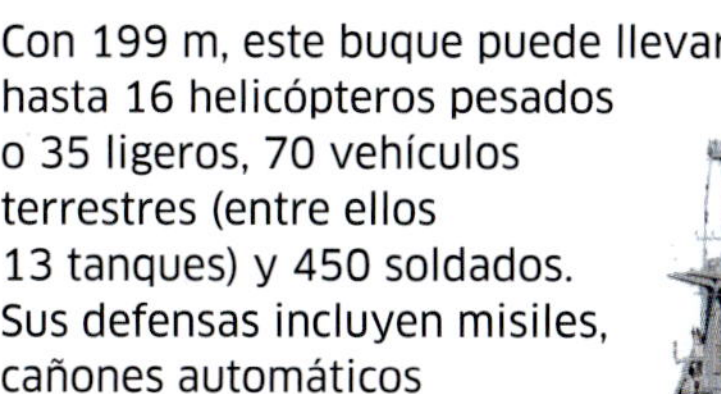

Con 199 m, este buque puede llevar hasta 16 helicópteros pesados o 35 ligeros, 70 vehículos terrestres (entre ellos 13 tanques) y 450 soldados. Sus defensas incluyen misiles, cañones automáticos y ametralladoras.

DESTRUCTOR TIPO 45

Destructor con misiles guiados

Origen: Reino Unido

Año: 2003

La torre en forma de pirámide contiene sistemas de defensa aérea de alta tecnología para rastrear y apuntar a misiles y aviones enemigos, que pueden ser derribados con misiles inteligentes Sea Viper.

Los ventiladores traseros propulsan la nave.

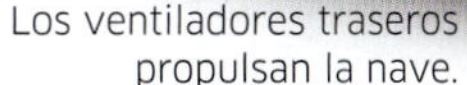

Colchón de aire
Un faldón de goma atrapa el aire empujado bajo la nave por un ventilador central.

El colchón de aire se vacía cuando la embarcación se detiene.

AERODESLIZADOR DE DESEMBARCO

Lancha neumática de asalto

Origen: Estados Unidos

Año: 1986

Planeando sobre el agua, los LCAC vuelan sobre el mar y los humedales hasta a 74 km/h. Transportan personas, armas y vehículos pesados a través del mar y directamente a la costa.

Rampa bajada a tierra

DESTRUCTOR DE CLASE ZUMWALT

Nave sigilosa

Origen: Estados Unidos

Año: 2013

El perfil bajo y suave de los destructores de la clase Zumwalt está diseñado para que puedan evitar la detección por radar. Este tipo de buques furtivos son el futuro de la guerra naval.

Centro de mando
La torre central contiene sofisticados sistemas de radar de defensa y ataque.

Armas secretas
Las armas se ocultan en las torretas.

Una de las defensas más insólitas del *Bismarck* era un generador de humo que producía niebla blanca para ocultar el buque.

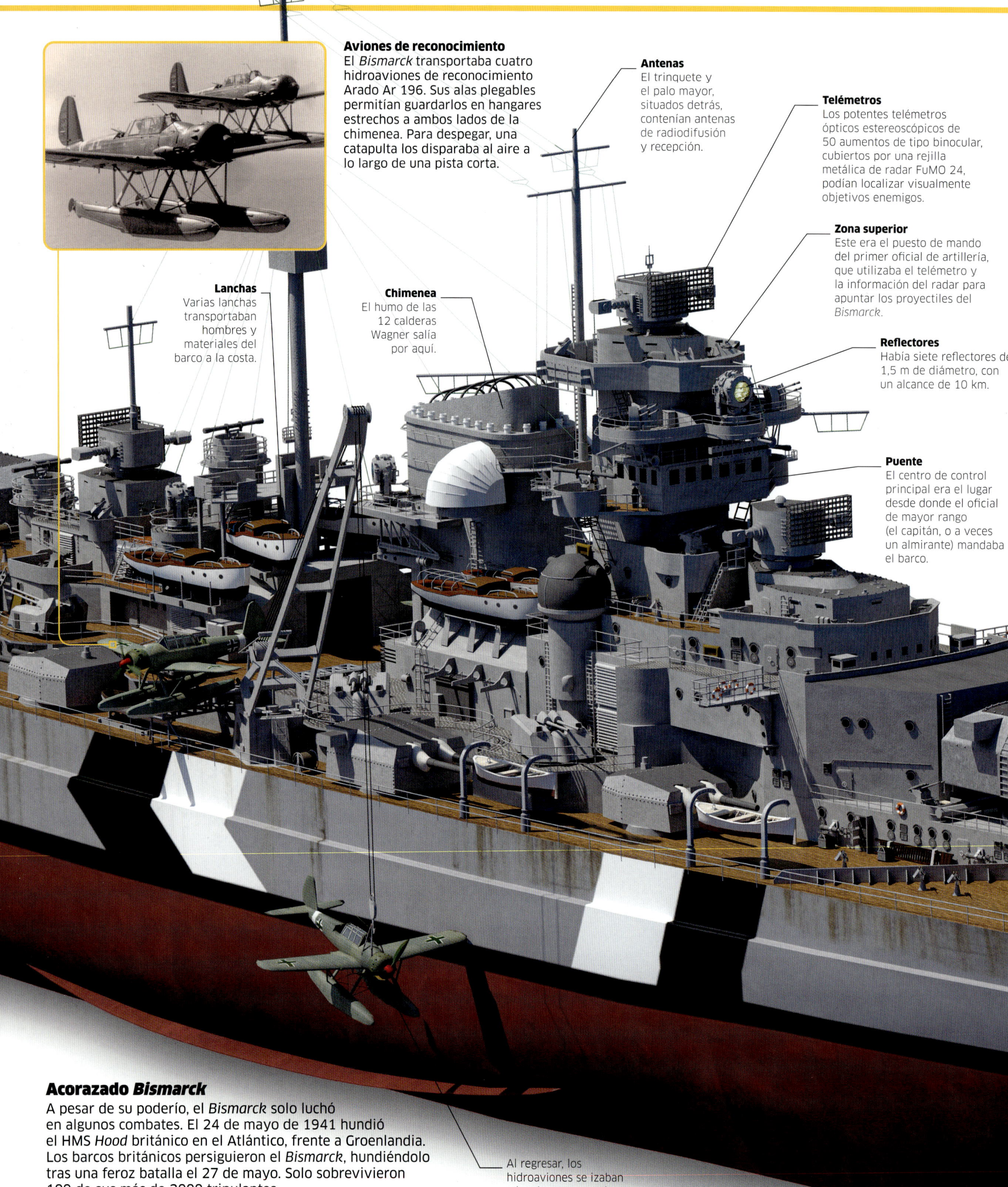

Acorazado *Bismarck*

A pesar de su poderío, el *Bismarck* solo luchó en algunos combates. El 24 de mayo de 1941 hundió el HMS *Hood* británico en el Atlántico, frente a Groenlandia. Los barcos británicos persiguieron el *Bismarck*, hundiéndolo tras una feroz batalla el 27 de mayo. Solo sobrevivieron 109 de sus más de 2000 tripulantes.

Acorazado de la Segunda Guerra Mundial

En el momento de su botadura, el acorazado *Bismarck* era una de las máquinas de guerra más temibles construidas.

Ante la Segunda Guerra Mundial, muchas naciones incorporaron poderosos acorazados a sus Armadas. Dotados de una gran potencia de fuego, eran los barcos más grandes de la flota, y cuando atacaban convoyes de buques mercantes o se enfrentaban entre sí en combate, el resultado solía ser mortal.

Imagen deslumbrante

Los acorazados se camuflaban a veces con rayas blancas y negras pintadas en patrones inusuales e irregulares. En lugar de ocultar el buque, la extraña disposición de estas franjas confundía los sistemas de telémetro, lo que dificultaba a los buques atacantes calcular la velocidad y la posición de su objetivo.

DKM *BISMARCK*

Origen: Alemania

Año: 1939

Longitud: 251 m

Artillería: 64 cañones

SUBMARINO DE DREBBEL
Prototipo de submarino
Origen: Reino Unido
Año: 1620

El holandés Cornelius van Drebbel construye el primer submarino operativo para el rey Jaime I de Inglaterra y realiza una demostración en el río Támesis. Cuatro remeros lo llevan a 4,5 m de profundidad.

TURTLE
Minador a pedales
Origen: Estados Unidos
Año: 1775

El *Turtle*, una bola de madera de 2,13 m de altura recubierta de alquitrán impermeable, podía estar bajo el agua durante 30 minutos. Fabricada durante la Guerra de independencia de Estados Unidos, estaba destinada a salir a la superficie junto a los barcos británicos para colocarles minas.

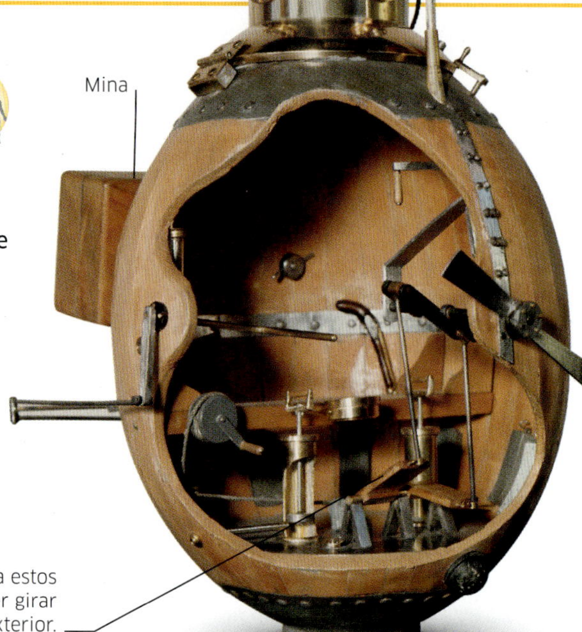

Bajo el mar

Los océanos del mundo están repletos de submarinos y sumergibles militares, de investigación, rescate y exploración altamente sofisticados.

La idea de navegar con seguridad bajo el agua lleva considerándose al menos desde la época de los antiguos griegos, alrededor del año 500 a. C. Pero tendrían que pasar más de 2000 años antes de que se construyera el primer submarino, que solo podía permanecer sumergido unos minutos. Tras siglos de experimentación, la era de los submarinos comenzó realmente al inicio de la Primera Guerra Mundial. Hoy, modelos más avanzados descienden cada vez a mayor profundidad.

ICTÍNEO II
Pionero del vapor
Origen: España
Año: 1862

El ingeniero español Narcís Monturiol construye el primer submarino de vapor de la historia. Estaba equipado con un dispositivo que eliminaba el dióxido de carbono y reponía el oxígeno para permitir inmersiones más prolongadas.

SM U-9
Submarino de la Primera Guerra Mundial
Origen: Alemania
Año: 1910

Embudo de salida del humo de los motores

Escotilla del torpedo
Disparaba por las escotillas, dos delante y dos detrás.

Los U-boats alemanes (Unterseeboot, o barco bajo el mar) se desarrollaron justo antes de la Primera Guerra Mundial. Aterrorizaron a la navegación: el 22 de septiembre de 1914, un U-9 hundió tres cruceros británicos en el mismo día.

I-400 SUBMARINE
Transporte de aeronaves
Origen: Japón
Año: 1944

Los submarinos japoneses de la clase I-400 fueron los más grandes de la Segunda Guerra Mundial. Se construyeron para atacar a los barcos aliados en el canal de Panamá y llevaban tres hidroaviones bombarderos para el asalto aéreo.

TRIESTE

Batiscafo

Origen: Italia

Año: 1953

Diseñado en Suiza y construido en Italia, el *Trieste* era un batiscafo, uno de los primeros tipos de sumergibles. El 23 de enero de 1960 descendió 10 911 m en el abismo Challenger del océano Pacífico, el punto más bajo conocido de la Tierra.

Se entra por un túnel a la góndola de observación.

Las hélices se sitúan en la parte superior del casco.

Puesto de observación

USS *NAUTILUS*

Submarino nuclear

Origen: Estados Unidos

Año: 1955

El *Nautilus*, primer submarino nuclear operativo del mundo, fue el primer buque que navegó bajo el polo norte, en 1958. Recorrió más de 800 000 km en servicio.

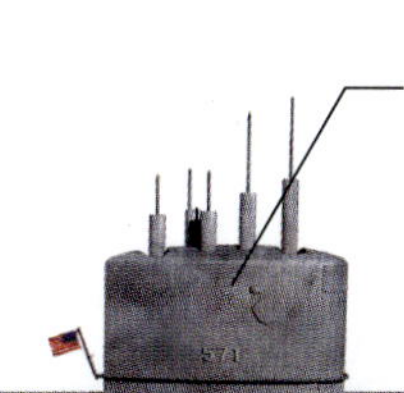

Torre
Contiene mástiles de sonar y radar, y periscopios de búsqueda y ataque.

NAUTILE

Nave de investigación

Origen: Francia

Año: 1984

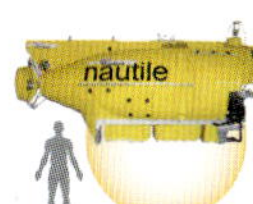

Capaz de sumergirse hasta 6 km, el *Nautile* ha explorado los restos del *Titanic*. Tiene brazos robóticos, cámaras y potentes focos. Se traslada a los puntos de inmersión desde un barco y luego se sumerge en el agua.

NSRS

Sumergible de rescate

Origen: Francia/Noruega/Gran Bretaña

Año: 2008

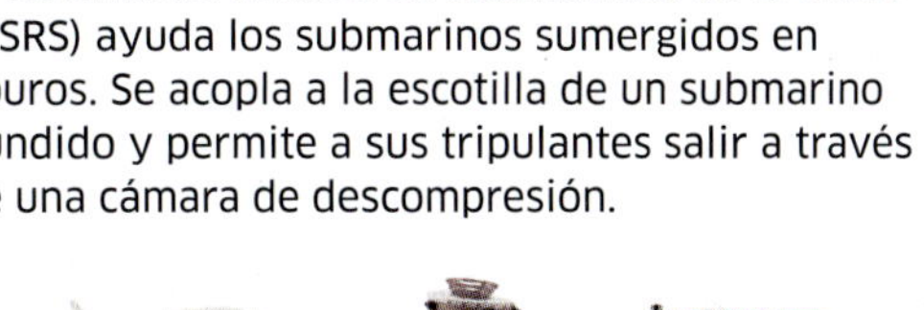

El Sistema de Rescate de Submarinos de la OTAN (NSRS) ayuda los submarinos sumergidos en apuros. Se acopla a la escotilla de un submarino hundido y permite a sus tripulantes salir a través de una cámara de descompresión.

Esta pieza se fija a la escotilla del submarino siniestrado.

DEAPSEA CHALLENGER

Sumergible de toma de muestras

Origen: Australia

Año: 2012

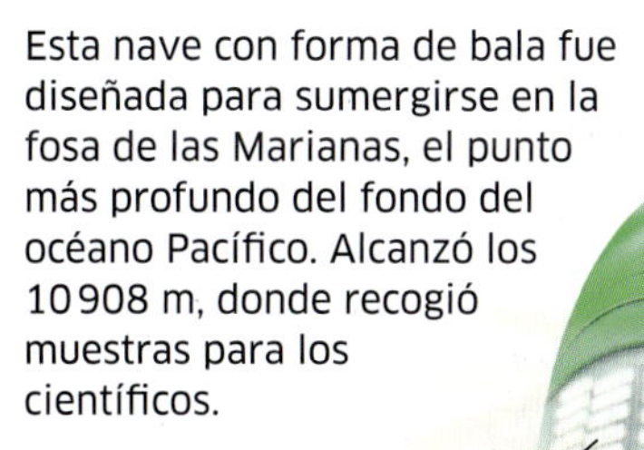

Esta nave con forma de bala fue diseñada para sumergirse en la fosa de las Marianas, el punto más profundo del fondo del océano Pacífico. Alcanzó los 10 908 m, donde recogió muestras para los científicos.

Focos

Foco direccional

Un piloto maneja los brazos.

Cámara

Herramienta para recoger muestras

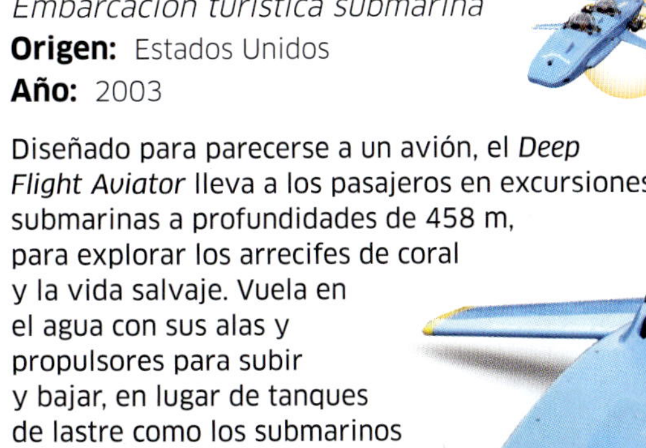

DEEP FLIGHT AVIATOR

Embarcación turística submarina

Origen: Estados Unidos

Año: 2003

Diseñado para parecerse a un avión, el *Deep Flight Aviator* lleva a los pasajeros en excursiones submarinas a profundidades de 458 m, para explorar los arrecifes de coral y la vida salvaje. Vuela en el agua con sus alas y propulsores para subir y bajar, en lugar de tanques de lastre como los submarinos normales (ver p. 131).

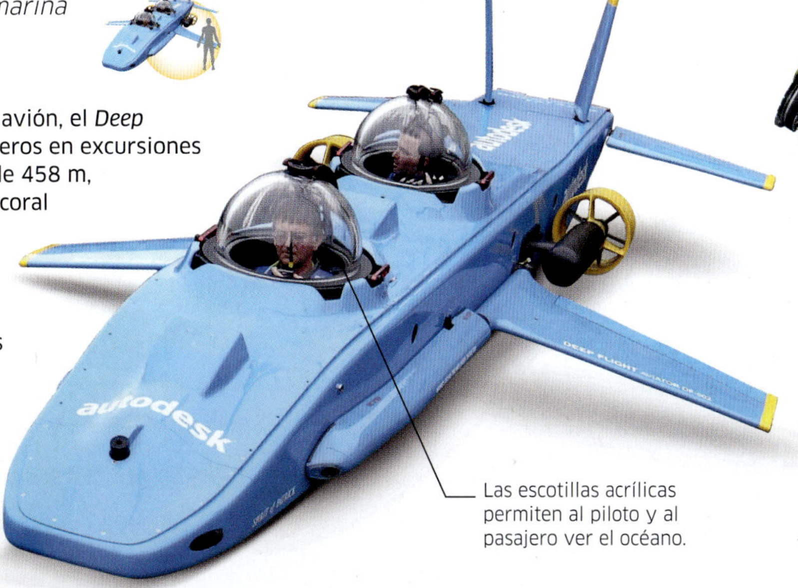

Las escotillas acrílicas permiten al piloto y al pasajero ver el océano.

8,8 m de **diámetro** tiene el ***Suffren*** en su **punto de más anchura.**

Submarino nuclear

Casi indetectables mientras se deslizan silenciosa y velozmente bajo los océanos, los submarinos más avanzados se propulsan con reactores nucleares.

El calor de la fisión nuclear en los reactores convierte el agua en vapor para alimentar las turbinas y los generadores de electricidad del submarino. Solo seis países operan submarinos de propulsión nuclear: Estados Unidos, Rusia, China, India, Reino Unido y Francia. El *Suffren* francés es uno de los ejemplos más recientes y sofisticados de estas naves submarinas.

Descanso
Los hombres y mujeres que sirven en el *Suffren* viven y trabajan en espacios reducidos. Cuando no están de servicio, pueden relajarse en la cantina o en sus camarotes. Cada litera tiene su propia luz, toma de corriente y puerto USB, para que los submarinistas puedan acceder a películas grabadas y programas de televisión.

SUFFREN

Origen: Francia

Año: 2019

Clase de submarino: Barracuda

Longitud: 99,5 m

Mástiles optrónicos infrarrojos, HDTV y digitales, así como telémetros y cámaras termográficas, que pueden replegarse en la torre.

Torre

Dormitorios
Cada camarote contiene dos juegos de literas de tres niveles.

Escotilla de acceso
La tripulación accede al buque por una escotilla estanca. Hay otra escotilla en la popa del buque.

Escotillas para torpedos y misiles
Estas cuatro compuertas metálicas se abren y cierran automáticamente cuando se disparan torpedos o misiles.

Muelle de armas
Los misiles Exocet y Storm Shadow de *Suffren*, y los misiles mar-aire A3SM, se guardan aquí.

Tanque de lastre
Toman o liberan agua de mar, para ayudar el submarino a permanecer bajo el agua o a subir a la superficie.

Tubos lanzatorpedos
Cuatro tubos de 553 mm de diámetro guían los torpedos F21 Artemis hasta las cuatro escotillas del morro.

Sonar MOAS
En el morro del submarino se aloja un conjunto especializado de sonar para evitar minas y obstáculos (MOAS).

Sonar principal cilíndrico
Este gran sonar en forma de tambor puede detectar objetos a una distancia de hasta 1,9 km.

Submarino extraordinario

El *Suffren* es el primero de los seis submarinos nucleares de la clase Barracuda. Puede estar 10 años sin repostar, tiene una autonomía ilimitada y puede disparar misiles inteligentes y guiados a distancias de hasta 1000 km.

Cenar bajo el agua
Todos los días se preparan comidas para una tripulación de 65 personas. Los oficiales tienen su propio comedor (arriba), mientras que el resto de la tripulación tiene el suyo en la planta de abajo.

Hangar de las fuerzas especiales
Un refugio en dique seco (DDS) adosado a la escotilla trasera almacena los sumergibles utilizados por los operativos de las fuerzas especiales de *Suffren*. Los buzos entran y salen a través de una esclusa que conecta con el piso inferior.

Minisubmarino
El Vehículo Submarino de Guerra Especial (SWUV) se utiliza para transportar buzos de ataque y comandos a objetivos militares.

Energía hidráulica
El sistema de propulsión bomba-jet aspira agua y la expulsa a gran velocidad para impulsar las hélices.

Timones en X
Cuatro timones dispuestos en forma de X facilitan el gobierno y las maniobras.

Compartimento del reactor
Un reactor nuclear K15 de uranio acciona las turbinas y genera electricidad y energía.

Baterías
La electricidad sobrante generada por el reactor se almacena en baterías de iones de litio para disponer de energía de reserva.

Sala de control
Todas las actividades de combate, navegación, mantenimiento y vigilancia se controlan desde la sala de operaciones. Cuenta con 10 pantallas digitales multifunción y una mesa táctica interactiva de alta tecnología.

Sonar de flanco
Los sonares situados en los flancos de babor y estribor detectan objetos y amenazas procedentes de ambos lados.

Cómo se sumerge y emerge

Los submarinos tienen tanques de lastre en la parte delantera, central y trasera. Llenarlos y vaciarlos de agua controla el ascenso y el descenso del buque.

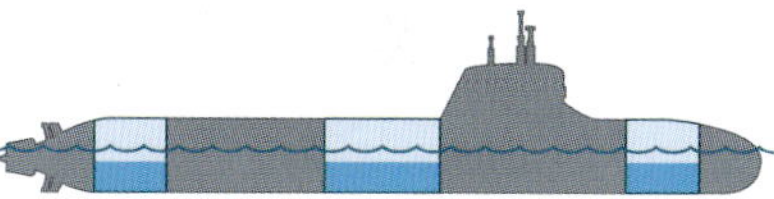

Posición horizontal
Una cantidad igual de agua en cada tanque lo mantiene horizontal. Cuanta más agua haya en los depósitos, más se hundirá el submarino, de forma controlada y nivelada.

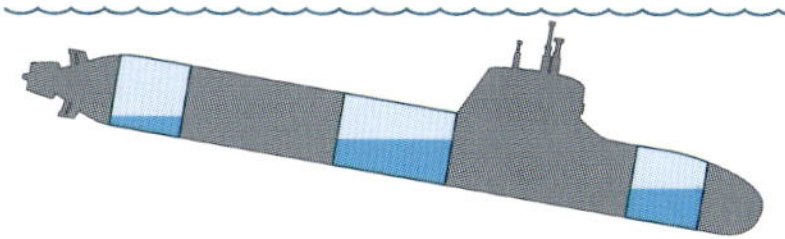

Inmersión
Vaciar solo el depósito trasero fuerza el morro hacia abajo, y el submarino se sumerge en ángulo.

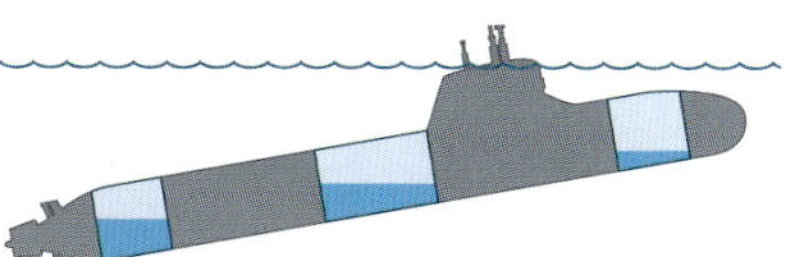

Subida
Vaciar solo el depósito delantero empuja el morro hacia arriba. A medida que el aire reemplaza al agua, el submarino sale a la superficie.

Cómo funciona el sonar

El *Suffren* dispone de sistemas de sonar pasivos y activos. Los pasivos escuchan los sonidos de objetos externos. Los activos emiten impulsos de ruido y calculan el tamaño y la distancia a la que están los objetos que rebotan en ellos.

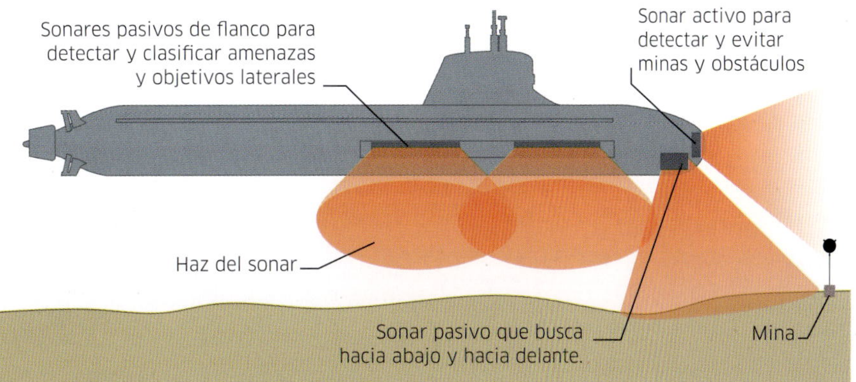

4500 **millones costó** la construcción del **USS *Ronald Reagan*.**

USS *RONALD REAGAN*

Origen: Estados Unidos

Año: 2001 (botado)

Longitud: 332,8 m

Velocidad: 56,3 km/h

A bordo del USS *Ronald Reagan*

Bautizado con el nombre del presidente de Estados Unidos y en activo desde 2003, este buque es un hervidero de actividad. Las aeronaves deben estar listas para el combate en todo momento, el propio buque debe ser mantenido y una tripulación de 6000 personas tiene las necesidades de una pequeña ciudad.

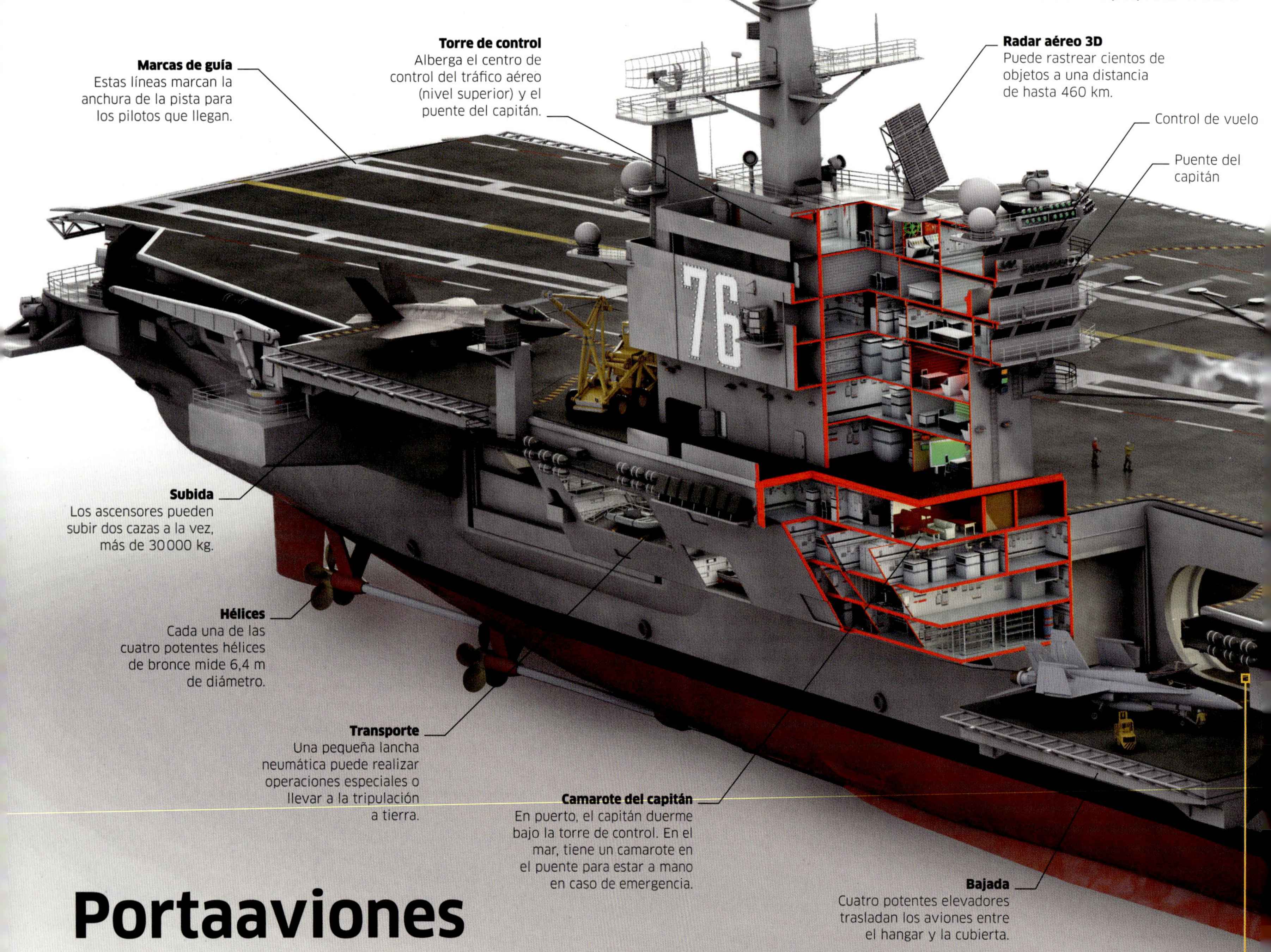

Marcas de guía Estas líneas marcan la anchura de la pista para los pilotos que llegan.

Torre de control Alberga el centro de control del tráfico aéreo (nivel superior) y el puente del capitán.

Radar aéreo 3D Puede rastrear cientos de objetos a una distancia de hasta 460 km.

Control de vuelo

Puente del capitán

Subida Los ascensores pueden subir dos cazas a la vez, más de 30 000 kg.

Hélices Cada una de las cuatro potentes hélices de bronce mide 6,4 m de diámetro.

Transporte Una pequeña lancha neumática puede realizar operaciones especiales o llevar a la tripulación a tierra.

Camarote del capitán En puerto, el capitán duerme bajo la torre de control. En el mar, tiene un camarote en el puente para estar a mano en caso de emergencia.

Bajada Cuatro potentes elevadores trasladan los aviones entre el hangar y la cubierta.

Portaaviones

Los superportaaviones de propulsión nuclear de la clase Nimitz se cuentan entre los más sofisticados y potentes que jamás hayan surcado los mares.

Como parte de un grupo de combate de hasta 12 buques, y con 75 aviones a bordo, estas bases aéreas móviles patrullan los océanos de todo el mundo. Pueden recorrer 1300 km al día y atacar un objetivo a más de 800 km de distancia. Con 10 portaaviones de la clase Nimitz y uno más grande de la clase Ford, Estados Unidos tiene el doble de espacio de cubierta de aterrizaje que todas las demás Armadas juntas.

Bajo la cubierta Dos niveles por debajo de la cubierta y a lo largo de dos tercios de la eslora del buque, el hangar tiene tres cubiertas de 8 m de altur y alberga hasta 60 aviones, además de almacenes y armamento. El amplio espacio está dividido en tres secciones, separadas por enormes puertas metálicas que pueden cerrarse en caso de incendio.

Aterrizaje rápido
Para aterrizar, el piloto baja un gancho de cola para enganchar uno de los cuatro cables que cruzan la cubierta y detener el avión. Poleas, engranajes e hidráulica controlan la tensión del cable: si está demasiado tenso, el avión volcaría al aterrizar; si está demasiado flojo, podría caer por el borde de la nave.

Aterrizaje de precisión

Aterrizar en la cubierta de un barco requiere nervios de acero. Para ayudar al piloto, unas luces que se ven a través de lentes especiales Fresnel y filtros de color le indican la trayectoria correcta. Al cambiar el ángulo de aproximación del avión, una barra de luz ámbar en el centro parece moverse hacia arriba o hacia abajo, mientras que las luces verdes a ambos lados permanecen fijas. El piloto debe alinear la luz ámbar con la verde.

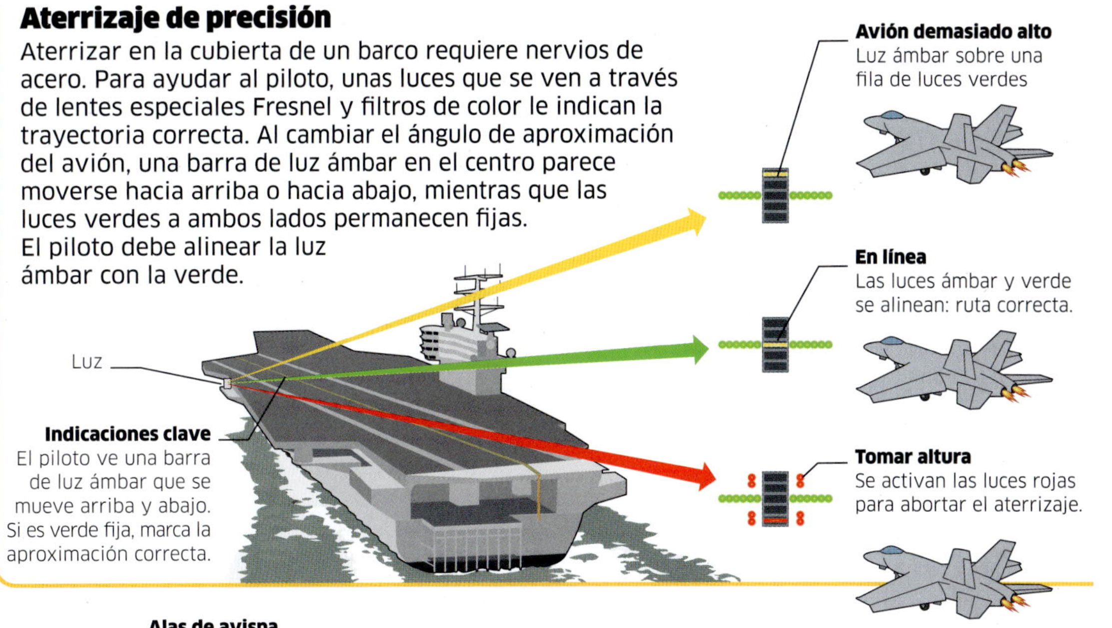

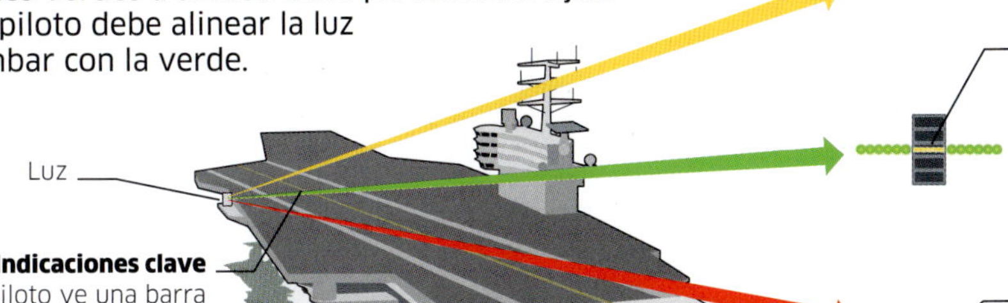

Indicaciones clave
El piloto ve una barra de luz ámbar que se mueve arriba y abajo. Si es verde fija, marca la aproximación correcta.

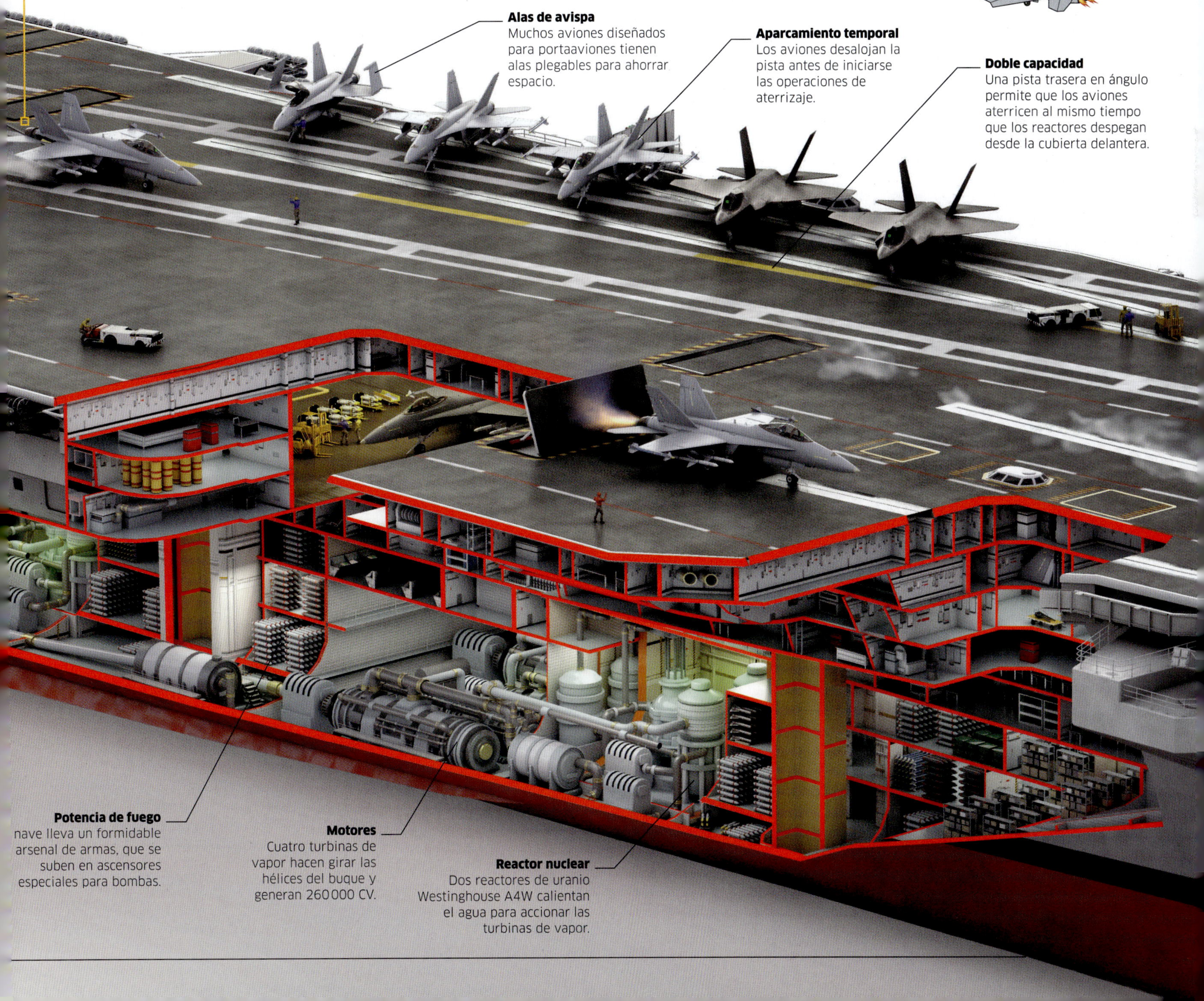

Avión demasiado alto
Luz ámbar sobre una fila de luces verdes

En línea
Las luces ámbar y verde se alinean: ruta correcta.

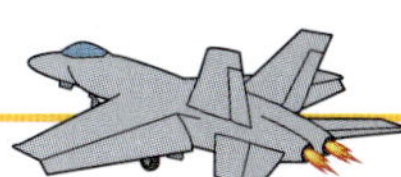

Tomar altura
Se activan las luces rojas para abortar el aterrizaje.

Alas de avispa
Muchos aviones diseñados para portaaviones tienen alas plegables para ahorrar espacio.

Aparcamiento temporal
Los aviones desalojan la pista antes de iniciarse las operaciones de aterrizaje.

Doble capacidad
Una pista trasera en ángulo permite que los aviones aterricen al mismo tiempo que los reactores despegan desde la cubierta delantera.

Potencia de fuego
nave lleva un formidable arsenal de armas, que se suben en ascensores especiales para bombas.

Motores
Cuatro turbinas de vapor hacen girar las hélices del buque y generan 260 000 CV.

Reactor nuclear
Dos reactores de uranio Westinghouse A4W calientan el agua para accionar las turbinas de vapor.

15 000 comidas sirven las 4 cocinas del barco todos los días.

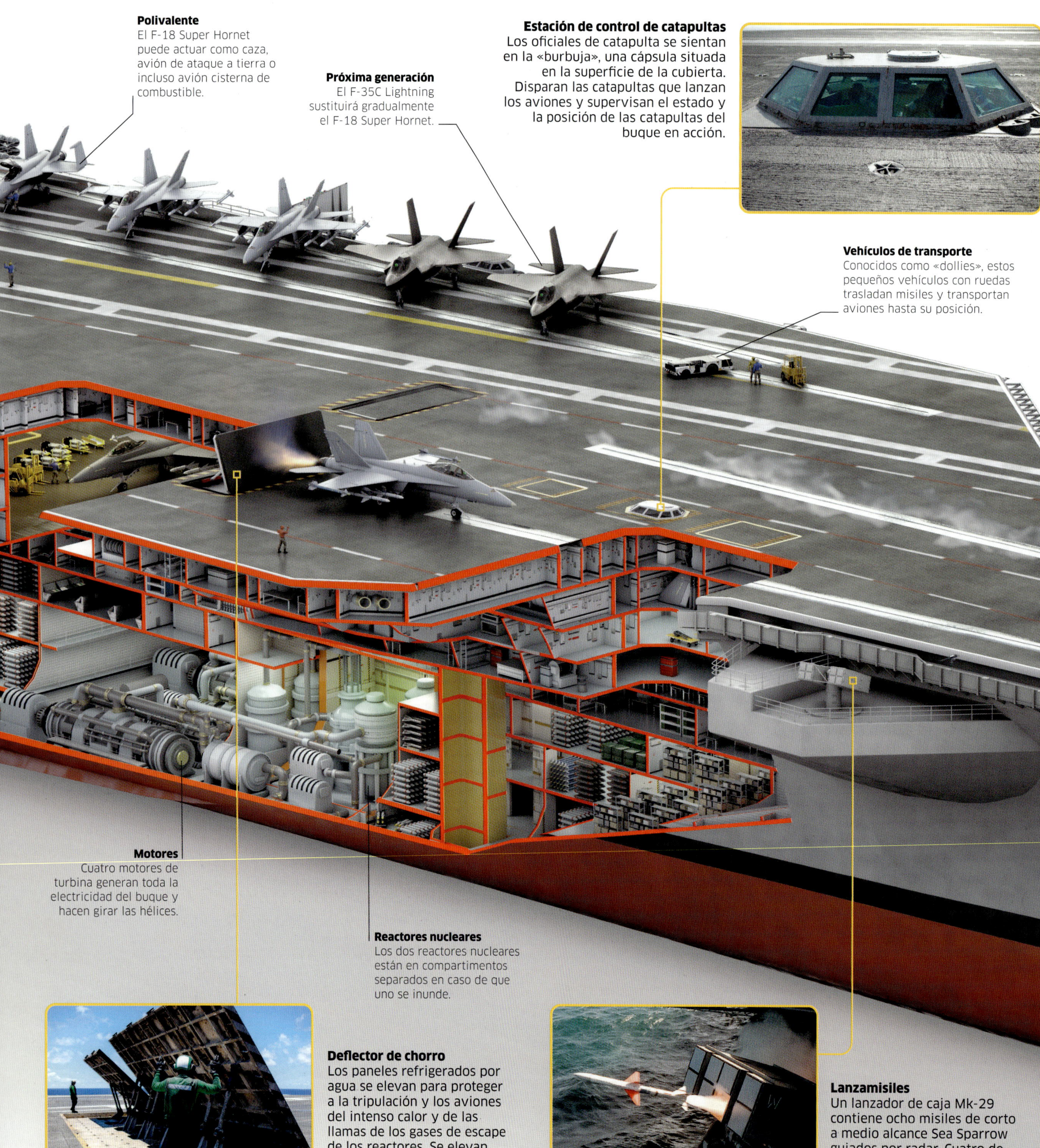

Polivalente
El F-18 Super Hornet puede actuar como caza, avión de ataque a tierra o incluso avión cisterna de combustible.

Próxima generación
El F-35C Lightning sustituirá gradualmente el F-18 Super Hornet.

Estación de control de catapultas
Los oficiales de catapulta se sientan en la «burbuja», una cápsula situada en la superficie de la cubierta. Disparan las catapultas que lanzan los aviones y supervisan el estado y la posición de las catapultas del buque en acción.

Vehículos de transporte
Conocidos como «dollies», estos pequeños vehículos con ruedas trasladan misiles y transportan aviones hasta su posición.

Motores
Cuatro motores de turbina generan toda la electricidad del buque y hacen girar las hélices.

Reactores nucleares
Los dos reactores nucleares están en compartimentos separados en caso de que uno se inunde.

Deflector de chorro
Los paneles refrigerados por agua se elevan para proteger a la tripulación y los aviones del intenso calor y de las llamas de los gases de escape de los reactores. Se elevan para el despegue y luego se bajan rápidamente para que el siguiente avión se coloque en posición.

Lanzamisiles
Un lanzador de caja Mk-29 contiene ocho misiles de corto a medio alcance Sea Sparrow guiados por radar. Cuatro de estos lanzadores defienden el portaaviones contra aviones enemigos o misiles de crucero antibuque.

Uniformes de colores

Los tripulantes que van de amarillo guían los aviones por la cubierta y los de rojo cargan armas, mientras que los de color morado cargan de combustible los aviones. Los azules manejan los ascensores y las plataformas rodantes, los marrones revisan y mantienen los aviones, y los verdes se ocupan de la catapulta y el tren de aterrizaje. Los de blanco hacen las comprobaciones antes del despegue.

¡Despegue!

Con el rugido de su motor a reacción y la ayuda de la potente catapulta del portaaviones, un caza se lanza al aire y se eleva sobre el océano.

Cuando el avión es catapultado desde la cubierta, acelera de 0 a 274 km/h en 2 segundos, lo bastante rápido para empezar a ascender. Otro avión puede despegar de la misma pista solo 30 segundos después.

Cinta de ocultación
La cinta que cubre los bordes de la escotilla dispersa las señales de radar enemigas.

Extensor de alcance
La escotilla superior de combustible está diseñada para el repostaje aire-aire.

Catapulta
Un brazo propulsado por vapor recorre este canal, lanzando los aviones hacia delante para el despegue.

Marcas de identificación
Todos los buques tienen un número de identificación del casco (NIC). Cuanto más alto es el número, más nuevo es el buque.

Puente secundario
Si la torre es dañada, la nave puede dirigirse desde un puente de apoyo situado tras estos ojos de buey.

En el aire

El F-35C Lightning es el primer caza furtivo que está desarrollado específicamente para su uso en portaaviones, con alas más grandes para una mayor sustentación y puntas de ala plegables para un almacenamiento compacto. Un F-35C completamente cargado despega con 9000 kg de combustible, un cañón Gatling y cuatro misiles. Tiene un alcance de 2222 km o más con reabastecimiento en vuelo.

Ancla de proa
El ancla y la cadena pesan 138,7 toneladas. Hay una segunda ancla en la popa.

Bulbo de proa
El bulbo cambia la forma en que el agua fluye alrededor del casco para reducir la resistencia, lo que hace que el barco sea más rápido y eficiente.

En cubierta

Cuando despega un caza se oye un rugido ensordecedor. Propulsado por una catapulta, con sus motores a plena potencia, este EA-18G Growler alcanza 274 km/h en solo 2 segundos.

El trabajo es intenso en la cubierta de vuelo de un portaaviones, con aviones que despegan y aterrizan cada 37 segundos. En cualquier momento puede ocurrir una catástrofe. Todo un ejército de personal de tierra altamente cualificado se encarga de que eso no ocurra. Cada miembro del equipo tiene una función específica para lograr que la intrincada maquinaria funcione como un reloj.

503
6P
6M

AIRE Y ESPACIO

Desde el primer vuelo, en 1903, la aviación ha avanzado enormemente. Cada día, unos 100 000 vuelos llevan a más de 10 millones de pasajeros en todo el mundo. Incluso se ha pisado la Luna y una nave espacial ha llegado a Marte.

Alcanzar el cielo

Hasta los albores de la ciencia moderna, el vuelo era prácticamente imposible. Pero una vez que se empezaron a comprender las propiedades del aire y a desarrollar motores, el progreso fue rápido.

Las primeras naves que surcaron los aires fueron los globos, llenos de aire caliente o gas ligero. Los planeadores experimentales y los primeros motores de gasolina dieron lugar al avión. Las dos guerras mundiales aceleraron la investigación y la era de los reactores hizo asequible el transporte aéreo. Mientras tanto, la Guerra Fría trajo una intensa competencia entre Estados Unidos y la Unión Soviética. Solo unas décadas después de que el Wright Flyer despegara por primera vez, los humanos se elevaron más allá del aire y llegaron al espacio. Un día de este siglo, un ser humano podría incluso pisar Marte.

Cronología aérea y espacial

Esta cronología muestra una selección de las naves que nos han propulsado en el aire y más allá, desde los primeros globos y alas aerodinámicas hasta los motores a reacción y los cohetes.

1750-1900

Dejar el suelo
Tras siglos de soñarlo, el ser humano empezó a hacer verdaderos progresos hacia el vuelo sostenido, propulsado y controlable.

Globo aerostático
Los hermanos Montgolfier aprovecharon la energía del aire caliente ascendente para surcar los cielos en 1783: el primer vuelo humano sostenido.

GLOBO MONTGOLFIER, 1783

Dirigible
El dirigible Giffard fue el primero en montar un motor y una hélice debajo de un globo de gas para controlar la dirección.

DIRIGIBLE GIFFARD, 1852

Hidrocanoa de largo alcance
El Boeing Clipper competía con los dirigibles en los viajes de larga distancia, posándose en el agua para repostar y recoger nuevos pasajeros.

BOEING 314 CLIPPER, 1938

Avión de reacción
El primer avión de reacción de la historia despegó en 1939. El invento revolucionó el transporte aéreo tras la Segunda Guerra Mundial.

HEINKEL HE 178, 1939

Helicóptero
Igor Sikorsky inventó el helicóptero moderno, utilizando un pequeño rotor de cola para evitar perder el control.

SIKORSKY R-4, 1942

Vuelos espaciales tripulados
En 1961, el cosmonauta soviético Yuri Gagarin fue el primer ser humano en el espacio. Orbitó varias veces la Tierra en el Vostok 1 antes de volver a entrar en la atmósfera.

VOSTOK 1, 1961

Avión supersónico
El Concorde, probado por primera vez en 1969, cruzó un nuevo límite al transportar pasajeros al doble de la velocidad del sonido.

CONCORDE, 1969

Alunizaje
Estados Unidos tomó ventaja en la carrera espacial cuando el Apolo 11 aterrizó en la superficie de la Luna en 1969.

APOLO 11, 1969

Transbordador espacial
En total se construyeron cinco transbordadores, que llevaron al espacio a centenares de astronautas entre 1981 y 2011.

TRANSBORDADOR ESPACIAL, 1981

Helicóptero de transporte
El helicóptero más potente del mundo puede transportar desde vehículos blindados hasta un mamut lanudo congelado.

MIL MI-26, 1983

El mayor avión de pasajeros
En 2005, el enorme A380 de dos pisos se convirtió en el avión de pasajeros más grande del mundo, con capacidad para 853 pasajeros.

AIRBUS A380, 2005

DJI PHANTOM 4, 2016

Cámara dron
El DJI Phantom 4 fue el primer dron cuadricóptero comercial en ofrecer vídeo de alta resolución y seguimiento de objetivos.

Starship
La Starship, el vehículo de lanzamiento más potente, tiene como objetivo llevar a los seres humanos a la Luna, Marte y más allá.

STARSHIP, 2023

Satélite
La Unión Soviética puso un satélite en órbita alrededor de la Tierra en 1957, iniciando una carrera espacial con Estados Unidos.

SPUTNIK 1, 1957

U-2, 1955

Avión espía
El avión espía U-2 voló con tripulación a una altitud de 21 000 m en 1955, más alto que ningún otro.

B-17 BOMBER, 1943

DE 1945 A HOY

Jets y cohetes
Después de la Segunda Guerra Mundial, Estados Unidos y la Unión Soviética se lanzaron a la carrera para enviar naves al espacio. Paralelamente, los aviones de reacción permitieron viajar de forma más rápida y económica.

Caza
El Spitfire Mk IX demostró ser ágil y letal en la batalla por los cielos de Gran Bretaña durante la Segunda Guerra Mundial.

SPITFIRE MK IX, 1943

Bombardero pesado
El bombardero B-17 «Flying Fortress» (fortaleza volante) recorría grandes distancias con cargas pesadas y un armamento defensivo formidable.

HINDENBURG, 1936

Dirigible transatlántico
Los dirigibles gigantes fueron los primeros aviones en transportar pasajeros sin escalas a través del Atlántico, mucho más rápido de lo que podía hacerlo un barco.

AUTOGIRO, 1923

Autogiro
Combinando un rotor y una hélice, el autogiro fue un paso clave hacia los helicópteros de trabajo.

FOKKER EINDECKER, 1915

Elegante avión de combate
El Eindecker permitía por vez primera al piloto disparar balas a través del arco de la hélice.

PLANEADOR CAYLEY, 1853

Planeador dirigible
El planeador más pesado que el aire de George Cayley logró un vuelo sostenido y controlado pero sin motor alguno.

1900–1945

Experimentos en vuelo
Diseñadores y pilotos ampliaron los límites de la aviación con aviones más grandes, mejores motores y vuelos más largos, y empezaron a ver el potencial de las máquinas voladoras, tanto en la guerra como en la paz.

Primer avión
Los hermanos Wright combinaron lo último en tecnología de planeadores y motores de gasolina para hacer volar el primer aeroplano.

WRIGHT FLYER, 1903

12 segundos **duró** el **vuelo** del **primer avión**, realizado por el **Wright Flyer** en **1903**.

BATIR DE ALAS

Muchos de los primeros pioneros imitaron la naturaleza construyendo ornitópteros, máquinas que batían las alas como los pájaros. Ni los humanos ni los motores podían igualar la ligereza de los huesos huecos de las aves, sus fuertes músculos pectorales o sus complejas alas articuladas. Sustentarse impulsando unas alas fijas en forma de aerodeslizador ha demostrado ser más eficaz.

Vuelo natural
Las aves producen sustentación al bajar las alas empujando el aire hacia abajo; al subirlas, su forma curvada las hace actuar como alas aerodinámicas, generando más sustentación.

El ornitóptero de Edward Frost de 1904 solo logró dar un pequeño salto. El motor de gasolina agitaba alas de sauce, seda y plumas de pájaro.

LOS HERMANOS WRIGHT

Inspirados en el pionero alemán del planeador, Otto Lilienthal, los hermanos estadounidenses Orville y Wilbur Wright hicieron un estudio sistemático de los principios del vuelo. Probaron muchos diseños de alas e incluso construyeron su propio túnel de viento. El 17 de diciembre de 1903, su biplano Wright Flyer voló 36 m en el primer vuelo controlado, propulsado y más pesado que el aire. El Flyer carecía de alerones y utilizaba cables que hacían girar las puntas de las alas, un sistema conocido como alabeo.

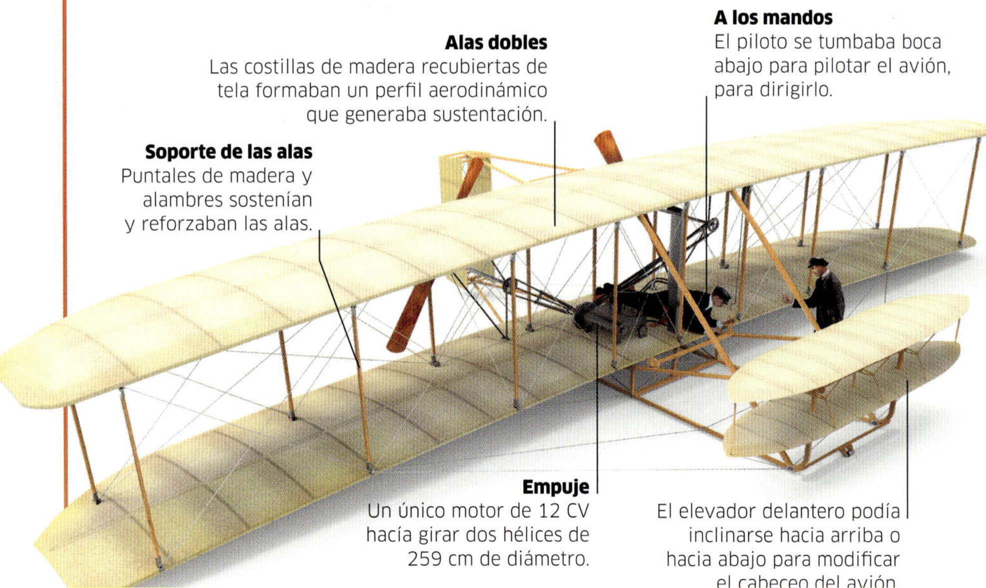

LAS CUATRO FUERZAS DEL VUELO

Cuatro fuerzas rigen los objetos que vuelan: sustentación, peso, empuje y resistencia. Para que un avión despegue, debe generar más sustentación que la fuerza de gravedad que actúa sobre el peso del avión y lo empuja hacia el suelo. Y para que vuele hacia delante, su fuerza de empuje debe ser mayor que la resistencia que encuentra en el aire.

Cómo volar

Durante muchos siglos, hemos mirado al cielo queriendo volar como los pájaros. Los intentos de batir alas artificiales montadas en brazos nunca lograron despegar, y solo tras importantes avances científicos fue posible alzar el vuelo.

El ser humano nunca habría surcado los cielos sin comprender los principios del vuelo. Los pioneros tuvieron que encontrar la manera de producir sustentación y empuje de forma eficaz para vencer la fuerza de la gravedad. También necesitaban métodos para dirigir y controlar sus naves. Primero empezaron a hacerse realidad los sueños de naves más ligeras que el aire: los primeros globos llenos de aire caliente o hidrógeno. Otros 120 años de pruebas e ingenio condujeron al milagro de las naves más pesadas que el aire.

MÁS LIGERO QUE EL AIRE

Llenando grandes bolsas con gases más ligeros que el aire se conseguía una nave más ligera que la atmósfera, por lo que podía elevarse. El globo creado por los hermanos Montgolfier en 1783 se llenó con aire caliente, más ligero que el aire frío de la atmósfera. Otros globos se llenaron con gases aún más ligeros, como hidrógeno o gas de hulla.

Reunión de globos
Estos modernos globos aerostáticos sobrevuelan un paisaje espectacular en Turquía. Cuentan con quemadores que calientan el aire de la bolsa del globo.

PERFIL AERODINÁMICO

Un perfil aerodinámico es un objeto con una superficie más curva que la otra. Al atravesar el aire con el lado curvado hacia arriba, produce sustentación en ángulo recto con la corriente de aire. Cuanto más rápido fluye el aire, más sustentación se genera, razón por la cual los aviones aceleran a lo largo de una pista para despegar. Las alas de los aviones tienen forma aerodinámica para generar grandes cantidades de sustentación.

Por encima y por debajo del ala

El flujo de aire queda dividido en el borde de ataque del ala, de modo que pasa por encima y por debajo de la misma. El aire se desplaza más rápido sobre la superficie superior curvada, creando una presión de aire más baja por encima del ala y más alta por debajo. Esta diferencia de presión empuja el ala hacia arriba, produciendo sustentación.

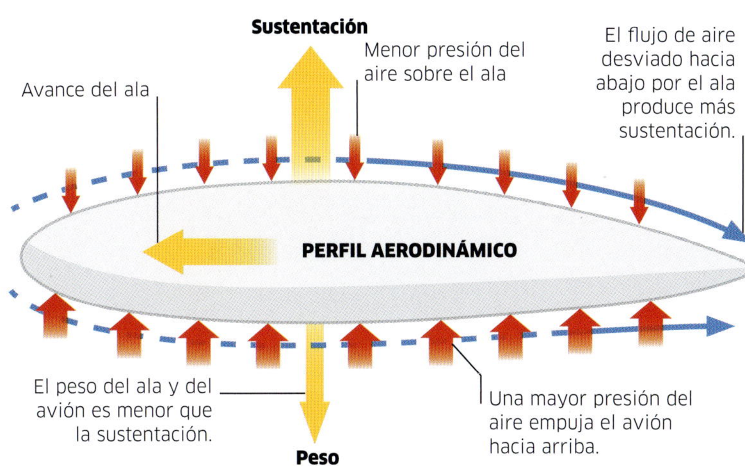

Ángulo de ataque

Gran parte de la sustentación procede del ángulo de ataque, es decir, el ángulo entre el aire que se aproxima y el ala. El aire es empujado hacia abajo, creando una fuerza ascendente que se suma a la diferencia de presión por encima y por debajo del ala. Sin embargo, si el ángulo es demasiado pronunciado, el avión entrará en pérdida.

1 BAJA SUSTENTACIÓN Con el ala casi nivelada respecto al flujo de aire, el aire solo se desvía hacia abajo de forma limitada y se produce una cantidad moderada de sustentación.

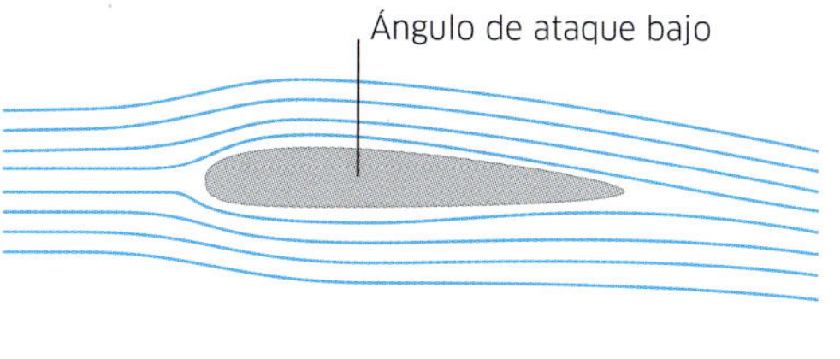

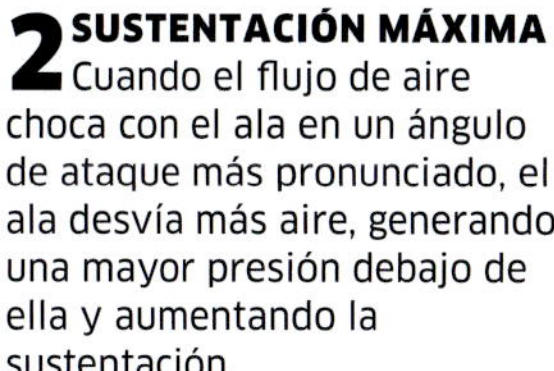

2 SUSTENTACIÓN MÁXIMA Cuando el flujo de aire choca con el ala en un ángulo de ataque más pronunciado, el ala desvía más aire, generando una mayor presión debajo de ella y aumentando la sustentación.

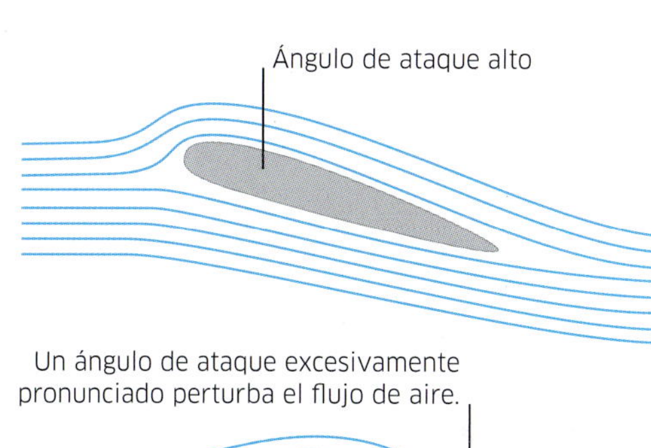

3 ENTRADA EN PÉRDIDA Un ángulo de ataque extremo hace que el flujo de aire se separe del ala. La sustentación disminuye bruscamente y el avión entra en pérdida y comienza a caer.

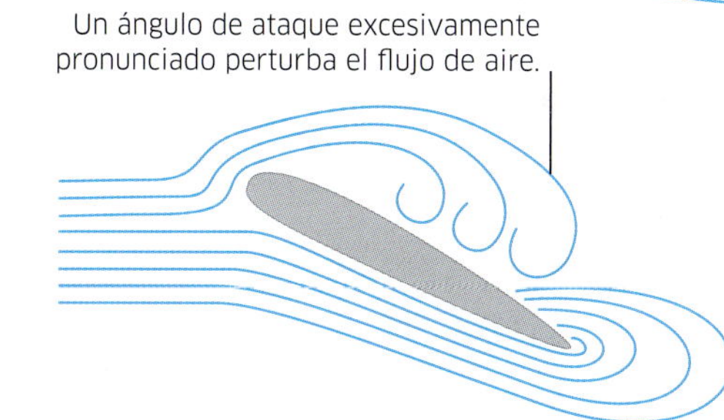

SUPERFICIES DE CONTROL

Dirigir un avión en el aire implica desviar el flujo de aire alrededor de partes de la aeronave para empujar el avión en diferentes direcciones. Las superficies de control son paneles articulados en el ala (alerones), la cola (timón) y los planos de cola (elevadores), que alteran la orientación del avión a lo largo de uno de sus tres ejes. Los alerones y los elevadores se accionan mediante la columna de control del piloto, mientras que el timón se mueve mediante pedales situados en la cabina.

Acrobacia aérea

Tres aviones del equipo de exhibición Royal Jordanian Falcons realizan un espectacular movimiento acrobático. Dos de los aviones utilizan los alerones para hacer un bucle: uno pasa de vuelo nivelado a un cuarto de alabeo para volar de lado, y el otro hace un medio alabeo para volar boca abajo.

Cambio de dirección

Un avión utiliza sus superficies de control para alterar su movimiento en tres dimensiones. Estos movimientos se conocen como cabeceo (ascenso y descenso), guiñada (giro) y alabeo (inclinación hacia un lado). Alterar la guiñada y el alabeo al mismo tiempo permite a la aeronave realizar giros suaves.

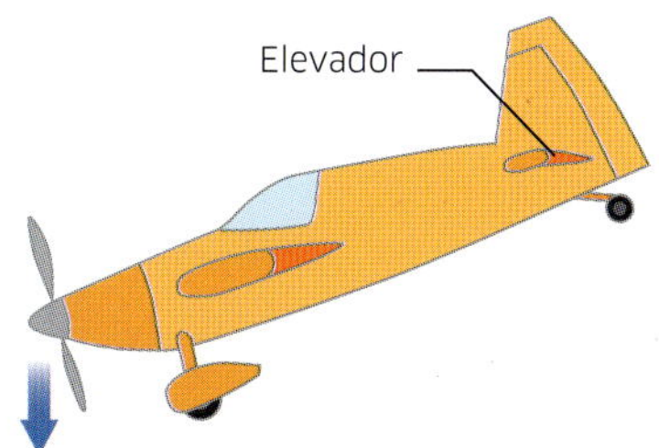

Cabeceo
Bajar los elevadores hace que la cola se eleve y el morro apunte hacia abajo, de modo que el avión desciende.

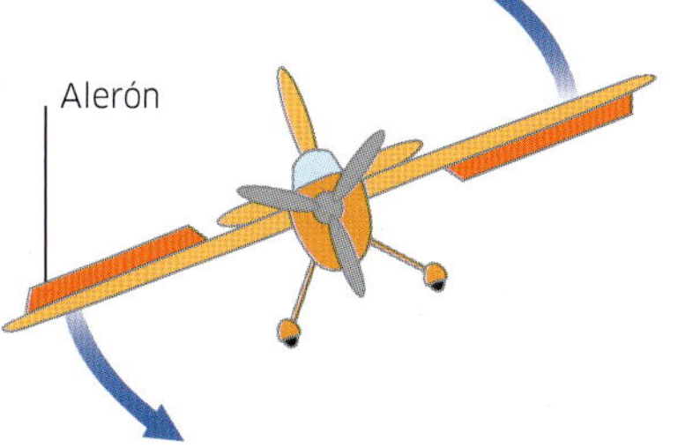

Alabeo
Inclinar un alerón hacia arriba y el otro hacia abajo hace que el avión ruede, con un ala hacia arriba y la otra hacia abajo.

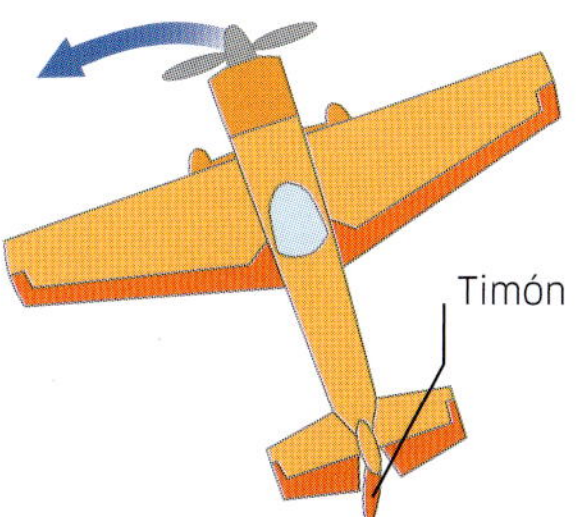

Guiñada
Inclinar el timón hacia un lado hace que el flujo de aire desviado mueva la cola en la dirección opuesta. Esto empuja el morro hacia un lado para que el avión gire.

400 000 espectadores vieron elevarse el globo Charlière en París.

El pionero alemán Otto Lilienthal realizó más de 2000 vuelos en planeador a lo largo de su vida.

Levantar el vuelo

Hace mucho que miramos al cielo soñando con volar. Hubo muchos intentos fallidos de imitar a las aves antes de que se descubrieran y aplicaran los principios del vuelo.

Las primeras naves que volaron fueron globos llenos de gases más ligeros que el aire. Al principio estaban a merced del viento, hasta que se desarrollaron dirigibles propulsados. Los avances científicos del siglo XIX dieron lugar a planeadores más pesados que el aire que utilizaban alas aerodinámicas para generar sustentación. El siguiente paso fue encontrar un motor ligero y potente, y los inventores probaron el vapor, la electricidad e incluso los pedales. Tras el avión pionero de los hermanos Wright en 1903, los primeros aviones con motor de combustión interna se hicieron realidad y la aviación pudo realmente levantar el vuelo.

GLOBO DE LOS HERMANOS MONTGOLFIER

El primer vuelo con motor

Año: 1783

Vuelo más largo: 9 km

Tras una prueba en que transportó un pato, un gallo y una oveja, los hermanos construyeron un globo de 15 m de ancho lleno del aire caliente de una hoguera. Llevó a dos pilotos a 900 m de altura sobre París.

GLOBO LA CHARLIÈRE

Aprovechar el hidrógeno

Año: 1783

Vuelo más largo: 36 km

Lanzado en París solo diez días después del globo de los Montgolfier, fue la primera nave que utilizó gas hidrógeno para generar sustentación. El globo de seda inflado voló durante dos horas y cinco minutos.

Barquilla de pasajeros

DIRIGIBLE GIFFARD

Primer dirigible propulsado

Año: 1852

Vuelo más largo: 27 km

Suspendida bajo este globo de hidrógeno en forma de cigarro, una máquina de vapor hacía girar una hélice de madera de 7 m. La nave francesa volaba a 10 km/h, y no podía superar el viento en contra.

ADER ÉOLE

Casi un aeroplano

Año: 1890

Vuelo más largo: 50 m

La nave de Clément Ader tenía una envergadura de 14 m y una máquina de vapor que utilizaba alcohol como combustible. Este invento francés volaba a solo 20 cm del suelo en un corto salto, sin mandos de dirección.

Hélice de bambú

Las alas, parecidas a las del murciélago, no se batían.

PLANEADOR CAYLEY

Planeador pionero

Año: 1853

Vuelo más largo: *c.* 250 m

Tras muchos experimentos, el inglés George Cayley construyó este planeador, remolcado cuesta abajo por un caballo al galope para hacerlo despegar. El intrépido piloto, el cochero de Cayley, iba en un cuerpo en forma de barco.

36 minutos y 30 segundos **duró** el **primer vuelo de Blériot** a través del **canal de la Mancha** en 1909.

1912 Año en que **Harriet Quimby** se convirtió en la **primera mujer** en **cruzar el canal de la Mancha**, en un **Blériot XI**.

LILIENTHAL NORMALSEGELAPPARAT

Influyente planeador alemán

Año: 1894

Vuelo más largo: 250 m

Lanzado desde colinas, el «aparato de vuelo estándar» de Lilienthal podía planear y hacer un aterrizaje suave, dirigido por el piloto desplazando el peso de su cuerpo. Se construyeron nueve de estos planeadores de sauce y algodón.

LEBAUDY Nº.1

«El Amarillo»

Año: 1902

Vuelo más largo: 98 km

Debajo de esta aeronave francesa, colgada de una red de cáñamo, había una quilla de acero y una barquilla con un motor de gasolina. El motor, de 40 CV, hacía girar dos hélices que daban a la nave de 56,5 m de largo una velocidad de crucero de hasta 35 km/h.

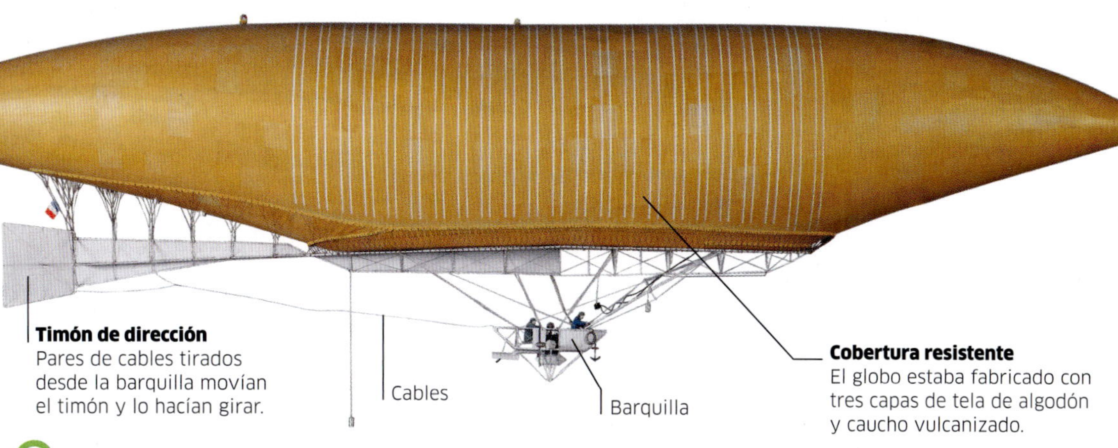

Timón de dirección
Pares de cables tirados desde la barquilla movían el timón y lo hacían girar.

Cables

Barquilla

Cobertura resistente
El globo estaba fabricado con tres capas de tela de algodón y caucho vulcanizado.

VOISIN-FARMAN I

El primer avión europeo con éxito

Año: 1907

Vuelo más largo: 27 km

Este biplano francés, primer avión en realizar un recorrido circular de 1 km, era propulsado por un motor de gasolina de 50 CV que hacía girar una hélice de dos palas. Carecía de alerones para controlar los alabeos.

Asiento del piloto

Elevadores en la parte frontal

SANTOS-DUMONT DEMOISELLE Nº.20

Avión de dominio público

Año: 1908

Vuelo más largo: 18 km

Este monoplano ultraligero pesaba solo 110 kg y tenía solo 5,5 m de envergadura. El inventor brasileño puso los planos a disposición del público de forma gratuita y se construyeron unos 50.

Elevadores en la cola

BLÉRIOT TYPE XI

Vuelo internacional

Año: 1909

Vuelo más largo: 120 km

Este sencillo pero robusto diseño francés utilizaba un fuselaje con armazón de madera de fresno, parcialmente recubierto de tela impermeable. Tras el éxito al cruzar el canal de la Mancha en 1909, Blériot recibió 103 pedidos.

Amortiguación
Ruedas reforzadas con cuerdas elásticas para amortiguar aterrizajes bruscos.

Alambres de cabeceo
Como el Wright Flyer, el XI usaba cables para controlar el cabeceo doblando las alas.

FABRE HYDRAVION

Primer hidroavión

Año: 1910

Vuelo más largo: 5,6 km

Este desgarbado hidroavión francés fue el primero en despegar del agua por sus propios medios, con una velocidad máxima de 89 km/h. En el aire, los flotadores le daban sustentación adicional.

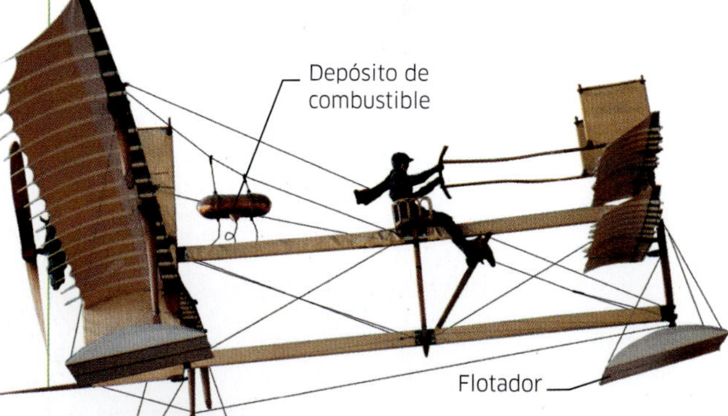

Depósito de combustible

Flotador

Experimentos aéreos

Si un biplano con dos pares de alas vuela, un avión con más alas ¿volará mejor? En el siglo XX, los pioneros de la aviación buscaron respuesta a esta pregunta.

Un ingeniero naval francés, el marqués d'Ecquevilly, ideó en 1907 un multiplano de siete alas. Tenía un motor de 10 CV y se balanceaba sobre cuatro ruedas de bicicleta. Carecía de superficies de control y el piloto iba de pie en la jaula central. No llegó a volar y quedó destruido en un incendio en 1908.

400 dólares costaba un billete de ida de Alemania a Estados Unidos, el equivalente actual de unos 8500 dólares.

El *Hindenburg*

El mayor dirigible de estructura rígida jamás construido, voló más de 300 000 km en total. Llevaba una tripulación de 50 miembros y literas para 72 pasajeros. Un gigantesco cuerpo, de la longitud de 2,5 campos de fútbol, estaba lleno de gas hidrógeno, lo que le daba una fuerza de sustentación sin parangón de 232 toneladas.

Viajes de lujo
Los pasajeros podían disfrutar de vistas panorámicas, cenas gourmet, un bar de cócteles y una zona de lectura. Los camarotes privados estaban en la cubierta principal, con baños un nivel por debajo. También había una sala de fumadores, presurizada para impedir la entrada del hidrógeno, muy inflamable.

Corredor axial
La tripulación utilizaba una pasarela metálica para atravesar la aeronave desde el morro hasta la cola. Las escaleras tenían hasta 19 m de altura.

Triple piel
Dos capas de lona de algodón con una capa de lona engomada entre ambas

Bonita cubierta
El polvo de aluminio del revestimiento reflejaba la luz solar para que el gas no se recalentara.

Punto de amarre
Un cable de acero ataba la aeronave a un alto mástil de atraque.

Hindenburg

Dependencias de la tripulación
Algunos tripulantes dormían cerca de la cabina de control, otros justo detrás de la zona de pasajeros.

En la zona de navegación había cartas de navegación, relojes y un altímetro.

Zona de observación con la brújula magnética de la aeronave

Zona de control con mandos de dirección, lastre y válvula de gas

Cabina de control
El dirigible se pilotaba desde esta cabina, dividida en secciones de observación, navegación y control. Dos volantes controlaban los timones y los elevadores de cola para dirigir la nave.

Ventanas panorámicas

Comedor

25 camarotes privados para dos personas

En la cubierta inferior había baños, bar y sala de fumadores.

Escalones abatibles para el embarque

Camarotes del pasaje
A ambos lados de los camarotes privados había grandes zonas públicas, como un salón, una sala de escritura y paseos con asientos que ofrecían grandes vistas y aire fresco desde las ventanas.

Los muebles eran de aleación de aluminio para ahorrar peso. ¡Incluso el piano!

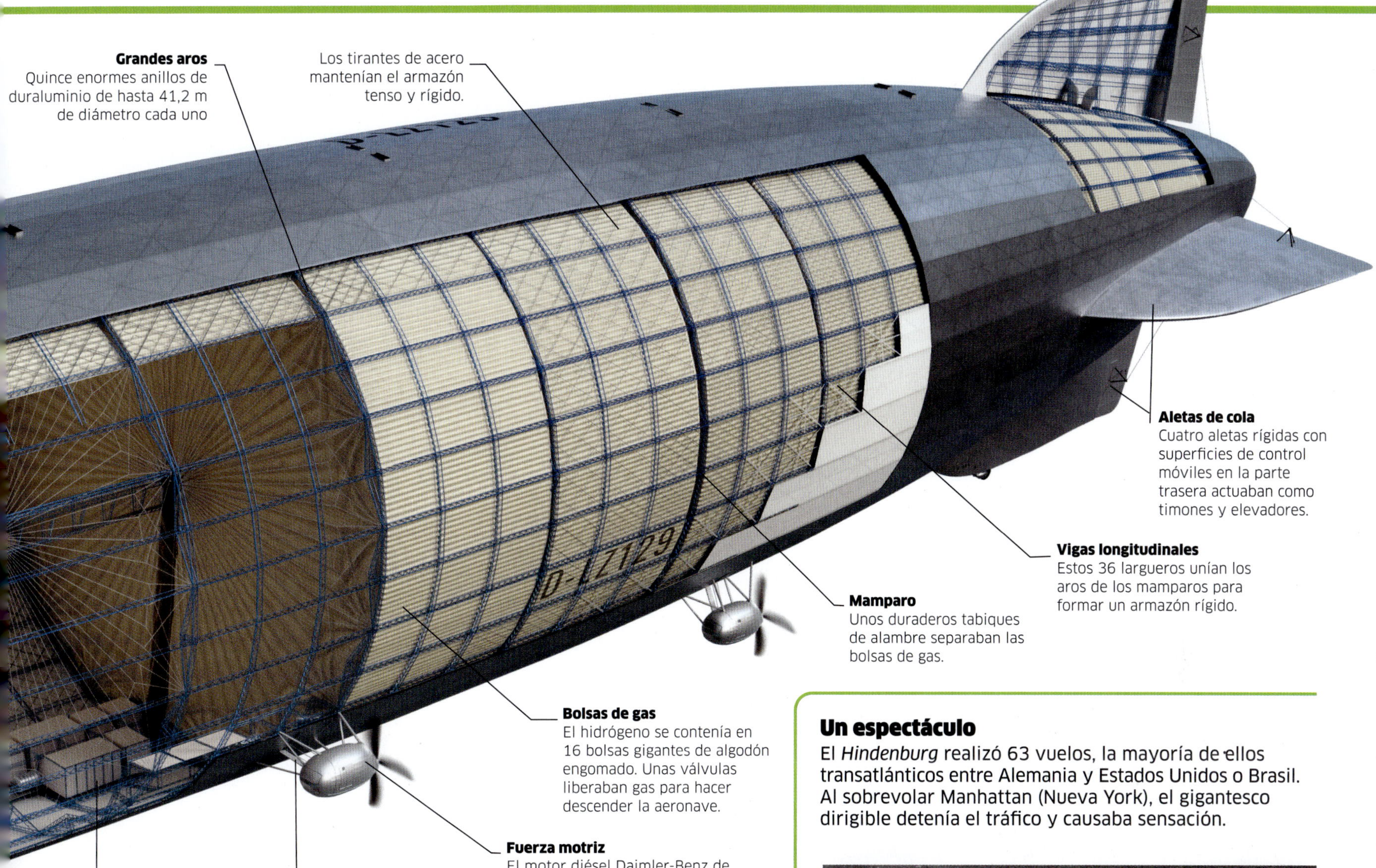

Grandes aros
Quince enormes anillos de duraluminio de hasta 41,2 m de diámetro cada uno

Los tirantes de acero mantenían el armazón tenso y rígido.

Aletas de cola
Cuatro aletas rígidas con superficies de control móviles en la parte trasera actuaban como timones y elevadores.

Vigas longitudinales
Estos 36 largueros unían los aros de los mamparos para formar un armazón rígido.

Mamparo
Unos duraderos tabiques de alambre separaban las bolsas de gas.

Bolsas de gas
El hidrógeno se contenía en 16 bolsas gigantes de algodón engomado. Unas válvulas liberaban gas para hacer descender la aeronave.

Fuerza motriz
El motor diésel Daimler-Benz de 1190 CV hacía girar una hélice de cuatro palas. Un mecánico en cada uno de los cuatro coches motores los mantenía en perfecto funcionamiento.

¡No mires abajo!
La tripulación llegó a la cabina del motor por una pasarela al aire libre.

Almacenes de carga
El correo prioritario y la carga entre Europa y América se enviaban por dirigible para una mayor rapidez.

LZ 129 *HINDENBURG*

Origen: Alemania

Año: 1936

Longitud: 245 m

Velocidad máxima: 135 km/h

Dirigible

Los dirigibles son aeronaves autopropulsadas llenas de gases como el hidrógeno o el helio, que las hacen más ligeras que el aire. Pueden tener un armazón rígido o carecer de él.

Los grandes dirigibles para el transporte de pasajeros alcanzaron su apogeo a finales de los años veinte y treinta. Mientras que los aviones de la época tenían que volar distancias cortas con frecuentes pausas para repostar, los dirigibles podían estar en el aire durante días, lo que permitía viajar sin escalas sobre los océanos a una velocidad muy superior a la de los barcos. También eran la opción más cómoda, ya que evitaban los mares agitados.

Un espectáculo

El *Hindenburg* realizó 63 vuelos, la mayoría de ellos transatlánticos entre Alemania y Estados Unidos o Brasil. Al sobrevolar Manhattan (Nueva York), el gigantesco dirigible detenía el tráfico y causaba sensación.

Final trágico

En 1937, tras un vuelo entre Alemania y Nueva Jersey, el Hindenburg estalló en llamas, causando la muerte de 36 personas. Las noticias de la catástrofe conmovieron al mundo: la edad de oro del dirigible había terminado.

50 personas se necesitaban para manejar el enorme Staaken R. VI en tierra.

CAUDRON G.3

Biplano de reconocimiento

Velocidad punta: 106 km/h

Longitud: 5,4 m

Este avión francés básico carecía inicialmente de alerones, y en su lugar utilizaba el alabeo como los aviones pioneros de los hermanos Wright. Era estable en vuelo, pero lento y vulnerable a los ataques.

LUFT-VERKEHRS-GESELLSCHAFT (LVG) C. VI

Biplaza artillado

Velocidad punta: 165 km/h

Longitud: 7,5 m

Este avión alemán llevaba ametralladoras delanteras y traseras y un primer transmisor de radio, que se utilizaba para enviar detalles de las posiciones enemigas utilizando el código Morse. Se construyeron unos 1100 ejemplares.

BRÉGUET BR. M5

Caza y bombardero nocturno

Velocidad punta: 136 km/h

Longitud: 9,9 m

Este biplaza francés estaba armado con un cañón de 37 mm y una ametralladora. Podía equiparse con un reflector para utilizarlo en peligrosas misiones de bombardeo nocturno.

Primera Guerra Mundial

La Primera Guerra Mundial (1914-18) motivó grandes avances en los aviones, que pasaron a ser más fiables y prácticos con muchas funciones.

Los primeros aviones de guerra se usaban sobre todo para observar: ¡su única arma era la pistola que llevaba el piloto! Al aumentar la potencia del motor y la resistencia del fuselaje, aviones más grandes y capaces de recorrer distancias más largas podían lanzar bombas sobre el territorio y los soldados enemigos. Para combatirlos se desarrollaron aviones de combate más rápidos y ágiles, que se enfrentaron entre sí por el control de los cielos.

ALBATROS D.VA

Avión de combate

Velocidad punta: 186 km/h

Longitud: 7,3 m

Presentado en 1917, el motor de 180 CV de este estilizado biplano y su avanzada aerodinámica hicieron que los Aliados se esforzaran en ponerse a su altura. Fue pilotado con gran éxito por algunos de los mejores ases alemanes de la aviación.

Insignia alemana de la Cruz de Hierro

Vista despejada El piloto se sentaba en una cabina de madera en el morro.

Patín trasero Menos peso y resistencia que una rueda trasera

Ruedas fijas Las ruedas fijas causaban resistencia, pero el tren de aterrizaje retráctil fue raro hasta los años treinta.

AIRCO D.H.2

Avión de combate

Velocidad punta: 150 km/h

Longitud: 7,7 m

Para contrarrestar el Fokker Eindecker, este monoplaza británico se diseñó con el motor y la hélice tras el piloto para permitirle apuntar y disparar en línea recta sin tocar las aspas. Los cañones en ángulo eran difíciles de apuntar durante los combates aéreos.

ZEPPELIN LZ 96

Bombardero y espía de gran altitud

Velocidad punta: 107 km/h

Longitud: 196 m

Este dirigible alemán de clase U era lo baste ligero para volar más alto que los aviones enemigos. Llevaba cinco motores, 19 tripulantes y unas 2 toneladas de explosivos, y podía permanecer en el aire hasta 100 horas.

Los zepelines contenían hidrógeno en grandes bolsas de gas hechas de tripa de vaca. Para un solo dirigible se necesitaban ¡250 000 vacas!

Cabina de control El piloto y la tripulación manejaban el zepelín desde la cabina principal, en la parte delantera.

Cabina del motor trasero Cada cabina contenía un motor y una hélice; el combustible llegaba desde los depósitos superiores.

Timones La dirección se manejaba con cables desde la cabina de control situada a 150 m.

ROYAL AIRCRAFT FACTORY S.E.5A

Luchador veloz

Velocidad punta: 222 km/h

Longitud: 6,4 m

Rápido, estable y hábil a grandes altitudes, el S.E.5a británico fue diseñado para contrarrestar el Albatros alemán. Su estrecho fuselaje terminaba en paneles de aluminio para proteger el motor, y las cuatro alas de madera y algodón tenían alerones para maniobrar con rapidez.

Bisagra Un tercio de la superficie del ala era móvil.

FOKKER EINDECKER

Tirador certero

Velocidad punta: 140 km/h

Longitud: 7,2 m

Este caza alemán dominó los primeros combates aéreos gracias a su tren de interruptores, que permitía disparar en línea recta, a través del arco de la hélice. Hasta entonces, los pilotos disparaban a menudo a sus propias hélices. Aviones más rápidos lo sustituyeron a finales de 1916.

SOPWITH BABY

Explorador naval y cazador de dirigibles

Velocidad punta: 160 km/h

Longitud: 7 m

Llevado en barcos, este hidroavión británico exploraba las aguas en busca de navíos y dirigibles alemanes. Algunos iban armados con dardos explosivos propulsados por cohetes y pequeñas bombas para atacar los dirigibles.

Flotadores huecos de madera para posarse en el agua

CAPRONI CA.3

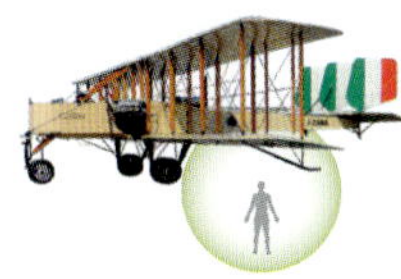

Bombardero pesado italiano

Velocidad punta: 137 km/h

Longitud: 11,1 m

Dos alas y tres motores –uno hacia atrás– llevaban una tripulación de cuatro personas y hasta 800 kg de bombas. El artillero trasero, sentado cerca de la hélice trasera giratoria, era el mecánico del avión.

Posición del artillero trasero

El piloto y el copiloto, delante

La triple cola ayudaba a controlar el bombardero.

ZEPPELIN STAAKEN R. VI

Bombardero pesado gigante

Velocidad punta: 135 km/h

Longitud: 22,1 m

Con una envergadura superior a la del Airbus A320 actual, este bombardero alemán podía volar horas. Una cabina cerrada albergaba a la mayoría de los 10 tripulantes, con un artillero de morro expuesto en el exterior.

42,2 m de envergadura

Engranaje de sincronización
Un sistema de engranajes accionado por el motor impedía que las ametralladoras disparasen al pasar la hélice por delante de los cañones. Esto evitaba que el piloto disparara a su propia hélice. Antes de este invento, algunos pilotos encintaban las palas para limitar el astillamiento y se encomendaban a la suerte.

Sopwith Camel
Inestable y difícil de pilotar, pero letal en manos de pilotos expertos, el Camel fue el avión de combate más exitoso de las fuerzas aliadas. Los pilotos de Camel afirmaron haber derribado 1294 aviones enemigos en menos de 18 meses. Se produjeron más de 5000 unidades en total.

SOPWITH CAMEL	
Velocidad punta:	185 km/h
Envergadura:	8,5 m
Peso en vacío:	422 kg
Tripulación:	1

Motor rotativo Clerget 9b
Los cilindros de un motor rotativo están dispuestos en círculo alrededor de un cigüeñal y giran junto con la hélice. El motor tiraba del Camel hacia la derecha, de modo que podía girar bruscamente a la derecha pero solo lentamente a la izquierda, una característica que tanto sus pilotos como los enemigos aprendieron a explotar.

Combate aéreo

La Primera Guerra Mundial fue un campo de pruebas para la evolución de los diseños y tácticas aeronáuticas, pues un gran número de aviones combatieron en el aire por primera vez.

Los combates aéreos eran una prueba extrema de la destreza de los pilotos y del rendimiento, la durabilidad y el armamento de sus aviones. El Sopwith Camel, a mediados de 1917, y el Fokker Dr. I, ese mismo año, demostraron ser dos de los mejores. Eran endiablados de pilotar, pero sumamente ágiles en combate.

FOKKER DR. I	
Velocidad punta:	165 km/h
Envergadura:	7,2 m
Peso en vacío:	406 kg
Tripulación:	1

Fokker Dr. I

Los tres conjuntos de alas de este triplano alemán generaban mayor sustentación, por lo que podía ascender más rápido y más alto que la mayoría de los biplanos. Su menor envergadura también le permitía girar más rápido. Resultó extremadamente ágil y fue pilotado con éxito por el Barón Rojo Manfred von Richthofen entre otros, pero solo se construyeron 320 antes del final de la guerra.

Tácticas de combate

El Sopwith Camel y el Fokker Dr. I tenían grandes superficies de control. Esto, unido a su ligereza, les permitía girar y caer en picado bruscamente, mientras competían por poner al avión enemigo en su punto de mira. A medida que avanzaba la guerra, los pilotos experimentaban con nuevas técnicas acrobáticas para ganar ventaja.

Inversión
Este movimiento, que suele emplearse para escapar de un combate aéreo, hace que el avión cambie rápidamente de dirección y descienda a menor altitud.

Desarrollo de la aviación civil

Pocas personas habían volado como pasajeros antes de la Primera Guerra Mundial. Los avances tecnológicos durante la contienda causaron el auge de la aviación civil.

El excedente de pilotos y aviones militares en tiempos de guerra ayudó a impulsar nuevos usos de los aviones cuando llegó la paz: transporte de correo y de pasajeros, y fumigación de campos de cultivo con pesticidas. Las hazañas, las exhibiciones y los primeros vuelos cautivaron la imaginación del público y ayudaron a impulsar la demanda de transporte aéreo civil. Se crearon las primeras líneas aéreas de pasajeros y por primera vez se construyeron aviones civiles más grandes.

AVIÓN PIONERO

El trimotor Ford 5-AT fue uno de los primeros aviones construidos. Fácil de reparar, robusto y fiable (para la época), el «Ganso de Hojalata» voló por primera vez en 1926 y algunos de los 199 construidos estuvieron en servicio más de 50 años.

BALIZAS DE SEÑALIZACIÓN

Tras la Primera Guerra Mundial, Estados Unidos desarrolló un servicio de correo aéreo de gran alcance en todo el país. Los aviones volaban solo de día, entregando su carga a los trenes por la noche, hasta que se estableció una red de balizas a mediados de la década de 1920. El Sistema Transcontinental de Vías Aéreas contaba con potentes luces separadas por 16 km que guiaban a los aviadores nocturnos a lo largo de la ruta. Fue el primer sistema de navegación aérea terrestre del mundo.

Baliza giratoria
Luces en lo alto de mástiles de 15,5 m.

Manga

Flecha
Pintada de amarillo para más visibilidad, la gran flecha de hormigón señalaba la siguiente baliza.

Generador eléctrico
Junto a cada baliza había un cobertizo con un generador. En un depósito había 1950 litros de combustible para alimentarlo.

41

Número de baliza marcado en el techo, con marcas de ruta en el otro lado

ACROBACIAS

En la década de 1920, los pilotos entusiasmaban a multitudes de todo Estados Unidos con exhibiciones de vuelo, acrobacias y carreras. Caminaban sobre las alas o incluso saltaban entre aviones en pleno vuelo. El espectáculo fomentó el interés por la aviación al mostrar la agilidad y robustez de los aviones, mientras miles de personas pagaban una pequeña cantidad por un «viaje de placer» para experimentar por primera vez la sensación de volar.

¿Un partido de tenis?
Gladys Roy e Ivan Unger juegan al tenis en el ala superior de un biplano Curtiss JN-4 Jenny en 1925.

A TRAVÉS DEL ATLÁNTICO

El primer vuelo sin escalas a través del océano Atlántico lo realizó un bombardero Vickers Vimy en 1919. Con el avance de la aviación, se hicieron posibles los vuelos transatlánticos de pasajeros, primero en dirigible en 1928 y luego en hidrocanoas en la década de 1930, con escalas a lo largo del trayecto. La llegada del avión a reacción, con mayor autonomía y sin necesidad de repostar en ruta, aceleró enormemente los tiempos de vuelo, culminando en los viajes transatlánticos supersónicos.

Graf Zeppelin
El primer servicio transatlántico sin escalas transportó a 24 pasajeros en un viaje de 111 horas de Alemania a Estados Unidos a bordo de este dirigible gigante.

Boeing Clipper
Esta gran hidrocanoa (ver pp. 156-157) transportaba a 22 pasajeros de Nueva York a Marsella (Francia). El viaje duraba 42 horas, 30 de ellas de vuelo.

Douglas DC-4
Este avión con motor de pistones para 44 pasajeros redujo el tiempo de vuelo hacia el oeste a través del Atlántico a las 17 horas y 40 minutos previstas.

Boeing 707
Propulsado por cuatro motores a reacción, este avión de pasajeros realizó el primer servicio regular a reacción a través del Atlántico en 1958. El vuelo de París a Nueva York duraba menos de siete horas.

Concorde
El avión supersónico volaba de Londres a Nueva York en 2 horas, 52 minutos y 59 segundos, a una velocidad media de 2010 km/h.

DE AERÓDROMOS A AEROPUERTOS

Al principio, los aviones despegaban de campos de hierba. Al hacerse más grandes y pesados, y los pasajeros más numerosos, se construyeron pistas de hormigón y asfalto, y edificios para gestionar el flujo de carga y pasajeros. Llegaron las torres de control para guiar el tráfico aéreo, los hangares de mantenimiento y otras infraestructuras, convirtiendo los aeródromos básicos en aeropuertos de gran actividad.

Aeropuerto de Croydon, Reino Unido
Justo al sur de Londres, este primitivo aeropuerto contó con la primera torre de control aéreo del mundo en 1922. También fue la primera terminal aérea del Reino Unido, con 26 000 pasajeros el año de su inauguración (1928). Cerró en 1959.

Aeropuerto de Changi, Singapur
La cascada cubierta más alta del mundo fluye en el aeropuerto internacional de Singapur, en constante expansión. Desde sus cuatro terminales, 99 aerolíneas operan más de 6300 vuelos que transportan a más de un millón de pasajeros cada semana.

AMELIA EARHART

Esta pionera piloto estadounidense fue la primera mujer en atravesar el Atlántico en solitario y Estados Unidos de costa a costa (ambos vuelos en 1932), y ostentó muchos otros récords de aviación. Aquí en la cabina de un avión Stearman Hammond Y-1, fue una celebridad internacional que animó a volar a las mujeres. Desapareció en el Pacífico en 1937, cuando intentaba dar la vuelta al mundo.

BÚSQUEDA DE RUTAS

Las primeras compañías aéreas, como KLM e Imperial Airways, enviaban a pilotos experimentados a trazar posibles rutas aéreas antes de iniciar los servicios comerciales. Con la limitada autonomía de los primeros aviones de pasajeros, los vuelos más largos solo podían completarse como una serie de «saltos» más cortos a través de un continente. Los vuelos eran desesperadamente lentos en comparación con los estándares modernos, pero viajar en avión era mucho más rápido que hacer el mismo trayecto por tierra o mar.

Viajes por el mundo

Las primeras aerolíneas publicitaban sus rutas con carteles que glosaban la aventura de viajar a lugares en los que pocos clientes habían estado antes. Los carteles mostraban la velocidad de los viajes y la modernidad de sus aviones.

Cartel de KLM, década de 1930
KLM hacía hincapié en sus aviones rápidos y su amplia red.

Cartel de Pan Am, 1938
Un avión sobrevuela las ruinas de Machu Picchu, en Perú.

Londres, Reino Unido
Ámsterdam, Países Bajos
EUROPA
AMÉRICA DEL NORTE
Toulouse, Francia
ASIA
Nueva York, Estados Unidos
Azores
Marsella, Francia
Bangkok, Tailandia
ÁFRICA
El Cairo, Egipto
Dakar, Senegal
Nairobi, Kenia
Jodhpur, India
Waingapu, Indonesia
AMÉRICA DEL SUR
Yakarta, Indonesia
Australia
Santiago, Chile
Río de Janeiro, Brasil
Ciudad del Cabo, Sudáfrica
Sídney, Australia
Punta Arenas, Chile

Vuelos de larga distancia

En la década de 1930, los pasajeros aéreos podían llegar a lugares lejanos, como muestra este mapa de las rutas aéreas regulares más largas de la época. El itinerario de KLM desde Ámsterdam (Países Bajos) a Yakarta (Indonesia), por ejemplo, duraba 10 días e incluía 19 vuelos distintos con un total de 81 horas en el aire. En aquella época, un billete de ida y vuelta costaba lo mismo que un coche nuevo.

Rutas aéreas de la década de 1930

- Aéropostale: Toulouse-Punta Arenas (1930)
- Imperial Airways: Ruta africana (*c.* 1934)
- QANTAS Empire Airways: Ruta australiana (*c.* 1934)
- KLM: Ámsterdam-Yakarta (1935)
- Pan American: Ruta transatlántica (1939)

5930 km de **autonomía** tenía el **Clipper**, suficiente para **cruzar el Atlántico** en un **vuelo sin escalas.**

Estela de agua
Un Clipper se posa en el agua. Las primeras pruebas detectaron problemas de rebote al aterrizar hasta que se rediseñó la forma del casco. El pesado avión, con una tripulación de 11 personas, necesitaba una envergadura de 46 m para generar suficiente sustentación.

Viajero oceánico

El Boeing 314 Clipper transportaba 68 pasajeros de día o 38 en vuelo de larga distancia, con salón, comedor de lujo, vestuarios y dormitorios. Se construyeron 12 Clippers, que realizaron 5000 viajes transatlánticos y recorrieron unos 20,1 millones de kilómetros antes de que Pan Am retirara la flota en 1946.

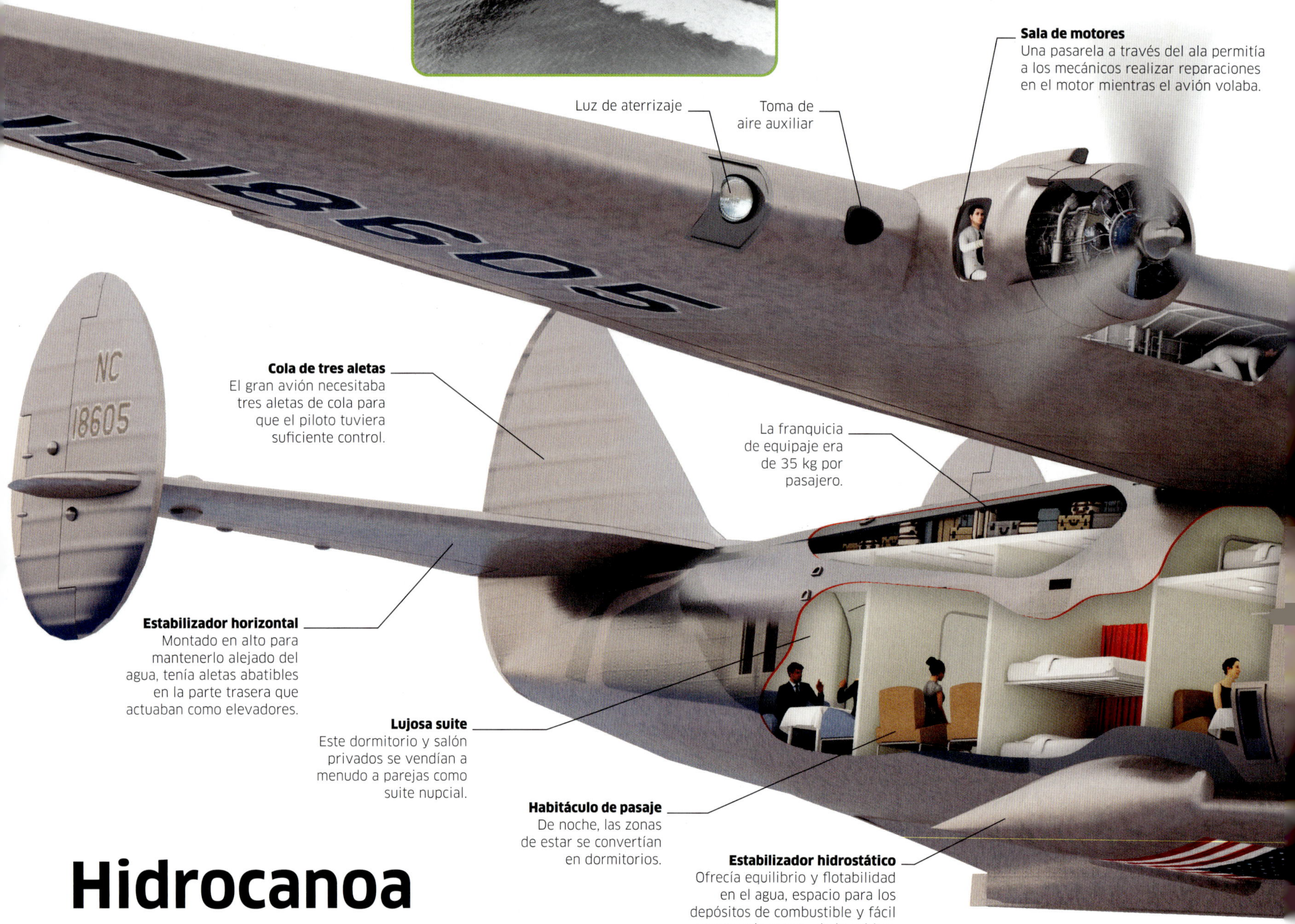

Sala de motores
Una pasarela a través del ala permitía a los mecánicos realizar reparaciones en el motor mientras el avión volaba.

Luz de aterrizaje

Toma de aire auxiliar

Cola de tres aletas
El gran avión necesitaba tres aletas de cola para que el piloto tuviera suficiente control.

La franquicia de equipaje era de 35 kg por pasajero.

Estabilizador horizontal
Montado en alto para mantenerlo alejado del agua, tenía aletas abatibles en la parte trasera que actuaban como elevadores.

Lujosa suite
Este dormitorio y salón privados se vendían a menudo a parejas como suite nupcial.

Habitáculo de pasaje
De noche, las zonas de estar se convertían en dormitorios.

Estabilizador hidrostático
Ofrecía equilibrio y flotabilidad en el agua, espacio para los depósitos de combustible y fácil acceso a la puerta de la cabina.

Hidrocanoa

Aterrizando y despegando del agua, las hidrocanoas flotan sobre su fuselaje o casco. Versátiles, potentes y espaciosos, estos aviones marcan una nueva pauta en el transporte aéreo de lujo.

En la década de 1930, la creciente demanda de vuelos de larga distancia y la limitada capacidad de combustible obligaban los aviones a realizar múltiples trayectos cortos, y la falta de aeropuertos dificultaba algunas rutas. Las hidrocanoas, que podían aterrizar en cualquier tramo de aguas tranquilas, demostraron ser una solución. El Boeing Clipper, construido para la aerolínea Pan Am, fue el avión civil más grande del mundo cuando se presentó en 1938, y sigue siendo un icono de la aviación.

¡Todos a bordo!

Los pasajeros llegaban en barco o por una plataforma flotante para embarcar, utilizando el estabilizador hidrostático del avión como pasarela. Entre los que embarcaron se encontraba Franklin D. Roosevelt, que en la Segunda Guerra Mundial se convirtió en el primer presidente de Estados Unidos que voló durante su mandato.

Cabina de vuelo
Los dos pilotos tenían idéntica configuración, con columnas de control en forma de volantes. Detrás había una gran sala de radio y navegación, oscura para que todos los instrumentos pudieran verse con claridad.

Ampliar horizontes

Con una autonomía sin igual, los Clippers forjaron por primera vez rutas aéreas regulares a través del Atlántico y hacia el Pacífico. Se vendieron tres a una compañía aérea británica, BOAC, para volar entre el Reino Unido y África. Viajes que solían durar semanas podían hacerse ahora en un día, y los destinos más lejanos estaban al alcance de la mano. Los sueños de volar entre continentes cautivaron la imaginación del público.

El motor Wright Twin Cyclone generaba 1600 CV.

Antena radiogoniométrica de navegación

Puente
El piloto utilizaba los mandos para controlar la potencia del motor y la velocidad del aire, para navegar a 303 km/h.

Un panel superior oscuro impedía que el resplandor del mar deslumbrara al piloto.

Sala de anclas y pertrechos
Debajo del puente había un almacén de cuerdas y equipos para amarrar el avión al agua.

Arco reforzado
La parte delantera del casco del avión se reforzó para el impacto del aterrizaje en el agua.

Literas para la tripulación
La tripulación dormía por turnos en estrechas literas.

Cocina
Se servían comidas y también podía albergar un bar de cócteles.

Bomba de combustible
Hacía subir 13 340 litros de combustible durante un vuelo.

Una cúpula de cristal en el Clipper ayudaba a la tripulación a navegar de noche orientándose por las estrellas.

BOEING 314 CLIPPER

Origen: Estados Unidos

Año: 1938

Función: Hidrocanoa de largo alcance

Longitud: 32 m

Segunda Guerra Mundial

Desde la batalla de Inglaterra y los bombardeos masivos sobre Europa hasta el lanzamiento de dos bombas atómicas sobre Japón, la guerra en el aire fue una parte crucial y muy disputada de la Segunda Guerra Mundial (1939-1945).

La guerra aceleró el progreso en el diseño y la ingeniería de aviones militares. Los aviones aumentaron rápidamente su velocidad, autonomía y carga útil, y se fabricaron por decenas de miles. Los nuevos materiales, los avances en aviónica (ayudas electrónicas) y el uso generalizado del radar seguirían teniendo un gran impacto en las décadas posteriores a la guerra.

MITSUBISHI A6M ZERO

Caza ligero

Longitud: 9,06 m

Velocidad punta: 533 km/h

Este caza ligero japonés demostró ser temible en los tradicionales combates aéreos gracias a su extraordinaria maniobrabilidad.

Zona roja Zona no transitable: caminar sobre esta delgada sección de ala sin soporte podría causar daños.

NORTH AMERICAN P-51D MUSTANG

Caza

Longitud: 9,83 m

Velocidad punta: 703 km/h

Usado principalmente como caza de combate o escolta de escuadrones de bombarderos, este potente caza estadounidense poseía un alcance sin igual, con tanques desechables que permitían vuelos de hasta 2660 km. Entró en servicio por primera vez en 1942.

Cuerpo ligero El fuselaje de aluminio pesaba 3463 kg.

Toma de aire La toma de aire canalizaba el aire frío sobre el radiador y daba sustentación adicional.

Hélice de cuatro palas

MESSERSCHMITT BF 109

Caza, reconocimiento y ataque terrestre

Longitud: 8,95 m

Velocidad punta: 621 km/h

Timón abatible en la parte trasera de la cola

Suministros clave Tras la cabina había un depósito de combustible, bombonas de oxígeno y un equipo de radio.

El principal avión de combate de la fuerza aérea alemana era fácil de construir y mantener, aunque algunas variantes tenían un corto alcance y una mala visibilidad. Se fabricaron más de 34 000 unidades de estos versátiles monoplazas.

VOUGHT F4U CORSAIR

Caza de alas plegables

Longitud: 10,26 m

Velocidad punta: 671 km/h

Con un gran motor radial de 18 cilindros, este caza estadounidense rápido y de alto rendimiento contaba con alas plegables para poder guardarlo en los barcos. Podía girar bruscamente y ascender 1322 m por minuto.

AVRO LANCASTER

Bombardero pesado

Longitud: 21 m

Velocidad punta: 454 km/h

Con un compartimento de armas de casi la mitad de la longitud de su fuselaje, el bombardero más exitoso de la RAF realizó 156 000 salidas en tiempos de guerra, incluida la famosa Operación Chastise. Resistente y robusto, un Lancaster podía seguir volando con solo dos de sus cuatro motores activos.

ILYUSHIN IL-2

Aviones de ataque a tierra

Longitud: 11,65 m

Velocidad punta: 414 km/h

La Unión Soviética construyó más de 36 000 de estos robustos aviones biplaza. Su cabina blindada y su fuselaje delantero le valieron el apodo de «tanque volador», y desempeñó un papel clave en el Frente Oriental.

DE HAVILLAND MOSQUITO

Cazabombardero

Longitud: 13,6 m

Velocidad punta: 668 km/h

El Mosquito británico fue el cazabombardero más rápido de su época. Cuando estaba cargado como bombardero, volaba sin armas, utilizando la velocidad y la agilidad para evitar los ataques.

BOEING B-17 FLYING FORTRESS

Bombardero pesado

Longitud: 22,7 m

Velocidad punta: 462 km/h

Llamado así por sus 13 ametralladoras defensivas, el Flying Fortress llevaba una tripulación de 10 personas y tenía una autonomía de 3220 km, con alas anchas para volar a gran altitud. Estados Unidos construyó 12 700 unidades.

SHORT S.25 SUNDERLAND

Patrulla marítima y bombardero

Longitud: 26 m

Velocidad punta: 340 km/h

Esta hidrocanoa británica se basaba en el avión de pasajeros S.23. Su profundo casco tenía dos cubiertas, de 9 a 11 tripulantes y combustible para patrullas de 14 horas. Lanzaba cargas de profundidad para inutilizar submarinos.

JUNKERS JU87B «STUKA»

Bombardero en picado

Longitud: 11,1 m

Velocidad punta: 340 km/h

Este bombardero alemán aterrorizó las fuerzas aliadas al principio de la guerra, pero más tarde su lenta velocidad de crucero (210 km/h) hizo de él un blanco fácil para los cazas enemigos.

20 341 Spitfires producidos, más unidades que de cualquier otro avión británico.

El kit del piloto incluía una palanca para forzar la apertura de una capota atascada.

Avión de combate

Con un papel vital en la Segunda Guerra Mundial, es el avión más famoso por su enfrentamiento con los principales cazas de la Alemania nazi durante la Batalla de Inglaterra y el desembarco del Día D.

Diseñado como caza de élite de corto alcance e interceptor, las curvas suaves y elegantes del Spitfire cautivaron la imaginación. Aunque requería una gran dedicación por parte de los mecánicos en tierra, en manos de un piloto experto el avión era bello y letal, muy ágil y capaz de superar a la mayoría de los cazas enemigos.

Modelo avanzado

Esta versión del Spitfire, el Mark IX, fue diseñada para contrarrestar un nuevo caza alemán, el Focke-Wulf FW 190A. El Mark IX estaba equipado con un motor Merlin más potente y volaba 64 km/h más rápido que los Spitfires anteriores. También podía ascender rápidamente –1250 m por minuto– e igualaba o superaba el manejo y el rendimiento general del FW 190A en el aire.

¡Zafarrancho de combate!
Los pilotos corrían hacia sus aviones cuando una campana anunciaba la llegada de aviones enemigos. Con los aviones armados y cargados de combustible, podían estar en el aire en cuestión de minutos.

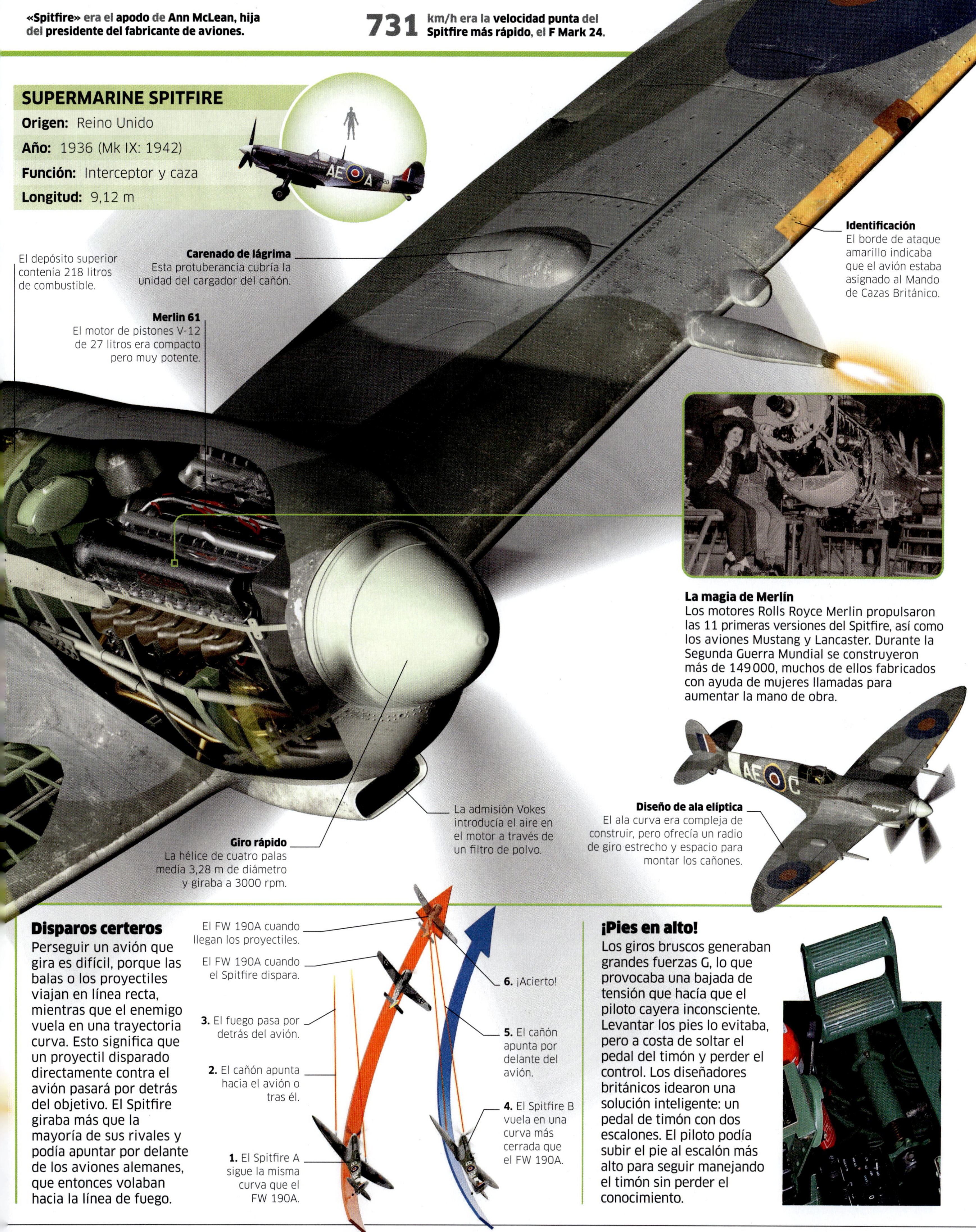

«Spitfire» era el apodo de Ann McLean, hija del presidente del fabricante de aviones.

731 km/h era la **velocidad punta del Spitfire más rápido, el F Mark 24.**

SUPERMARINE SPITFIRE

Origen: Reino Unido

Año: 1936 (Mk IX: 1942)

Función: Interceptor y caza

Longitud: 9,12 m

El depósito superior contenía 218 litros de combustible.

Carenado de lágrima
Esta protuberancia cubría la unidad del cargador del cañón.

Merlin 61
El motor de pistones V-12 de 27 litros era compacto pero muy potente.

Identificación
El borde de ataque amarillo indicaba que el avión estaba asignado al Mando de Cazas Británico.

La magia de Merlín
Los motores Rolls Royce Merlin propulsaron las 11 primeras versiones del Spitfire, así como los aviones Mustang y Lancaster. Durante la Segunda Guerra Mundial se construyeron más de 149 000, muchos de ellos fabricados con ayuda de mujeres llamadas para aumentar la mano de obra.

Giro rápido
La hélice de cuatro palas medía 3,28 m de diámetro y giraba a 3000 rpm.

La admisión Vokes introducía el aire en el motor a través de un filtro de polvo.

Diseño de ala elíptica
El ala curva era compleja de construir, pero ofrecía un radio de giro estrecho y espacio para montar los cañones.

Disparos certeros

Perseguir un avión que gira es difícil, porque las balas o los proyectiles viajan en línea recta, mientras que el enemigo vuela en una trayectoria curva. Esto significa que un proyectil disparado directamente contra el avión pasará por detrás del objetivo. El Spitfire giraba más que la mayoría de sus rivales y podía apuntar por delante de los aviones alemanes, que entonces volaban hacia la línea de fuego.

El FW 190A cuando llegan los proyectiles.

El FW 190A cuando el Spitfire dispara.

1. El Spitfire A sigue la misma curva que el FW 190A.

2. El cañón apunta hacia el avión o tras él.

3. El fuego pasa por detrás del avión.

4. El Spitfire B vuela en una curva más cerrada que el FW 190A.

5. El cañón apunta por delante del avión.

6. ¡Acierto!

¡Pies en alto!

Los giros bruscos generaban grandes fuerzas G, lo que provocaba una bajada de tensión que hacía que el piloto cayera inconsciente. Levantar los pies lo evitaba, pero a costa de soltar el pedal del timón y perder el control. Los diseñadores británicos idearon una solución inteligente: un pedal de timón con dos escalones. El piloto podía subir el pie al escalón más alto para seguir manejando el timón sin perder el conocimiento.

1,3 toneladas de aire son succionadas cada segundo por el motor Rolls Royce Trent XWB durante el vuelo.

Reactores

Todos los aviones funcionaban con motores de pistón que hacían girar hélices hasta que se inventaron los motores de reacción, que revolucionaron la aviación militar y civil.

La llegada de los motores de reacción no solo propulsó los aviones militares a velocidades mucho mayores, sino que los hizo mucho más fiables. Tenían menos piezas móviles que los de pistón y consumían menos combustible a altas velocidades. Los aviones con motores de reacción podían ser más grandes para transportar más pasajeros y volar distancias mayores que antes. Esto redujo de manera drástica el coste de volar y supuso el auge de las aerolíneas. En un año, 4000 millones de pasajeros viajan en avión, la gran mayoría en reactores.

ACCIÓN-REACCIÓN

Los motores de reacción funcionan según la tercera ley de Newton, que establece que para cada acción hay una reacción igual y opuesta. Alrededor del año 50 d. C., Herón de Alejandría demostró este principio con su eolípila.

El agua se calentaba al fuego en una caldera metálica, produciendo vapor. Este subía por unas tuberías hasta una esfera metálica hueca con dos picos curvos en lados opuestos. El aumento de presión en la esfera provocaba la salida de chorros de vapor por las boquillas. Estos chorros provocaban una reacción igual pero opuesta, que hacía girar la esfera en sentido contrario al de la salida del vapor.

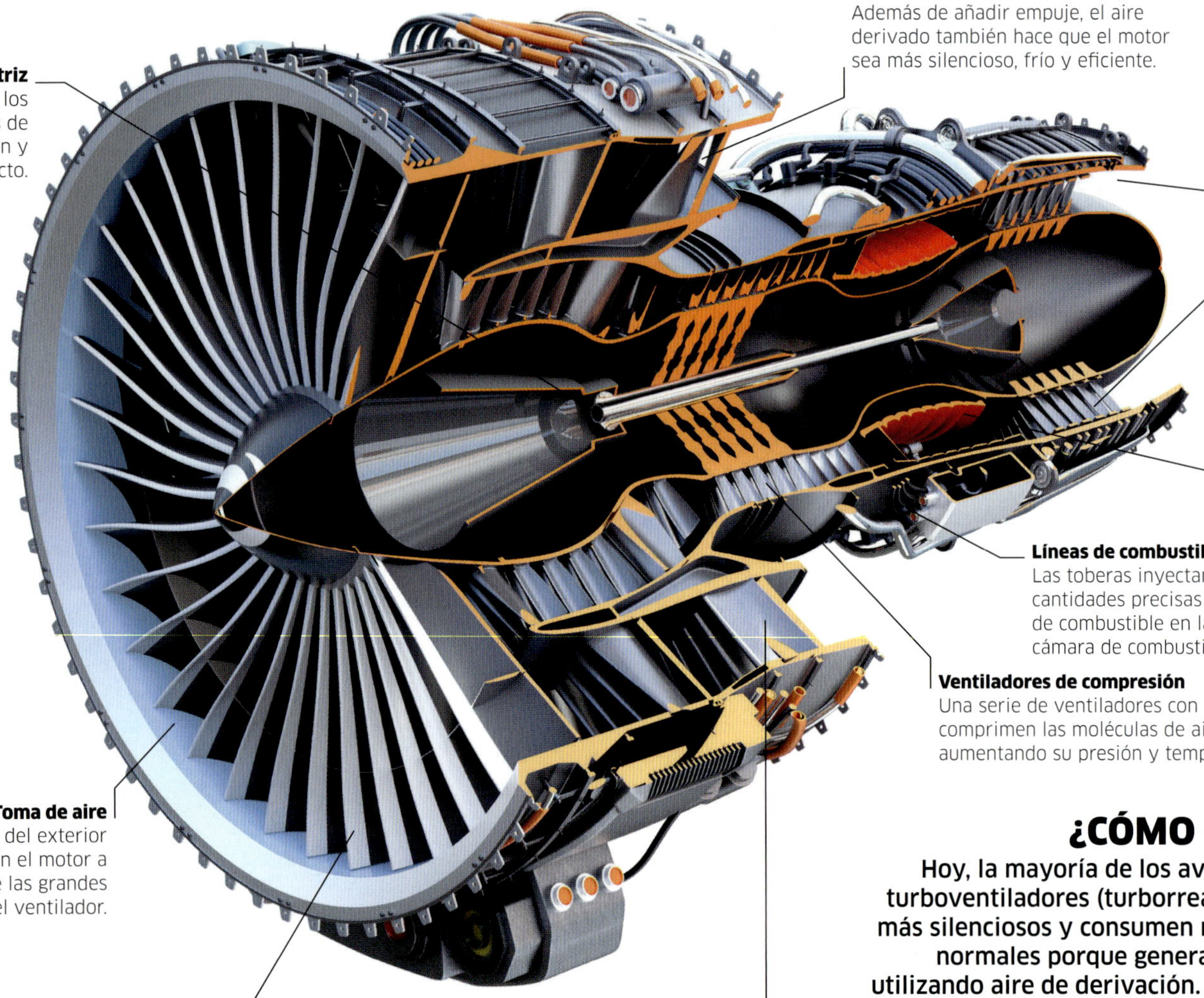

Eje motriz
Hace girar los ventiladores de compresión y de conducto.

Conducto de derivación
Además de añadir empuje, el aire derivado también hace que el motor sea más silencioso, frío y eficiente.

Boquilla de escape
Los gases salen del motor a través de esta abertura en la parte trasera, hasta a 2000 km/h de velocidad.

Turbina de baja presión
Los gases calientes en expansión ponen en marcha esta turbina, que, al girar, acciona el eje de transmisión que hace girar los ventiladores de compresión y los de conducto.

Cámara de combustión
El aire se mezcla con el combustible de aviación y se enciende, produciendo gases que se expanden rápidamente.

Líneas de combustible
Las toberas inyectan cantidades precisas de combustible en la cámara de combustión.

Ventiladores de compresión
Una serie de ventiladores con aspas comprimen las moléculas de aire, aumentando su presión y temperatura.

Toma de aire
El aire frío del exterior entra en el motor a través de las grandes aspas del ventilador.

Aspas del ventilador
Se fabrican con aleaciones metálicas complejas o materiales compuestos de fibra de carbono.

Ventilador de conducto
El ventilador del conducto acelera el aire frío que circula por los conductos de derivación.

¿CÓMO ES UN REACTOR?

Hoy, la mayoría de los aviones de pasajeros utilizan turboventiladores (turborreactores de doble flujo). Son más silenciosos y consumen menos combustible que los normales porque generan gran parte de su empuje utilizando aire de derivación. Esto significa que solo una parte del aire que entra en el motor atraviesa el núcleo para comprimirse, mezclarse con el combustible y encenderse. La mayor parte del aire pasa por fuera del núcleo por conductos de derivación, impulsado y acelerado por un ventilador. Este aire sale por la parte trasera del motor junto con los gases de escape calientes del núcleo, proporcionando un empuje adicional. Ver «Distintos reactores» (derecha) para comparar los tipos.

1700 °C es la **temperatura máxima** en algunas **cámaras de combustión** cuando un **motor de reacción** funciona a **máxima potencia.**

31 000 piezas constituyen un solo **motor turboventilador GE9X.**

PIONEROS DE LOS REACTORES

En 1922, el ingeniero francés Maxime Guillaume patentó un sencillo motor de reacción con ventiladores para comprimir el aire, pero nunca llegó a construir un prototipo. Otros dos ingenieros, uno en Gran Bretaña y otro en Alemania, desarrollaron los primeros reactores, que funcionaron por primera vez en 1937. Siete años más tarde, el primer reactor militar estaba listo para el combate. El Messerschmitt Me 262 alcanzaba los 870 km/h en vuelo nivelado, mucho más rápido que cualquier otro avión de la época.

Frank Whittle (1907-1996)
Whittle (derecha de la imagen) se pasó la década de 1930 perfeccionando su visión de los aviones de reacción. En abril de 1937, su turborreactor WU se convirtió en el primer motor de reacción que funcionó con éxito en tierra. En 1941, un motor Whittle W.1 propulsó el primer avión de reacción británico, el Gloster E28/39 experimental. En 1944, el Gloster Meteor se convirtió en el primer caza de reacción británico.

Hans von Ohain (1911-1998)
Von Ohain tenía solo 19 años cuando patentó por primera vez el diseño de un motor de reacción. Su versión inicial funcionaba con hidrógeno, pero en 1937 se convirtió a gasolina. Su motor propulsó el primer avión a reacción, el Heinkel He 178, en 1939, pero fue Axel Frank quien diseñó el motor del primer caza de reacción. El Messerschmitt Me 262 entró en servicio en 1944.

DISTINTOS REACTORES

Los motores de reacción son de distintos tipos, pero funcionan según los mismos principios básicos. Aspiran y comprimen el aire, aumentando su presión y temperatura. A continuación, el aire entra en una cámara de combustión donde se mezcla con el combustible y se enciende. Al arder con fuerza, se producen gases que se expanden rápidamente. Estos gases salen por la parte trasera del motor de reacción a través de las toberas de escape y producen una gran cantidad de empuje hacia delante.

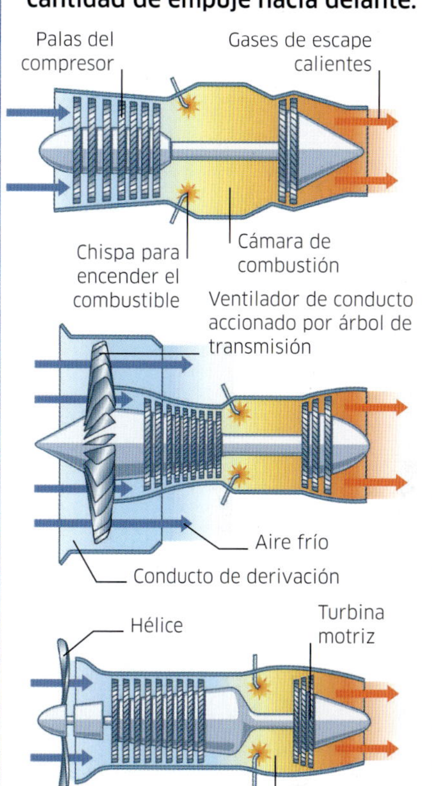

Turborreactor
La forma más sencilla de motor de reacción admite un flujo constante de aire mientras los gases quemados salen del motor a gran velocidad. Los turborreactores producen mucho empuje, pero son ruidosos y consumen mucho combustible.

Turboventilador
Los turboventiladores dividen el flujo de aire entrante. Una parte pasa a la cámara de combustión, pero el aire frío también circula por conductos de derivación. Estos conductos añaden empuje canalizando el aire alrededor de la cámara de combustión y fuera de la parte trasera del motor.

Turbohélice
En este tipo, los gases producidos por la combustión solo producen un poco de empuje. Se utilizan principalmente para hacer girar una turbina, que acciona un eje de transmisión que hace girar una hélice.

SUPERMOTOR

En 2018, las pruebas realizadas con el motor GE9X de General Electric para el avión de pasajeros Boeing 777X revelaron que se trata del motor de reacción comercial más potente de la historia. La unidad completa es más ancha que el fuselaje de un Boeing 737 y proporciona 597 390 N de empuje, lo que equivale a tres motores y medio de los utilizados en el Concorde (ver pp. 168-169).

Gran unidad
El motor más potente del mundo, un GE9X, montado en un Boeing 777X.

VECTORIZACIÓN DEL EMPUJE

Los escapes de la mayoría de los motores de reacción son fijos. Pero los motores de empuje vectorial disponen de toberas de escape que se inclinan, cambiando la dirección de los gases que salen del motor y, por tanto, la dirección del empuje que actúa sobre el avión.

Gran alabeo
Las toberas de escape del Lockheed Martin F-22 Raptor pueden inclinarse 20° hacia arriba o hacia abajo para entrar en picado, ascender, girar o alabear más rápido.

Cómo funciona

El empuje vectorial está integrado en los sistemas de control de vuelo de los aviones de reacción. Cuando el piloto modifica la dirección del avión con el mando y los pedales del timón, las toberas también se mueven para realizar ascensos, descensos o giros más bruscos. En este diagrama, la tobera ayuda a empujar la cola hacia abajo para ascender, o la empuja hacia arriba para entrar en picado.

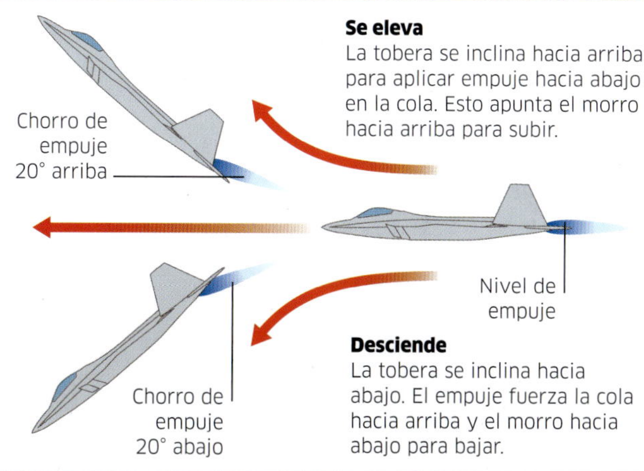

Se eleva
La tobera se inclina hacia arriba para aplicar empuje hacia abajo en la cola. Esto apunta el morro hacia arriba para subir.

Desciende
La tobera se inclina hacia abajo. El empuje fuerza la cola hacia arriba y el morro hacia abajo para bajar.

DUBAI
SKYDIVE
DUBAI
DUBAI
ARMEE DE L'AIR
1
3
5

Jetman

Un temerario Yves Rossy se une a los ocho Dassault/Dornier Alpha Jets del equipo de exhibición acrobática Patrouille de France a 1200 m sobre Dubái en 2016.

Antiguo piloto de las fuerzas aéreas suizas, Rossy empezó a desarrollar trajes alados en la década de 2000. Su último Jetwing de fibra de carbono tiene cuatro pequeños motores que le impulsan a más de 400 km/h. Durante 13 minutos, vuela dirigiéndose con el cuerpo, antes de lanzarse en paracaídas en cuanto se agota el combustible.

139 238 vuelos comerciales registrados en todo el mundo el 20 de julio de 2023.

Tren de aterrizaje
En carenado aerodinámico reduce la resistencia de las ruedas del tren de aterrizaje.

CESSNA 172

Avión ligero de ala superior

Origen: Estados Unidos

Longitud: 8,3 m

Desde 1955 se han construido más de 44 000 unidades de este avión de cuatro plazas, en el que miles de pilotos aprenden a volar.

PIPISTREL VELIS ELECTRO

Avión ligero eléctrico pionero

Origen: Eslovenia

Longitud: 6,5 m

Dos baterías alimentan el motor eléctrico de este biplaza para vuelos de hasta 50 minutos. No produce emisiones en el aire y es mucho más silencioso que una avioneta tradicional.

Aviones civiles

Todos los aviones no militares se clasifican como aviones civiles. Van desde los monoplazas hasta los gigantescos reactores que transportan a cientos de personas entre continentes.

Los aviones comerciales transportaron más de 4000 millones de pasajeros en 34 millones de vuelos en 2023, así como cargas que van desde correo hasta piezas aeroespaciales gigantes. Otras aeronaves civiles realizan una amplia gama de tareas, desde la formación de pilotos y la evacuación médica hasta la topografía aérea, el trabajo agrícola y las acrobacias aéreas.

ATR 42

Avión regional fiable

Origen: Italia y Francia

Longitud: 22,7 m

Aviones como este, de menor capacidad, se usan en rutas cortas, para alimentar las de más largo radio. El ATR 42 opera en pistas cortas y transporta hasta 48 personas.

Potencia de propulsión
Una hélice de seis palas proporciona una velocidad de crucero de 500 km/h.

Motor turbohélice
Además de hacer girar una hélice para el vuelo, el motor también acciona un generador eléctrico.

BOEING 787

Avión de pasajeros de fuselaje ancho

Origen: Estados Unidos

Longitud: 57 m

Los materiales compuestos ligeros constituyen la mitad del peso del 787-8, lo que lo hace más ligero y más eficiente en consumo de combustible que sus predecesores. Alcanza una velocidad de crucero de 903 km/h y tiene una autonomía de 13 620 km.

Alas flexibles
Las alas se flexionan y doblan hasta 3 m para reducir la resistencia y ahorrar combustible.

La carrocería ancha suele tener capacidad para 296 pasajeros más equipaje.

AIRBUS A380

Avión de dos pisos

Origen: Multinacional

Longitud: 72,7 m

El avión de pasajeros más grande del mundo pesa hasta 575 toneladas a plena carga y puede llevar hasta 853 personas en dos cubiertas. Para levantar el vuelo, cuenta con una enorme envergadura: nada menos que 79,7 m.

GRUMMAN G-164

Fumigador convertido en avión acrobático

Origen: Estados Unidos

Longitud: 7,1 m

Presentado en 1957, este biplano monomotor se diseñó para fumigar cultivos y lanzar semillas a baja altitud; la cabina podía sellarse para impedir la entrada de los productos pulverizados. Más tarde, se convirtió en el preferido de los *wing walkers* y otros pilotos acrobáticos.

Andar por el ala
Los *wing walkers* hacen arriesgados poses a 140 km/h para impresionar al público.

AIRBUS BELUGA XL

Avión de carga gigante

Origen: Multinacional

Longitud: 63,1 m

Basado en un Airbus A330, el gigantesco fuselaje de este avión de carga puede albergar pares de alas de avión de pasajeros y se carga mediante un morro abatible. El Beluga XL tiene una autonomía de hasta 4000 km.

A cuestas
El reactor está montado en la parte superior del avión.

CIRRUS VISION SF50

Minijet de negocios

Origen: Estados Unidos

Longitud: 9,4 m

El fuselaje de fibra de carbono de este avión ultraligero tiene capacidad para seis pasajeros y un solo piloto. Si falla el motor turborreactor, el sistema de seguridad puede lanzar en paracaídas todo el avión hasta el suelo.

GULFSTREAM G200

Avión de negocios de radio medio

Origen: Estados Unidos e Israel

Longitud: 19 m

También conocido como IAI Galaxy, este pequeño reactor suele tener capacidad para 8-10 pasajeros de negocios en viajes de hasta 6750 km. Sus motores alcanzan una velocidad máxima de 900 km/h.

CASA C-212 AVIOCAR

Transporte polivalente

Origen: España

Longitud: 16,2 m

Simple y robusto, el fuselaje cuadrado de este avión puede transportar 2700 kg de carga, embarcada a través de una rampa trasera. Puede despegar de pistas sin pavimentar de hasta 400 m.

Motores turbohélice
Los motores bimotores proporcionan potencia suficiente para despegar y aterrizar con rapidez.

Aterrizaje suave
Tren de aterrizaje fijo con neumáticos de baja presión para pistas de hierba.

5000 Horas de pruebas en el túnel de viento que se necesitaron para desarrollar el ala delta curvada.

Los neumáticos del Concorde se cambiaban cada 30 aterrizajes.

Tomas de aire
A velocidades supersónicas, reducían la velocidad del aire entrante en más de un 75 % para no dañar los motores.

Toberas de escape
Las toberas variables especialmente desarrolladas reducen el peso y el ruido del motor.

Concorde

Este avión supersónico volaba a más del doble de la velocidad del sonido –unos 2179 km/h– acortando los tiempos de vuelo en algunas rutas de larga distancia.

El esbelto fuselaje del Concorde y su ala triangular aerodinámica eran una forma elegante de generar suficiente sustentación y minimizar la resistencia para volar supersónicamente. Con cuatro potentes motores, el avión podía alcanzar 2,04 veces la velocidad del sonido y volar a 18 300 m. Cada pieza del avión se diseñó especialmente para soportar las fuerzas extremas del vuelo supersónico a gran altitud.

Combustible bombeado hacia atrás

Depósitos de trimado delanteros

Depósitos principales

Depósito trasero

Equilibrio
Al alcanzar velocidades supersónicas, las fuerzas aerodinámicas desplazaban el centro de sustentación hacia atrás, haciendo que la cola se elevara y el morro se inclinara hacia abajo. Para corregirlo, el combustible se bombeaba hacia atrás al ganar velocidad y hacia delante al reducir la velocidad para el descenso y el aterrizaje.

CONCORDE

Origen: Reino Unido y Francia

Año: 1969

Función: Avión supersónico

Longitud: 62,1 m

Cocina 1
Una de las siete cocinas del avión, con dos hornos eléctricos.

Aerodinámico
El fuselaje de aleación de aluminio era tan largo como un Boeing 747, pero solo un tercio de ancho.

Vuelo con vistas

De los 20 Concordes construidos, 14 entraron en servicio con British Airways y Air France, operando entre 1976 y 2003. Pese a las elevadas tarifas, el Concorde transportó a más de 2,5 millones de pasajeros en ese periodo, entre ellos el empresario británico Fred Finn, que realizó la cifra récord de 718 vuelos, siempre sentado en el asiento 9A. Al volar a casi el doble de altura que los aviones convencionales, los pasajeros del Concorde podían ver la curvatura de la Tierra.

Nariz inclinable
El morro se inclinaba 5° para despegar y 12,5° para aterrizar, para que el piloto tuviera una visión clara de la pista.

Cabina de vuelo
El piloto, el copiloto y el ingeniero de vuelo utilizaban innovadores controles fly-by-wire.

Visor
Un escudo de cristal resistente al calor protegía la cabina a altas velocidades, pero se bajaba para mejorar la visibilidad al aterrizar.

Pintura reflectante
A máxima velocidad, la fricción calentaba el morro hasta 127 °C. La pintura blanca reflectante reduce la temperatura en 10 °C.

El Concorde volaba entre Londres y Nueva York en un tiempo récord de solamente 2 horas, 52 minutos y 59 segundos.

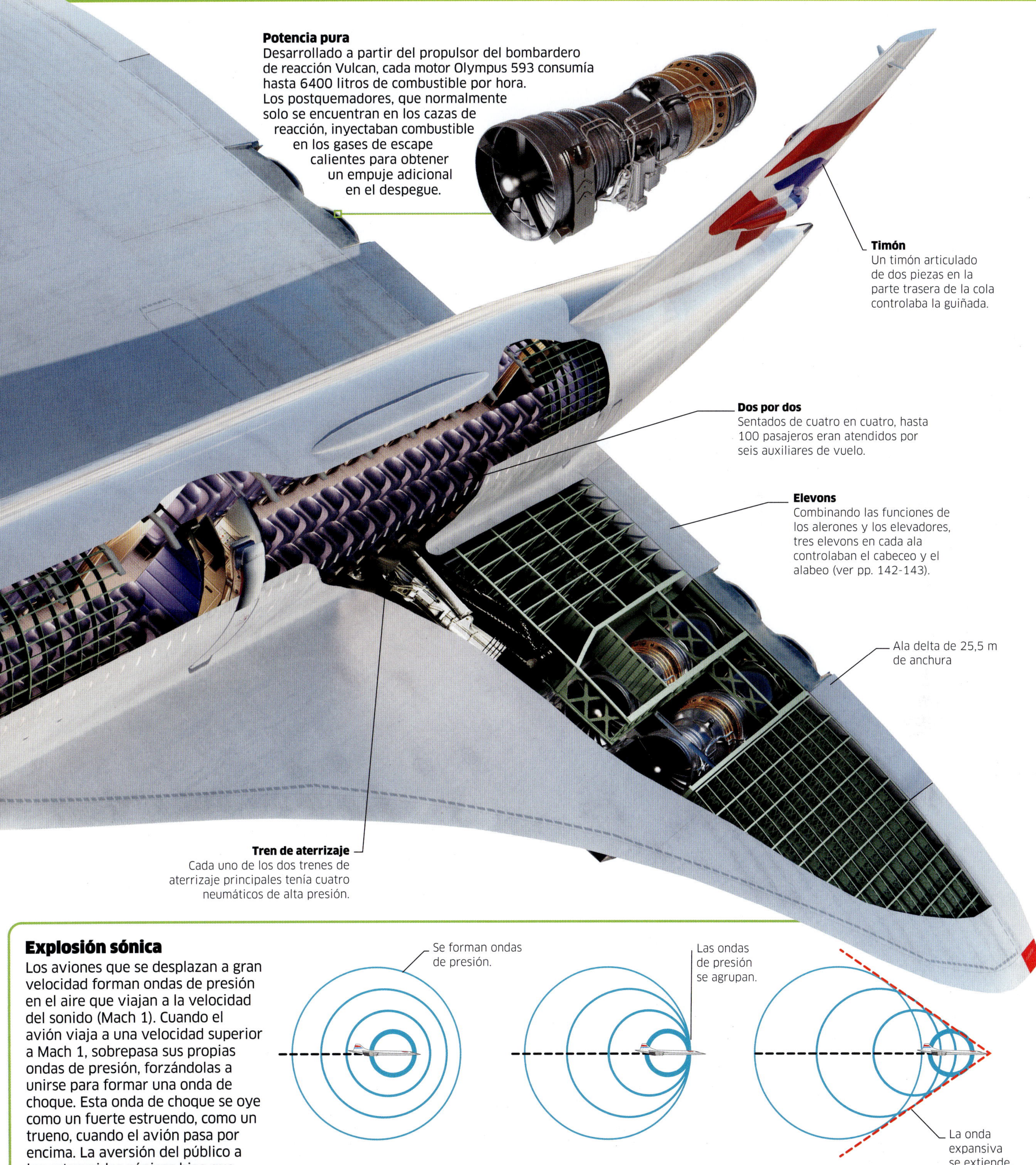

Potencia pura
Desarrollado a partir del propulsor del bombardero de reacción Vulcan, cada motor Olympus 593 consumía hasta 6400 litros de combustible por hora. Los postquemadores, que normalmente solo se encuentran en los cazas de reacción, inyectaban combustible en los gases de escape calientes para obtener un empuje adicional en el despegue.

Timón
Un timón articulado de dos piezas en la parte trasera de la cola controlaba la guiñada.

Dos por dos
Sentados de cuatro en cuatro, hasta 100 pasajeros eran atendidos por seis auxiliares de vuelo.

Elevons
Combinando las funciones de los alerones y los elevadores, tres elevons en cada ala controlaban el cabeceo y el alabeo (ver pp. 142-143).

Ala delta de 25,5 m de anchura

Tren de aterrizaje
Cada uno de los dos trenes de aterrizaje principales tenía cuatro neumáticos de alta presión.

Explosión sónica

Los aviones que se desplazan a gran velocidad forman ondas de presión en el aire que viajan a la velocidad del sonido (Mach 1). Cuando el avión viaja a una velocidad superior a Mach 1, sobrepasa sus propias ondas de presión, forzándolas a unirse para formar una onda de choque. Esta onda de choque se oye como un fuerte estruendo, como un trueno, cuando el avión pasa por encima. La aversión del público a los estampidos sónicos hizo que el Concorde volara más despacio sobre tierra y solo alcanzara su velocidad máxima sobre el océano.

Se forman ondas de presión.

Por debajo de Mach 1
El avión crea ondas de presión, que se propagan como ondas en un estanque.

Las ondas de presión se agrupan.

Mach 1
El avión viaja a la misma velocidad que sus ondas de presión, y estas se agrupan.

La onda expansiva se extiende.

Por encima de Mach 1
El avión pasa a ser supersónico. Las ondas de presión se combinan y forman una onda de choque, como la ola de proa de un barco.

Ruedas abajo

Los bañistas saludan la llegada, ruidosa y extremadamente cercana, de un Boeing 747 que aterriza en San Martín.

Los aviones grandes y pesados necesitan una pista larga, a menudo de 1500 m o más, para aterrizar, reducir la velocidad y rodar. En esta pequeña isla caribeña, el aeropuerto comienza justo al lado de la costa, por lo que los pilotos sobrevuelan la playa de Maho para que las ruedas de sus aviones lleguen rápidamente a la pista. Abajo, la gente se agolpa en la playa para disfrutar de la cercanía de estas impresionantes aeronaves.

93,7 millones de personas pasaron por el aeropuerto más transitado del mundo, el Hartsfield-Jackson de Atlanta, Estados Unidos, en 2022.

Aeropuerto

Los aeropuertos son grandes centros de transporte que reciben miles de vuelos con muchas toneladas de carga y un gran número de personas.

Además de los edificios terminales y los enlaces de transporte que ven la mayoría de los pasajeros, los aeropuertos cuentan con instalaciones dedicadas a la manipulación de la carga, la seguridad, la restauración, el repostaje, la limpieza y el mantenimiento. Los centenares de aeronaves que utilizan un aeropuerto cada día deben ser dirigidas, tanto en el aire como en tierra, en una serie de movimientos cuidadosamente planificados que garanticen un funcionamiento rápido, eficiente y seguro.

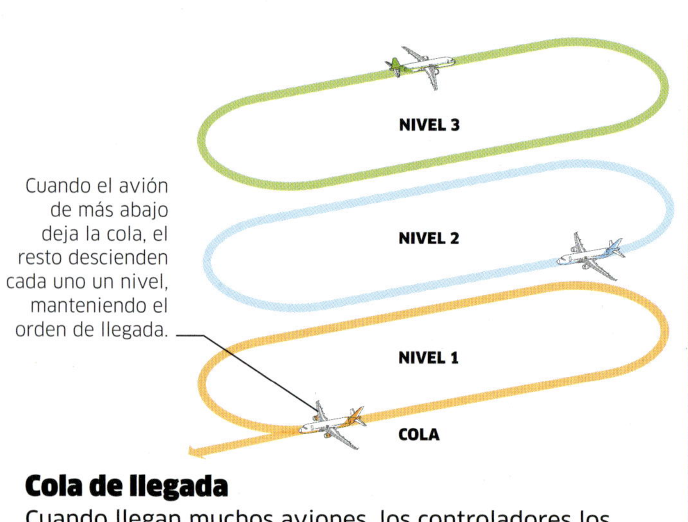

Cuando el avión de más abajo deja la cola, el resto descienden cada uno un nivel, manteniendo el orden de llegada.

Cola de llegada

Cuando llegan muchos aviones, los controladores los dirigen a una zona segura del cielo denominada cola. Allí, los aviones vuelan en pautas de espera ovaladas, cada uno separado por 305 m de altitud, y esperan su turno para descender y aterrizar.

El rumbo de la brújula en decenas de grados ayuda a los pilotos a aterrizar en el lugar correcto: 27 es 270º, es decir, hacia el oeste.

Frenado
Tras aterrizar, el avión frena a fondo para reducir la velocidad.

La pista de rodaje de alta velocidad permite a los aviones salir más rápido de la pista

Pista reversible
Las marcas de aterrizaje en ambos extremos permiten utilizar la pista en cualquier dirección, en función de los vientos.

Las líneas centrales de las calles de rodaje indican rutas seguras por el aeropuerto.

Camión cisterna
Los aviones repostan de camiones especiales o de bombas subterráneas.

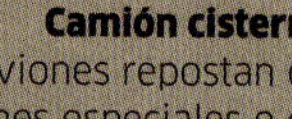

Un avión recién aterrizado sale de la pista en dirección a la plataforma y las terminales.

Radar giratorio
La antena barre el área local para rastrear aviones en movimiento.

Los controladores guían a los pilotos en el despegue y el aterrizaje.

Los controladores de tierra dirigen los aviones por el aeropuerto.

Sala de control visual
La parte superior de la torre de control ofrece vistas de 360º del aeropuerto.

Control del tráfico aéreo

Desde la torre, los controladores aéreos coordinan todos los despegues, aterrizajes y movimientos en tierra para evitar accidentes. Vigilan la meteorología, siguen las aeronaves en las pantallas de radar y están en contacto permanente por radio con los pilotos.

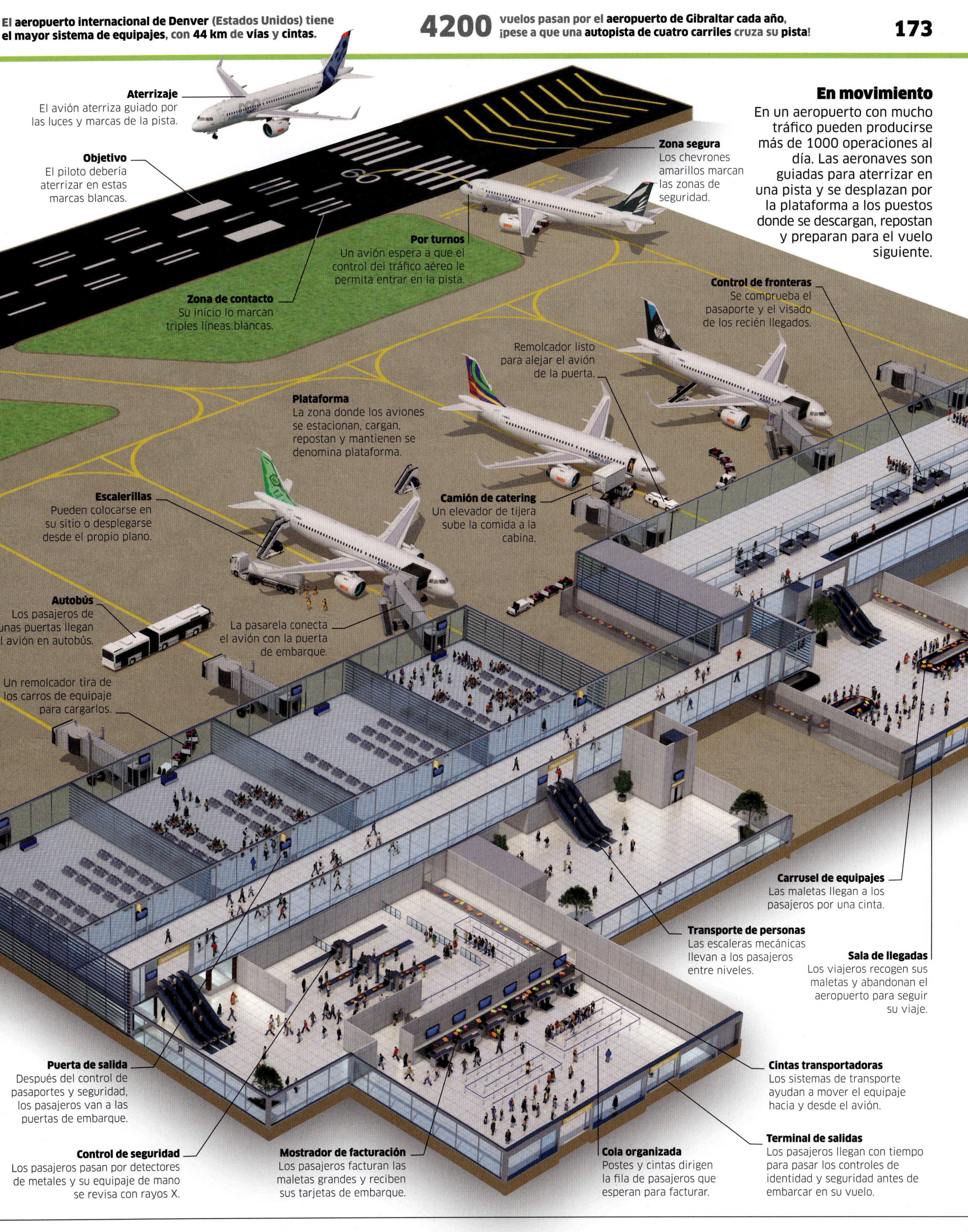
En movimiento
En un aeropuerto con mucho tráfico pueden producirse más de 1000 operaciones al día. Las aeronaves son guiadas para aterrizar en una pista y se desplazan por la plataforma a los puestos donde se descargan, repostan y preparan para el vuelo siguiente.
Aterrizaje El avión aterriza guiado por las luces y marcas de la pista.
Objetivo El piloto debería aterrizar en estas marcas blancas.
Zona segura Los chevrones amarillos marcan las zonas de seguridad.
Por turnos Un avión espera a que el control del tráfico aéreo le permita entrar en la pista.
Zona de contacto Su inicio lo marcan triples líneas blancas.
Control de fronteras Se comprueba el pasaporte y el visado de los recién llegados.
Remolcador listo para alejar el avión de la puerta.
Plataforma La zona donde los aviones se estacionan, cargan, repostan y mantienen se denomina plataforma.
Escalerillas Pueden colocarse en su sitio o desplegarse desde el propio plano.
Camión de catering Un elevador de tijera sube la comida a la cabina.
Autobús Los pasajeros de unas puertas llegan al avión en autobús.
La pasarela conecta el avión con la puerta de embarque.
Un remolcador tira de los carros de equipaje para cargarlos.
Carrusel de equipajes Las maletas llegan a los pasajeros por una cinta.
Transporte de personas Las escaleras mecánicas llevan a los pasajeros entre niveles.
Sala de llegadas Los viajeros recogen sus maletas y abandonan el aeropuerto para seguir su viaje.
Puerta de salida Después del control de pasaportes y seguridad, los pasajeros van a las puertas de embarque.
Cintas transportadoras Los sistemas de transporte ayudan a mover el equipaje hacia y desde el avión.
Terminal de salidas Los pasajeros llegan con tiempo para pasar los controles de identidad y seguridad antes de embarcar en su vuelo.
Control de seguridad Los pasajeros pasan por detectores de metales y su equipaje de mano se revisa con rayos X.
Mostrador de facturación Los pasajeros facturan las maletas grandes y reciben sus tarjetas de embarque.
Cola organizada Postes y cintas dirigen la fila de pasajeros que esperan para facturar.

El primer autogiro con éxito, el C.4 de Juan de la Cierva, **voló en 1923.**

Palas giratorias

Las largas y finas palas de los rotores de los helicópteros y otras naves propulsadas por palas giratorias son perfiles aerodinámicos (ver p. 143). Al girar a gran velocidad, actúan como las alas de un avión: crean sustentación cuando el aire se desplaza a su alrededor.

La mayoría de las naves de rotor son helicópteros. Sus rotores generan sustentación sin que avancen a gran velocidad. Esto significa que, a diferencia de la mayoría de las aeronaves de ala fija, los helicópteros pueden despegar y aterrizar verticalmente, maniobrar en espacios reducidos y quedarse inmóviles en el aire con facilidad. Recientemente, los drones teledirigidos de múltiples rotores han surgido como vehículo alternativo para misiones de búsqueda y rescate, servicios de taxi urbano y entregas urgentes.

PRIMEROS PROTOTIPOS

El inventor ucraniano-estadounidense Igor Sikorsky intentó construir helicópteros por primera vez en 1909 y 1910 sin éxito. Retomó el desafío en la década de 1930, creando el primer helicóptero práctico con un solo rotor de cola, el VS-300, seguido de la primera máquina producida en serie, el R-4, que entró en servicio en 1943.

Vuelo de prueba
Igor Sikorsky pilota su propio invento, el helicóptero VS-300, en un vuelo en 1940.

CÓMO FUNCIONA UN HELICÓPTERO

La mayoría de los helicópteros están formados por un brazo de cola y un cuerpo con una cabina, espacio para pasajeros o carga, uno o más motores y, sobre el cuerpo, un conjunto de palas que suelen girar entre 225 y 500 veces por minuto, actuando como las alas de un avión para generar sustentación.

Rotor del helicóptero
Las barras de control, que están conectadas por dos discos denominados platos cíclicos, modifican el paso de las palas para generar más o menos sustentación. Los rodamientos de bolas entre los discos permiten que el disco superior gire con los rotores mientras el inferior permanece fijo.

Pala

Una tuerca fija el rotor al mástil.

Mástil del rotor

Barra de control

Plato cíclico (disco superior)

Rodamiento de bolas

Plato cíclico (disco inferior)

Eje motriz

A los mandos

El piloto puede modificar el paso de todos los rotores al mismo tiempo para ascender o descender, o inclinar el plato cíclico hacia la izquierda, la derecha, adelante o atrás, para que el helicóptero se mueva en la dirección de la inclinación. Las palas del rotor están articuladas en la unión al mástil del rotor. Esto permite que un plato cíclico móvil altere el cabeceo o ángulo de ataque de los rotores (p. 142). Un mayor cabeceo produce más sustentación.

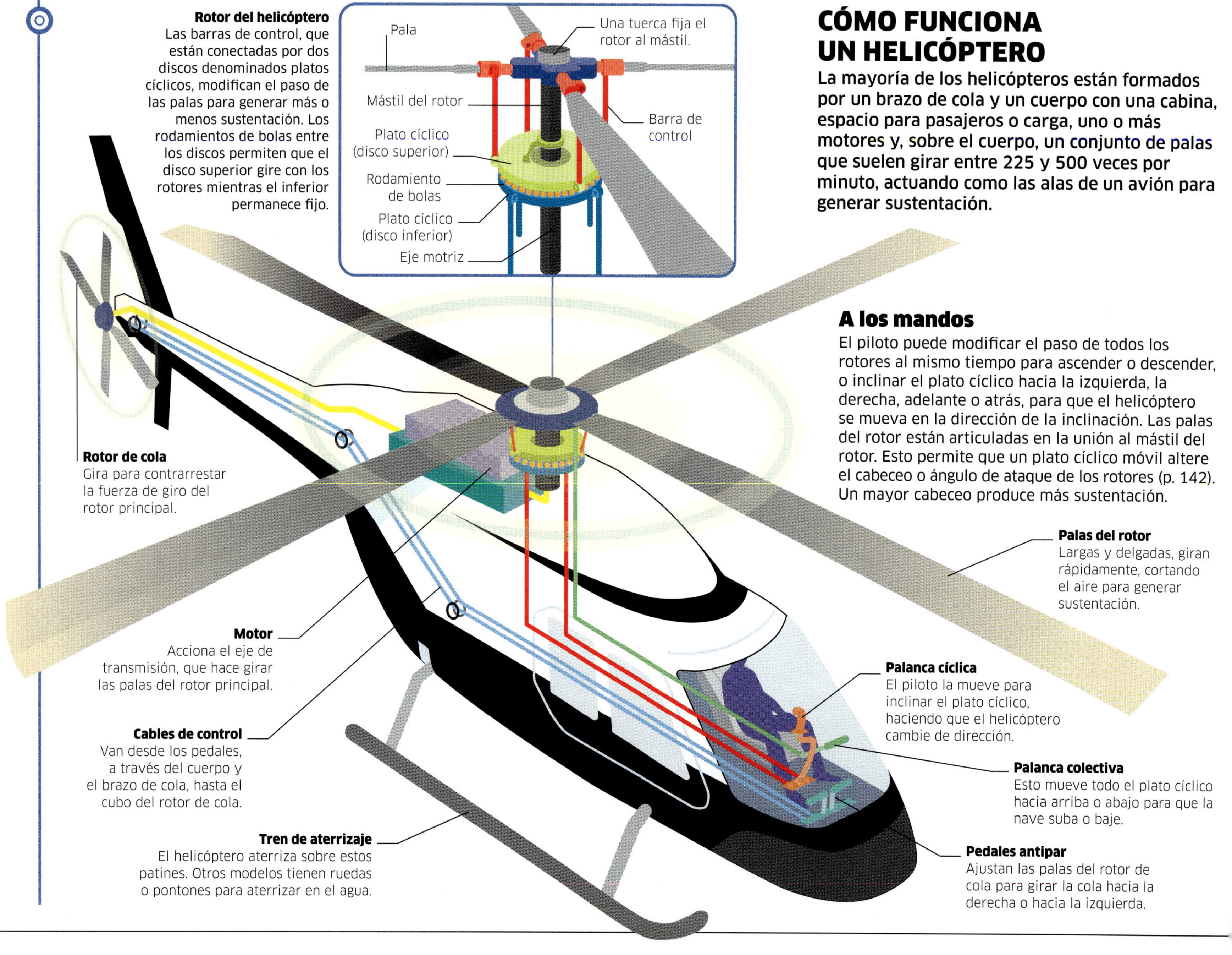

Rotor de cola
Gira para contrarrestar la fuerza de giro del rotor principal.

Palas del rotor
Largas y delgadas, giran rápidamente, cortando el aire para generar sustentación.

Motor
Acciona el eje de transmisión, que hace girar las palas del rotor principal.

Palanca cíclica
El piloto la mueve para inclinar el plato cíclico, haciendo que el helicóptero cambie de dirección.

Cables de control
Van desde los pedales, a través del cuerpo y el brazo de cola, hasta el cubo del rotor de cola.

Palanca colectiva
Esto mueve todo el plato cíclico hacia arriba o abajo para que la nave suba o baje.

Tren de aterrizaje
El helicóptero aterriza sobre estos patines. Otros modelos tienen ruedas o pontones para aterrizar en el agua.

Pedales antipar
Ajustan las palas del rotor de cola para girar la cola hacia la derecha o hacia la izquierda.

105 toneladas: peso máximo al despegue del helicóptero más pesado del mundo, el Mil Mi-12.

8848 m: el aterrizaje a mayor altura realizado por un helicóptero, un Airbus AS350 B3, en la cima del Everest.

CONTROL DEL GIRO

Cuando el rotor principal de un helicóptero gira, genera una fuerza de giro igual y opuesta en el cuerpo del helicóptero. Esto podría hacer girar la nave a una gran velocidad en la dirección opuesta, imposibilitando su vuelo. Para contrarrestarlo, la mayoría de los helicópteros utilizan un segundo rotor.

Rotor de cola

Más pequeño que el rotor principal, está montado en el brazo de cola, en ángulo recto con el rotor principal. Genera empuje lateral, que equilibra la fuerza de giro de los rotores principales. Cambiando el ángulo de las palas, el piloto puede ajustar el empuje lateral para orientar la cola a izquierda o derecha, un efecto similar al del timón de un avión.

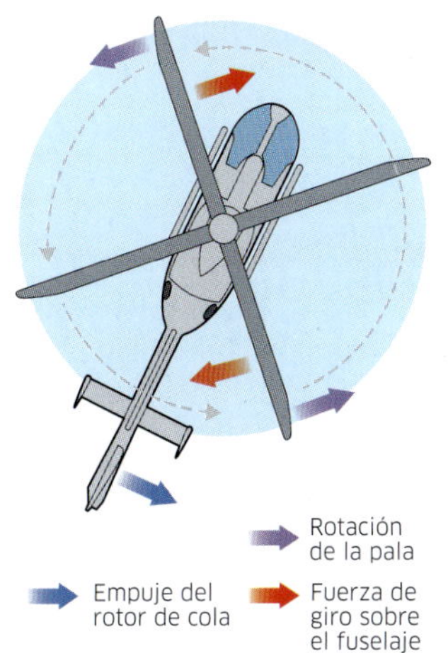

Contra-rotación

Algunos helicópteros tienen dos rotores principales, que giran sobre el mismo eje pero en direcciones opuestas. Conocidos como rotores coaxiales, anulan las fuerzas de giro.

Fenestron

Este ventilador giratorio en conducto se coloca dentro de la carrocería de cola y produce menos ruido que un rotor de cola normal.

Fenestron

AUTOGIRO

Estas sencillas aeronaves tienen una hélice propulsada hacia atrás que genera empuje hacia delante, pero el rotor no está propulsado. Cuando la aeronave avanza, el flujo de aire hace girar las palas y genera sustentación.

Los autogiros suelen ser pequeñas naves monoplaza o biplaza con una hélice de empuje montada detrás de la cabina.

MUCHOS ROTORES

Algunas naves tienen varios conjuntos de rotores principales, cada uno girando sobre su propio eje. Las parejas de rotores giran en direcciones opuestas para equilibrar las fuerzas de giro, por lo que no se necesita rotor de cola. Los helicópteros biplaza, como el Chinook (ver p. 177), tienen dos rotores; los cuadricópteros, cuatro; y el VoloDrone eléctrico (ver p. 185), ¡18!

Cuadricóptero

Para controlar un cuadricóptero (ver p. 184) se altera la velocidad de los distintos rotores del dron. Para avanzar, los dos rotores traseros giran más rápido para producir más sustentación, inclinando el cuadricóptero hacia abajo en la parte delantera. De este modo, los cuatro rotores se orientan en ángulo, de modo que producen elevación y empuje hacia delante. Para girar sobre la marcha, uno de los pares de rotores diagonalmente opuestos debe girar más rápido.

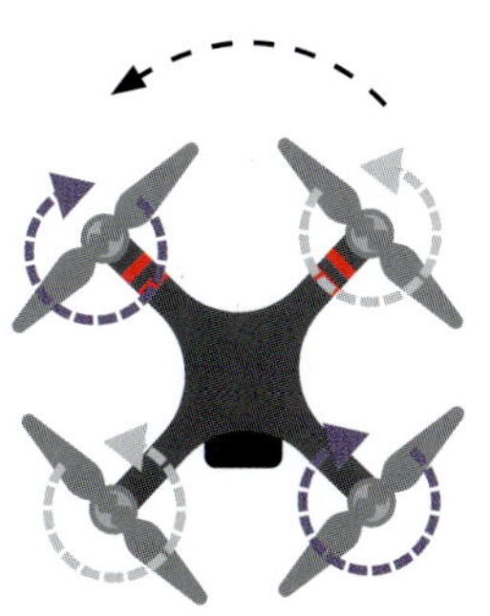

Para girar a la izquierda, los dos rotores que van en el sentido de las agujas del reloj giran más rápido.

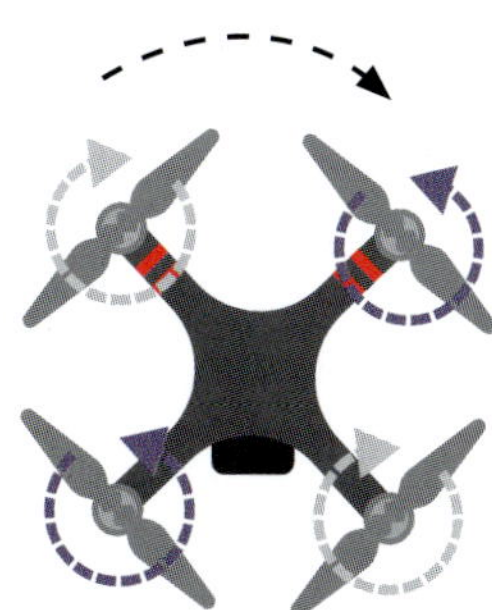

Para girar a la derecha, los dos rotores que van en el sentido contrario a las agujas del reloj giran más rápido.

MANIOBRAS

Los pilotos de helicópteros maniobran utilizando tres controles clave. El acelerador controla la potencia del motor y, con ella, la velocidad de giro del rotor. La palanca colectiva eleva o baja todo el plato cíclico, lo que altera el paso de todas las palas del rotor en la misma medida. La palanca cíclica inclina el plato cíclico en una dirección para que las palas del rotor generen una sustentación desigual, que envía el helicóptero hacia delante, hacia atrás o hacia los lados.

Despegue
El piloto aumenta el paso y la velocidad de las palas del rotor mediante la palanca colectiva y el acelerador. Esto genera suficiente sustentación para superar el peso de la nave y elevarse en el aire.

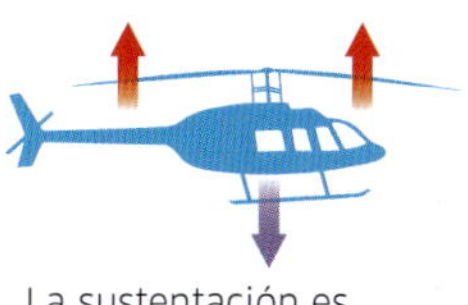

La sustentación es mayor que el peso, por lo que la nave se eleva.

Todas las palas tienen un paso mayor, lo que genera una sustentación máxima.

Plato cíclico elevado por palanca colectiva

Vuelo estacionario
Cuando las cuatro fuerzas de vuelo están equilibradas, el helicóptero permanece inmóvil en el aire. La sustentación es igual al peso y no se produce empuje ni resistencia hacia delante o hacia los lados.

Todas las palas tienen el mismo paso.

La sustentación generada es igual al peso del helicóptero.

Vuelo hacia delante
El piloto mueve la palanca cíclica hacia delante para inclinar los platos cíclicos hacia arriba en la parte trasera. Esto aumenta el paso de las palas en la parte trasera, inclinando el helicóptero para que todas sus palas generen empuje hacia delante además de generar sustentación.

Elevación mayor en la parte trasera, inclinando el helicóptero hacia delante

El paso de las palas traseras es mayor.

Plato cíclico inclinado hacia delante por el control cíclico

 136,7 **km/h: velocidad media de la vuelta al mundo en helicóptero más rápida, en un AW109.**

AEROSPATIALE SA-313 ALOUETTE II

Primer helicóptero de reacción

Origen: Francia

Velocidad máxima: 185 km/h

Este versátil avión francés de cinco plazas voló por primera vez en 1955. Propulsado por un motor a reacción turboeje pionero en aviones, se utilizó ampliamente para rescate en montaña, fotografía, observación, evacuación...

SIKORSKY R-4

Primer helicóptero práctico

Origen: Estados Unidos

Velocidad máxima: 121 km/h

El primer helicóptero operativo entró en servicio con las fuerzas británicas y estadounidenses en 1943 para observación y salvamento marítimo. El R-4, biplaza con palas de madera, era lento y difícil de pilotar.

Helicópteros de trabajo

Gracias a su capacidad para despegar y aterrizar verticalmente, planear en el aire y maniobrar en espacios reducidos, los helicópteros pueden hacer tareas imposibles para otras aeronaves.

Miles de helicópteros transportan cada día pasajeros militares o civiles, realizan evacuaciones médicas o vuelan en misiones de búsqueda y rescate. Otros son empleados por la policía, topógrafos, cineastas y bomberos, o para transportar cargas voluminosas como palas de aerogeneradores de 100 m de longitud.

AS365 DAUPHIN N2

Ambulancia aérea

Origen: Francia

Velocidad máxima: 306 km/h

La cabina del Dauphin está equipada para dispensar tratamientos médicos de urgencia a bordo, mientras que su autonomía de 827 km le permite transportar a varios pacientes al hospital a una velocidad que salva vidas sin repostar.

MIL MI-26

Elevación y transporte pesados

Origen: Rusia

Velocidad máxima: 295 km/h

El helicóptero operativo más grande del mundo es ruso, tiene una tripulación de cinco personas y transporta hasta 90 soldados o 20 toneladas de carga. Sus ocho palas alcanzan una envergadura de 32 m.

ERICKSON-SIKORSKY S-64 SKYCRANE

Levantador de cargas pesadas y bombero

Origen: Estados Unidos

Velocidad máxima: 202 km/h

Dos potentes motores de 4050 CV accionan seis palas, lo que le da una capacidad de elevación suprema. Como grúa aérea puede transportar un depósito de agua de 10 000 litros, que rellena en solo 45 segundos, para luchar contra los voraces incendios forestales.

BELL UH-1 IROQUOIS

Helicóptero militar utilitario

Origen: Estados Unidos

Velocidad máxima: 204 km/h

Su fácil manejo y su diseño sencillo y robusto hicieron del «Huey» un pilar de muchas fuerzas militares. Entre 1956 y 1987 se construyeron más de 16 000 unidades.

BOEING CH-47 CHINOOK

Elevador y transporte de tropas

Origen: Estados Unidos

Velocidad máxima: 315 km/h

Se han construido más de 1250 de estos helicópteros de rotor en tándem. Puede llevar hasta 55 soldados o 10 toneladas de carga. Los rotores superpuestos giran en sentidos opuestos.

SCHWEIZER 300C

Helicóptero ligero

Origen: Estados Unidos

Velocidad máxima: 176 km/h

Este asequible y duradero helicóptero ligero pesa solo 499 kg. Se utiliza para patrullas de tráfico, reconocimientos aéreos, formación, turismo, fumigación, inspecciones de oleoductos y muchas otras funciones.

AGUSTAWESTLAND AW109

Helicóptero polivalente de elevación media

Origen: Reino Unido e Italia

Velocidad máxima: 311 km/h

Desde el rodaje de programas de televisión hasta el transporte de personalidades y enfermos, el popular bimotor anglo-italiano tiene capacidad para ocho personas y se fabrica desde 1971. Sus ruedas se retraen para reducir la resistencia aerodinámica.

KAMAN K-MAX K1200

Sincrocóptero superresistente

Origen: Estados Unidos

Velocidad máxima: 193 km/h

Este inusual elevador de carga tiene dos rotores entrelazados que giran en direcciones opuestas para desplazar más del doble de su propio peso. Incluso puede llevar una bola de demolición.

SIKORSKY X2

Helicóptero experimental de alta velocidad

Origen: Estados Unidos

Velocidad máxima: 463 km/h

Este avanzado prototipo contaba con controles fly-by-wire, una hélice de empuje y palas de rotor coaxiales que giraban en direcciones opuestas para equilibrar la nave. El X2 se retiró en 2011 tras batir récords de velocidad.

1275 AH-64 Apaches operan en todo el mundo.

Helicóptero de ataque

Los helicópteros de combate son como carros de combate voladores, diseñados para abrumar las fuerzas terrestres y atacar objetivos con armamento pesado y tecnología punta.

Más rápido que un tanque y más resistente que un caza, el helicóptero de ataque desempeña un papel crucial en las fuerzas armadas. Un Boeing AH-64 Apache puede atacar rápido y desaparecer, o permanecer como apoyo aéreo, utilizando una potencia de fuego bruta para dominar el campo de batalla con misiles, cohetes y un formidable cañón.

Monóculo de alta tecnología
Los dos pilotos de Apache llevan sobre un ojo un sistema de visualización montado en el casco que les muestra datos clave para que no tengan que mirar los paneles de control. En lugar de ello, cambian rápidamente el enfoque entre los ojos para cambiar de vista. El artillero puede apuntar y disparar el cañón de cadena simplemente mirando al objetivo.

En el asiento trasero
El piloto se sienta encima y detrás del artillero para tener una mejor visión. Ambos pueden pilotar el helicóptero y disparar.

Pantalla de impacto
Un escudo transparente separa a los dos pilotos, protegiendo a cada uno aunque el otro sea alcanzado.

Copiloto artillero (CPG)
El CPG se sienta en la parte delantera para apuntar y navegar.

Aeronave inteligente

El AH-64 Apache es uno de los helicópteros de ataque más avanzados. Su radar de control de tiro Longbow puede identificar 256 amenazas distintas en 30 segundos, priorizarlas y ofrecer una lista restringida de 16 objetivos al artillero. La información también se comparte con aliados cercanos y drones para ofrecer una imagen completa y clara del campo de batalla.

Unidad de potencia Dos motores de 1700 CV le dan una velocidad de crucero de 265 km/h.

Radar Longbow Esta cúpula llena de sensores puede rastrear fuerzas enemigas hasta a 8 km de distancia.

Mira nocturna del artillero

Telémetro láser

El lanzador Hydra tiene 19 cohetes.

Ametralladora El cañón de 30 mm dispara hasta 10 balas por segundo.

Disparo de precisión
Los últimos misiles Longbow Hellfire pueden destruir un tanque o un búnker a 11 km de distancia de un solo impacto. Son autoguiados y utilizan un radar de alta frecuencia para encontrar su objetivo a través de nubes o humo, por lo que el Apache puede ponerse a cubierto en cuanto dispara.

Visión nocturna El sensor de visión nocturna (PNVS) envía imágenes infrarrojas al casco del piloto.

Miras mejoradas Un telescopio, una mira láser y una mira nocturna ayudan al artillero a utilizar las armas en cualquier condición.

Visualización y control Los paneles están diseñados para una lectura rápida. Los botones laterales cambian de vista.

Módulo de aviónica Alberga gran parte de la potencia informática avanzada del AH-64.

Contramedidas

El Apache está blindado contra las balas y su depósito de combustible es autosellante, pero necesita otras herramientas para contrarrestar los misiles enemigos. Los lanzadores de señuelos de radar situados en la cola liberan una nube de fibras de vidrio recubiertas de aluminio (arriba), que engaña los radares enemigos haciéndoles creer que la nube es el avión. Del mismo modo, las bengalas brillantes salen de la carrocería como fuegos artificiales para distraer los misiles que buscan el calor.

Ágil y potente

Al acercarse a un objetivo, los sensores ayudan al piloto a volar a ras de suelo para que el AH-64 solo sea visible momentos antes de atacar. Un sistema de rotor rígido le permite girar bruscamente, o incluso rodar boca abajo y volver a girar. Dos motores turborreactores elevan al pesado Apache a una velocidad de 850 m por minuto, hasta 6100 m sobre el nivel del mar. El sistema mezcla hábilmente los gases de escape calientes del motor con aire frío del exterior, para evitar los misiles que buscan el calor.

BOEING AH-64D APACHE

Origen: Estados Unidos

Año: 1997

Velocidad punta: Más de 279 km/h

Longitud: 17,73 m

9G La fuerza –**nueve veces** la fuerza de **gravedad**– que los **pilotos de caza** están **entrenados para soportar** al girar.

Aviones militares

Un ejército moderno necesita aviones capaces de desempeñar diversas funciones, desde el combate aéreo y el reconocimiento en altitud hasta el apoyo a las tropas y el transporte de cargas pesadas.

La superioridad aérea requiere cazas rápidos y maniobrables. Estos despejan el cielo para los aviones de ataque a tierra y de apoyo a las tropas, que pueden ser más lentos pero más eficaces contra determinados objetivos. En cambio, los bombarderos de largo alcance y los aviones de observación están diseñados para evitar ser detectados, mientras los transportes llevan por el aire tanques, tropas, armas o suministros hacia o desde las zonas de conflicto.

El B2 Spirit es el avión más caro. Desarrollarlo, construirlo y mantenerlo cuesta 2100 millones de dólares por unidad.

B-2 SPIRIT

Bombardero furtivo

Año: 1989

Velocidad máxima: 1010 km/h

El B-2 de 52,4 m de ancho de las fuerzas aéreas estadounidenses se adentra en territorio enemigo sin ser detectado gracias a un inusual diseño de ala volante. Con una tripulación de dos personas, puede volar 11 000 km sin repostar.

Escape silencioso
Los motores de turbohélice están hundidos en el ala para reducir el ruido y el calor detectables.

Abastecimiento
Este puerto admite una boquilla de abastecimiento en vuelo de un avión cisterna.

Diseño vanguardista
El borde de ataque del ala está reforzado con costillas diagonales ligeras pero resistentes.

RAFALE

Caza de combate polivalente

Año: 1991

Velocidad máxima: 1912 km/h

Este versátil caza francés también puede operar como bombardero, avión de ataque a tierra o de reconocimiento. Sus motores gemelos montados en la parte trasera y su ala en triángulo delta le dan una velocidad de ascenso de hasta 305 m/s.

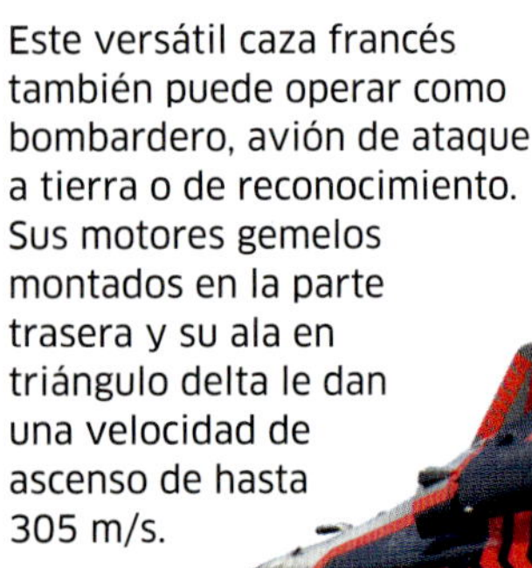

A-10 THUNDERBOLT

Aviones de ataque a tierra

Año: 1972

Velocidad máxima: 706 km/h

Este robusto avión estadounidense es muy resistente: la cabina está protegida por un blindaje de titanio de más de 500 kg, mientras que las piezas de sus lados izquierdo y derecho son intercambiables, lo que facilita mucho las reparaciones. Sus largas alas generan una gran sustentación para poder despegar en una pista corta.

Ala portadora
Cuatro puntos sólidos bajo cada ala permiten transportar bombas, cohetes, misiles o depósitos de combustible.

CV-22B OSPREY

Mitad avión, mitad helicóptero

Año: 1989

Velocidad máxima: 565 km/h

Sus motores basculantes convierten las hélices en rotores, de modo que en espacios reducidos, como un claro de bosques o un barco, puede despegar y aterrizar verticalmente.

E-3 SENTRY

Sistema de alerta rápida

Año: 1972

Velocidad máxima: 854 km/h

La característica cúpula giratoria de esta nave estadounidense alberga un sistema de radar giratorio de alta sensibilidad que detecta misiles, aviones y buques que se aproximan para avisar con antelación de posibles ataques.

SR-71 BLACKBIRD

Avión de reconocimiento

Año: 1964

Velocidad máxima: 3530 km/h

El avión de reacción más rápido del mundo iba desarmado, pero volaba rápido y alto para evitar ser detectado mientras espiaba la superficie. El avión estadounidense alcanzaba una velocidad tres veces superior a la del sonido y altitudes de hasta 25500 m.

EUROFIGHTER TYPHOON C-16

Cazabombardero polivalente

Año: 1994

Velocidad máxima: 2125 km/h

Su bajo peso y su pequeña ala en delta hacen de este avanzado reactor una fuerza ágil y formidable en el combate aire-aire. Hay más de 600 en servicio en el Reino Unido, Alemania y otros siete países.

C-5 GALAXY

Transporte pesado

Año: 1968

Velocidad máxima: 856 km/h

Este avión de carga, que despega y aterriza sobre 28 ruedas, puede transportar 2 tanques Abrams, 6 helicópteros Apache o 15 Humvees en su enorme bodega. Puede volar hasta 4260 km sin repostar.

300 000 piezas distintas componen cada F-35B Lightning II.

Nave multifunción
El potente liftfan (ventilador de elevación) ayuda al F-35B a despegar y aterrizar verticalmente en pequeñas naves y en claros en el bosque, lo que le da una agilidad imbatible. En la cabina, un solo piloto maneja varias pantallas táctiles y un casco de realidad aumentada, mientras una serie de sofisticados dispositivos electrónicos evalúan las amenazas y fijan las armas en los objetivos.

¡Eyección!
El piloto se sienta en un asiento eyectable propulsado por un cohete que puede salir disparado si el avión es abatido y caer a tierra en paracaídas. La fuerte aceleración hacia arriba comprime la columna vertebral del piloto, y le hace perder 2,5 cm de altura.

Alas inteligentes
Las alas miden 10,7 m de punta a punta y albergan un conjunto de antenas y otros sensores.

Depósitos de combustible
El F-35B transporta 6123 kg de combustible en las alas, el fuselaje y las aletas de cola.

Toma de aire del reactor

Nariz sensible
El radar Agile usa 1600 antenas para rastrear amenazas.

Capota de burbuja
El piloto levanta la capota para entrar en la cabina. Si se eyecta, la parte trasera se vuela con explosivos.

Escotilla del liftfan
Durante los despegues cortos y aterrizajes verticales, la escotilla se abre para dar aire al liftfan, que suministra casi la mitad del empuje vertical necesario. Solo se cierra una vez completada la transición al vuelo hacia delante.

LOCKHEED F-35B LIGHTNING II	
Origen:	Estados Unidos
Año:	2015
Velocidad:	1976 km/h
Longitud:	15,7 m

Caza de reacción

Los cazas de reacción más avanzados del mundo combinan la velocidad supersónica con la aviónica (ordenadores de vuelo) y la tecnología de vuelo furtivo más evolucionada.

Desde el reconocimiento y la guerra electrónica hasta el ataque total a tierra o el combate aéreo, el F-35 está preparado para todo. Tres variantes lo hacen aún más versátil: un avión convencional (F-35A), el F-35B que se muestra aquí, para despegues verticales, y el F-35C con alas plegables, que vuela desde portaaviones. Más de 950 F-35 operan actualmente en 17 países.

Liftfan

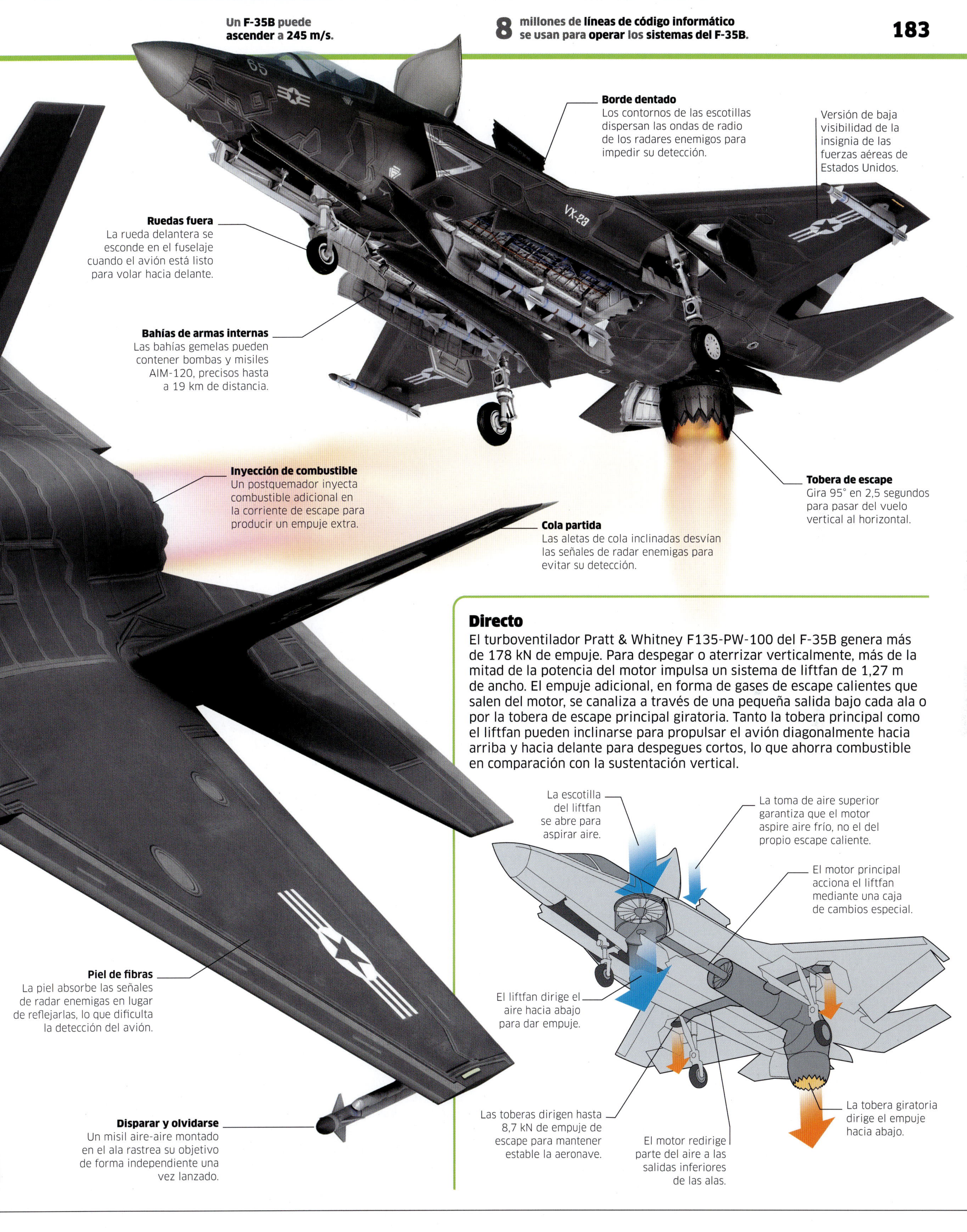

Directo

El turboventilador Pratt & Whitney F135-PW-100 del F-35B genera más de 178 kN de empuje. Para despegar o aterrizar verticalmente, más de la mitad de la potencia del motor impulsa un sistema de liftfan de 1,27 m de ancho. El empuje adicional, en forma de gases de escape calientes que salen del motor, se canaliza a través de una pequeña salida bajo cada ala o por la tobera de escape principal giratoria. Tanto la tobera principal como el liftfan pueden inclinarse para propulsar el avión diagonalmente hacia arriba y hacia delante para despegues cortos, lo que ahorra combustible en comparación con la sustentación vertical.

300 km es la **autonomía máxima de un dron Zipline.**

33 g **pesa un dron Black Hornet.**

ZIPLINE PLATFORM 1

Entrega urgente

Velocidad punta: 101 km/h

Longitud: 1,8 m

El Platform 1 es eléctrico y se lanza por catapulta por un raíl de acero para elevarse en el aire. Su bodega puede transportar hasta 1,8 kg de suministros médicos urgentes, como vacunas, que el dron deja caer en paracaídas cuando vuela bajo sobre su objetivo.

DJI MAVIC 3

Imagen profesional

Velocidad punta: 75,6 km/h

Tamaño: 34,8 cm

Este cuadricóptero chino plegable tiene dos cámaras de alta calidad, una de ellas con zoom 24x, y sensores inteligentes que detectan y evitan obstáculos. Funciona hasta a 6000 m y puede rastrear y filmar objetos sin necesidad de control humano.

Drones

Los drones y los vehículos aéreos no tripulados (UAV) prescinden de un piloto humano a bordo. Algunos tienen un uso recreativo, mientras que otros se despliegan para realizar tareas específicas.

Desarrollados en un principio para uso militar en situaciones hostiles, los drones se fabrican ahora por decenas de miles. Su construcción y manejo son mucho más baratos que los de aviones y helicópteros pilotados de mayor tamaño. La mayoría son teledirigidos desde tierra por operadores humanos que transmiten órdenes por ondas de radio. Otros vuelan de forma autónoma, navegando con GPS, sensores para evitar obstáculos y un ordenador de a bordo.

BETAFPV PAVO25

Portacámara compacto

Velocidad punta: sin datos

Tamaño: 15,4 cm

Los cuatro rotores de este pequeño cuadricóptero chino dirigen el empuje hacia abajo. Adecuado para vuelos en interiores o exteriores de 7 minutos entre carga y carga de la batería, dispone de una montura para cámaras HD y suele utilizarse para filmar en espacios reducidos.

Soporte para batería

Soporte para la cámara

Rotores cerrados
El protector de plástico de las palas evita daños o lesiones en zonas de vuelo estrechas.

TELEDYNE FLIR BLACK HORNET

Reconocimiento local

Velocidad punta: 21,6 km/h

Tamaño: 16,8 cm

Desarrollado en Noruega, este dron militar mide solo 16,8 cm de largo y puede volar durante 25 minutos, enviando vídeo de visión nocturna a los soldados o policías en tierra.

RQ4 GLOBAL HAWK

Vigilancia de largo alcance

Velocidad punta: 575 km/h

Tamaño: 14,5 m

Este gran dron militar estadounidense tiene una envergadura de 39,8 m y puede volar durante 34 horas seguidas. Lleva a bordo un conjunto de sensores de radar, infrarrojos y ópticos de alta tecnología que pueden cartografiar hasta 100 000 km² al día.

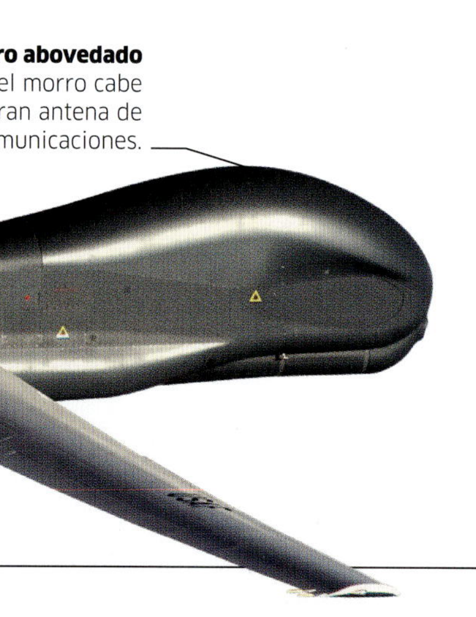

Morro abovedado
En el morro cabe una gran antena de comunicaciones.

Alas largas y delgadas
Reducen la resistencia para una máxima autonomía de vuelo.

GENERAL ATOMICS MQ-9 REAPER

Tirador de precisión

Velocidad punta: 482 km/h

Tamaño: 11 m

Este UAV estadounidense teledirigido realiza ataques de precisión con armas instaladas en siete puntos duros de su cuerpo y alas. Tiene un alcance máximo de 1850 km.

BOEING MQ-25 STINGRAY

Repostaje en pleno vuelo

Velocidad punta: 620 km/h

Tamaño: 15,5 m

Este gran avión no tripulado de la Armada de Estados Unidos transporta hasta 6800 kg de combustible de aviación, que suministra en pleno vuelo a aviones navales basados en portaaviones, como el F/A-18 y el F-35C, para ampliar su autonomía. Sus alas se pliegan por la mitad para guardarlo en los buques.

Embudo de conexión
Un embudo da a la manguera estabilidad aerodinámica y una mayor superficie de acoplamiento.

Recepción de la sonda del avión

Motor
El turboventilador del Stingray proporciona 44 kN de empuje.

Manguera de combustible del dron cisterna

Caza a reacción F/A-18 Super Hornet

REGA DRONE

Búsqueda y rescate en montaña

Velocidad punta: 60 km/h

Tamaño: 2,2 m

Este dron suizo está equipado con cámaras, cámaras termográficas y otros sensores para encontrar personas en terrenos escarpados. El Rega puede rastrear una zona de 16 km² en dos horas.

Rotor de cola
Estabiliza el dron contrarrestando el par creado por las palas del rotor principal.

LITTLE RIPPER DRONE

Salvavidas

Velocidad punta: 64 km/h

Tamaño: 1,6 m

Estos drones australianos vuelan durante 25-30 minutos sobre el agua, donde sus cámaras detectan tiburones o encuentran a náufragos. Pueden lanzar flotadores o medicinas a quienes lo necesiten.

Módulo de rescate inflable

YAMAHA RMAX

Fumigador de cultivos

Velocidad punta: 20 km/h (fumigando)

Tamaño: 3,6 m

Este helicóptero japonés teledirigido realiza una fumigación más barata y precisa que los aviones pilotados de tamaño normal. Su depósito tiene suficiente gasolina para un vuelo de 60 minutos.

Tanque químico
Dos depósitos de 8 litros cada uno.

VOLODRONE

Dron multirotor utilitario

Velocidad punta: 110 km/h

Tamaño: 9,2 m

Este dron alemán está diseñado para transportar cargas útiles de hasta 200 kg. Su armazón de aluminio y compuestos aloja 18 rotores eléctricos alimentados por baterías de iones de litio.

Baterías
Las nueve baterías se cambian en menos de cinco minutos.

¡Bien sujeto!
Las cargas se cuelgan bajo la nave.

1958 **Año de lanzamiento del Vanguard 1, el satélite más antiguo aún en órbita.**

Vuelos espaciales

El espacio exterior es un entorno único, distinto de todo lo que hay en la Tierra. Para poder operar allí, las naves espaciales se diseñan de forma muy distinta a otros modos de transporte.

Para llegar al espacio, una nave espacial debe superar primero la enorme atracción de la gravedad terrestre. Para que la nave llegue a un destino concreto o siga una trayectoria planificada, debe ser diseñada y manejada por especialistas en física que entiendan cómo afectan las leyes del movimiento y la gravedad los objetos situados fuera de la atmósfera y lejos de la superficie terrestre. Además, las naves deben funcionar en las condiciones hostiles del espacio, lo que supone otro reto para diseñadores e ingenieros.

AL ESPACIO

Una vez en el espacio, donde la resistencia del aire es escasa o nula, una nave puede seguir moviéndose sin necesidad de propulsión adicional constante. Sin embargo, para llegar al espacio, la nave debe superar la atracción descendente de la gravedad y atravesar todas las capas de la atmósfera terrestre. Cada capa tiene propiedades diferentes, desde la alta resistencia de la densa troposfera hasta el frío bajo cero de la mesosfera y el calor abrasador de la termosfera. Las naves espaciales necesitan un potente empuje ascendente y materiales resistentes para alcanzar y sobrevivir a este duro entorno.

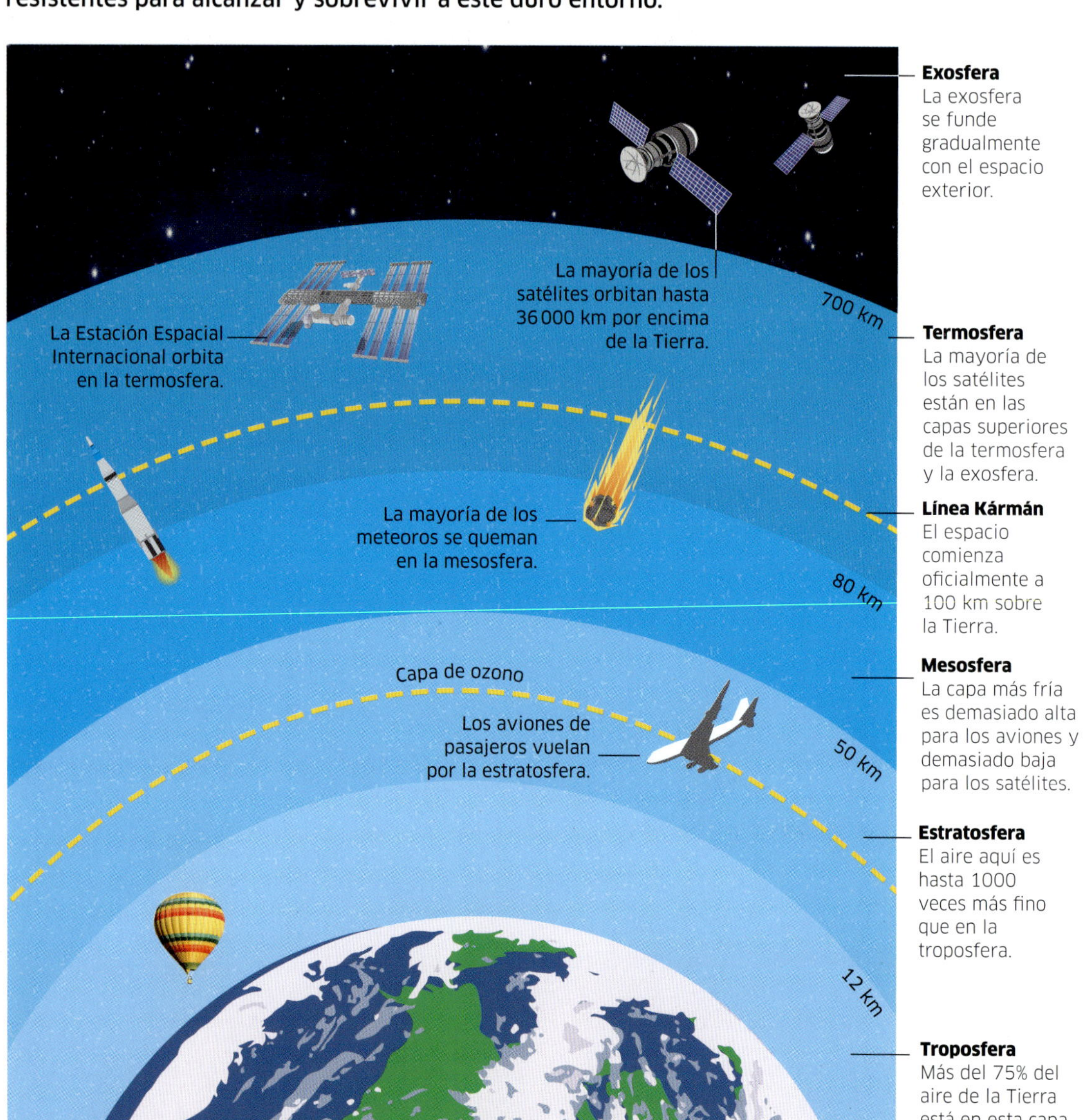

Exosfera
La exosfera se funde gradualmente con el espacio exterior.

Termosfera
La mayoría de los satélites están en las capas superiores de la termosfera y la exosfera.

Línea Kármán
El espacio comienza oficialmente a 100 km sobre la Tierra.

Mesosfera
La capa más fría es demasiado alta para los aviones y demasiado baja para los satélites.

Estratosfera
El aire aquí es hasta 1000 veces más fino que en la troposfera.

Troposfera
Más del 75% del aire de la Tierra está en esta capa, lo que crea una fuerte resistencia en los cohetes.

ÓRBITAS

Una órbita es la trayectoria en el espacio que sigue un objeto alrededor de otro por la fuerza de la gravedad. Para alcanzar una órbita estable alrededor de la Tierra, la nave debe viajar tan rápido en ángulo recto con la fuerza de la gravedad que su movimiento hacia fuera equilibre la atracción hacia dentro. La EEI viaja a unos 8 km/s para mantener una órbita a 400 km sobre la superficie.

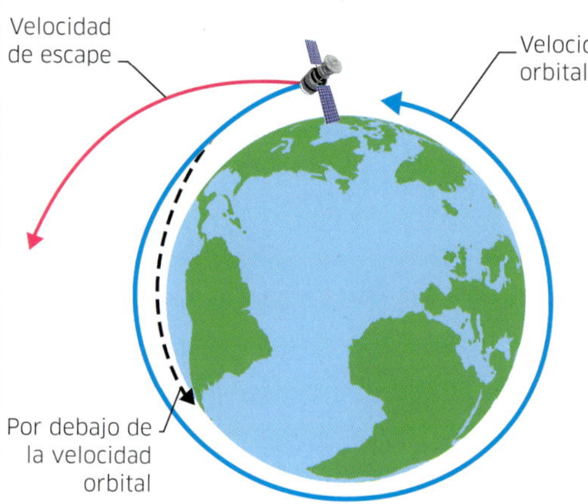

Entrar y salir de la órbita
A una altitud dada, un objeto debe alcanzar una cierta velocidad para permanecer en órbita, lo que se denomina velocidad orbital. Las órbitas decaen, o se ralentizan, ya que aún hay algo de resistencia en el espacio interior. Si una nave en órbita se ralentiza demasiado, se saldrá de la órbita y caerá a la Tierra. Si la nave acelera lo suficiente, alcanzará la velocidad de escape, superando la gravedad y volando hacia el espacio exterior.

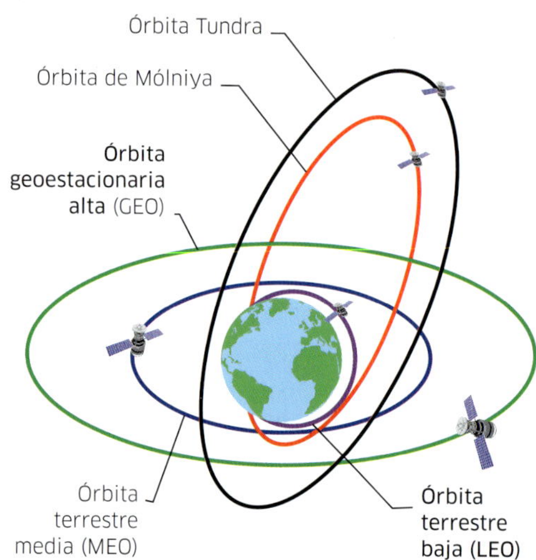

Tipos de órbita
Hay muchos tipos de órbita, con usos distintos. La mayoría de los satélites artificiales y naves tripuladas vuelan en una órbita terrestre baja (LEO), dando la vuelta al mundo cada 90-128 minutos. Esta órbita es la más fácil de alcanzar y sirve para observar la superficie terrestre. Una órbita geoestacionaria alta (GEO) sobre el ecuador permite a los satélites de comunicaciones permanecer sobre una ubicación, pues su órbita coincide con la rotación de la Tierra. Las órbitas Tundra y de Mólniya se centran en las regiones polares, mientras que las órbitas terrestres medias (MEO) se usan en los sistemas de navegación.

SISTEMAS DE PROPULSIÓN

En la Tierra, los vehículos pueden utilizar la tracción, el tornillo o la propulsión a chorro para impulsarse hacia delante en la tierra, el agua o el aire. En el espacio, donde ni siquiera hay aire, las naves espaciales deben recurrir a otros métodos.

Motores de reacción

Para generar empuje en el vacío, las naves espaciales utilizan motores de reacción. Estos crean empuje por el principio físico de que cualquier fuerza que actúe sobre un objeto (acción) se equilibra con una fuerza de reacción igual en la dirección opuesta. Un motor de reacción expulsa masa en una dirección, lo que empuja la nave espacial en la otra.

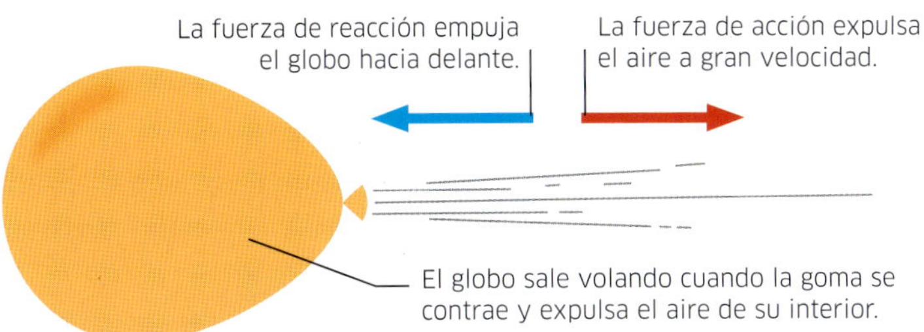

Cohetes químicos

En la actualidad, los vehículos de lanzamiento generan empuje con la combustión controlada de combustible químico. Esto produce la expansión de gases calientes que impulsan el vehículo hacia delante. Para funcionar en el espacio sin aire, los cohetes deben mezclar el combustible con una sustancia química llamada oxidante, que aporta oxígeno para que el combustible pueda combustionar (arder).

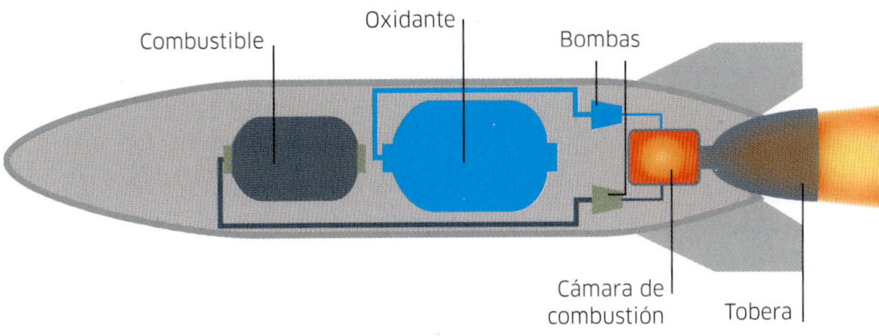

Motores de iones

Las sondas espaciales sin tripulación pueden llevar un motor de reacción llamado propulsor iónico. Utiliza electricidad solar para expulsar partículas cargadas eléctricamente (iones) a gran velocidad, impulsando la nave espacial en la dirección opuesta. Los propulsores iónicos generan un empuje débil pero consumen poco combustible, lo que permite impulsar las naves a altas velocidades durante muchos meses.

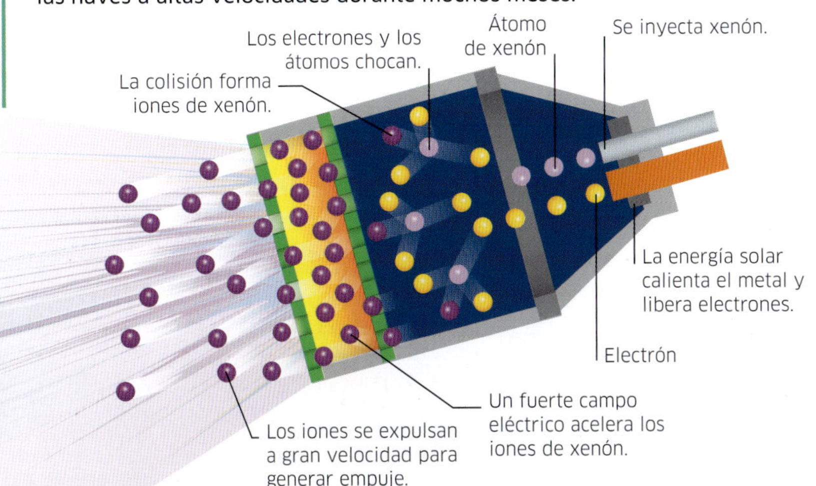

ETAPAS DE UN COHETE

Los cohetes necesitan grandes cantidades de combustible para alcanzar la órbita. Por ello, los lanzadores se diseñan en varias etapas, cada una con sus propios motores y tanques de combustible. Cuando a una etapa se le agota el combustible, se separa y cae para ahorrar peso, dejando que las etapas superiores continúen hacia el espacio.

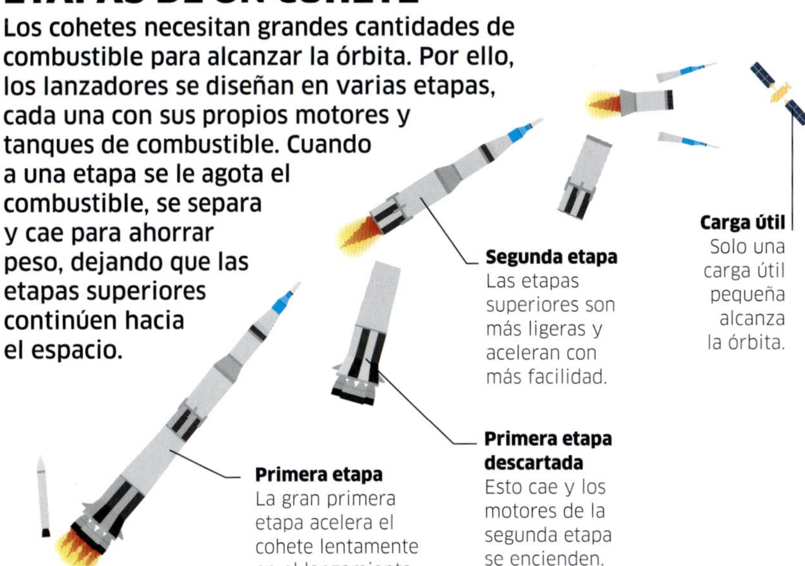

DISEÑO DE VIAJES ESPACIALES

El espacio es un entorno muy hostil que plantea grandes retos a los diseñadores de naves espaciales. Entre ellos, la exposición a la radiación (rayos X intensos y partículas dañinas de alta velocidad procedentes del Sol) y los extremos de calor y frío. Los componentes electrónicos de las naves espaciales están diseñados para resistir la radiación, y el aislamiento y las tuberías de refrigeración ayudan a equilibrar las temperaturas extremas.

Aerodinámica
Las naves espaciales pueden tener cualquier forma porque, en su mayoría, operan en el espacio sin aire. Para su lanzamiento, se pliegan bajo una cubierta aerodinámica. Aquí, el módulo de mando del Apolo 11 (mitad superior) lleva el primer módulo de alunizaje.

Naves tripuladas y robotizadas
Las naves espaciales tripuladas suelen ser más grandes y pesadas que las no tripuladas porque llevan todo el equipo necesario para apoyar y proteger a los astronautas. Los vehículos robóticos son más pequeños y ligeros, y resultan más fáciles de enviar en misiones de larga distancia, como la sonda Galileo que estudió Júpiter y sus lunas (arriba).

Retos de la reentrada
Las naves espaciales que vuelven a entrar en la atmósfera experimentan un calor extremo al chocar con partículas de gas a gran velocidad. Los escudos protectores se diseñan para resistir el calor, o se queman para alejar la energía térmica de la nave, como en esta cápsula Apolo.

2 **cohetes son lanzados** desde la Tierra en promedio **cada semana.**

Vehículos de lanzamiento

Diseñados para superar la atracción de la gravedad y llevar objetos y personas al espacio exterior, los cohetes lanzadera son los medios de transporte más potentes.

Un vehículo de lanzamiento es cualquier forma de transporte capaz de alcanzar el espacio exterior, a más de 100 km por encima de la superficie terrestre. Estas naves necesitan generar cantidades enormes de empuje para escapar de la atracción de la gravedad terrestre, y también deben ser capaces de funcionar en el vacío del espacio. Hasta ahora, los únicos vehículos de lanzamiento prácticos capaces de superar estos retos han sido todos cohetes de propulsión química alimentados por la combustión violenta de combustible líquido o sólido.

V-2

Origen: Alemania
Años: 1942-1945
Masa: 12,5 toneladas

Arma de guerra diseñada por científicos que trabajaban para el ejército alemán durante la Segunda Guerra Mundial, el misil V-2 se convirtió en el primer vehículo que entró en el espacio. A finales de la década de 1940, los V-2 capturados se llevaron a Estados Unidos y se utilizaron para transportar animales e instrumentos científicos en vuelos de prueba suborbitales.

Aletas de cola con timones de dirección

R-7 SEMYORKA

Origen: Unión Soviética
Años: 1957-1961
Masa: 280 toneladas

El R-7 fue adaptado a partir de un misil diseñado originalmente para el programa nuclear de la Unión Soviética, y se le añadió un cohete superior adicional para que alcanzara la órbita. El 4 de octubre de 1957 puso en órbita el Sputnik 1, el primer satélite artificial de la historia.

Primera etapa Cuatro potentes cohetes propulsores ayudaron al R-7 a alcanzar la órbita.

MERCURY-REDSTONE

Origen: Estados Unidos
Años: 1960-1961
Masa: 30 toneladas

El primer cohete que llevó a un estadounidense al espacio lo desarrolló un equipo de científicos alemanes en Estados Unidos. Un Redstone modificado lanzó en 1958 el Explorer 1, el primer satélite estadounidense.

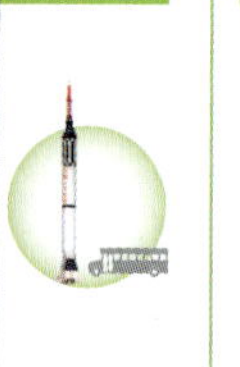

SOYUZ-FG

Origen: Unión Soviética/Rusia
Años: 2001-2019
Masa: 305 toneladas

El cohete Soyuz, caballo de batalla del programa espacial soviético y posteriormente ruso, ha realizado más de 1.900 lanzamientos desde su debut en la década de 1960. Los cohetes Soyuz más recientes siguen utilizando una primera etapa central asistida por cuatro grandes propulsores.

Las etapas inferiores queman combustible de queroseno refinado con oxígeno líquido

SATURNO V

Origen: Estados Unidos
Años: 1967-1973
Masa: Hasta 2955 toneladas

Para llevar astronautas a la Luna, la NASA desarrolló un cohete gigante. El Saturno V tenía tres etapas, las dos primeras con cinco motores. La última etapa, la superior, tenía un solo motor que transportó la nave Apolo desde la órbita terrestre hasta la Luna.

Las etapas superiores usaban combustible de hidrógeno para reducir la masa.

Combustible pesado Los motores de cohete de la primera etapa utilizaban queroseno, denso y rico en energía, como combustible.

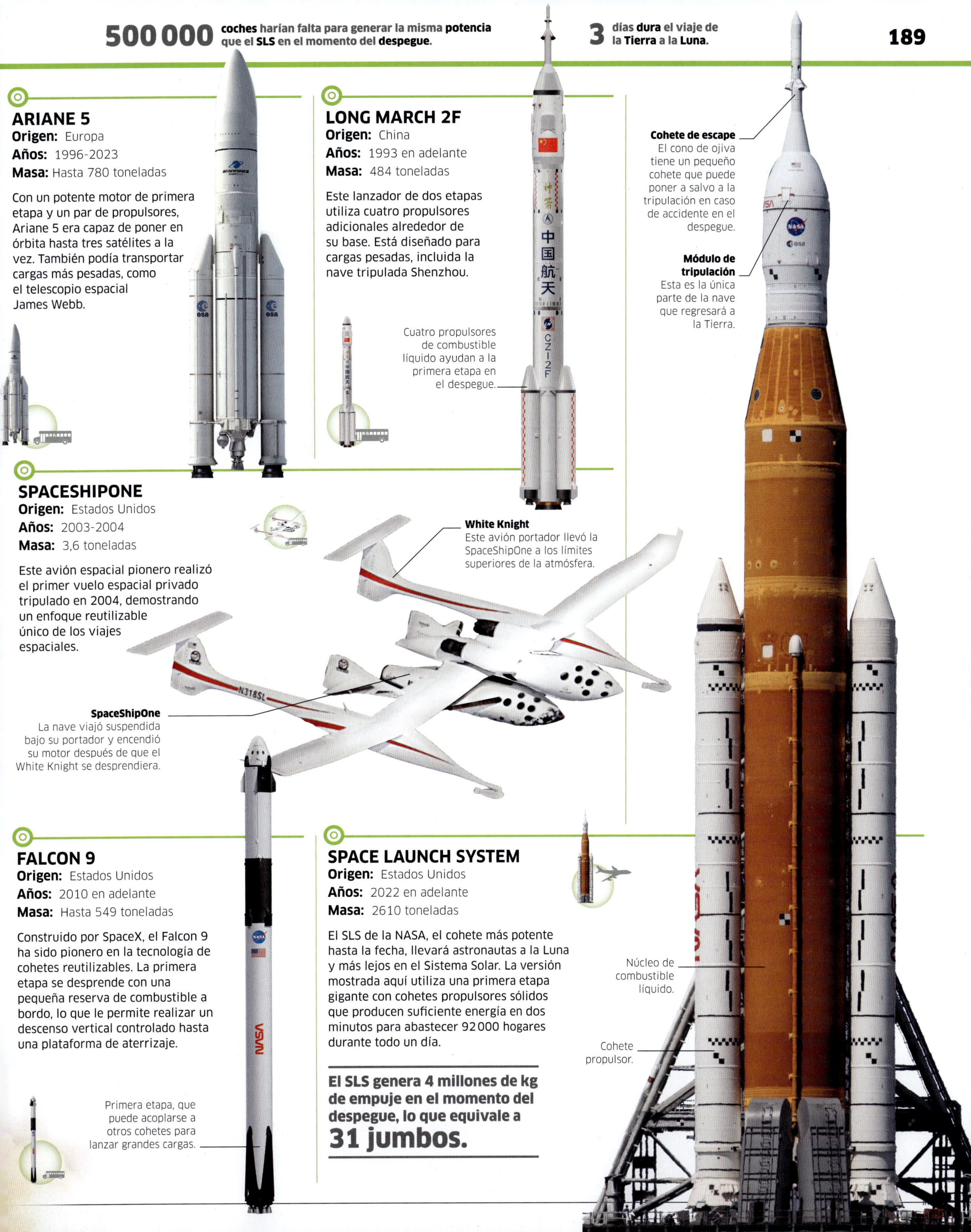

ARIANE 5

Origen: Europa
Años: 1996-2023
Masa: Hasta 780 toneladas

Con un potente motor de primera etapa y un par de propulsores, Ariane 5 era capaz de poner en órbita hasta tres satélites a la vez. También podía transportar cargas más pesadas, como el telescopio espacial James Webb.

LONG MARCH 2F

Origen: China
Años: 1993 en adelante
Masa: 484 toneladas

Este lanzador de dos etapas utiliza cuatro propulsores adicionales alrededor de su base. Está diseñado para cargas pesadas, incluida la nave tripulada Shenzhou.

Cuatro propulsores de combustible líquido ayudan a la primera etapa en el despegue.

Cohete de escape El cono de ojiva tiene un pequeño cohete que puede poner a salvo a la tripulación en caso de accidente en el despegue.

Módulo de tripulación Esta es la única parte de la nave que regresará a la Tierra.

SPACESHIPONE

Origen: Estados Unidos
Años: 2003-2004
Masa: 3,6 toneladas

Este avión espacial pionero realizó el primer vuelo espacial privado tripulado en 2004, demostrando un enfoque reutilizable único de los viajes espaciales.

White Knight Este avión portador llevó la SpaceShipOne a los límites superiores de la atmósfera.

SpaceShipOne La nave viajó suspendida bajo su portador y encendió su motor después de que el White Knight se desprendiera.

FALCON 9

Origen: Estados Unidos
Años: 2010 en adelante
Masa: Hasta 549 toneladas

Construido por SpaceX, el Falcon 9 ha sido pionero en la tecnología de cohetes reutilizables. La primera etapa se desprende con una pequeña reserva de combustible a bordo, lo que le permite realizar un descenso vertical controlado hasta una plataforma de aterrizaje.

Primera etapa, que puede acoplarse a otros cohetes para lanzar grandes cargas.

SPACE LAUNCH SYSTEM

Origen: Estados Unidos
Años: 2022 en adelante
Masa: 2610 toneladas

El SLS de la NASA, el cohete más potente hasta la fecha, llevará astronautas a la Luna y más lejos en el Sistema Solar. La versión mostrada aquí utiliza una primera etapa gigante con cohetes propulsores sólidos que producen suficiente energía en dos minutos para abastecer 92 000 hogares durante todo un día.

El SLS genera 4 millones de kg de empuje en el momento del despegue, lo que equivale a 31 jumbos.

Núcleo de combustible líquido.

Cohete propulsor.

Cohete rodante

Los vehículos espaciales suelen ser enormes, pero deben transportarse hasta la plataforma de lanzamiento, viajando en aviones, barcos y grandes vehículos terrestres.

En esta imagen de 2020, parte del cohete Space Launch System de la NASA es trasladado al Centro Espacial Stennis, en Misisipi, EE. UU. Los trabajadores se preparan para cargar la etapa central en una barcaza adaptada llamada Pegasus, de 94 m de longitud, más largo que un campo de fútbol americano. La barcaza se construyó en 1999 y ha transportado equipos para muchas misiones de la NASA.

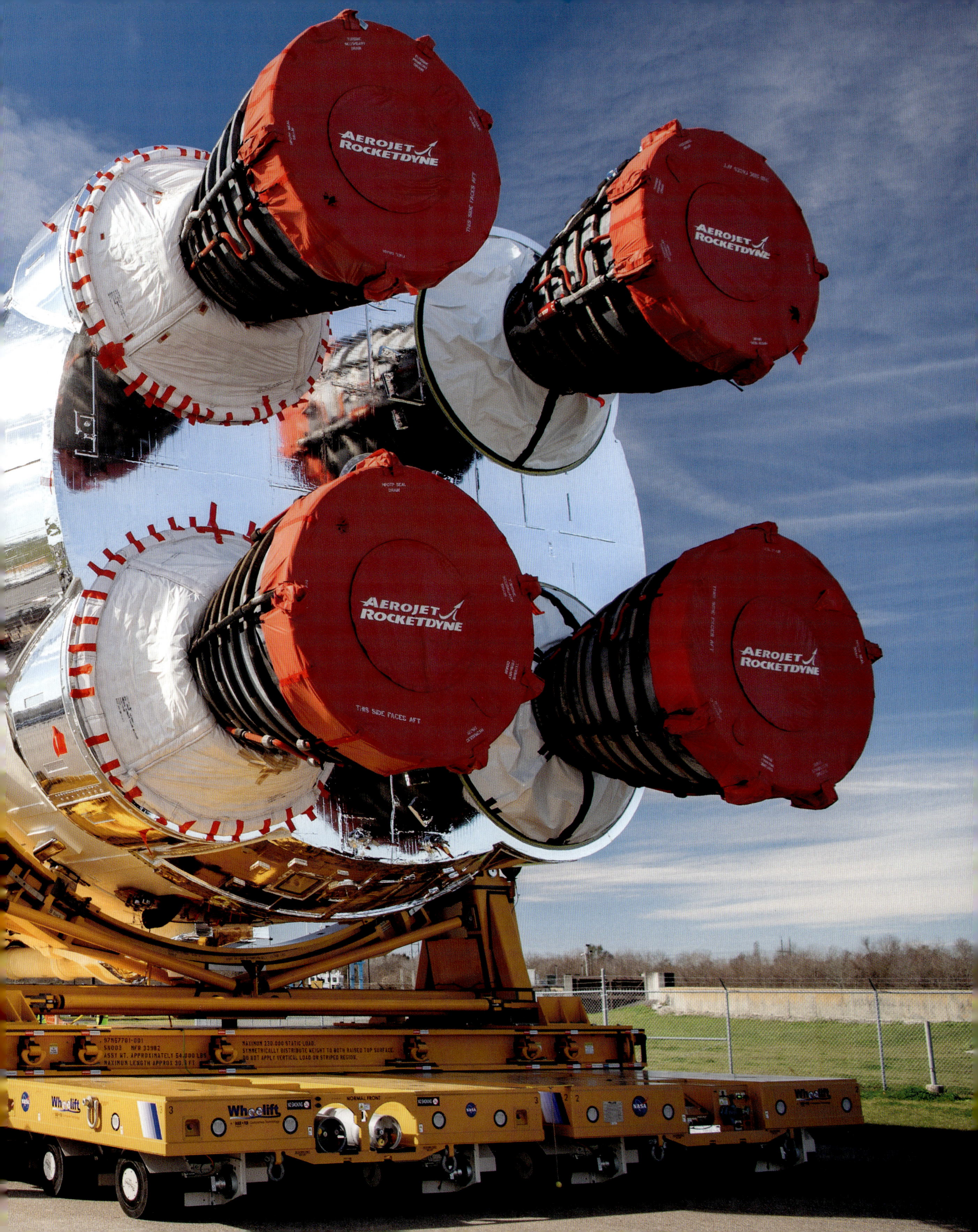
AEROJET ROCKETDYNE
AEROJET ROCKETDYNE
AEROJET ROCKETDYNE
AEROJET ROCKETDYNE
THIS SIDE FACES AFT
Wheelift

24 personas **viajaron a la Luna** entre 1968 y 1972. Todos eran **astronautas estadounidenses** y **12 pisaron la Luna**.

VOSTOK

Origen: Unión Soviética
Años: 1961-1963
Lanzamientos tripulados: 6

Seis naves espaciales Vostok pusieron en órbita a los primeros cosmonautas soviéticos, empezando por Yuri Gagarin el 12 de abril de 1961. La Vostok constaba de un módulo de descenso esférico y otro de instrumentos en forma de cono. El cosmonauta se eyectaba tras la reentrada y regresaba a la Tierra en paracaídas.

El cohete Vostok pone la nave en órbita terrestre.

El módulo de instrumentos contiene motores de dirección y frenado para la reentrada.

El cosmonauta se sienta en un asiento eyectable.

Módulo de descenso Esta parte de la nave estaba muy blindada por todos los lados, pues su orientación no era controlable en la reentrada.

MERCURY

Origen: Estados Unidos
Años: 1961-1963
Lanzamientos tripulados: 6

Las dos primeras cápsulas Mercury de forma cónica realizaron vuelos suborbitales en 1961. Cuatro misiones posteriores utilizaron el cohete Atlas para alcanzar la órbita. Una vez ralentizada la cápsula en la reentrada, los paracaídas la llevaron a amerizar en el océano.

La parte de cohete se soltaba antes de la reentrada para dejar al descubierto la amplia base blindada contra el calor.

Naves tripuladas

Las naves espaciales tripuladas, uno de los vehículos más complejos jamás diseñados, están formadas por múltiples módulos conectados, cada uno con una función propia.

Una nave espacial no solo debe soportar las tensiones del lanzamiento de un cohete, sino también transportar suministros y sistemas de soporte vital. Además, necesita dispositivos de propulsión para poder orientarse, escudos para soportar el calor de la reentrada en la atmósfera terrestre y paracaídas o retrocohetes de frenado para el aterrizaje.

VOSKHOD

Origen: Unión Soviética
Años: 1964-1965
Lanzamientos tripulados: 2

El Voskhod 1 llevaba tres cosmonautas a bordo en 1964, mientras que el Voskhod 2 de 1965 (en la imagen) contaba con una esclusa de aire que permitió al cosmonauta Alexei Leonov realizar el primer paseo espacial.

GEMINI

Origen: Estados Unidos
Años: 1964-1966
Lanzamientos tripulados: 10

Gemini era capaz de realizar vuelos largos y podía reunirse y acoplarse con otros vehículos. Llevaba motores en un módulo adaptador montado detrás del módulo de reentrada en forma de cono.

SOYUZ

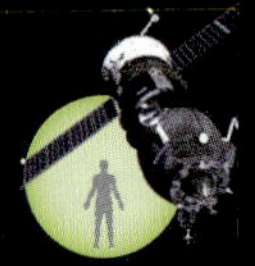

Origen: Unión Soviética/Rusia
Años: 1967 en adelante
Lanzamientos tripulados: Unos 150

Utilizada a menudo para llevar astronautas a la Estación Espacial Internacional (EEI), la Soyuz se compone de un módulo orbital esférico, un módulo de reentrada en forma de campana y un módulo cilíndrico de servicio.

APOLO

Origen: Estados Unidos
Años: 1968-1975
Lanzamientos tripulados: 15

Seis naves Apolo aterrizaron con éxito en la Luna entre 1969 y 1972. En la Luna, dos astronautas embarcaron en el módulo lunar para la misión de superficie, mientras que un tercero permaneció en órbita con los módulos de mando y de servicio.

Aterrizador lunar Tras volar hasta la superficie de la Luna y volver, el módulo se desechó.

En el módulo de servicio estaban los motores utilizados para entrar y salir de la órbita lunar.

El módulo de mando, de forma cónica, fue la única parte de la nave que regresó a la Tierra, con los astronautas.

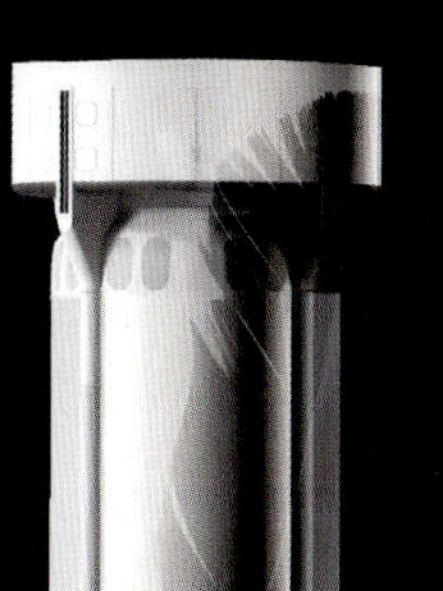

Grandes ventanas de observación en la cápsula para hasta seis pasajeros

Cohete propulsor, diseñado para ser reutilizado tras un aterrizaje vertical controlado.

SHENZHOU

Origen: China
Años: 2003 en adelante
Lanzamientos tripulados: Más de 11

Shenzhou tiene un diseño general similar a Soyuz, pero es más grande, con un módulo orbital cilíndrico que lleva sus propios propulsores y paneles solares para operaciones orbitales independientes.

CREW DRAGON

Origen: Estados Unidos
Años: 2020 en adelante
Lanzamientos tripulados: Más de 11

La nave de SpaceX puede llevar una tripulación de cuatro personas y es parcialmente reutilizable, con un escudo térmico reemplazable, un conjunto de paneles solares y un cono de morro que se pliega hacia atrás para mostrar la escotilla de acoplamiento.

NEW SHEPARD

Origen: Estados Unidos
Años: 2021 en adelante
Lanzamientos tripulados: Más de 11

Diseñado para el turismo espacial, este vehículo de lanzamiento reutilizable usa un cohete propulsor de primera etapa que alcanza alturas de más de 100 km. Suelta una cápsula para la tripulación que realiza un breve viaje al espacio antes de regresar para un aterrizaje controlado.

ORIÓN

Origen: Estados Unidos
Años: Misiones tripuladas previstas a partir de septiembre de 2025
Lanzamientos tripulados: Ninguno aún

La nave espacial Orión de la NASA está diseñada para misiones a la Luna y más allá. Puede transportar a seis personas durante 21 días (o más si se acopla a otra nave espacial).

El Módulo de Servicio Europeo proporciona energía y propulsión, y espacio para almacenar la carga.

El módulo de la tripulación suministra a los astronautas 144 horas de aire.

BOEING STARLINER

Origen: Estados Unidos
Años: Misiones tripuladas desde 2024
Lanzamientos tripulados: Ninguno aún

El Starliner es capaz de transportar a la EEI una tripulación completa de siete astronautas, o una mezcla de tripulación y carga. Utiliza paracaídas, cohetes y airbags para amortiguar el impacto de un aterrizaje en tierra firme.

Ventana de observación

872 millones de km han recorrido las 135 misiones del transbordador espacial entre 1981 y 2011.

Perfil de la misión

El sistema completo del transbordador consistía en un orbitador, un depósito externo con combustible líquido para los motores principales del orbitador, y dos cohetes propulsores para un empuje extra en el despegue. El transbordador se lanzó verticalmente, con el combustible bombeado a los motores principales del orbitador. Tras la reentrada, el orbitador voló como un planeador sin motor, utilizando su diseño en forma de ala delta para proporcionar control en el descenso hasta aterrizar en una pista.

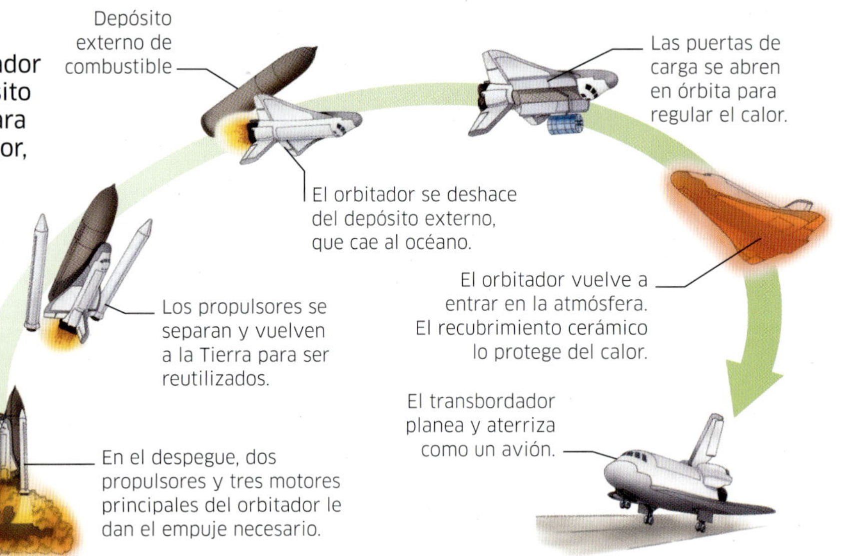

Telescopio espacial Hubble
La carga más famosa del transbordador se lanzó con el *Discovery* en 1990 y se recuperó para mantenimiento en cinco misiones posteriores.

ORBITADOR DEL T. E.

Origen: Estados Unidos
Año: 1981
Longitud: 37,2 m
Velocidad: 28 200 km/h

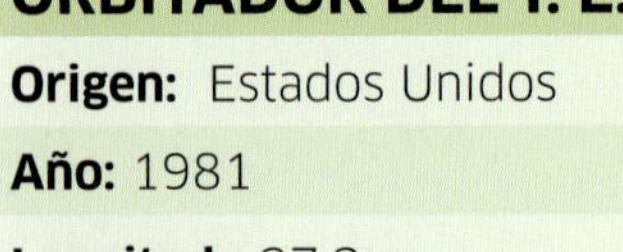

Ventanas
Tres capas de cristal protegían el interior del calor y de impactos.

Plazas
El transbordador suele despegar con cuatro tripulantes en la cubierta de vuelo y tres en la cubierta intermedia.

Motores del Sistema de Control de Reacción
Estos propulsores controlaban la orientación.

Escotilla de acceso
Incluía un sistema de escape de emergencia, instalado después de que siete astronautas murieran al estallar el Challenger en 1986.

Transbordador espacial

El transbordador espacial fue un sistema revolucionario ideado por la NASA para lanzar y reparar satélites, hacer experimentos en órbita y estudiar la Tierra y el Universo.

Desarrollado en la década de 1970, fue un intento de hacer que los viajes espaciales fueran más baratos y sencillos que los costosos cohetes de un solo uso. La mayoría de sus componentes se diseñaron para volar muchas veces, permitiendo lanzamientos regulares.

En la cabina de vuelo
La cabina original tenía unos 2100 controles, pero a principios de la década de 2000 se introdujo una disposición más sencilla, como la que se ve aquí en el *Atlantis*. Cada asiento delantero tenía un «joystick» giratorio y pedales de timón para controlar la nave.

1650 °C era la **temperatura máxima** generada cuando el **transbordador volvía a entrar en la atmósfera.**

El **último aterrizaje** de un transbordador espacial fue el del ***Atlantis*** en el **Centro Espacial Kennedy** de Florida, en **julio de 2011.**

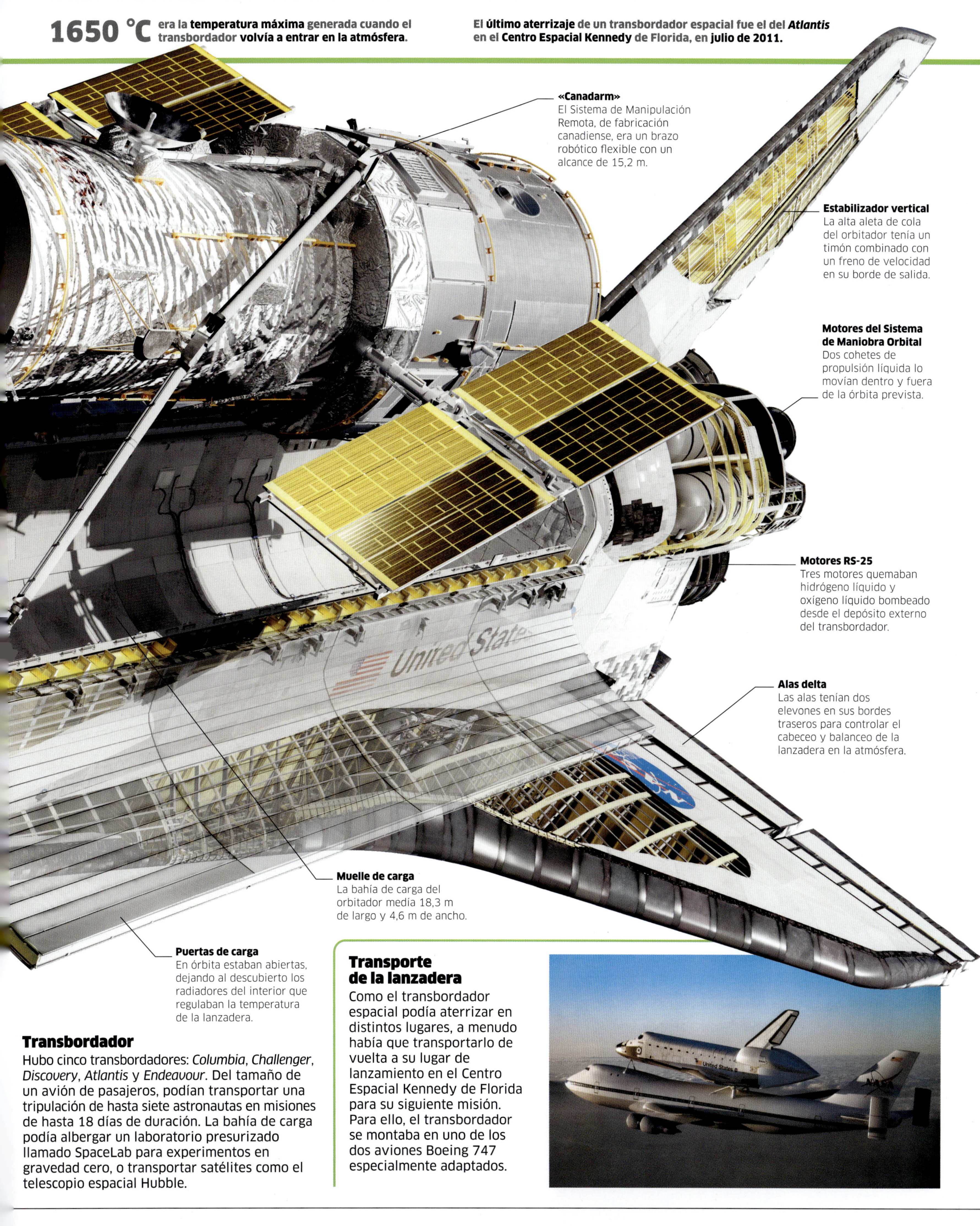

«Canadarm»
El Sistema de Manipulación Remota, de fabricación canadiense, era un brazo robótico flexible con un alcance de 15,2 m.

Estabilizador vertical
La alta aleta de cola del orbitador tenía un timón combinado con un freno de velocidad en su borde de salida.

Motores del Sistema de Maniobra Orbital
Dos cohetes de propulsión líquida lo movían dentro y fuera de la órbita prevista.

Motores RS-25
Tres motores quemaban hidrógeno líquido y oxígeno líquido bombeado desde el depósito externo del transbordador.

Alas delta
Las alas tenían dos elevones en sus bordes traseros para controlar el cabeceo y balanceo de la lanzadera en la atmósfera.

Muelle de carga
La bahía de carga del orbitador medía 18,3 m de largo y 4,6 m de ancho.

Puertas de carga
En órbita estaban abiertas, dejando al descubierto los radiadores del interior que regulaban la temperatura de la lanzadera.

Transbordador

Hubo cinco transbordadores: *Columbia*, *Challenger*, *Discovery*, *Atlantis* y *Endeavour*. Del tamaño de un avión de pasajeros, podían transportar una tripulación de hasta siete astronautas en misiones de hasta 18 días de duración. La bahía de carga podía albergar un laboratorio presurizado llamado SpaceLab para experimentos en gravedad cero, o transportar satélites como el telescopio espacial Hubble.

Transporte de la lanzadera

Como el transbordador espacial podía aterrizar en distintos lugares, a menudo había que transportarlo de vuelta a su lugar de lanzamiento en el Centro Espacial Kennedy de Florida para su siguiente misión. Para ello, el transbordador se montaba en uno de los dos aviones Boeing 747 especialmente adaptados.

453 048 **imágenes** tomó **Cassini** durante sus 20 años de misión.

Naves no tripuladas

Enviar seres humanos al espacio más allá de la órbita terrestre plantea enormes desafíos. Para las sondas espaciales robotizadas es mucho más fácil transportar complejos instrumentos científicos a grandes distancias.

Las naves tripuladas deben transportar grandes cantidades de equipos y suministros para mantener con vida a los astronautas. Las sondas automatizadas no se enfrentan a estas limitaciones y pueden enviarse en viajes de ida a entornos hostiles. Su masa relativamente baja puede ayudarles a realizar viajes de alta velocidad a destinos donde la exploración humana es imposible. Los avances en electrónica, control informático, sistemas de alimentación y miniaturización de los instrumentos les permiten actuar como robots exploradores cada vez más versátiles.

Control térmico Unas persianas controlan la temperatura interna de la nave.

Sensores Los sensores solares y lunares detectan la orientación de la sonda en el espacio.

Antena Varias antenas permiten la comunicación con la Tierra.

LUNA 3

Lanzamiento: 1959
Destino: Luna
Masa: 278,5 kg

Esta sonda espacial soviética envió las primeras imágenes de la cara oculta de la Luna. Las fotos se tomaron en película antes de ser escaneadas y enviadas a la Tierra como señales de radio.

PIONEER 5

Lanzamiento: 1960
Destino: Espacio interplanetario
Masa: 43,2 kg

Al estudiar el espacio entre la Tierra y Venus, la sonda Pioneer 5 de la NASA giraba una vez cada 12 segundos para mantenerse estable en el espacio. Funcionaba con baterías cargadas por células solares.

SURVEYOR 1

Lanzamiento: 1966
Destino: Luna
Masa: 294,3 kg

Los Lunar Surveyors de la NASA allanaron el camino para las misiones lunares Apolo. Con la ayuda de sistemas de radar, cohetes y propulsores para ralentizar el descenso, pudieron aterrizar suavemente en la superficie.

LUNOJOD 1

Lanzamiento: 1970
Destino: Luna
Masa: 756 kg

Primer vehículo con ruedas en la Luna, Lunojod 1 era un gran robot explorador con ocho ruedas. Las baterías se recargaban con células solares situadas en una tapa basculante que se cerraba por la noche.

VENERA 9

Lanzamiento: 1975
Destino: Venus
Masa: 1560 kg

La nave soviética Venera 9, primera sonda en obtener imágenes de la superficie de Venus, usó una esfera de presión fuertemente blindada para proteger sus cámaras e instrumentos. Sobrevivió 53 minutos antes de perder el contacto.

Cojín de aterrizaje
Un anillo con suspensión metálica flexible amortiguó el aterrizaje.

CASSINI

Lanzamiento: 1997
Destino: Saturno
Masa: 5712 kg

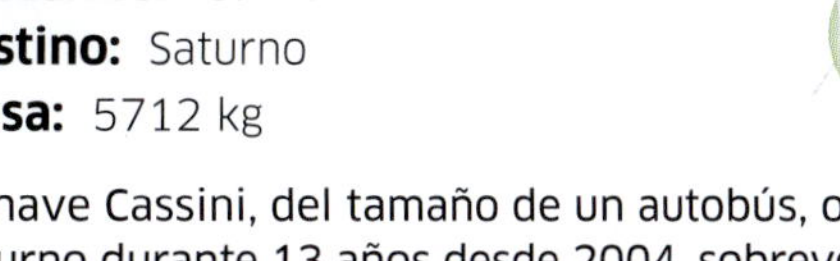

La nave Cassini, del tamaño de un autobús, orbitó Saturno durante 13 años desde 2004, sobrevolando las lunas y los anillos del planeta. A su llegada, liberó el módulo de aterrizaje Huygens en Titán, la luna de Saturno.

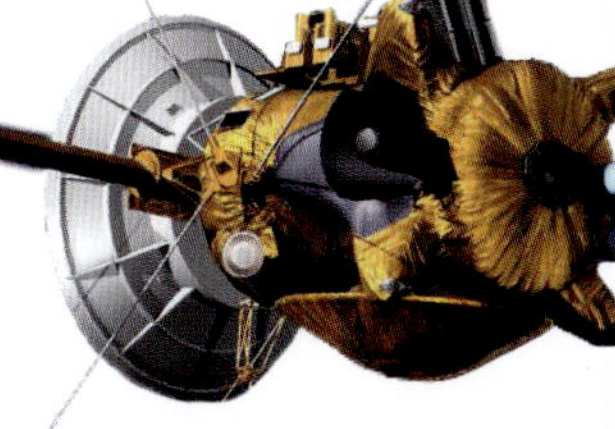

Magnetómetro
Medía el campo magnético de Saturno.

VOYAGER 2

Lanzamiento: 1977
Destino: Sistema solar exterior
Masa: 721,9 kg

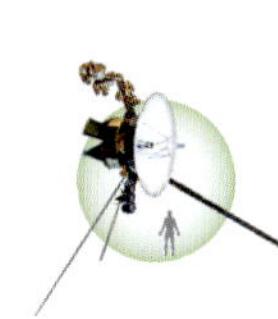

Voyager 2 aprovechó una rara alineación planetaria para sobrevolar Júpiter, Saturno, Urano y Neptuno entre 1979 y 1989. Se alimentaba de un generador que usaba el calor de una fuente radiactiva.

Antena parabólica
La antena parabólica de 3,7 m de diámetro permitía la comunicación a larga distancia con la Tierra.

STARDUST

Lanzamiento: 1999
Destino: Cometa Wild 2
Masa: 385 kg

La mayoría de las sondas realizan un viaje de ida, pero unas pocas regresan a la Tierra. Stardust sobrevoló el cometa Wild 2 en 2004, recogiendo polvo cometario antes de dejar caer una cápsula de muestras a través de la atmósfera terrestre.

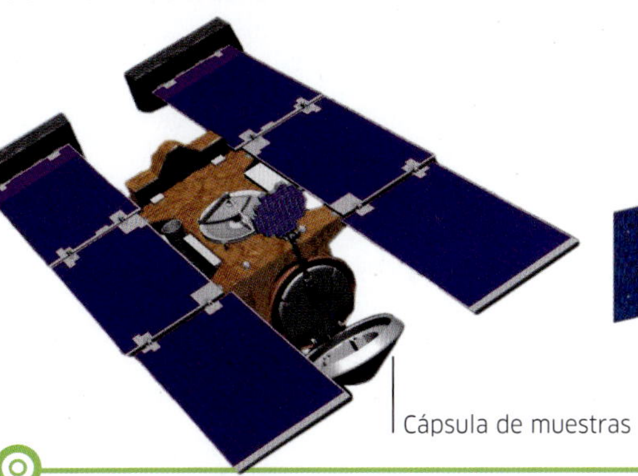

Cápsula de muestras

DAWN

Lanzamiento: 2007
Destino: Vesta, Ceres
Masa: 1217,7 kg

Gracias a su motor iónico (ver pp. 186-187), la sonda Dawn pudo adentrarse en el cinturón de asteroides, siendo la primera en explorar dos grandes cuerpos extraterrestres: Vesta y Ceres.

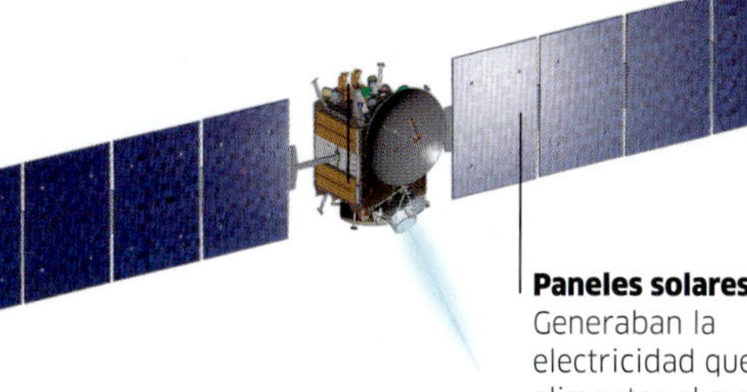

Paneles solares
Generaban la electricidad que alimentar el motor.

PARKER SOLAR PROBE

Lanzamiento: 2018
Destino: Sol
Masa: 685 kg

La Parker Solar Probe orbita cerca de la atmósfera exterior del Sol. Sus instrumentos analizan el material que se cruza en su camino, mientras un escudo ligero la mantiene a la sombra permanente.

Escudo
El escudo de compuesto de carbono resiste temperaturas de hasta 1370 °C.

PERSEVERANCE

Lanzamiento: 2020
Destino: Marte
Masa: 1,025 kg

Perseverance es el más avanzado de todos los róveres que explorarán Marte. Un conjunto de cámaras le ayuda a orientarse, mientras que un brazo robótico puede analizar el suelo y extraer muestras de rocas.

Suspensión
La suspensión mantiene nivelado el róver en los terrenos rocosos.

INGENUITY

Lanzamiento: 2020
Destino: Marte
Masa: 1,8 kg

El helicóptero Ingenuity de Perseverance es el primer vehículo que vuela en otro mundo. Sus rotores giran en sentidos opuestos a 2900 rpm, elevándolo del suelo hasta 90 segundos seguidos.

15 veces puede reutilizarse una cápsula Dragon.

9 motores Merlin generan en el cohete Falcon hasta 776 000 kg de empuje en el lanzamiento.

Lanzamiento de cohetes

Con los astronautas sujetos a sus asientos en la cápsula Crew Dragon, el enorme cohete Falcon 9 comienza a impulsarse desde la plataforma de lanzamiento hacia la órbita terrestre.

Para producir empuje para escapar de la atmósfera terrestre y la atracción gravitatoria, el Falcon 9 tiene dos secciones. La primera sirve para el despegue y está diseñada para regresar a la Tierra para nuevas misiones, y la segunda lleva la cápsula a la órbita terrestre.

Crew Dragon
Los tripulantes tienen asientos hechos a medida para el despegue.

Propulsores Superdraco
Ocho grandes motores diseñados para la separación de emergencia y el aterrizaje.

Propulsores Draco
Estos 16 pequeños motores maniobran la cápsula en el espacio.

Módulo de carga desechable
El módulo de carga transporta paneles solares y otros elementos, como satélites.

Segunda etapa
El cohete arderá durante siete minutos y alcanzará una altura de 200 km sobre la Tierra.

Conector entre la primera y la segunda etapas.

Unos brazos mantienen el cohete en posición hasta el lanzamiento.

Torre de acceso a la nave espacial

Dentro de la cápsula

La nave Crew Dragon puede transportar hasta cuatro astronautas en viajes a la Estación Espacial Internacional o vuelos independientes para orbitar la Tierra. El vuelo es automático en su mayor parte, pero hay controles en la pantalla táctil que indican el estado de la nave y permiten a la tripulación tomar el control si es necesario. Cada traje espacial está hecho a medida, con un puerto en un muslo para conectarse a los sistemas de soporte vital, como el oxígeno. Los guantes del traje están diseñados para ser compatibles con pantallas táctiles, ya que no hay botones. En el techo hay un retrete espacial especial con una manguera de succión: en órbita, la gravedad no arrastraría los residuos.

Separación
La Crew Dragon suele separarse de la etapa superior del cohete a una altura de unos 200 km, pero en caso de emergencia, ocho motores de cohete SuperDraco pueden liberar la cápsula. Con el tiempo, estos motores podrían ayudar a la Crew Dragon a aterrizar en tierra, en lugar de caer al mar.

SPACEX FALCON 9 BLOCK 5

Año: 2018

Altura: 70 m

Etapas: 2

Motores: 9 (primera etapa) + 1 (segunda)

6000 kg de **carga útil máxima** admite la **Crew Dragon.**

1600 °C es la **temperatura máxima** que alcanza el escudo térmico de la cápsula **durante la reentrada.**

Almacenes de combustible
El oxígeno líquido y el queroseno RP-1 se guardan en tanques. El cohete solo se alimenta una vez en la plataforma de lanzamiento.

Torres de agua
Se rocía agua en la plataforma de lanzamiento para absorber las vibraciones y proteger la base de hormigón.

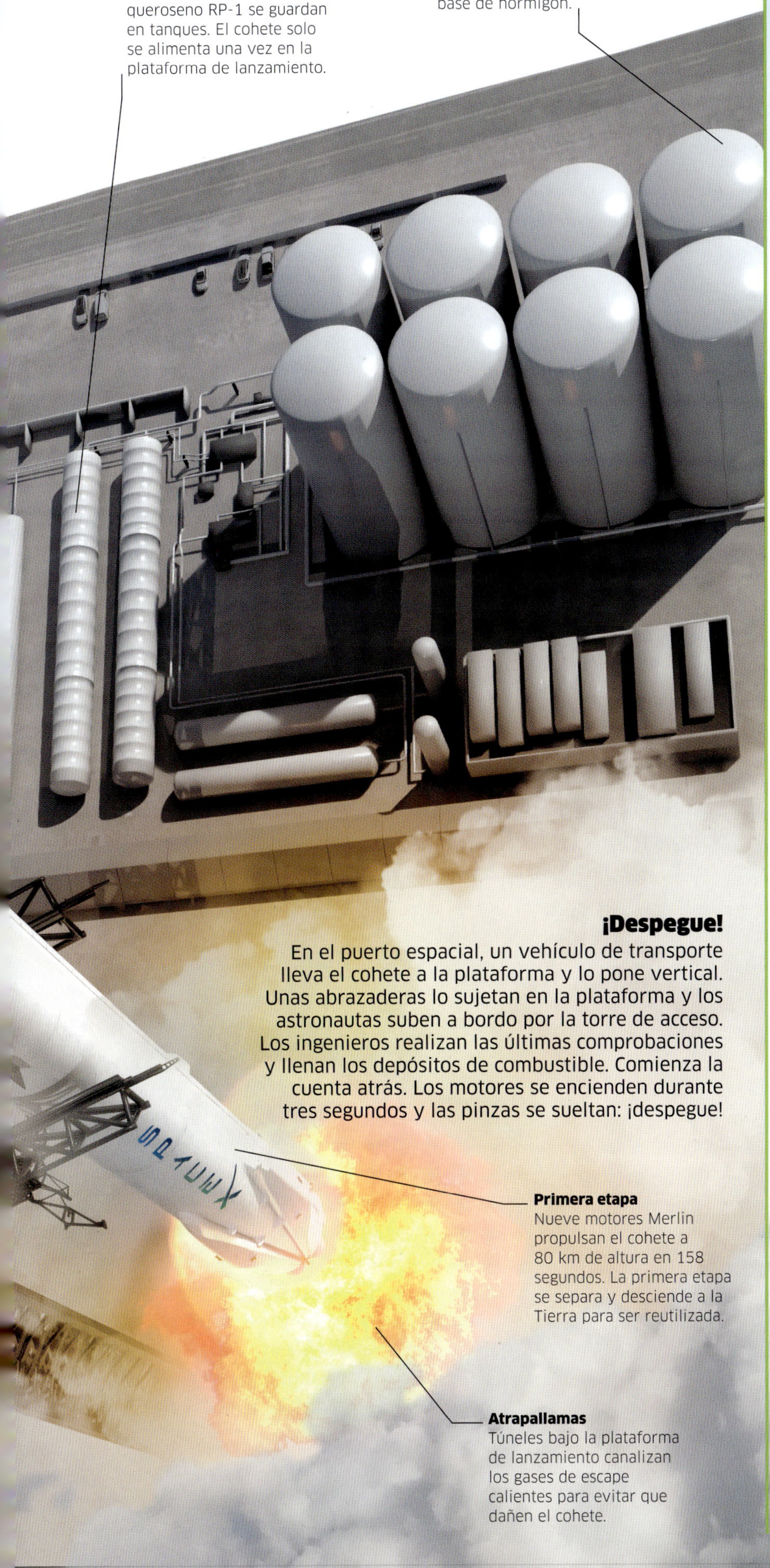

¡Despegue!

En el puerto espacial, un vehículo de transporte lleva el cohete a la plataforma y lo pone vertical. Unas abrazaderas lo sujetan en la plataforma y los astronautas suben a bordo por la torre de acceso. Los ingenieros realizan las últimas comprobaciones y llenan los depósitos de combustible. Comienza la cuenta atrás. Los motores se encienden durante tres segundos y las pinzas se sueltan: ¡despegue!

Primera etapa
Nueve motores Merlin propulsan el cohete a 80 km de altura en 158 segundos. La primera etapa se separa y desciende a la Tierra para ser reutilizada.

Atrapallamas
Túneles bajo la plataforma canalizan los gases de escape calientes para evitar que dañen el cohete.

Alcanzar la estación espacial

Una vez en órbita, Crew Dragon puede maniobrar con 16 propulsores Draco. Para alcanzar la Estación Espacial Internacional (EEI) a su altitud media de 415 km, la nave dispara estos motores varias veces en una serie de «quemados de fase». Alcanza la estación unas 16 horas después del lanzamiento y está diseñada para permanecer acoplada a la EEI durante seis meses o más.

Estación Espacial Internacional (EEI)
La EEI está en órbita permanente alrededor de la Tierra.

Permiso de acoplamiento
La Dragon se detiene a 20 m de la EEI hasta que obtiene permiso para acoplarse.

Acoplamiento
La Crew Dragon abre su cono de ojiva y se acopla con seguridad.

Orientación final
A 200 m de la ISS, los sistemas de guiado automático toman el relevo, utilizando láseres y sensores infrarrojos.

Encendido final
La nave comienza a comunicarse directamente con la EEI. Cuando está a 7,5 km, enciende sus motores para la aproximación final.

Primer y segundo encendidos
Tras separarse del cohete, la Dragon enciende sus motores para alcanzar una órbita más alta, y luego vuelve a hacerlo para cambiar de dirección y dejar de ascender.

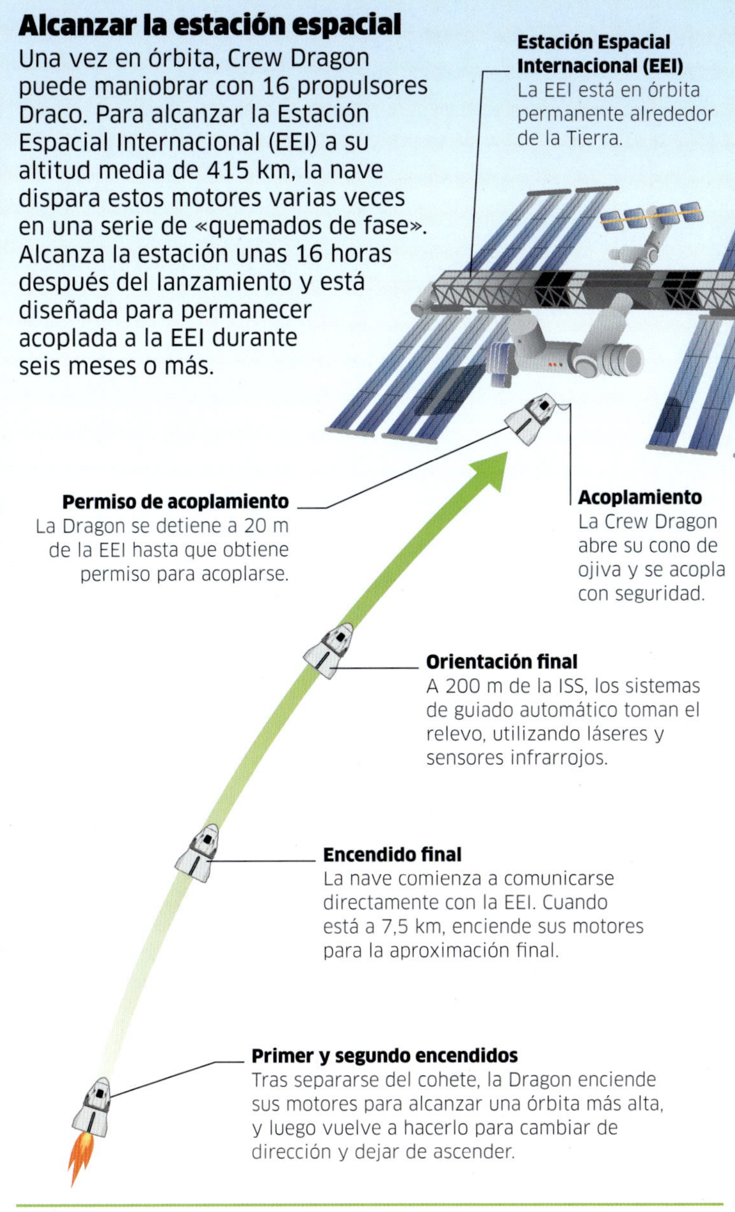

De vuelta a la Tierra

Al final de la misión, la nave se desacopla de la EEI y se deshace de su módulo de carga, que se quema en la atmósfera superior. A continuación, gira hacia atrás a lo largo de su órbita y enciende sus motores durante 15 minutos para reducir la velocidad y volver a entrar en la Tierra. Dos pequeños paracaídas se abren para estabilizar el vuelo una vez que el calor de la reentrada ha disminuido, antes de que cuatro paracaídas más grandes ralenticen el descenso de la cápsula sobre el mar.

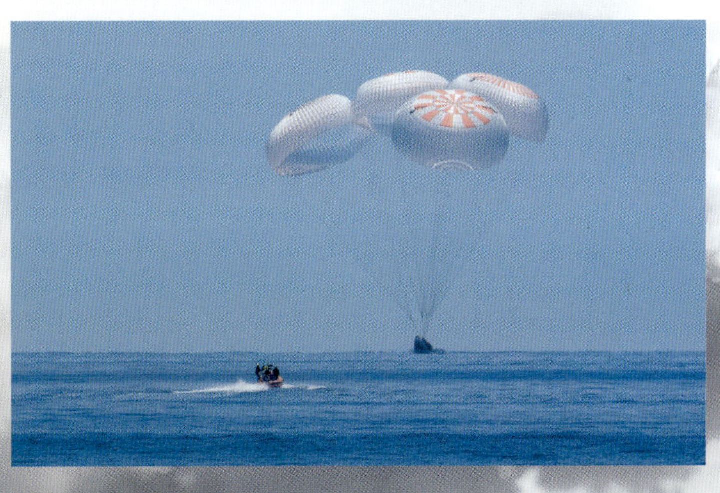

Glosario

ACELERACIÓN
Velocidad a la que algo va más rápido.

ACOPLAMIENTO
Piezas o mecanismos que permiten unir elementos ferroviarios.

AERODESLIZADOR
Vehículo que se desplaza por tierra, agua y otras superficies en un colchón de aire producido por ventiladores y sostenido por un faldón de caucho.

AERODINÁMICA
Estudio de cómo se desplazan los objetos por el aire o el agua. Suele utilizarse para diseñar vehículos y objetos que opongan menos resistencia al aire, de modo que se desplacen suavemente por el aire y ahorren energía.

AERODINÁMICO
Un objeto aerodinámico tiene curvas suaves para que el aire o el agua fluyan con facilidad, reduciendo la resistencia.

ALERÓN (AVIÓN)
Superficies con bisagras, normalmente en el ala de un avión, que pueden elevarse o bajarse para ayudar a un avión a rodar o girar.

ALERÓN (COCHE)
Pequeña lámina montada en la parte trasera de un coche para producir carga aerodinámica a altas velocidades, lo que ayuda al coche a agarrarse mejor a la carretera.

ANCHO DE VÍA
Medida entre los carriles de una vía. El ancho de vía más extendido en el mundo es de 1435 mm y se conoce como ancho estándar. Sin embargo, en los sistemas ferroviarios de todo el mundo se utilizan muchos anchos de vía mayores y menores.

ANFIBIO
Vehículo que puede desplazarse tanto por tierra como por agua.

ARRASTRE
Fuerza de resistencia que se forma cuando un objeto se desplaza a través de un fluido, como el aire o el agua.

ASFALTO
Sustancia pegajosa, negra y parecida al alquitrán que se utiliza para pavimentar carreteras y aceras.

BANDA DE RODADURA
Dibujo en relieve de la superficie de un neumático que aumenta la fricción entre las ruedas de un vehículo y el suelo.

BATERÍA
Almacenamiento de sustancias químicas en una caja que, cuando se conecta a un circuito, suministra electricidad.

BERLINA
Cualquier tipo de automóvil con techo metálico fijo y maletero separado y cerrado.

BOGIE
En los trenes, chasis o armazón con ruedas sobre el que se asienta una locomotora o un vagón de ferrocarril y que se desplaza por los raíles. En los aviones, mecanismo que fija más de dos ruedas a un puntal del tren de aterrizaje.

CABALLO DE VAPOR (CV)
Medida comúnmente utilizada de la potencia del motor de un vehículo.

CABINA
Parte de un tren o camión donde se sienta el conductor y controla el vehículo.

CALDERA
Recipiente cerrado en el que se calienta agua. Parte de una máquina de vapor que produce vapor.

CÁMARA DE COMBUSTIÓN
Sección situada en la parte trasera de la caldera de una locomotora de vapor donde se quema el combustible para calentar el agua de la caldera.

CAPÓ
Cubierta que rodea el motor de un avión.

CÁPSULA
Parte de una nave espacial en la que viajan personas o carga, y que suele separarse del cohete principal.

CARENADO
Carrocería aerodinámica diseñada para mejorar la velocidad máxima o la comodidad del usuario.

CARGA
Mercancías transportadas a granel por camión, tren, barco o avión.

CARGA AERODINÁMICA
Fuerza que empuja hacia abajo un vehículo con forma aerodinámica, como un Fórmula 1, cuando el aire se mueve rápidamente sobre él. La carga aerodinámica es lo contrario de la sustentación (la fuerza que hace que un avión despegue cuando sus alas se mueven rápidamente por el aire).

CARGA DE PROFUNDIDAD
Arma antisubmarina lanzada desde buques o aviones y programada para explotar a una cierta profundidad.

CARGA ÚTIL
Carga transportada por un avión o un vehículo de lanzamiento espacial.

CARROCERÍA
Partes exteriores de un coche, como el techo, el capó, el maletero, las puertas, los parachoques y las ventanillas.

CASCO
Cuerpo principal de una embarcación.

CHASIS
Bastidor de un vehículo sobre el que se montan el motor y la carrocería principal.

CIGÜEÑAL
Eje de un motor que convierte el movimiento ascendente y descendente de los pistones en la rotación de las ruedas o de una hélice.

CILINDRO
Tubo metálico del interior de un motor en el que se expande el vapor o se enciende el combustible para mover los pistones y generar potencia.

CLASE
Un grupo de vehículos construidos según un diseño común.

COCHE FAMILIAR
Coche con carrocería alargada y gran maletero.

CONTAMINACIÓN
Efecto que se produce cuando productos nocivos llegan al aire, el agua o la tierra y dañan el medio ambiente o la salud de los seres vivos.

CONVOY
Grupo de buques o vehículos que viajan juntos en formación.

COSMONAUTA
Astronauta ruso (o soviético).

COUPÉ
Automóvil de dos puertas con techo fijo inclinado hacia atrás.

CUBICAJE
Medida de la capacidad, o espacio, en el interior de todos los cilindros de un motor. Un cubicaje mayor suele significar un motor más potente. Se mide en centímetros cúbicos (cm^3).

CUBIERTA
Una de las secciones horizontales, o pisos, que recorren un autobús o un barco. A menudo se usa para referirse a la cubierta superior de un barco, que está abierta a los elementos.

DEPÓSITO DESECHABLE
Depósito externo de la aeronave, normalmente de combustible, que puede desprenderse y soltarse en pleno vuelo una vez vacío.

DESFIBRILADOR
Máquina que hace que el corazón vuelva a latir con normalidad tras un infarto, mediante una descarga eléctrica.

DIÉSEL
Combustible derivado del petróleo que se utiliza en muchos motores de vehículos.

DIRIGIBLE
Gran globo lleno de gas y propulsado por un motor. Los pasajeros pueden ir en un compartimento separado dentro o debajo del globo.

DISTANCIA ENTRE EJES
Distancia exacta entre los ejes de las ruedas delanteras y traseras.

DISTANCIA LIBRE AL SUELO
Distancia entre los bajos del coche y el suelo.

DRON
Ver UAV.

EFICIENCIA
Medida de la cantidad de energía introducida en una máquina que se transforma en trabajo útil. Un motor eficiente energéticamente genera más movimiento a partir del combustible que utiliza.

EJE
Varilla metálica resistente sobre la que giran una o varias ruedas. El eje puede estar fijado a la rueda para que esta gire cuando gire el eje, o la rueda puede girar libremente sobre el eje.

ELECTROIMÁN
Imanes alimentados por electricidad que pueden encenderse o apagarse.

ELEVACIÓN
Fuerza creada por el aire que se desplaza sobre un ala o una pala del rotor para mantener una aeronave en el aire.

ELEVADOR
Superficie de control de una aeronave que hace que suba o baje el morro y ascienda o descienda en picado.

EMBRAGUE
Dispositivo accionado por un pedal (o palanca de mano en la mayoría de las motocicletas) que permite al conductor cambiar de marcha.

EMISIONES
Producción o liberación de algo, como un gas. Los motores de combustión interna producen emisiones de gases de efecto invernadero, que contribuyen al calentamiento global.

EMPUJE
Fuerza que empuja una aeronave por el aire o una embarcación por el agua, generalmente generada por un motor.

ENERGÍA
Lo que permite realizar un trabajo. La energía existe en muchas formas diferentes y no puede crearse ni destruirse, solo transferirse de una forma a otra.

ENGRANAJE
Rueda dentada que engrana con otra. Los engranajes cambian la forma en que la velocidad de un mecanismo motriz, como el motor de un coche, se convierte en velocidad de las piezas accionadas, como sus ruedas.

ESCLUSA
En un canal o río, lugar donde se han construido muros con compuertas en cada extremo para que los barcos puedan desplazarse a una sección más alta o más baja del canal o río a medida que el nivel del agua sube o baja gradualmente.

ESTABILIZADORES
Barras que se extienden desde el lateral de vehículos como grúas o canoas para proporcionar apoyo y ayudar al equilibrio del vehículo.

FLAPS
Partes móviles del borde posterior de un ala que se utilizan para aumentar la sustentación a velocidades de aire más lentas.

FLY-BY-WIRE
Sistema electrónico de control de vuelo utilizado en aeronaves en lugar de controles mecánicos o accionados por máquinas.

FRENOS DE DISCO
Tipo de freno que utiliza pastillas para presionar contra un disco giratorio, creando fricción para reducir la velocidad del vehículo.

FRICCIÓN
Fuerza que ralentiza el movimiento entre dos objetos que se rozan. Los frenos crean mucha fricción para ralentizar un vehículo.

FUSELAJE
Cuerpo principal de un avión, diseñado para albergar a la tripulación, los pasajeros y la carga.

GENERADOR
Máquina que crea electricidad para ser utilizada por dispositivos eléctricos.

GPS
Abreviatura de *global positioning system* (sistema de posicionamiento global), un sistema de navegación que utiliza señales de un grupo de satélites espaciales para calcular la posición de un vehículo en la superficie terrestre.

GRADIENTE
Pendiente o grado de inclinación del terreno.

GRUPO MOTOPROPULSOR
Equipo (incluidos el motor y la transmisión) que proporciona a un vehículo la potencia necesaria para su propulsión.

HÉLICE
Conjunto de palas giradas por el motor de un avión o barco para crear empuje.

HÉLICE DE PASO VARIABLE
Hélice en la que el ángulo de las palas en relación con el flujo de aire puede ajustarse mientras gira.

HÍBRIDO
Vehículo que tiene un motor de combustión interna y una segunda fuente de energía, como un motor eléctrico.

HIDRÁULICA
Sistema de energía que utiliza líquido para transferir fuerza de un lugar a otro para, por ejemplo, accionar los frenos de un vehículo.

LENTE DE FRESNEL
Lente plana por un lado y con crestas concéntricas por el otro. Puede producir un potente haz de luz en un faro, un faro delantero o una guía de aterrizaje de un portaaviones.

LÍNEA DE FLOTACIÓN
Nivel que normalmente alcanza el agua en el costado de un buque.

LOCOMOTORA
Vehículo de ruedas utilizado para arrastrar trenes. Las locomotoras eléctricas suelen depender de la

electricidad suministrada por una fuente externa, mientras que las locomotoras de vapor y diésel generan su propia energía.

MANEJABILIDAD
Facilidad de control de un vehículo, por ejemplo al tomar curvas o al conducir en condiciones difíciles.

MASA
Medida de la cantidad de materia de un objeto.

MÓDULO
Parte de una nave espacial más grande que puede separarse y funcionar de forma independiente, por ejemplo, el módulo de alunizaje del Apolo 11.

MONORRAÍL
Tren que circula sobre un único raíl.

MOTOR
Máquina que quema combustible para producir movimiento.

MOTOR COHETE
Motor que quema combustible junto con oxígeno o un oxidante (sustancias químicas que producen oxígeno) para producir una corriente de gases que propulsa el cohete. El motor cohete lleva su propio suministro de oxígeno u oxidante.

MOTOR DE COMBUSTIÓN INTERNA
Tipo de motor en que el combustible y el aire se mezclan y se queman (combustionan) en el interior de los cilindros para producir potencia.

MOTOR DE CUATRO TIEMPOS
El tipo más común de motor de automóvil. Cada pistón funciona en cuatro etapas o carreras: admisión (toma de una mezcla de aire y gas), compresión (comprime la mezcla), encendido (una chispa enciende la mezcla, que arde rápidamente y empuja el pistón hacia abajo) y escape (los residuos salen del cilindro).

MOTOR DE DOS TIEMPOS
Tipo de motor que enciende la bujía con cada revolución del cigüeñal, en lugar de cada dos revoluciones, como en un motor de cuatro tiempos.

MOTOR DE REACCIÓN
Motor que genera movimiento de avance expulsando aire caliente por una tobera situada en la parte trasera.

NUDO
Unidad de medida de la velocidad de las embarcaciones en el agua. Un nudo equivale a 1852 km/h.

ONDAS DE RADIO
Tipo de ondas invisibles que pueden transmitirse a través del aire, a menudo utilizadas para la comunicación.

ÓRBITA
Trayectoria de un objeto alrededor de otro debido a la fuerza de la gravedad, como la de una nave espacial alrededor de un planeta.

PALANCA
Máquina sencilla que aumenta o reduce las fuerzas, facilitando el movimiento de una carga. Un remo es un ejemplo de palanca.

PALAS DE ROTOR
Láminas aerodinámicas largas y finas que un helicóptero u otra aeronave hace girar para producir sustentación.

PANTÓGRAFO
Bastidor con resorte que suministra electricidad a los vehículos, como trenes y trolebuses, desde las líneas eléctricas aéreas.

PAR
Fuerza de torsión creada por un componente giratorio (como una hélice) accionado por un motor. Los vehículos pueden utilizar diferentes marchas para variar el par motor.

PARACHOQUES
Barra de metal, goma o plástico que se coloca a lo largo de la parte delantera y, a veces, trasera de un vehículo para limitar los daños si choca contra algo.

PERFIL AERODINÁMICO
Objeto aerodinámico más curvado por un lado que por el otro, con el fin de influir en el flujo de aire a través de sus superficies. Suele referirse a la sección transversal de un ala, un plano de cola o una pala de rotor, pero algunos yates de carreras modernos también los tienen.

PERISCOPIO
Tubo con espejos que permite al capitán de un submarino ver lo que hay por encima del agua. Los submarinos modernos utilizan equipos electrónicos.

PILA DE COMBUSTIBLE
Dispositivo en el que una reacción química, normalmente con hidrógeno y oxígeno, produce electricidad y agua.

PISTÓN
Émbolo hermético que se mueve hacia arriba y hacia abajo dentro de un cilindro debido a la presión del vapor o al quemarse el combustible dentro de un motor de combustión interna.

PLUMA
Brazo de carga largo, fijo o hidráulico, que se extiende desde un vehículo.

POPA
Parte trasera de un barco o buque.

PRESIÓN
La fuerza del aire o del agua que empuja las cosas.

PRESURIZADO
Objeto que contiene aire u otro gas a una presión más alta dentro del contenedor que fuera de él, como un traje espacial, el fuselaje de un avión de pasajeros o una botella de oxígeno.

PROA
Parte delantera de un barco.

PROTOTIPO
Versión experimental de un diseño, que aún no está lista para ser producida y vendida en serie.

PROYECTIL
Arma consistente en un recipiente metálico lleno de explosivos que puede dispararse desde un cañón grande a largas distancias.

PUENTE
Centro de mando de un buque o submarino. En los buques, suele estar en lo alto, con vistas despejadas, y es también el centro de navegación.

QUILLA
Conjunto largo y generalmente recto de madera, metal, plástico o fibra de carbono que forma la parte más baja del casco de un buque en la mayor parte de su eslora. Puede estar formada por varias piezas de madera unidas entre sí.

RADAR
Sistema utilizado para localizar un objeto o vehículo haciendo rebotar en ellos ondas de radio y midiendo el tiempo que tardan en volver.

REBORDE
Labio, borde o cresta que sobresale del borde de un objeto y le ayuda a conectarse con otros objetos. En los ferrocarriles, ayuda a las ruedas a mantenerse en la vía.

RESISTENCIA DEL AIRE
Fuerza que frena los objetos en movimiento cuando se desplazan por el aire. También se denomina resistencia aerodinámica.

REVOLUCIÓN
Una vuelta completa de un objeto en rotación.

RPM
Revoluciones por minuto. Número de veces que gira una rueda en un minuto.

SATÉLITE
Objeto que orbita alrededor de un cuerpo mayor en el espacio. Los satélites artificiales orbitan alrededor de la Tierra o de otro planeta o luna para recoger o transmitir datos. Los naturales suelen denominarse lunas.

SONAR
Sistema de detección y localización de objetos, especialmente bajo el agua, mediante ondas sonoras.

SONDA
Nave espacial sin tripulación que viaja a un planeta, luna, cometa u otro cuerpo para recoger información.

SUMERGIBLE
Vehículo submarino pequeño y móvil utilizado a menudo para la ciencia submarina o para operaciones comerciales como la exploración o el salvamento. Puede llevar tripulación o ser autónomo.

SUPERFICIES DE CONTROL
Partes móviles de una aeronave que modifican el flujo de aire alrededor de sus bordes de salida, como alerones, elevadores, timones, provocando su alabeo, cabeceo o guiñada.

SUPERSÓNICO
Más rápido que la velocidad del sonido, que es de unos 1236 km/h a nivel del mar, pero más lento en altitud.

SUSPENSIÓN
Sistema que amortigua la estructura del automóvil (y a los ocupantes) del movimiento de las ruedas al atravesar carreteras y superficies irregulares.

TIMÓN
Placa o tabla vertical que puede moverse para gobernar una embarcación o ayudar a girar una aeronave.

TORPEDO
Arma submarina autopropulsada que se lanza desde un buque o submarino.

TRACCIÓN A LAS CUATRO RUEDAS
Cuando la potencia del motor se utiliza para hacer girar tanto las ruedas delanteras como las traseras de un vehículo.

TRACCIÓN DELANTERA
Sistema en el que la potencia del motor de un vehículo se envía únicamente a las dos ruedas delanteras.

TRACCIÓN TRASERA
Sistema en el que la potencia del motor de un vehículo se envía únicamente a las ruedas traseras.

TRANSMISIÓN
Sistema que lleva la potencia del motor a las ruedas o a la hélice de un vehículo, normalmente a través de una caja de cambios. Puede convertir la velocidad relativamente alta del motor en una serie de velocidades útiles de avance y retroceso.

TRAYECTORIA DE PLANEO
Línea de descenso de una aeronave que va a aterrizar, reduciendo la velocidad de avance y la altitud para un aterrizaje seguro.

TREN MAGLEV
Abreviatura de levitación magnética, un tren que funciona elevándose por encima de vías especiales y avanzando por la fuerza de electroimanes. Los trenes de levitación magnética prácticamente no producen fricción y son muy silenciosos a alta velocidad.

TRINQUETE
El mástil más cercano a la proa (parte delantera) de un barco.

TUBO DE ESCAPE
Tubo que canaliza los gases residuales fuera del motor de un vehículo y los expulsa al aire libre.

TURBINA
Conjunto de paletas accionadas por vapor, agua o aire.

TURBOCOMPRESOR
Dispositivo que utiliza los gases residuales para aumentar la potencia de un motor.

TURBORREACTOR
Tipo de motor de turbina de gas (motor a reacción) en el que toda la propulsión se genera a partir de gases de escape calientes de rápida expansión y alta velocidad.

TURBOVENTILADOR
Tipo de motor de turbina de gas (motor a reacción) en el que parte de la potencia impulsa un ventilador que expulsa aire frío con el escape, aumentando así el empuje. Los turboventiladores se utilizan en la mayoría de los aviones de pasajeros porque son más económicos y menos ruidosos que los motores turborreactores.

UAV
Abreviatura de *vehículo aéreo no tripulado*. También conocidos como drones, son máquinas voladoras autónomas o teledirigidas.

ULTRASONIDOS
Ondas sonoras no detectables por el oído humano.

UNIÓN SOVIÉTICA (URSS)
Oficialmente Unión de Repúblicas Socialistas Soviéticas, grupo de países controlados por Rusia entre 1922 y 1991.

VEHÍCULO DE SERIE
Vehículo fabricado en serie para su venta al público. Se diferencia de los prototipos experimentales fabricados para pruebas internas.

VEHÍCULO UTILITARIO DEPORTIVO (SUV)
Vehículo robusto diseñado para su uso fuera de la carretera, pero que a menudo se utiliza en carreteras normales de zonas urbanas.

VENTILACIÓN
Instalación en un edificio o vehículo que proporciona un suministro de aire fresco.

VÍA DE RODADURA
Bucle de eslabones de caucho o metal que giran alrededor de conjuntos de ruedas o rodillos. Para las vías férreas, ver Vías férreas.

VÍAS FÉRREAS
Los raíles permanentes que proporcionan una pista para las ruedas de un tren.

VTOL
Abreviatura de *Vertical Take Off and Landing* (despegue y aterrizaje vertical). Las aeronaves que utilizan VTOL pueden utilizar su empuje para elevarse directamente en el aire como un helicóptero y, como resultado de ello, no tienen necesidad de utilizar una pista larga.

Índice

Los números en **negrita** remiten a las entradas principales

A

B

C

T

U, V

W

Y, Z

Agradecimientos

Los editores quieren agradecer a las siguientes personas su asistencia en la preparación de este libro: a Rona Skene por los textos adicionales; a Simon Mumford por los mapas y los datos sobre aeroplanos; a Danielle Cluer Gee por la revisión de los textos; a Elizabeth Wise por la preparación del índice, y a Paige Towler y su equipo en el Smithsonian. Gracias especialmente a Tim Meldrum del Emirates Team NZ por su ayuda sobre el **Te Rehutai;** a Tobias Bender de Marigraph and AG Ems por el uso del **Ostfriesland**
en el capítulo sobre los ferris; a Robert Burke por su permiso para adaptar su modelo generado por ordenador de un Mk IX Spitfire.

Los editores agradecen a los siguientes su permiso para la reproducción de sus fotografías:

(Clave: a: arriba; b: bajo/debajo; c: centro; d: derecha; e: extremo; i: izquierda; s: superior)

2 Dorling Kindersley: Tina Chambers / IFREMER, Paris (cib). **3 Shutterstock.com:** Mechanik (si). **4 Alamy Stock Photo:** RGB Ventures / SuperStock / NASA (i). **6 Dreamstime.com:** David Fowler (ci). **8 Alamy Stock Photo:** Album (cda); Chuck Eckert (sc); kostas koufogiorgos (ca); Rich Gold (cdb). **Dreamstime.com:** Kseniya Abramova / Tristana (cb). **Getty Images / iStock:** Dorling Kindersley (sd). **Shutterstock.com:** Dmitro (bc). **TurboSquid:** 3d_molier International (cia). **9 Alamy Stock Photo:** David Askham (esi); Phillip Bond (sc); Hugh Williamson (cda). **Bridgeman Images:** Photo © CCI (fci). **Dorling Kindersley:** Dave King / Motorcycle Heritage Museum, Westerville, Ohio (ecia); Gary Ombler, Courtesy of Deutsches Fahrradmuseum, German (cib). **Dreamstime.com:** Chinaview (bi); Vampy1 (sd); Dvmsimages (ci); Veniamin Kraskov (cd). **Getty Images / iStock:** Rysownik (c). **Getty Images:** Science & Society Picture Library (bd). **Shutterstock.com:** AlexLMX (si); Haggardous50000 (cb). **10 Depositphotos Inc:** travelarium (bi). **Shutterstock.com:** Evgeny Subbotsky (cib); Dale Warren (ci). **11 123RF.com:** photo5963 (c). **Alamy Stock Photo:** philipus (cda). **Dorling Kindersley:** Dave King / Science Museum, Londres (sc); Dave King / The Science Museum (cia). **Getty Images / iStock:** SOPHIE-CARON (cdb). **Shutterstock.com:** Captain Wang (bd). **12 Alamy Stock Photo:** Peak Images (ca). **Dreamstime.com:** Fernando Corts (bc/carro); Edwardj (bc). **Getty Images:** Science & Society Picture Library (sd). **Getty Images / iStock:** VUSLimited (bi). **13 Bridgeman Images:** Chatsworth Settlement Trustees (ca, sc). **Dorling Kindersley:** Gary Ombler / Milestones Museum (cb). **Dreamstime.com:** David Fowler (bd); Sborisov (bc); Hanna Tsiarleyeva (sd). **Getty Images:** Science & Society Picture Library (cdb/x2). **14 Alamy Stock Photo:** Painters (bd). **Bridgeman Images:** Look and Learn (si). **15 Alamy Stock Photo:** Heritage Image Partnership Ltd (bi). **16-17 TurboSquid:** CG ARTStudio (c). **16 Getty Images / iStock:** getty_dumy67 (bi). **19 Alamy Stock Photo:** Associated Press / R. Florio (cib). **20 Dorling Kindersley:** Gary Ombler / R. Florio (cib). **Dreamstime.com:** Dvmsimages (bi); David Park (bd). **Shutterstock.com:** Gertan (ci); StevenK (bc). **21 Alamy Stock Photo:** NPC Collectiom (cd); ZarkePix (c). **Dorling Kindersley:** Matthew Ward (ecia, cib). **Dreamstime.com:** Ajdibilio (sd); Vladimir Masilko (sc); Cristina Ionescu (cia); Milos Ruzicka (cda); Artzzz (bi); Eva Diana López (cdb). **Shutterstock.com:** canadianPhotographer56 (bd); Cristina Ionescu (ci). **22-23 CGTrader:** Dragos Burian (c/chasis). **TurboSquid:** HKV Studios (c). **23 Alamy Stock Photo:** CTK (cdb). **24 Alamy Stock Photo:** Malcolm Haines (bc). **Dorling Kindersley:** Matthew Ward (sd, cb); James Mann / Colin Laybourn / P&A Wood (si). **Dreamstime.com:** Artzz (cda); Dmitry Orlov (cia, bd); Michel Bussieres (c). **Getty Images:** ullstein bild (ca). **Shutterstock.com:** GUIDO BISSATTINI (bi). **25 Dorling Kindersley:** Matthew Ward (si). **Dreamstime.com:** Robert Diepenbrock (ci); Dmitry Orlov (cia); Mmc12 (b). **Shutterstock.com:** Danila2332 (cb); Simlinger (ca); James Hime (cda); Sid0601 (cdb). **26-27 TurboSquid:** 3D Horse (c/motor); anasyakoub (c). **26 Dreamstime.com:** Hollandog (si). **27 Alamy Stock Photo:** Brian Jannsen (s). **28-29 Alamy Stock Photo:** Sipa US. **30-31 TurboSquid:** OpticalDreamSoft (c). **30 Alamy Stock Photo:** The Canadian Press (cda). **31 Getty Images:** MLADEN ANTONOV (bd). **32 Alamy Stock Photo:** G.P.Essex (esd); Sueddeutsche Zeitung Photo (sd); James King-Holmes (cd). **Dreamstime.com:** Framestock Footages (bc). **Shutterstock.com:** Frame Stock Footage (bd). **33 Alamy Stock Photo:** Hans Blossey / imageBROKER.com GmbH & Co. KG (sc); John Henderson (ci); Matthew Richardson (bi, bc). **Science Photo Library:** TRL LTD. (sd); LOUISE MURRAY (si). **34-35 TurboSquid:** fisherman3d. **34 Alamy Stock Photo:** Rolf Schulten / imageBROKER.com GmbH & Co. KG (bi). **36-37 Getty Images:** fStop Images - Caspar Benson. **38-39 TurboSquid:** AT_studio Pro Models_3D (c). **38 Alamy Stock Photo:** Gwendoline Defente / Associated Press (bi). **39 Dreamstime.com:** Hamik (bd). **41 Alamy Stock Photo:** Martin Bond (cd). **Getty Images:** Spencer Platt / Staff (cdb); DIRK WAEM / Stringer (cda). **42-43 TurboSquid:** 3d_molier International (c). **44 Dorling Kindersley:** Gerard Brown / Bicycle Museum Of America (cda/X2, bi/x2); Gary Ombler, Courtesy of Deutsches Fahrradmuseum, German (cia/X2); Gary Ombler, Courtesy of Deutsches Fahrradmuseum, Germany (ca/X2); Gary Ombler / Jonathan Sneath (cib/X2); Gerard Brown / Llandrindod Wells National Cycle Museum Wales (bd). **45 Dorling Kindersley:** Gerard Brown / Bicycle Museum Of America (sd); Gary Ombler / Stuart's Bikes (cia); Gary Ombler / London Green Cycles (cdb); Gary Ombler / J.D Tandems (bi). **Karbon Kinetics Ltd.:** (bd/x3). **46 Dorling Kindersley:** Dave King / National Motor Museum, Beaulieu (bd); Dave King / Motorcycle Heritage Museum, Westerville, Ohio (ecdb). **Dreamstime.com:** Aramen4 (sd/x2). **47 Alamy Stock Photo:** David Davis Photoproductions (ci). **Dorling Kindersley:** Dave King / Motorcycle Heritage Museum, Westerville, Ohio (sd/x2, bc/x2); James Mann / Micheal Penn (cia). **Dreamstime.com:** Mariusz Burcz (cd/x2). **Shutterstock.com:** FernandoV (c/x2). **48-49 TurboSquid:** nitacawo (c). **48 Alamy Stock Photo:** ZarkePix (bi). **50 Alamy Stock Photo:** Paul Boyes (cd/x2); imageBROKER.com GmbH & Co. KG (bi/x2); Dave Ellison (bd/x2). **Dreamstime.com:** Falun1 (ci/x2). **51 Alamy Stock Photo:** Bailey-Cooper Photography (bc); ZarkePix (sd/x2). **Dreamstime.com:** Artzzz (si/x2); Walter Eric Sy (tc/x2); Anthony Baggett (ci/x2); Fabioma9001 (c/x2); Taina Sohlman (cd/x2). **52 Alamy Stock Photo:** D. Callcut (ca); Image Professionals GmbH (cib). **Dreamstime.com:** Welcomia (sd). **TurboSquid:** 3d_molier International (si). **54 Alamy Stock Photo:** Alex Thomson (cdb). **Dorling Kindersley:** Gary Ombler / Doubleday Swineshead Depot (c/x2); Gary Ombler / Daniel Ward (si/x2); Gary Ombler / Paul Rackham (sd/x2); Gary Ombler / Chandlers Ltd (bi/x2); Gary Ombler / David Wakefield (bd). **55 Dorling Kindersley:** Gary Ombler / Doubleday Swineshead Depot (si/x2, ca, c); Gary Ombler / Chandlers Ltd (ci/x2, bi/x2). **Dreamstime.com:** Flavijus (bd/x2). **56-57 TurboSquid:** iljujjkin (c). **57 Alamy Stock Photo:** Ed Buziak (cdb); MediaWorldImages (bd). **58 Alamy Stock Photo:** Washington Imaging (b/x2); Alberto Rigamonti (c); Vladimir Zaplakhov (cib). **59 Alamy Stock Photo:** Carlsson (sc). **Dorling Kindersley:** Gary Ombler / James River (ci/x2, cd/x2, bi). **Dreamstime.com:** Stefan11 (cib); Supertrooper (sd); Jonathan Weiss (bd/x2). **Thwaites Limited, United Kingdom:** (si/x2). **60 Alamy Stock Photo:** dpa picture alliance (bi/x2); Werner Otto (sc/x2); FirePhoto (ci/x2); Elizabeth Nunn (cd/x2). **Depositphotos Inc:** cobalt-70 (c/x2). **61 123RF.com:** Artem Konovalov / artzzz (bi/x2). **Alamy Stock Photo:** Amel Emric / Associated Press (ca/x2); Bob Graham (cd). **Dorling Kindersley:** Richard Leeney / Cockermouth Mountain Rescue Team, England (bd/x2). **62-63 CGTrader:** cgjoe (c). **63 Alamy Stock Photo:** Dave Donaldson (si). **Getty Images:** China News Service (bd). **64 Dreamstime.com:** Jarnogz (bd). **65 Alamy Stock Photo:** B Christopher (bc); Stephen Frost (esd); ZUMA Press, Inc. (sd); Sipa US (ecd); Bob Hurley (c). **Getty Images:** Kyodo News (bd). **Getty Images / iStock:** stockstudioX (bi). **66 Dorling Kindersley:** Alan Keohane (bc). **Dreamstime.com:** Ricky Corey (sc/x2); Peter Moulton (ci/x2). **Shutterstock.com:** Art Konovalov (cd). **67 123RF.com:** tritooth (cd). **Alamy Stock Photo:** Boaz Rottem (ca). **Dorling Kindersley:** Barnabas Kindersley (cda). **Dreamstime.com:** Ifeelstock (bd); Photodynamx (sd); Bjorn Wylezich (cib). **Shutterstock.com:** saisnaps (si). **Pulsar Expo s.r.o. - Torsus:** (ci/x2). **68-69 TurboSquid:** natman100. **68 Dreamstime.com: Steve** Woods / Woodsy007 (bi). **69 Alamy Stock Photo:** David Gee (sd). **70 Alamy Stock Photo:** Historical Views / agefotostock (ci); Jim West (c); B. David Cathell (cdb). **71 Alamy Stock Photo:** ADB Travel (bd). **Dorling Kindersley:** Mike Dunning / London Transport Museum (cib); Mike Dunning / National Railway Museum, York (bi). **72-73 Keith Fender:** (c/x2). **72 Science Museum Group Collection © The Board of Trustees of the Science Museum:** David Shepherd (bd/x2). **Photo Georg Trb:** (sc/x2). **73 Alamy Stock Photo:** Chris Craggs (bd/x2); Bilderbox / INSADCO GmbH (sc). **Dreamstime.com:** Jiawangkun (bi/x2). **Keith Fender:** (bc/x2). **74-75 CGTrader:** stevedowdy (c). **75 Alamy Stock Photo:** Alan Mather (cb). **Getty Images:** Hulton Archive / Construction Photography / Avalon (sd). **76 Alamy Stock Photo:** Radharc Images (bd/x2); Marc Tielemans (sd). **Dorling Kindersley:** Gary Ombler / Railroad Museum of Pennsylvania (bc/x2). **Dreamstime.com:** Vinayak Jagtap (bl/x2); Lightwavemodels (c). **Getty Images / iStock:** AFransen (ca). **77 Alamy Stock Photo:** dpa picture alliance (cd/x2); rebaixfotografie (sd); MARK HICKEN (bd/x2). **Dreamstime.com:** Boarding1now (ci/x2); Tupungato (ecda); Yinglina (bi/x2). **78-79 TurboSquid:** Treapl (c). **78 Alamy Stock Photo:** MoiraM (si). **79 Dreamstime.com:** Thinglass (cdb). **82-83 Alamy Stock Photo:** Doug Houghton. **84 Dorling Kindersley:** The Tank Museum, Bovington (cia, c/x2, bd/x2); Gary Ombler / Tank Museum (si); Gary Ombler / The Tank Museum, Bovington (sc); Gary Ombler / Chris Till (cd/x2); Roger Dixon / Second Guards Rifles Division (bi). **Dreamstime.com:** Sergey Zavyalov / Saz1977 (ecib). **85 123RF.com:** Jordan Tan / prestonia (ci/x2). **Dorling Kindersley:** Andrew Baker, Tanks, Trucks and Firepower Show (cd/x2); War and Peace Show (sd/x2); Gary Ombler / The Tank Museum, Bovington (cdb); The Tank Museum, Bovington (bc). **86-87 TurboSquid:** Alpen wolf. **86 Dreamstime.com:** Nico Kelder (bi). **Getty Images:** Scott Nelson / Stringer (si). **TurboSquid:** Katie Byrne (sc). **87 Alamy Stock Photo:** dpa picture alliance (bd). **Shutterstock.com:** Karlis Dambrans (si). **88 123RF.com:** Rostislav Ageev / rostislavv (cd). **Dreamstime.com:** Guangliang Huo (c). **Getty Images:** Justin Sullivan / Stringer (cd/aviador). **TurboSquid:** ACE_POLY (ci). **90 Alamy Stock Photo:** Design Pics Inc (sd); Newscom (c); Larry Morgan (bc); Mylam (bd). **Dorling Kindersley:** Gary Ombler / Fleet Air Arm (cia). **Division of Work and Industry, National Museum of American History, Smithsonian Institution:** (ca). **Science Photo Library:** MIKKEL JUUL JENSEN (si). **90-91 Alamy Stock Photo:** Jon Lord (sc). **91 Alamy Stock Photo:** ZUMA Press, Inc. (c). **Dorling Kindersley:** The Science Museum / Dave King (bi). **Dreamstime.com:** James Group Studios, Inc. (ca). **Getty Images:** Science & Society Picture Library (cia). **National Museum of New Zealand Te Papa Tongarewa:** (cdb). **93 Alamy Stock Photo:** Wolfgang Diederich (c). **Dreamstime.com:** Solarisys13 (ci). **Getty Images:** Songphol Thesakit (cd). **94 Alamy Stock Photo:** Associated Press (ci/x2); megapress images (cda); Zev Radovan / BibleLandPictures (c/X2). **Dorling Kindersley:** Frank Greenaway / Town Docks Museum, Hull (sc); Richard Leeney / Maidstone Museum and Bentliff Art Gallery (bi). **Dreamstime.com:** Per Bjorkdahl (cd). **National Museum of New Zealand Te Papa Tongarewa:** (bc). **Shutterstock.com:** Jyoti Singh (si/x2). **95 Alamy Stock Photo:** mauritius images GmbH (bi); Newscom (cr/x2); ZUMA Press, Inc. (bd/x2). **Dreamstime.com:** Mr1805 (si/x2); Photo25th (cia). **Getty Images:** Science & Society Picture Library (cib). **96-97 TurboSquid:** IMPERIUM Design (c/spartans); NKCGArtist (c). **96 Alamy Stock Photo:** Album (bc). **98-99 Dreamstime.com:** Guangliang Huo. **101 Alamy Stock Photo:** IanDagnall Computing (cda). **102 Alamy Stock Photo:** Glyn Genin (si). **103 Alamy Stock Photo:** Glyn Genin (cdb). **104 Getty Images:** Science & Society Picture Library (ecib, c, cd/x2, bc/x2, bd/x2). **105 Alamy Stock Photo:** Siegfried Grassegger / imageBROKER.com GmbH & Co. KG (c/x2); Lanmas (sd/x2); Michael Lidski (ci/x2); Hemis (bc/x2). **Dreamstime.com:** Enrico Powell (cd/2). **Division of Work and Industry, National Museum of American History, Smithsonian Institution:** (si/x2). **106 Alamy Stock Photo:** Matthew Richardson (sc). **Dreamstime.com:** Ypkim (bd). **107 Alamy Stock Photo:** Chronicle (cdb). **Getty Images:** Hulton Archive / Stringer / Hudson (bc). **108 Alamy Stock Photo:** Design Pics Inc (cdb); Gilberto Mesquita (ci/x2); PA Images (bi). **Depositphotos Inc:** naiyyer (cib). **109 Alamy Stock Photo:** Duncan Astbury (sd/x2); Peter Titmuss (si/x2); Steve Hawkins Photography (bi/x2). **Dreamstime.com:** Svetlin Yosifov (bd). **Shutterstock.com:** Alexandre Arocas (c/x2). **110-111 TurboSquid:** LCYdesign (cd). **110 Alamy Stock Photo:** Les Breault (bc); Rob Taggart (si); North Wind Picture Archives (bi). **Getty Images:** AFP / Jose Jordan (bc/multicasco). **112 Alamy Stock Photo:** Chris Laurens (si/x2); Jon Lord (c/x2). **Getty Images / iStock:** Nerthuz (bi/x2). **Shutterstock.com:** MartinLueke (sd/x2). **113 Alamy Stock Photo:** Adwo (si/x2); Jouni Niskakoski (sd/x2); Associated Press (cd/x2); Jennifer Wright (bd/x2). **Shutterstock.com:** MartinLueke (c/x2). **114 Alamy Stock Photo:** JLBvdWOLF (cia); Cynthia Lee (si). **115 Alamy Stock Photo:** Sipa US / Costfoto (cda). **116 Alamy Stock Photo:** DB Pictures (ebd). **Dreamstime.com:** Rolandm (bd). **Getty Images:** Eric CHRETIEN (bc). **116-117 Tobias Bender / Marigraph GmbH & AG Ems:** (c). **117 Alamy Stock Photo:** Sina Schuldt / dpa picture alliance (bd). **Dreamstime.com:** Oleksandr Kalinichenko (bc). **118 Alamy Stock Photo:** Robert Evans (cda/X2); Jochen Tack (b). **Dreamstime.com:** Franco Nadalin (c/X2); TasFoto (cia/X2). **119 Alamy Stock Photo:** Graham Hardy (cia/X2); Martin Lke (cda/X2); mvlampila (c/X2); David Maddock (bi/X2); Shipspotter ME (bd/X2). **120 Science Photo Library:** British Antarctic Survey (si). **121 Alamy Stock Photo:** DPA Picture Alliance (bd); Rob Powell (sd). **Science Photo Library:** British Antarctic Survey (bc). **122-123 Alamy Stock Photo:** Jens Bttner / dpa picture alliance. **124 Alamy Stock Photo:** Kostiantyn Ablazov (bc). **Dorling Kindersley:** Gary Ombler / Fleet Air Arm (bi/x2). **Dreamstime.com:** Adam Fleks (bd/x2). **Shutterstock.com:** Meng Luen (cb). **125 Alamy Stock Photo:** APFootage (bc); Christian Valverde via Planetpix / NATO (sc/x2); Florian Edus / US Navy Photo (sd/x2); ZapperSiR (c/x2). **Dreamstime.com:** Burnstuff2003 (ci/x2); Dereksmith09 (si/x2); ZapperSiR (ecdb). **Shutterstock.com:** yanchi1984 (cd). **126-127 TurboSquid:** Lennon3DModelStudio (cb). **126 Alamy Stock Photo:** Chronicle (si). **127 Getty Images:** Universal History Archive / Universal Images Group (cda). **128 Alamy Stock Photo:** John Cairns (cia/x2). **Dorling Kindersley:** Andy Crawford / The Royal Navy Submarine Museum (sd); Gary Ombler / Scale Model World, Allan Toyne (bd/x2). **Shutterstock.com:** Olga Oggi (sd/Turtle). **129 Dorling Kindersley:** Tina Chambers / IFREMER, Paris (cib/x2); James Stevenson / Science Museum, Londres (si/x2). **Getty Images:** Justin Sullivan / Stringer (bc/x2). **Science Photo Library:** MIKKEL JUUL JENSEN (sd/x2). **130 Alamy Stock Photo:** Renaud Rebardy (si). **131 Alamy Stock Photo:** Ludovic MARIN / Pool / Abaca Press (si, cib). **132-133 TurboSquid:** ptstudio (c). **132 Alamy Stock Photo:** Aclosund Historic (bi). **133 Alamy Stock Photo:** MC2 Justin McTaggart / US Navy Photo (si). **134 Alamy Stock Photo:** Operation 2022 (bi); PJF Military Collection (bc). **135 Alamy Stock Photo:** APFootage (cia). **136-137 Alamy Stock Photo:** Planetpix. **138 Dreamstime.com:** Byheaven87 / Marina Pissarova (ci). **Getty Images / iStock:** 3DSculptor (cd). **140 Alamy Stock Photo:** Aviation History Collection (cd); Gordon Zammit (sd); David Gee (cd); Pictures Now (cdb). **Dorling Kindersley:** Andy Crawford / Bob Gathany (cda). **Science Photo Library:** Carlos Clarivan (si). **TurboSquid:** 3d_molier International (cd/x2). **141 Alamy Stock Photo:** Stuart Hough (sc); Peter Lane (c); Steve Speller (cb). **Shutterstock.com:** Flying Camera (cdb). **142 123RF.com:** Brian Kinney (cd). **Alamy Stock Photo:** Holden Wildlife (sc). **Dreamstime.com:** Elenatur (bd). **Getty Images:** Science & Society Picture Library (sd). **143 Alamy Stock Photo:** Sean Bolton (cdb). **144 Bridgeman Images:** Leonard de Selva (bi). **Dorling Kindersley:** Musee Air & Space Paris, La Bourget / Gary Ombler (ca/X2); Real Aeroplane Company / Gary Ombler (bd/X2). **Getty Images:** Science & Society Picture Library (cdb/X2). **145 Alamy Stock Photo:** Roland Bouvier (bd/X2); DPA Picture Alliance Archive (bi). **Dorling Kindersley:** Flugausstellung / Gary Ombler (cdb/X2); Shuttleworth Collection / Gary Ombler (si/X2, cib); Musee Air & Space Paris / Gary Ombler (cda/X2). **146-147 Alamy Stock Photo:** Sueddeutsche Zeitung Photo. **149 Alamy Stock Photo:** Sddeutsche Zeitung Photo / Scherl (cdb); Vintage_Space (bd). **150 Alamy Stock Photo:** Angus McComiskey (b/X2). **Dorling Kindersley:** Fleet Air Arm Museum / Gary Ombler (cdb/X2); Royal Airforce Museum, Londres / Gary Ombler (cia/X2). **Philip Stevens:** (sc/x2). **151 Alamy Stock Photo:** Ivan Batinic (bd). **Dorling Kindersley:** Fleet Air Arm Museum / Gary Ombler (cdb/X2); Musee Air & Space Paris, La Bourget / Gary Ombler (ca/X2); Shuttleworth Collection / Gary Ombler (cib/X2). **Shutterstock.com:** Flying Camera (c/X2). **152-153 TurboSquid:** kosta58 (c). **152 Dorling Kindersley:** Gary Ombler / Fleet Air Arm Museum (bc). **153 Dorling Kindersley:** Gary Ombler / Paul Ford (cda). **TurboSquid:** Vlada018 (c). **154 Alamy Stock Photo:** Chronicle (cdb/Boeing); Interfoto / History (cdb); Granger - Historical Picture Archive (br/BOEING 707); Antony Nettle (bd/Concorde). **Getty Images:** Bettmann (bc); Stringer / Michael Ochs Archives (bd). **National Air and Space Museum, Smithsonian Institution:** (si). **155 Alamy Stock Photo:** Aviation History Collection (cd); Chronicle (sc); Em Campos (sd); Dappled History (ci); JSM Historical (ecd). **156 Alamy Stock Photo:** Heritage Image Partnership Ltd / Curt Teich Postcard Archives (bc). **Getty Images:** Ullstein Bild (sc). **156-157 Dreamstime.com:** Allexxandar (b). **157 Alamy Stock Photo:** Pictures Now (sd, bd); Stephen Power (si). **158 Alamy Stock Photo:** Bill Crump (ebi); Antony Nettle (bi); Andrew Harker (c). **Dorling Kindersley:** Model Exhibition, Telford / Gary Ombler (ci); Gary Ombler (cdb); Planes of Fame Air Museum, Chino, California / Peter Cook (sd). **Shutterstock.com:** BlueBarronPhoto (bd); Angel DiBilio (cda). **159 Alamy Stock Photo:** Album (bd); Flight / Anthony Kay (sc). **Dorling Kindersley:** Gatwick Aviation Museum / Gary Ombler (cib, cdb/Junkers, bi/X2); Avro Lancaster (sd); Scale Model World, Steve Abbey / Gary Ombler (ca). **Dreamstime.com:** Kevin M. Mccarthy (cb). **Shutterstock.com:** BlueBarronPhoto (cdb/X2); Arkady Zakharov (cib/X2); Chris Smithe (cda). **160-161 TurboSquid:** file404 (c). **160 Alamy Stock Photo:** Lordprice Collection (cd). **161 Alamy Stock Photo:** Avpics (bd). **Getty Images:** SSPL / Daily Herald Archive (cda). **162 Alamy Stock Photo:** Haiyin Wang (cb). **163 Alamy Stock Photo:** Sueddeutsche Zeitung Photo (ci). **Getty Images:** Corbis Historical / Hulton Deutsch (cia); John Keeble (bi). **Shutterstock.com:** Sam-Whitfield1 (cdb). **164-165 Alamy Stock Photo:** Abaca Press. **166 Alamy Stock Photo:** Gerard van Bree (cda); Niels Quist (cdb); Gary Moseley (bi). **Dreamstime.com:** Robert Buchel (sc); Simon Greig (cdb/Airbus). **167 Alamy Stock Photo:** Chronicle (bd/X2); Zoonar / Markus Mainka (bi). **Dreamstime.com:** Robert Buchel (cda/X2); Ventura69 (sc/X2); Michael Clarke (c/X2). **168-169 TurboSquid:** mach 3 graphics (c). **170-171 Alamy Stock Photo:** Alex Federowicz. **172 Alamy Stock Photo:** Cultura Creative RF / Carol Kohen (bi). **174 Alamy Stock Photo:** SuperStock / Associated Press Photo / Sydney Morning Herald (cda). **175 Alamy Stock Photo:** Vladimir Glinskii (ci); Peter Lane (cib); Peter Michael Rhodes (bi). **176 Alamy Stock Photo:** David Gee (cda/X2); Stocktrek Images / Artem Alexandrovich (bd/X2). **Dreamstime.com:** Ryan Fletcher (bi/X2). **Shutterstock.com:** Simon_g (si/X2). **177 Alamy Stock Photo:** Blakeley (cia/US Huey helicopter); Stocktrek Images / Andrew Chittock (sd); PhotoStock-Israel / Amos Dor (ci/X2); Tami Freed (bl/X2). **Dorling Kindersley:** Gatwick Aviation Museum / Gary Ombler (cia). **178-179 TurboSquid:** CGShape (bi); ES3DStudios (ci); rfarencibia (cl/helmet). **178 Alamy Stock Photo:** PJF Military Collection (si). **179 Alamy Stock Photo:** Stocktrek Images, Inc. / Terry Moore (cia); Nir Ben-Yosef (cd). **Getty Images:** 500Px Unreleased Plus / Mike Potter (bc). **180-181 Getty Images:** Stocktrek Images. **180 Alamy Stock Photo:** AV8Photo (bi). **Dorling Kindersley:** Royal International Air Tattoo 2011 / Gary Ombler (cdb). **Dreamstime.com:** Serge Goujon (cib). **Shutterstock.com:** Eliyahu Yosef Parypa (bd). **181 Alamy Stock Photo:** PJF Military Collection (b). **Dorling Kindersley:** Royal International Air Tattoo 2011 / Gary Ombler (cda). **Dreamstime.com:** Andrewharker402 (ca); Brett Critchley (cdb). **Getty Images:** Education Images (ecdb). **Shutterstock.com:** VanderWolf Images (sd, cib). **182-183 TurboSquid:** f_san_wu (c/x3). **182 Alamy Stock Photo:** Photo12 / Collection Bernard Crochet (cia). **Dorling Kindersley:** Royal Airforce Museum, Londres / Gary Ombler (cb). **184 Alamy Stock Photo:** CPC Collection (bd/X2). **185 Alamy Stock Photo:** Associated Press / Rich Pedroncelli (bi/X2); Everett Collection Inc (cia); DPA Picture Alliance (bd/X2). **Getty Images:** Bloomberg (c/X2). **186 Dreamstime.com:** (ci). **187 NASA:** (cb). **Science Photo Library:** Carlos Clarivan (bd). **Shutterstock.com:** Marc Ward (bd). **188 Alamy Stock Photo:** RGB Ventures / SuperStock / NASA (c/X2); Bill Waterson (bd). **Anatoly Zak:** Anatoly Zak / RussianSpaceWeb.com (bi/X2). **Dorling Kindersley:** RAF Museum, Cosford / Gary Ombler (si/X2). **Dreamstime.com:** Konstantin Shaklein (bc/X2). **Getty Images / iStock:** Nerthuz (cda). **189 NASA:** Joel Kowsky (d/X2). **190-191 NASA:** Danny Nowlin. **192 Alamy Stock Photo:** Danita Delimont / Kevin Oke (ci/X2); Sueddeutsche Zeitung Photo / Weltbild Lppert (bc/X2). **Dreamstime.com:** Mechanik (bi/X2); Konstantin Shaklein (br/X2). **Shutterstock.com:** Mechanik (t/X2). **193 NASA:** (bc/x2, bd/x2, c/x2). **Science Photo Library:** Carlos Clarivan (sc/X2); Detlev Van Ravenswaay (ci/X2). **194-195 TurboSquid:** 3d_molier International (c/Telescope model); AlbinMERLE (c). **194 Alamy Stock Photo:** SuperStock / RGB Ventures / Ben Cooper (bd). **195 NASA:** (bd). **196 Dreamstime.com:** Aleks49 (br, crb). **Getty Images:** Science & Society Picture Library (cdb/aterrizador, cda/aterrizador). **Science Photo Library:** Giphotostock (c, cb); Millard H. Sharp (cda/X2). **197 ESA:** Solar Orbiter: ESA / ATG medialab; Parker Solar Probe: NASA / Johns Hopkins APL (cdb/x2). **Getty Images:** Stocktrek Images (tr/X2). **NASA:** JPL-Caltech (bd/x2); JPL (sc/x2, cib/X2); McREL (c/x2); JPL-Caltech / MSSS (bc/x2). **Science Photo Library:** Detlev Van Ravenswaay (si, cia). **198-199 CGTrader:** albin (c, c/astronautas); gsanimation (c/interior); brianzero (c/cápsula de carga); vfxcgartist (c/fondo). **Getty Images / iStock:** AFransen (b). **198 Alamy Stock Photo:** Geopix (cib); UPI (cb). **199 Alamy Stock Photo:** Geopix (bd). **200 Dreamstime.com:** Lightwavemodels (bi). **Getty Images / iStock:** AFransen (cb). **201 Dreamstime.com:** Ryan Fletcher (s). **203 Alamy Stock Photo:** Bill Waterson (d)

Resto de las imágenes © Dorling Kindersley